U0646204

历史教师教育系列教材

中学历史课程与教学概论

An Introduction to Middle School History Curriculum and Teaching

全国九所重点师范大学联合编写

主编：薛伟强　范红军　陈志刚

编委（按姓氏笔画为序）：

仇世林　关娴娴　苏向荣　杨卫东　范红军　陈倩

陈志刚　陈春梅　陈德运　燕慧　薛伟强

北京师范大学出版集团
BEIJING NORMAL UNIVERSITY PUBLISHING GROUP
北京师范大学出版社

图书在版编目(CIP)数据

中学历史课程与教学概论/薛伟强，范红军，陈志
刚主编．—北京：北京师范大学出版社，2019.3(2024.2 重印)
 新世纪高等学校教材　历史学系列教材
 ISBN 978-7-303-24149-1

　Ⅰ．①中…　Ⅱ．①薛…②范…③陈…　Ⅲ．①中学历
史课－教学研究－高等学校－教材　Ⅳ．①G633.512

 中国版本图书馆 CIP 数据核字(2018)第 200623 号

营　销　中　心　电　话　010-58808006
北京师范大学出版社新史学策划部微信公众号　新史学 1902

ZHONGXUE LISHI KECHENG YU JIAOXUE GAILUN
出版发行：北京师范大学出版社　www.bnupg.com
　　　　　北京市西城区新街口外大街 12-3 号
　　　　　邮政编码：100088
印　　刷：三河市兴达印务有限公司
经　　销：全国新华书店
开　　本：730 mm×980 mm　1/16
印　　张：24
字　　数：445 千字
版　　次：2019 年 3 月第 1 版
印　　次：2024 年 2 月第 7 次印刷
定　　价：56.00 元

策划编辑：刘东明　　　　　责任编辑：王艳平
美术编辑：王齐云　　　　　装帧设计：王齐云
责任校对：段立超　陈　民　责任印制：马　洁　赵　龙

版权所有　侵权必究

反盗版、侵权举报电话：010-58800697
北京读者服务部电话：010-58808104
外埠邮购电话：010-58808083
本书如有印装质量问题，请与印制管理部联系调换。
印制管理部电话：010-58805079

序

由全国 9 所重点师范大学联合编写的《中学历史课程与教学概论》即将付梓，我有幸先睹为快。翻阅再三，深感这是一本观念新颖、体例创新、材料新鲜的好教材。

首先，本教材的编撰体现了较新颖的教育教学理念。课程的发展源自社会的变迁，源自学科的发展，也源自教育理论的进步。本教材较充分地汲取了历史学科发展的养分，也较充分地体现了新的教育教学理念和呈现了新的教育教学成果。

本教材在理念和成果创新方面有三点是比较突出的。一是用课程的理念统整教学。我国的历史教师历来有重教学轻课程的倾向。不少学校的改革虽然号称课程改革，其实无非就是课堂教学的改革。对教育教学的理解，如果永远停留在课堂教学技术的层面，是挖不深也走不远的。本教材给予历史课程的论述较大的篇幅，较充分地论证了历史课程的价值、目标、内容、实施和评价的方式方法。历史教师只有充分理解了课程的价值，才能够明白自己为何而教。二是充分关注历史教师的专业发展。在学校教育中，教师是最宝贵的资源，也是最重要的课程资源。随着 2010 年教育部"国培计划"的开展，我们国家对教师教育的重视程度和所取得的成果是举世瞩目的。本教材梳理了近年来历史教师教育的研究成果，强调教师专业发展的重要性和专业成长的漫长性，激励青年学生和教师通过不断提升自身的学养和教养来完善自己，提高历史教育行业的专业化程度。三是系统地梳理了近年来历史教育教学的热点问题。近二三十年来，中学历史的教研工作相当活跃，无论是教学方法创新还是教学理论研究，都朝着纵深发展，取得的成果非常丰硕。本教材对其中的教学模式（如对话教学、概念教学、史料教学等）和学科思维能力（如时空思维、证据思维、因果思维、神入思维等）用力最勤，较集中地反映了国内外历史教育研究的主要成果。

其次，本教材的编撰创造性地应用了新的编写体例。无论是全书的体例，还是书中篇章结构的体例，本教材都力图从过去的教材向"学材"转变。多年以来，我们一直呼吁中学历史教科书要走向"学材"，但我们的不少历史教学法教科书却依然固守于方便教师的教，而不是方便学生的学的编撰思路。本教材在这方面可以说是取得了较大的突破。

一般说来，"学材"有4方面的特点，一是能够唤起学生学习的欲望。本教材每章的开篇都设置了一个栏目"本章导引"，通过鲜活的教学故事引发读者对本章内容的思考，从而带着问题进行阅读。二是必须有学法指导的内容。本教材通过开篇的"学习目标"栏目和结尾的"本章小结"栏目来指导学生进行自学。三是必须提供个性化的学习资料。本教材通过二维码链接了大量的精典论文和教学案例，每章都提供了拓展阅读资源指引和PPT课件，这些海量资源的呈现都是以往的教学法教科书所不能做到的，同时也给读者进行个性化的选择提供了可能性。四是必须具有复习巩固的功能。本教材每章后面都设置了"学习反思"栏目，有助于读者进行自我检测和反思。形式是为内容服务的，教材结构体例的创新，体现的是思维内容的创新。在中学历史教学强调给中学生自主性的同时，高师的学科教学法教材也应该做出相应的改变，唤发起学生的能动性。

再次，本教材的编撰充分运用了近年来涌现的新素材。进入21世纪以来，历史学科迅猛发展，而中学历史教育同样是高歌猛进，表现在全国各地的名师工作室纷纷建立，新的教学方法层出不穷，优秀的教学课例大量涌现。这都要求高师的教学法教材能够与时俱进，及时地反映最新的教学动态。

在资料的选取上，本书收集和整理的3方面资源尤其有特色。一是典型的教学案例资源。中学一线教师最大的创造就是提供了大量课堂教学案例。尽管历史学科有许多经典的知识内容会永久性地保留下来，但随着社会的发展变迁，老师们在处理这些内容的时候又会带有鲜明的时代特色和个人风格。历史学科内容的教学方法有着无尽的可能性，这也正是历史教学充满魅力的地方之一。把近10多年的优秀教学案例选取出来并分散安插在教材的各章节中，既赋予了这些案例以理论的阐释，也极大地彰显了教材的实践取向。二是丰富的西方历史教学资源。20世纪90年代以前，我们对西方的历史教学成果知之甚少，只对苏联的情况略有了解。进入21世纪以来，西方的历史课程标准和英美的历史教材、教学案例被大量地翻译过来，极大地开拓了师生们的视野。本教材有意识地梳理了这部分资料，让教材有了更加宏大的国际视野。三是崭新的信息技术资源。信息技术在历史学科教学中的应用，经历了 20 世纪 80 年代的"过街老鼠"、90 年代的有限尝试和进入 21 世纪后的蓬勃发展 3 个阶段。今天，已经不是讨论信息技术对历史教学有没有价值的时代，而是讨论信息技术如何与历史教学深度融合的时代。尤其对于新生代的历史教师来说，信息技术不再是洪水猛兽，数字故事、微课、慕课、移动技术、翻转课堂等都成了他们狂热钻研的内容。本教材较充分地展示了信息技术的资源，使教材更加具有时代气息。

中学历史教学的进步，离不开高校老师和中学老师的共同努力。离开了中学教师的实践，高校的研究就成了无源之水；离开了高校老师的理论引领，中学的实践又极有可能是原地踏步。今天，院校合作已经成为大家的共识。无论是师范生的培养还是教师的职后培训，无论是中学教师的实践指导还是高校老师的理论研究，都需要高校和中学打破观念和制度的壁垒，建立起学习和研究的共同体。本教材是全国 9 所重点师范大学的老师通力合作的成果，同时在理念和内容上又充分利用和反映了近二三十年来广大一线历史教师的实践成果。我想，这既是实践的总结，也是理论的提升。

随着国家对教师教育的日益重视，师范院校所承担的使命不再仅仅是职前师范生培养，也包括职后教师的专业发展。本教材不仅适合在校的师范生，也适合广大一线历史教师。希望本教材的出版把我国历史教育的水平再向前推进一大步。希望有更多的教师通过阅读和思考，不断地提高自己的专业素养，培养具有正确的历史价值观和现代意识的一代新人。

黄牧航
2018 年 5 月 1 日于华南师范大学

前　言

习近平总书记指出："教育是提高人民综合素质、促进人的全面发展的重要途径，是民族振兴、社会进步的重要基石，是对中华民族伟大复兴具有决定性意义的事业。"①21 世纪以来，我国的课程改革如火如荼，教育技术的发展日新月异，广大教育工作者的思想观念受到极大冲击。近年来，中国学生发展核心素养及高中各学科核心素养的相继发布，标志着一场新的课程改革拉开帷幕。中共中央办公厅、国务院办公厅 2017 年 9 月印发的《关于深化教育体制机制改革的意见》明确提出"要注重培养支撑终身发展、适应时代要求的关键能力"。党的十九大报告明确要求："要全面贯彻党的教育方针，落实立德树人根本任务，发展素质教育，推进教育公平，培养德智体美全面发展的社会主义建设者和接班人。"最新颁布的《普通高中历史课程标准（2017 年版）》确定了中学历史课程的基本理念：以立德树人为历史课程的根本任务，坚持正确的思想导向和价值判断，以培养和提高学生的历史学科核心素养为目标。如何落实立德树人，如何培养中学生的历史学科关键能力和核心素养，这对于广大一线教师是一个严峻的挑战，对于高校"中学历史课程与教学论"课程，更是一个急迫的任务。

中华人民共和国成立以来的长时间内，教学大纲的强大"刚性"使课程论难以有发展空间。十一届三中全会以后，课程论的研究逐步复兴，但大多限于大学教育学范围内的研究。高等师范教育体系的多数学科教学法（论）教师为学科出身，在课程论的知识和理论方面比较欠缺。尽管 21 世纪之初，我国便颁布了具有重大指标意义的中小学各科课程标准，开始了以课程改革为核心的基础教育改革，但一线基层教师的课程意识和能力至今

---

① 习近平：《做党和人民满意的好老师——同北京师范大学师生代表座谈时的讲话（2014 年 9 月 9 日）》，2 页，北京，人民出版社，2014。

在总体上仍然比较薄弱，"教教材"的现象仍然非常突出。很明显，学科教学法（论）教师及学科教师教育中课程论知识的不足或缺失，直接影响了一线教师的课程意识和能力。

自从新课程改革以来，我国学科课程与教学论研究取得了丰硕的成果，呈现出繁荣的景象。近20年间出版的各学科课程与教学论教材或专著（不包括通论性质的"课程与教学论"教材）已经有百余部，成果喜人，但是一些长期存在的问题总体上仍未有明显改善。其中最主要的不足是没有处理好课程论与教学论之间的关系，或者严重缺失课程论，或者二者没有紧密融合，是"两张皮"的关系。

学科课程论与教学论研究与关注的对象并不相同，且都不可或缺。学科课程论探究本学科教什么，为什么这样教等问题，学科教学论研究关注的是学科课程怎样教等具体的教学实施问题。在目前的职前教师教育体系中，学科教学法（论）都很受重视，但学科课程论的缺失非常普遍。公选"教育学"的课程论基本不涉及学科，且大部分学生也不重视，一般成效有限。因此，"学科课程与教学论"是多数师范生学习学科课程论的重要渠道。但到目前为止，很多学校仍然使用多年流传的《学科教学法（论）》教材。多数冠以《课程与教学论》的教材也并没有对学科课程理论进行系统的论述说明，或是把重心放在教学论部分，或是把课程论与教学论简单拼盘。在学科课程论研究内容上，绝大多数的教材仅从现有的学科课程标准出发，对学科课程的性质与目标的分析，基本照搬课程标准中的相关内容。至于课程标准为什么确定这样的课程目标，这样的目标是否符合学科课程的特点，合格公民素养所包含的人文素养和科学素养在本学科中的具体体现是什么，学科课程设计的具体内容如何安排等，则被忽视或者几乎不做详细的分析说明。

从21世纪课程改革的实际来看，课程是"上位"的概念，先有课程，后有教学。从某方面来说，课程设计和开发的理念与实践优劣直接影响到教师的教学实施。课程改革如果仅仅依靠"教学"层面的局部维新，其成效是极其有限的。作为中学教师，如果不知道什么是课程，不熟悉一些基本的课程理论，仅凭经验进行教学，以此推进课程改革是非常困难的。

长时间以来，很多历史教育专业的本科生、研究生以及中学一线历史老师，对于历史课程论的内容很是陌生，更难理解历史课程论与历史教学论的有机联系。有鉴于此，2016年冬，由江苏师范大学牵头，联合河北师范大学、广西师范大学、西北师范大学、山东师范大学、辽宁师范大学、吉林师范大学、西华师范大学、重庆师范大学共9所重点师范大学组成了编写团队。参与编写的11位老师都是国内历史课程与教学论的中青年骨干力量，团队包含2位教授、5名博士，全部具有研究生学历和丰富的实践经验，绝大部分具有高级职称。主编陈志刚教授对历史课程论研究颇有造诣，相关论著成果丰硕。以上这些都是本教材重要的学术基础。

本书具体编写分工如下：

绪　论：范红军（河北师范大学）。

第一章：陈志刚（广西师范大学）。

第二章：燕慧（山东师范大学）。

第三章：苏向荣（西北师范大学）。

第四章：第1—3节，范红军（河北师范大学）；第4节、第6节，陈德运（西华师范大学）；第5节，薛伟强（江苏师范大学）。

第五章：薛伟强（江苏师范大学）。

第六章：杨卫东（吉林师范大学）。

第七章：第1—2节，陈德运（西华师范大学）；第3—4节，陈倩（西华师范大学）。

第八章：关娴娴（辽宁师范大学）。

第九章：第1—2节，仇世林（山东师范大学）；第3—4节，陈春梅（重庆师范大学）。初稿完成后由三位主编协作审稿、统稿，最后由主编薛伟强定稿。

本书力图建构中学历史课程与教学论学科的理论体系与内容。整体结构上，以课程与教学目标、课程与教学设计、课程与教学实施、课程与教学评价为核心，紧密结合《义务教育历史课程标准（2011年版）》和《普通高中历史课程标准（2017年版）》，努力改变当前侧重于教学论，忽视课程论，或者二者"两张皮"的局面。核心内容方面，我们也进行了诸多探索。有鉴于学科思维能力的空前重要性，本书基于国内外的研究，以时空、证据、因果、变迁与延续、神入5个历史核心概念为重点，在国内首次专门深入论述了中学历史思维能力的培育。在教学实施方面，本书力避简单罗列教学方法，从教学形式、内容与体例出发，重点探讨了对话教学、概念教学、史料教学以及通史教学和专题史教学。课程资源领域，侧重论述了当下流行的数字资源以及被视为根本的教科书资源。信息技术视角，深入探讨了目前方兴未艾的数字故事和微课的理论与实践。关于教师专业发展，首次精心萃取了中华人民共和国成立以来三代中学历史名师成长之路的感悟体验。为了方便广大师生教与学，在正文之外，我们也花费了大量心思。除了书中直接可见的大量一线案例，还用二维码链接了很多精心选编的经典论文或案例，每份电子资料一般不超过两千字，5 分钟左右即可读完；另外提供了每一章的简要 PPT 课件。每一章的拓展阅读部分，精心推荐了 10 篇（部）左右最新名家名作及经典论著，强烈建议有兴趣的读者留意。

本书适用于历史教育专业的本科生和研究生，对中学一线历史老师的专业提升也有重要的参考价值。期望本书能够有助于读者理解和掌握历史学科课程与教学的基本问题与基本原理，从而开阔视野、高屋建瓴，能对历史课程设计、开发与实施中出现的主要问题进行科学的分析与判断，最终使历史教育达到一定的深度和效度。由于搜集的资料有限，以及我们学术水平和实践经验的限制，对于一些复杂的新问题，虽然勇于创新，也难以做出满意的解答；加之集体编写，各自的背景和理念有异，故本书的疏漏、错误和不足之处在所难免。我们在很多方面第一个"吃螃蟹"，当然也会面临很大的挑战，抛砖引玉，希望有助于中学历史课程与教学论学科的发展。我们诚挚盼望各位读者和同人批评指正，以待日后修正完善，联系邮箱：sshistory@126.com。

薛伟强　范红军　陈志刚
2018 年 5 月

目　　录

绪　　论

学习目标

　　课程与教学是学校教育的核心，中学历史课程与教学概论旨在研究中学历史课程与教学整合关系中的一系列基本理论与实践课题，它是一门基于教学实践而又升华于理论总结的历史教育学课程。本章学习目标如下：

　　1. 了解中学历史课程与教学整合发展的时代趋势。

　　2. 理解中学历史课程与教学概论的研究对象。

　　3. 概述中学历史课程与教学在中国、英国、美国的发展情况。

本章导引

　　关于"中学历史课程与教学论"的学科属性，学界一直持有不同的认识：具有教育学背景的学人坚称它属于教育学科；历史学出身的学人力主它属于历史学科；具有丰富教学实践经验的一线教师大多认为它属于"综合学科"。

　　这些歧见表明，"中学历史课程与教学论"是一门正在发展中的新兴学科，尚有许多基本问题需要进一步深入研究。本章从课程与教学高度整合的理念出发，结合国内外中学历史课程与教学的发展历程，重点聚焦中学历史课程与教学的内在整合关系，具体探究中学历史课程与教学论的研究对象。

第一节　课程与教学的关系

　　课程与教学的关系是"中学历史课程与教学论"的基本问题之一。对此，学界一直异见纷呈，主要原因在于对课程与教学含义的不同理解。

一、课程与教学的含义

课程与教学是一对紧密联系、使用广泛而又含义多样的概念，它们的含义具有历时性、取向性和本土性等特点。

（一）课程的含义

课程论学界一般认为，1918年，美国教育学者博比特（F. Bobbitt）出版的《课程》一书标志着课程开始成为一个独立的研究领域。此后，课程著作日益丰富，课程含义不一而足。

1. 课程的不同含义

课程含义多种多样，以下三类较有代表性。

（1）课程即学校教学科目

这类课程定义最具普遍性，以《中国大百科全书》的释义为代表。一般而言，广义的课程是指学校教学科目或学科的总和，狭义的课程是指一门教学科目或学科。[①]

这类课程定义把教学科目等同于学科，又把学科溯源于学术，强调学科知识的重要性，属于学科中心课程观。其实，课程、学科与教学科目是三个不同的概念，在英文中，它们分别用"curriculum""discipline""subject"来表述。一般而言，课程是对具体教学科目的总称，学科乃学术门类之一，教学科目主要是从教育教学的角度而言的。学科是教学科目的基础，教学科目的内容是从学科内容中选择而来的。但是，一门学科并非只对应一个教学科目，一个教学科目也可能对应许多门学科。学科向教学科目的转化尚需经过课程化与教学化，那种把教学科目学科化或学术化的倾向是不足取的。

（2）课程即学校教学计划

这种教学计划是把教学的目标、内容、进程、方法、设计以书面文字的形式确定下来，诸如课程方案、课程标准、教科书、教学参考书、练习册、教师的教案以及学生的学案等，体现了一种计划、静态、显性、文本的课程观，但忽视了课程的非计划性、动态性、隐性和非文本性。

---

① 中国大百科全书总编辑委员会《教育》编辑委员会、中国大百科全书出版社编辑部：《中国大百科全书·教育》，207页，北京，中国大百科全书出版社，1985。

（3）课程即学校教学经验

这里的经验既包括教师和学生在有计划的教学活动中所取得的经验，也涵盖教师和学生在即时性教学活动中所获得的经验。这种经验课程观关注教师和学生在教学活动中的直接经验，其教学实践主要是活动课和研究性学习活动的开展，但也容易导致弱化间接经验特别是经典知识教学的倾向。

在课程与教学实践中，间接经验与直接经验的关系值得深入探讨。毫无疑问，学校教学经验应当以间接经验为主，因为间接经验是前人认识成果的精华，中学课程与教学在相当有限的教学时间内无法也没有必要都去重复前人的直接经验。但是，间接经验并不是只能通过间接认识的方式获得，它也完全可以通过直接认识的方式去获取。所以，教科书上的间接经验可以通过师生的研究性学习活动等直接认识的教学方式转化为学生的直接经验，从而避免以机械记忆等间接学习方式来掌握教科书上的间接经验的痼疾。

综合上述三种课程含义，课程是指学生在教师的帮助下所获得的全部学习经验，既包括计划性经验，也包括生成性经验。

2. 课程内涵的包容性与开放性

课程定义取向的多元化要求课程内涵的包容性与开放性，当代课程内涵的发展需要关注以下基本关系：制度课程与文本课程的关系；必修课程与选修课程的关系；学科课程与活动课程的关系；分科课程与综合课程的关系；显性课程与隐性课程的关系；国家课程、地方课程与校本课程的关系；学校课程与校外课程的关系。

随着教育信息技术特别是移动互联网技术的快速革新，面向全体学生的"大"课程越来越不适应个性化教学的时代要求，慕课（MOOC）、微课程等网络课程应运而生。慕课具有规模大、开放性和优质性的特点，在大学教育和成人教育领域应用较多。微课程即微型视频网络课程，教学目标明确，教学内容短小，只针对一个特定的教学问题，时间控制在十分钟以内，采用网络视频的呈现方式。①

（二）教学的含义

教学论学界一般认为，1632 年捷克教育家夸美纽斯（J. A. Comenius）

---

① 余宏亮：《微课程意涵三重判读》，载《课程·教材·教法》，2015(5)。

《大教学论》一书的出版标志着系统化、理论化的现代教学论的确立。此后，在教学论的发展过程中，教学研究的取向日益多元化，教学的含义也逐渐多样化。

1. 教学的不同含义

(1)哲学取向的教学含义

哲学取向的教学含义把教学定义为以课程内容为中介的教师和学生的共同认识活动，包括教师的教授和学生的学习两个方面。但是，由于对教师教授与学生学习关系的不同认识，哲学取向的教学含义又可以细分为四种解释：一是把教学解释为教师向学生传授课程内容的认识活动；二是把教学解释为学生在教师的指导下学习课程内容的认识活动；三是把教学解释为教师和学生平等的认识活动；四是把教学解释为教师行为有效控制学生行为的认识活动。

哲学取向的教学含义关注教师教授与学生学习的关系，有助于揭示教学过程的本质，具有宏观的高度和深刻的思辨。但是，对教学含义的抽象追求日益脱离具体的教学实践。

(2)心理学取向的教学含义

心理学取向的教学含义把教学界定为促进学习者学习的所有活动事件。教学事件的主体可以是教师、学生、教科书等，但它们都属于课程资源的范畴。教学事件既有计划性，也有生成性。根据学习心理学流派的不同，心理学取向的教学含义又可以细分为行为主义心理学取向的教学含义、认知主义心理学取向的教学含义以及人本主义心理学取向的教学含义。

心理学取向的教学含义摆脱了纠结师生关系的哲学思辨窠臼，把研究视角转向外部教学事件对内部学习过程的促进，具有实践性、具体性和可操作性的特点。

综合哲学取向的教学含义与心理学取向的教学含义，教学是指教师促进学生学习的活动事件。

2. 教学变革的实践性取向

长期以来，受夸美纽斯"大"教学论思维框架的束缚，人们认为教学就是"把一切事物教给一切人们的全部艺术"[①]，追求教学的普遍规律，关注教学目的、教学过程及其本质、教学原则、教学方法和组织形式等抽象的概

---

① ［捷］夸美纽斯：《大教学论》，傅任敢译，1页，北京，教育科学出版社，1999。

念范畴，忽视鲜活的教学现象，脱离具体的教学实践，因而受到了后现代主义和教育现象学的尖锐批评。

当代教学实践的变革倡导以学生发展为本，关注每一个学生的个性的全面发展。统一性、粗放式、标准化、刚性化的"大"教学的弊端显而易见，多样性、精致化、个性化、弹性化的"微"教学备受青睐。微教学立足具体教学内容和教学对象，通过经验实证和行动研究来改进教学行为，总结具体的教学规律，这是一种实践取向的教学①，翻转课堂就是利用慕课、微课等网络课程来实现教学时空、理念、过程与结果的颠覆性变化②。

二、课程与教学的关系

(一)课程与教学关系的不同认识

基于课程与教学含义的多元性界定，学界对课程与教学关系的认识也呈现出多种说法。

1. 二元独立说

课程与教学是各自独立、并列的关系，具体表现为方案与活动、计划与执行的关系。

2. 同心包含说

课程包含教学或教学包含课程，即"大课程论"或"大教学论"。

3. 相互交叉说

课程与教学之间存在交叉重叠的部分。

4. 循环联系说

课程与教学之间存在着内在联系，课程在一定程度上影响教学，教学在一定程度上也会影响课程。

(二)课程与教学的整合关系

在中外古代教育史上，课程与教学之间的关系尚属原始综合，并未分途发展，但教学重于课程的思想比较明显。近代以来，随着教育学科内部的分化，教学与课程日益分离，先后产生了独立的教学论与独立的课程论。

---

① 胡定荣：《从"大"教学论到"微"教学论》，载《课程·教材·教法》，2016(5)。
② 蔡宝来、张诗雅、杨伊：《慕课与翻转课堂：概念、基本特征及设计策略》，载《教育研究》，2015(11)。

教学论者视课程为教学内容，课程论者视教学为课程的实施。由于实行高度集中的计划教育体制，苏联重教学、轻课程的思想根深蒂固。受苏联的影响，从中华人民共和国成立到改革开放之前，课程从属于教学的现象十分突出。改革开放以来，随着三级课程管理体制和"一标多本"教科书审定制度的推行，课程与教学的相互独立格局已然成型。同时，课程与教学之间的内在整合关系也引起学界的高度关注。

回溯课程与教学的近代分离史，汲取当代建构主义与后现代主义的理论精华，立足课程与教学关系的实践取向，展望课程与教学高度整合的发展趋势，以下两个维度需要着重把握。

1. 课程是教学的制度基础

这是基于现代主义课程与教学观的反思性认识。现代主义课程与教学观是伴随着科技革命与企业管理科学的发展而不断强化的，其现代性的主要特征是科学性，强调理性、科学、客观、确定、普适、规律、经典、权威、效率、控制、系统、结构、程序、规范、模式、制度等，泰勒（Ralph Tyler）的"课程基本原理"、布鲁纳（J. Bruner）的结构课程论、赫尔巴特（J. F. Herbart）的"五阶段教学法"和凯洛夫（N. A. Kaiipob）的教学模式都属于这方面的典型代表，可以称之为现代"科学化"课程与教学观。

在现代"科学化"课程与教学观下，有一种处理课程与教学关系的线性"控制性"取向比较盛行，核心是自上而下的严密控制，主要表征是把官方的课程方案、课程标准、教科书、教学参考书等课程文件奉为学校教学工作的"圣经"。于是，官方课程文件就是教学的目标或方向，教学就是忠实地执行和实施课程文件的过程或手段。在我国，长期流行的"以纲为纲""以本为本"等信条就是课程与教学之间"控制性"关系的直白写照。

随着后现代主义课程与教学观的兴起，"控制性"课程与教学观受到越来越多的批评，甚或出现了全盘否定现代主义课程与教学观的激烈观点。其实，现代主义课程与教学观有其合理内核，诸如科学、理性、制度等。其中，课程与教学关系的制度化取向是学校教育现代化的基础，它不仅符合近代以来学校教育的计划性和目标性特征，也能够保障课程与教学关系的可操作性，从而有效防止课程与教学关系的随意性和粗放性。当然，这种制度的价值追求和体系构建需要与时俱进。

要言之，基于现代主义课程与教学观的制度取向，课程是教学的制度基础。

2. 教学是课程的再开发

这是基于后现代主义课程与教学观的反思性认识。后现代主义课程与教学观是对现代主义课程与教学观的反省与批判。后现代主义课程与教学观强调人文性、理解性、开放性、多元性、不确定性、差异性、个体性、情境性、文本性、批判性、建构性、动态性、创造性。施瓦布 (J. J. Schwab)的实践性课程理论、杜威(John Dewey)的经验课程与教学理论、概念重建课程理论、探究教学理论、合作教学理论、建构主义课程与教学理论等流派都或多或少地带有后现代主义课程与教学观的某些色彩。

随着课程与教学研究的深入，后现代主义课程与教学观的"理想主义色彩"的局限性开始显现，出现了"回归经典"的课程与教学实践活动。但是，后现代主义课程与教学观所提出的一些基本理念仍然具有合理价值。例如，教学即课程文本建构的理念，具而言之，教学是师生平等对话共同反思、批判、创造、建构课程文本的过程。

简言之，基于后现代主义课程与教学观的建构取向，教学是课程的再开发。

总之，基于现代主义与后现代主义的互补，课程与教学的整合关系可以具体表述为：课程是教学的制度基础，教学是课程的再开发，课程与教学的整合纽带就是永无止境的变革与创造。

第二节　中学历史课程与教学论的理论基础、研究对象与学科属性

中学历史课程与教学论不是中学历史课程论与中学历史教学论的简单叠加，也不是中学历史教学法的任意放大，更不是历史教育学的刻意缩编。中学历史课程与教学论的研究任务是探究中学历史课程与教学内在整合关系中的一系列基本理论和实践问题，这些基本问题的解决需要综合运用许多相关学科的理论成果。

一、中学历史课程与教学论的理论基础

中学历史课程与教学论的理论基础具有跨学科的特点，广泛涉及历史学、学习心理学、课程论、教学论、教育信息技术学、教育艺术学等学科理论。

（一）中学历史课程与教学论的历史学基础

历史、史料、历史学与历史科目是一组极易混淆的概念。一般认为，历史是指人类社会过去的发展历程，简称人类史，具有过去性、一度性和客观性的特点，既不能复现，也无法重演。史料是指人类史的遗留，包括文字史料和非文字史料。历史学是通过史料对人类史进行理解和叙述的学科，具有科学性与人文性的两重性。从这个意义上讲，历史学也可以称作历史学科。历史科目是指学校历史教学科目，亦称历史课，其主要基础是历史学科。

近代以来，随着科技革命的推动，科学史学兴起，兰克学派和实证主义史学派试图将历史学建设成像自然科学那样精确、实证的科学，追求类似自然法则的历史必然规律。中国"考据学派"的代表人物傅斯年曾经明确提出："近代的历史学只是史料学，利用自然科学供给我们的一切工具，整理一切可逢者的史料。"①20 世纪，社会科学发展迅速，经济学、政治学、社会学、人类学、人口学、心理学成果卓著，"新史学"派和年鉴学派追求历史学的社会科学化，重视描述历史发展的一般规律。布罗代尔（Fernand Braudel）倡导"总体史"与"长时段"因素或"结构"，人与环境之间的历史是长期延续、相对不变的结构，经济和社会史是中长延续的可变结构，政治事件、政策、法令是短时限、易于变化的结构。梁启超的"新史学"与计量经济学是中国近现代史学追求社会科学化的典型代表。现代以来，科学史学的客观性受到挑战，历史学的主观性理解和解释引起重视，人文史学崛起。第二次世界大战以来，后现代主义史学激烈质疑和批判科学史学的一元历史进步观、简单真理、普遍理性与规律、固定历史结构、客观历史结论、宏大历史叙事等现代历史学观念②，高扬多元、相对、复杂、多样、无中心、无结构、不确定、个体性、小历史等后现代历史学观念，虽然招致了历史学"碎片化"的批评，但也引发了微观史学的发展潮流③，环境史、海洋史、妇女史、弱势族群史、区域史、城市史等历史学领域引起重视。随着研究的深入，微观史学背后日益渗透长时段、结构性、贯通性、全球化等宏大的历史思想。此外，以公众性、社会性、生活性为特征的公共史学的

---

① 欧阳哲生主编：《傅斯年全集》第 3 卷，3 页，长沙，湖南教育出版社，2003。
② 王晴佳：《后现代主义与历史研究》，载《史学理论研究》，2000(1)。
③ 邓京力：《微观史学的理论视野》，载《天津社会科学》，2016(1)。

崛起也将为中学历史课程与教学的发展提供直接的学术支持。

(二)中学历史课程与教学论的学习心理学基础

学习心理学是对学习过程的心理学研究，它是课程论与教学论的基础。

在学习心理学诞生之前，许多前贤的教育主张已经包含了一些朴素的学习心理学思想。卢梭(Jean-Jacques Rousseau)重视儿童发展的自然根基；裴斯泰洛齐(Johan Heinrich Pestalozzi)反对惩罚错误和机械记忆，强调活动的价值；赫尔巴特提出"观念统觉团"，把新旧观念知识联合起来，用已有经验来引发学习兴趣；艾宾浩斯(H. Ebbinghaus)提出了著名的"遗忘曲线"；霍尔(Granville Stanley Hall)大量使用问卷法来研究儿童心理。

1903年，桑代克(Edward Lee Thorndike)发表《教育心理学》，采用科学实验的方法研究心理学，标志着现代学习心理学的诞生。行为主义学习心理学认为，学习就是刺激与反应的联结，主张通过强化或模仿来形成与改变可观察、可测量的外在行为。认知主义学习心理学认为，学习就是内部认知结构的组织与重组，其核心是思维。人本主义学习心理学认为，学习就是发挥人的潜能，实现人的价值的过程，情感对于学习具有重要意义。建构主义学习心理学认为，学习就是个体在已有心理结构的基础上来建构个性知识，强调知识的主观性和非结构性。

(三)中学历史课程与教学论的课程论基础

课程论是关于课程的目标、内容、组织、实施与评价的基本理论。当代课程论流派众多，主要包括学术中心课程理论、学生中心课程理论、社会中心课程理论与后现代主义课程理论。

学术中心课程理论注重课程内容的学术性、结构性和专门性；学生中心课程理论主张课程内容应该以学生认知、情感发展为基础，学生的实践性创造也是课程内容的重要来源；社会中心课程理论力主课程内容要回应当代社会需要，关注当代社会重大问题，密切联系当代学生的社会生活；后现代主义课程理论高扬课程内容的批判性、不确定性和建构性的特征。

(四)中学历史课程与教学论的教学论基础

教学论是关于教促进学的关系的基本理论，具体包括教学目标、教学原则、教学心理、教学内容、教学过程与方法、教学策略、教学评价、教学管理等。

在世界近现代教学论史上，夸美纽斯、赫尔巴特与凯洛夫的教学理论以"教师教授"为中心，杜威的教学理论则以"学生学习"为目的。程序教学理论以行为主义心理学为指导，结构主义教学理论和掌握教学理论以认知主义心理学为取向，非指导性教学理论以人本主义心理学为依据。

在中国当代教学论史上，以王策三为代表的教学认识论立足哲学论的推演，以李秉德为代表的教学要素论奠基于认知心理学和系统论，以叶澜为代表的"生命·实践"教学论高扬学生的生命价值，焕发课堂实践的生命活力。此外，合作教学与对话教学、翻转课堂、微课等教学理论与实践探索引人瞩目。

（五）中学历史课程与教学论的教育信息技术学基础

随着信息社会的深入发展，信息技术与课程教学的高度融合趋势愈发明显。以计算机为核心的多媒体教学技术、交互式电子白板教学技术、网络教学技术、微信教学技术、大数据教学技术日益从根本上引发课程教学的深层变革。在"学习者中心"教育技术观与"仪器中心"教育技术观的剧烈碰撞中，"学习者中心"的教育技术观已经成为学界共识。

基于教育信息技术学的时代发展，微课与翻转课堂等崭新的课程教学实践出现，课程教学开始从追求宏观理论规律走向探究微观课例的实践经验。

（六）中学历史课程与教学论的教育艺术学基础

教学既是科学又是艺术。教育艺术学是研究教育艺术的学科，教育艺术的本质在于个性创造，个体教师的课程教学贵在具有独特的教学风格，包括教学风度、教学节奏、教学情趣、教学基调等，教学风格相同或相近的教师群体形成教学流派。教学风格与教学流派的多样化是推动课程教学发展的内在动力。

二、中学历史课程与教学论的研究对象

中学历史课程与教学论的理论基础具有跨学科性，这就决定了其研究对象的多层次性。中学历史课程与教学论的研究对象不仅需要借鉴一般课程与教学论的研究成果，更要凸显历史学和基础历史教育自身的特点。

（一）中学历史课程与教学的学制定位、基本功能、根本性质

中学历史课程与教学的学制定位是"中学"，属于基础历史教育范畴。从基础历史教育与高等历史教育的不同学制定位来看，高等历史教育追求历史学科教育的成人化、学科化、专业化和学术化，而基础历史教育重在向未成年儿童普及历史学的基本常识，培育他们的基础历史素养。因此，作为基础历史教育的中学历史课程与教学不能简单移植大学历史学专业的课程与教学，避免中学历史课程与教学的成人化、专业化与学术化倾向。

从基础历史教育的内部学段层次来看，中学历史课程与教学包括初中与高中，这两个学段的历史课程与教学理应具有明显的层次差异，但是，长期以来，初中与高中历史课程与教学简单重复的痼疾一直没有得到很好的解决，对于同一历史课题，初中与高中历史教科书的编写与教师的历史教学并没有实质上的差异。对此，有一种观点将初中与高中历史课程与教学的差异类比为"线"与"面"；还有一种观点把初中历史课程与教学视为普及"历史常识"，把高中历史课程与教学定位在"准历史专业"，即具有历史专业倾向。不过，初中与高中历史课程与教学的层次与衔接仍是一个值得深入研究的基础课题。

作为基础历史教育的组成部分，中学历史课程与教学的育人功能已成共识。但是，学界对育人功能的具体论述相当广泛，涉及爱国主义、民族意识、国家认同、世界视野、文明传承、政治借鉴、道德教化、科学求真、启迪智慧、人文素养等。① 这种没有边界的囊括式罗列不但混淆了历史学功能与中学历史课程教学功能的差异，而且无法聚焦中学历史课程与教学的基本功能。从中学历史课程与教学的基础教育定位来看，现代公民素质教育的基本功能得到了世界各国的普遍认同，中国、英国、美国、日本、俄罗斯等国都把"公民教育"作为中学历史课程与教学的基本价值追求。公民历史教育面向全体学生，旨在培育现代公民的基础历史素养，这与精英历史专业教育有着本质的不同。②

中学历史课程与教学的基本功能是培育现代公民的基础历史素养，现

---

① 王宏志：《迎接新千年，重视历史教育——关于历史课程设置的想法》，载《课程·教材·教法》，2001(2)。

② 进一步阅读请参考赵亚夫：《学校历史课程的公民教育追求》，载《全球教育展望》，2009(4)。

代公民的基础历史素养涉及许多方面，具有思想性、基础性、人文性、综合性、时代性、科学性、前瞻性、文学性、艺术性等性质。但是，现代公民基础历史素养的根本性质还是人文性，中学历史课程与教学的根本性质也是人文性。人文学科的人文性关注的是人的思想观念等精神世界，研究方法立足于想象、体验、情感、直观甚至虚构等人的主观因素。历史学的人文性主要体现在两个方面：第一，历史学的研究对象的核心是过去时空中人的思想动机，包括人的理想、信念、愿望、热情、思辨、计较、考虑、推理、猜测、创造，乃至野心、贪婪、阴谋、诡计等，"一部人类文明史也可以说就是一部人类的思想史"①。第二，历史学的研究主体是专业历史学家，他们也是活生生的人，其历史认识过程必然包含个人思想有意或无意的参与。那么，历史学的人文性是不是就丧失了安全边际呢？需要指出的是，历史学的人文性并不是凭空想象和向壁虚构，它需要以科学的实证为基础，换言之，历史学是有科学实证基础的人文学科。这里的"科学"并不是指自然科学和社会科学。历史学的科学实证基础主要表现在两个方面：一是史料的可信度，二是运用史料进行历史解释的合理度。所以，基于过去事实的历史理解和历史解释是历史学人文性的主要体现。与历史学的人文性不同，中学历史课程与教学的人文性主要体现在运用历史学人文性的主要成果来培养中学生的基础历史思维，特别是基础历史意识、思想、方法，以及质疑、批判性的历史思维。

(二)中学历史课程与教学的目标、核心素养、立意

教育目的、课程目标与教学目标是一组既有联系又有区别的概念。三者都是对育人结果的价值预期，都要考虑社会需要、学生个性成长和学科发展趋势等因素。三者的区别也是非常明显的。一般而言，教育目的是课程目标的上位概念，它是国家对于学校教育的总要求，具有长期性和稳定性，主要体现在国家的教育文件中，如"公民教育""全人教育"等。课程目标是依据教育目的而提出的学校课程开发的预期结果，具有中期稳定性的特点，主要体现在"课程方案"与"课程标准"中，包括课程总目标与学科课程目标。教学目标是课程目标的下位概念，它是依据课程目标而提出的课堂教学活动的预期结果，具有短期性、具体性、可操作性的特点，主要体现在"教学设计方案"中，可以细化为学年、学期、单元、课时、片段等具

---

① 何兆武：《历史学两重性片论》，载《史学理论研究》，1998(1)。

体教学目标。① 需要指出的是，教学目标、课程目标与教育目的之间也存在着自下而上的内在反馈与调节功能。

21 世纪初，《全日制义务教育历史课程标准（实验稿）》提出了中学历史课程的三维目标，即"知识与能力""过程与方法""情感态度与价值观"②。与过去的知识、能力与思想教育的"三项任务"相比，三维目标把知识与能力结合在一起，增加了"过程与方法"目标，把思想教育扩展到全人格的养成，体现了行为主义、认知主义与人本主义等现代教育心理学的综合理论成果，目的是从传统的知识传授转向促进学生的全面成长。

在中学历史教学设计中，历史教师往往会直接移植课程目标作为教学目标，从而造成教学目标的空洞、泛化与抽象，无法具体操作。因此，历史教师要根据具体教学内容和学情，把中学历史课程目标转化为中学历史教学目标。③ 中学历史教学目标的陈述一般采取具体学生学习行为术语和具体学习内容的结合。例如，说出中国古代的四大发明。

三维课程目标体系是面向所有中学课程的，具有通用性特点，有利于中学课程目标的规范。但是，模式化的规范湮没了学科特色。因此，基于三维目标的中学学科核心素养应运而生。

21 世纪以来，国际学界对于跨学科核心素养的共识是 4Cs，即合作（collaboration）、交往（communication）、创造性（creativity）和批判性思维（critical thinking）。中国教育部"核心素养研制组"以培养"全面发展的人"为核心，提出中国学生发展核心素养，分为文化基础、自主发展、社会参与三大领域，综合表现为人文底蕴、科学精神、学会学习、健康生活、责任担当、实践创新六大素养，具体细化为国家认同等 18 个基本要点。

历史学科核心素养是学生在学习历史过程中逐步形成的具有历史学科特征的必备品格和关键能力，是历史学科的知识与能力、过程与方法、情感态度与价值观的综合体现，包括唯物史观、时空观念、史料实证、历史解释、家国情怀五个方面。④ 每一个方面的历史学科核心素养又可以划分为

①　陈志刚：《对三维课程目标被误解的反思》，载《课程·教材·教法》，2012(8)。

②　中华人民共和国教育部：《全日制义务教育历史课程标准（实验稿）》，北京，北京师范大学出版社，2001。

③　范红军：《课程目标与课时教学目标的重构》，载《历史教学》，2005(7)。

④　中华人民共和国教育部：《普通高中历史课程标准（2017 年版）》，4 页，北京，人民教育出版社，2018。

不同的水平层级。

在中学历史课程目标、中学历史教学目标与中学历史学科核心素养研究的基础上，为了增强历史教学目标的有效性，基于历史课堂教学实践的历史教学立意研究开始兴起，学界围绕历史课时教学立意、历史片段教学立意、历史微课教学立意等展开了扎实研究。例如，初中西周史的课时教学立意可以拟定为"西周盛于分封，衰于分封"①。

(三)中学历史课程与教学的内容、资源

中学历史课程内容是中学历史课程开发的核心环节，也是国家对中学生历史学习内容的基本规定和最低要求，它集中体现在中学历史课程标准的"内容标准"或"课程内容"部分。21世纪以来，高中历史课程内容的选择逐渐以历史学科核心素养为目标导向。

中学历史课程内容的不同组织方式就形成了多种多样的历史课程类型，不同的历史课程类型组合也就构成了历史课程结构。例如，初中历史课程结构呈现出历史分科课程与"历史与社会"综合课程的并存状况，高中历史课程结构则由必修课程与选修课程组成，必修课采取通史组织方式，选修课采取专题史组织方式。此外，历史学科课程与历史活动课程，历史基础型课程、历史拓展型课程与历史研究型课程也是值得重视的历史课程结构。

中学历史课程标准的课程内容具有宏观指导性而非刚性指令性的特点，其自身富有很强的弹性空间。因此，深入理解中学历史课程标准的课程内容，还需要追溯历史课程内容的来源，树立中学历史课程资源的意识。中学历史课程资源不仅包括中学历史教科书、中学历史教学参考书、中学历史地图册、中学生历史学习手册、历史学文本资料、历史文物、历史遗址遗迹、历史音像资料、历史网络信息等物化的历史课程资源，还包括人力的历史课程资源，如历史教师和中学生，他们不仅是历史课程内容的实施者，更是历史课程内容再开发的重要参与者。

中学历史教科书内容是中学历史课程标准的课程内容的延展和具体化，它是最主要、最基本的历史课程资源与历史教学资源，是连接历史课程内容与历史教学内容的中介环节。但是，中学历史教科书内容只是代表了编写者对于历史课程内容的理解，也许权威但绝不唯一，历史教师完全可以

---

① 范红军：《西周盛于分封，衰于分封——初中西周史教学立意的聚焦》，载《历史教学(上半月刊)》，2016(4)。

在历史教科书内容的基础上，对于历史课程内容进行新的开发，摆脱"以本为本"的传统历史教科书观。

中学历史教学设计内容是历史教师在历史课程内容、历史教科书内容以及其他历史课程与教学资源基础上的创造性教学成果，一般以历史教学设计方案的文本形式出现，其中，历史学科逻辑与中学生历史认知逻辑的有机结合是关键，这有赖于对中学生历史学情的具体而准确的诊断与把握。

中学历史教学内容是在师生互动教学过程中形成的创造性教学成果，一般以历史课堂教学实录的形式出现，具有动态生成性的鲜明特征，它不仅依托中学历史教学设计内容等历史教学资源，更植根于师生对历史课程内容的再开发和无止境的历史教学创造。

中学历史课程内容、中学历史教科书内容、中学历史教学设计内容与中学历史教学内容之间是一个双向互促的动态系统，其中，历史课程与教学资源的开放性程度决定着系统运行的质量与水平。

（四）中学生的历史学习

中学生的历史学习需要是中学历史课程与教学的基本取向之一，随着"以学生发展为本"的历史课程与教学理念的牢固树立，中学生的历史学习理应引起学界的高度重视。

学习心理学理论流派的学习观涉及了学习的智力因素和非智力因素，如注意、观察、记忆、想象、思维、兴趣、动机、情感、意志、性格；也衍生出了观察学习、模仿学习、接受学习、强化学习、联系学习、迁移学习、深度学习、探究学习、发现学习、自主学习、合作学习、创造学习等学习方式。

历史思维是中学生历史学习的核心，历史形象思维、历史逻辑思维、历史求同思维、历史求异思维、历史创造思维等已经引起学界重视。随着历史学科核心素养的倡导，具有鲜明历史学科特征的历史思维形式需要深入研究，如历史时空思维、史料证据思维、历史变迁与延续思维、历史理解与历史解释等。

（五）中学历史课程实施与教学过程

中学历史课程实施是指以历史课程内容为主体的历史课程计划付诸实践的过程。历史课程实施不仅仅是执行历史课程计划，还具有变革历史课程计划乃至创生历史课程的重要功能。在历史课程实施过程中，要树立历史课程变革观，以课程开发理念来对待历史课程标准、历史教科书、历史教学参考书、历史教案等历史课程计划，整体把握影响历史课程实施的重要因素，提高历史课程改革的质量。

中学历史课堂教学是中学历史课程实施和再开发的主要渠道，它聚焦历史教师的教授、历史课程内容、历史教学环境、中学生的历史学习四要素之间的多向相互关系。在中学历史教学史上，"教师中心"或"学生中心"的历史教学过程本质观都暴露出了严重的缺陷，"教师主导，学生主体"的历史教学过程本质观则流于理论说辞，而基于师生交往的对话教学的历史教学过程本质观越来越成为学界的共识。①

在中学历史对话教学过程中，可以选择不同的历史教学组织形式，构建多种历史教学模式，综合运用多样化的历史教学方法，引进最先进的历史教学技术，深入研究和总结历史概念、史料、通史和专题史的具体教学经验。

（六）中学历史课程与教学评价

中学历史课程评价是对历史课程目标、内容、结构、实施进行的价值判断，主要判断历史课程与中学生历史学习需要之间的适切度，目的是诊断、完善与改进历史课程。中学历史教师和中学生是历史课程实施的主体，也是历史课程评价的重要参与者。

中学历史教学评价是在历史课程评价的基础上对于教师的历史教授和中学生的历史学习进行价值判断的过程，目的是改进和完善历史教学与课程。中学历史教学评价包括历史教师的授业评价和中学生的历史学业评价，历史学业评价观要从历史知识转向历史学科核心素养，重视历史过程性评价，具体把握历史学业质量标准的水平层次。

（七）中学历史教师的专业发展

中学历史教师是历史课程与教学的主要实施者与开发者，也是中学生历史学习的主要指导者与合作者，其专业素养已经成为现代教师的基本职业要求。

中学历史教师的专业素养包括一般专业素养与历史学科专业素养两个方面。一般专业素养涵盖师德、教育学与教育心理学、现代教育技术、教

---

① 张华：《对话教学：涵义与价值》，载《全球教育展望》，2008(6)。

师基本功等领域，历史专业素养涉及历史教育学与历史学等领域。

中学历史教师专业素养的提升可以通过网络培训、集中培训、校本教研、名师工作室等途径，但是，持之以恒的专业阅读与日常教学反思才是根本之道，研究型中学历史教师应当成为共同的专业追求，从而形成百花齐放的历史教学风格和历史教学流派。

三、中学历史课程与教学论的学科属性

中学历史课程与教学论的理论基础、研究对象具有明显的跨学科性。因此，有关中学历史课程与教学论的学科属性也就出现了多种多样的理论观点。有的观点认为它属于教育学科，有的观点主张它属于历史学科，有的观点声言它属于综合学科或边缘学科，有的观点把它归入艺术学科。

从中学历史课程与教学论的学科实际归属情况来看，它委身过历史学科，但始终被历史学边缘化；它也栖身过教育学科，但一直扮演配角角色；它还步入过教师教育学的大门，但附属地位未有改观。

中学历史课程与教学论以历史课程与历史教学的内在整合关系为研究对象，而历史课程与历史教学又是学校历史教育的核心。因此，中学历史课程与教学论的学科属性理应定位于历史教育学。

历史教育学是应该独立于教育学和历史学的学科，它已经形成了比较成熟的学科体系，包括家庭历史教育、社会历史教育和学校历史教育。其中，学校历史教育是历史教育学的核心领域，而中学历史课程与教学论则是学校历史教育的基石。因此，加强历史教育学的学科建设已经成为学界的共同心声。①

第三节　国内外中学历史课程与教学的发展

一、中国中学历史课程与教学的发展

由于历史原因，各地的中学历史课程与教学发展既有共性，也有基于自

① 赵亚夫：《什么是历史教育学》，载《历史教学（上半月刊）》，2016(1)。

身状况的个性。以下就各地的中学历史课程与教学的发展状况作一简要介绍。

(一)清末时期的中学历史课程与教学

作为学校历史教育的组成部分，中学历史课程与教学的近代化是伴随着20世纪初的废科举、兴学校以及近代学校制度的建立而起步的。1904年，在"中体西用"教育改革思想指导下，清政府效法日本学制推行"癸卯学制"，颁布《奏定中学堂章程》，提出"以忠孝为本"的教育宗旨，规定中学五个年级都开设历史课，第一学年是中国史，第二学年是中国史及亚洲各国史，第三学年是本朝史及亚洲各国史，第四学年是东西洋各国史，第五学年是东西洋各国史。按照年级配置历史教科书，较有特色的历史教科书是夏曾佑编著的《最新中学中国历史教科书》，在教学方法上注重传统的讲解诵读。1905年，清朝设立学部，出台"忠君、尊孔、尚公、尚武、尚实"的教育方针。

(二)中华民国时期的中学历史课程与教学

中华民国初期，在新史学倡导民史和民主共和价值观的时代背景下，中学历史课程与教学确立国民教育宗旨和进化史观。1912年，北京政府颁布《中学校令施行规则》，明确提出："历史要旨在使知历史上重要事迹，明于民族之进化、社会之变迁、邦国之盛衰，尤宜注意于政体之沿革，与民国建立之本。"[①]在课程设置上，基本沿袭清末的做法，中学校四个学年都开设历史课，第一学年是本国史的上古、中古和近古部分，第二学年是本国史的近世和现代部分，第三学年是东亚各国史和西洋史，第四学年是西洋史。这一时期，照搬甚至抄袭日本学制、课程、教科书的风气仍然很盛行。

20世纪20年代，随着新文化运动的深入发展，中学历史课程与教学改革的学习对象开始由日本转向美国，大批具有留美背景的史学专家积极参与，包括何炳松、徐则陵、陈衡哲等，梁启超、朱希祖、柳诒徵等史学名家也投身其中。1922年，北京政府施行美式"六三三学制"，中学分初中与高中两级，修业年限都是三年。1923年颁布《初级中学历史课程纲要》和《高级中学公共必修的文化史学纲要》。初中历史为必修课，与公民、地理组成社会科，目的是关注人类社会生活史的变迁，课程内容采取中外史合编的形式，以世界史为纲，对于中国史内容则详细叙述。高中历史分必修课与

---

① 课程教材研究所：《20世纪中国中小学课程标准·教学大纲汇编(历史卷)》，11页，北京，人民教育出版社，2001。

选修课，世界文化史为必修科目，主旨是掌握"生活一体"的观念，以领会现代为归宿，课程内容采用中外史合编的专题史形式，避免与初中历史课程的简单重复。这一时期，傅运森等人编写的《新学制历史教科书》和陈衡哲编写的《新学制高级中学教科书西洋史》鲜明体现了新学制下中学历史课程与教科书改革的时代特色。

南京国民政府成立以后，中学历史课程与教学的发展进入一个相对稳定时期。1929 年，教育部颁布《初级中学历史暂行课程标准》《高级中学普通科本国史暂行课程标准》《高级中学普通科外国史暂行课程标准》。在课程目标上，突出民族精神特别是爱国主义价值观的养成；在课程内容编排上，改变中外史合编体例，采用中外史分编体例。初中阶段先中后外地学习一遍中国史和外国史，高中阶段再循环式深入学习一遍中国史和外国史，以加强高质量的历史知识的学习；在教学方法上，重视阅读、探究、讨论、自学、考察、访问等多种教学活动形式；在历史教科书编写上，多种版本教科书并行，世界史教科书以何炳松编写的初高中外国史教科书为代表。

后来，南京国民政府对历史课程标准多次修订，但 1929 年的历史课程标准所确立的基本原则一直具有奠基性意义。

（三）中华人民共和国时期的历史课程与教学

中华人民共和国成立以后，中学历史课程与教学发生了根本性变化，马克思主义唯物史观指导思想得以确立，按照社会发展形态来划分历史时期，突出人民群众的历史作用，中学历史教育普及率大幅而持续地提高，其间虽历经波折，但改革的脚步始终没有停歇。

1950 年，教育部颁布《中学暂行教学计划（草案）》，初高中历史课程采取双循环的螺旋式编排。初中阶段先开设中国史，后开设世界史；高中阶段也是先开设中国史，后开设世界史。人民教育出版社成为全国唯一的研究、编写、出版通用中学历史教科书的专门机构。

1953 年，在全面学习苏联的背景下，教育部颁布《中学暂行教学计划（修订草案）》。中学历史课程采取先外后中的直线式编排，初中开设世界古代史和中国古代史，高中开设世界近代史和中国近现代史，世界史课程内容照搬苏联体系非常明显。

1956 年，随着社会主义全面建设时期的到来，中学历史课程与教学走上了规范化的道路。教育部颁布了第一套完整的《中学历史教学大纲》，恢复历史课程的螺旋式编排，初一和初二分别学习中国古代史和中国近现代史，初三学习世界史；高一学习世界近现代史，高二和高三分别学习中国古代史和中国近现代史，中国史与世界史的内容比例为2：1。人民教育出版社自编一套中学历史教科书，总结了历史教科书的编写原则。这一时期，中学历史课程和教学开始形成自己的体系和特色，具有奠基性地位。

1958年以后，极左思想不断蔓延，中学历史课程与教学经常受到冲击，变化频繁，极不稳定，"文化大革命"期间还一度暂停。

20世纪80年代，中学历史课程与教学步入恢复与调整时期，历史课程的编排最终选择了螺旋式，在课程结构上，增加了选修科目。

20世纪90年代，随着义务教育教学大纲的施行，中学历史课程与教学进入规范发展阶段。初一和初二开设中国史，初三开设世界史；高一开设的中国近现代史为必修课，高二开设的世界近现代史和高三开设的中国古代史为文科限定选修课，高一开设的中国文化史和高二开设的世界文化史为任意选修课。此外，"一纲一本"的局面开始被打破，上海市出台了具有地方特色的历史课程标准，编写了本地的历史教科书。

21世纪初期，在知识经济、素质教育和以学生发展为本的时代背景下，中学历史课程与教学发生了划时代的变化。课程标准代替了教学大纲，初中开设了"历史"或者"历史与社会"两门选择性必修科目，"历史"以学习板块和学习主题相结合的形式系统地编排了中外史内容。高中设置中外政治史、中外经济史、中外文化史三门必修模块课程，每个模块由若干个学习主题组成，高中的六门选修课采取的也是中外历史合编的专题史体例。历史教科书编写形成了"一标多本"的崭新格局，历史教学理念与教学方法更加重视学生的探究学习、合作学习、自主学习等学习活动。2011年，《义务教育历史课程标准(2011年版)》出台，提出"普及历史常识"的课程理念，在课程内容设计上，强调历史发展的时序，采用"点—线"结合的呈现方式组织学习板块内容。2016年，高中历史课程标准的征求意见稿提出，以历史学科核心素养为统领，压缩必修课程内容，增加选修课程内容，构建学业质量标准，21世纪的中学历史课程与教学改革进入了突出历史学科特色的新阶段。2017年，国务院决定成立国家教材委员会，主要职责是审查国家课程设置和课程标准制定，审查意识形态属性较强的国家规划教材。同年秋季，国家统编初中历史教科书开始在全国投入使用，其后的高中历史教科书也将实行国家统编。

二、国外中学历史课程与教学的演变

作为中学历史课程与教学近代化的先发国家，英国与美国最具代表性。

（一）英国中学历史课程与教学的发展

近代以来，英国中学历史课程与教学的发展大致经历了三个阶段。

1. 传统的中学历史课程与教学

19 世纪末 20 世纪初，伴随着英国工业强国地位的奠定，全民基础教育兴起，历史课作为一门独立课程开始在中学普遍开设。在历史课程与教学目标上，旨在培养具有基本英国历史文化传统修养的现代公民，社会性和政治性浓厚。在历史课程与教学内容上，以英国政治史特别是有成就的英国先人的历史事迹为主，辅以欧洲史和世界史。在教学方法上，围绕历史事实知识的灌输、抄录和背诵等机械方法大行其道。

英国传统的中学历史课程与教学折射着一些基本理念。第一，历史课程与教学的主要功能在于传递英国精英的事迹，它与学生等普通人的社会生活关系不大。第二，历史课程与教学内容是对历史事实的叙述，这些历史知识是不容商议的。第三，客观的历史知识需要学生进行重复性的机械记忆。

2. "新历史科"课程与教学改革

20 世纪中期以后，面对科技革命、社会变革、"新史学"以及世界性基础教育改革的挑战，英国传统的中学历史课程与教学遭遇了前所未有的巨大危机。1966 年，英国的"学校委员会"对各科目的学生认知态度及期望进行调查。多数被调查的学生认为，历史课是无用、无聊而且无趣的科目。学生们普遍抱怨，历史课就是教师把类似的事情一遍遍重复地教，学生一遍遍重复地记。1969 年，英国历史学会主办的《历史》杂志发表了玛丽·布莱斯（Mary Price）名为《历史课的危机》的文章，指出了历史课面临的一系列痼疾，发出了独立的历史课可能会被综合课程"社会科"所取代的警示，引发了一场有关中学历史课程与教学反思与重建的大讨论。

20 世纪 70 年代初，英国学校委员会采纳并实施一个有关 13～16 岁的历史学科的国家课程计划，即"学校委员会历史科计划 13～16"。该计划在对传统历史课程与教学进行实际调研的基础上，设计出了一套历史课程大纲与教材，并与校外考试委员会合作开发考试方案，构建起崭新的历史课程与教学体系，奠定了"新历史科"课程与教学改革的基石。

与传统历史课程与教学相比，"新历史科"课程与教学改革的核心在于基本理念的转变。第一，历史课程与教学内容是对精英人物和普通人物的历史叙述和历史解释，这种叙述和解释是可以商议的。第二，历史叙述与历史解释需要运用史料证据进行历史思维。第三，历史课程与教学内容是对学生种族、文化和生活的历史叙述和解释，它与每一个学生都息息相关。第四，历史课程与教学旨在引导学生发现、探究与解决问题。

20世纪80年代中期，英国"新历史科"课程与教学改革取得整体性成果，新理念得到普遍推广和应用，历史课程与教学的独立地位得以保持。英国"新历史科"改革过程中，以李彼得（Peter Lee）为代表的历史教育研究专家对于儿童的历史思维开展了长期的实证性研究，取得了丰硕的成果，为其后提出历史思维能力奠定了坚实的基础。

3. 历史科国家课程标准的出台与完善

1988年，英国颁布"教育改革法"，改变传统的自由放任的课程与教学机制，设立必修的国家课程，历史科位列其中。1991年，英国教育和科学部颁发了第一个历史科国家课程标准，确定以成就目标体系为基本架构，核心是历史思维能力的培养，包括历史知识和理解、历史阐释以及史料的运用。为此，英国的历史教科书附录了大量的原始史料，诸如档案、文书、条约、奏章、檄文、法典等。此后，历史科国家课程标准历经修订，但历史思维能力的核心地位始终未变。1995年的历史科课程标准提出了历史的时序性、历史知识和理解的深度与广度、历史阐释、历史探究、组织与交流的历史思维能力成就目标。1999年的历史科课程标准构建了知道和理解历史人物、事件及变化，理解历史的时序性，阐释历史，探究历史，组织和交流历史信息的历史思维能力成就目标体系。2007年的历史科课程标准注重对历史思维能力成就目标的细化，突出分析、探究、解决历史问题的能力。

（二）美国中学历史课程与教学的演进

美国是世界教育现代化的原发型国家之一，其中学历史课程与教学也是其他国家争相借鉴和效法的对象。20世纪初期，美国教育界首次把独立的历史科发展为综合社会科。今天，社会科不仅仅是美国学校的核心课程之一，也是世界很多国家学校课程的常态。

1. 独立的历史课程与教学的普及化

美国独立战争以后，人民的民族和民主意识空前增强，历史课程与教学开始从殖民教育向公民教育转变。人们普遍认为，历史特别是美国史是对公民进行国民精神和道德教育的重要手段。1821 年，波士顿建立了第一所面向普通民众的近代公立中学，历史成为一门独立的学校教学科目。随后，马萨诸塞等州纷纷立法，规定中学必须开设美国史，历史科教学逐步扩大。

美国南北战争以后，资本主义快速发展，中学迅速普及，参差不齐的历史科教学亟待规范。1893 年，美国教育协会中学课程研究委员会发表报告，把历史科列为中学应当教授的五类科目之一。同年，美国教育协会历史十人委员会提出报告，指出历史科有助于开阔思维，克服偏隘主义，使学生在智力上最大限度地得到启蒙，从而能够在今后的生活中对国家事务产生有益的影响。1899 年，为了解决中学历史教学与大学入学考试的衔接问题，美国历史协会七人委员会向美国教育协会提出改革中学历史教学的建议。建议认为，历史教学有重要的育人价值，有助于培养学生的判断力，掌握收集和使用资料的方法，发展科学思维习惯；历史教学内容应当照顾到各种不同的观点。建议提出了一个中学历史课程方案：九年级开设古代希腊史、罗马史，十年级开设中世纪到近代的欧洲史，十一年级开设英国史，十二年级开设美国史。到 1916 年，这种历史课程设置在中学已经相当普遍。

2. 社会科的诞生和历史课程教学的综合化

19 世纪末 20 世纪初，美国社会发生巨变，工业化和城市化的进程加速，移民大量涌入，腐败、贫富悬殊和治安等社会问题突出，进步主义教育运动兴起。进步主义教育学者认为，学校教育必须关注社会现实，增强实用性，综合运用各种社会学科知识来处理社会问题。此时，美国史学也在经历着深刻的变化，以鲁宾逊为代表的"新史学"派批评传统史学脱离社会现实，提倡关注近期历史而不是古代史，强调研究平民百姓的生活史，倡导历史与现实结合，打破史学与其他学科的壁垒，进行跨学科式的历史综合研究。这样，进步主义教育运动和"新史学"运动就汇合成了要求改革传统历史课程与教学的时代潮流。1905 年，汉普顿学校尝试用社会科来改造历史科课程。1911 年，美国教育协会中学和大学联合委员会用"社会科学"这一学习领域来统领各种社会学科。1914 年，南达科他州首次开发了社会科课程。1916 年，美国教育协会社会科委员会发表《中等教育中的社会科》报告，建议整合烦琐的教学科目，把独立的历史、地理和公民等社会学科合并为一门新的综合教学科目——社会科；指出社会科的主要目的是培养理想的公民和对社会有用的青年。报告提出了一个六年一贯制的社会科课程方案：七年级学习欧洲历史，八年级学习美国历史，九年级学习社区公民，十年级学习1700年以前的欧洲历史，十一年级学习1700年以后的美国历史。自此，综合社会科就正式取代了独立历史科。

在社会科下，历史课的具体形态并不明确，或相对独立地开设，或以历史学科框架来统整其他社会学科，或把历史科完全融入社会科。在教学内容上，减少古代史和中世纪史，加强近代史和现代史。在教学方法上，强调"儿童中心"，提倡"在做中学"，推行活动教学和体验性学习。

3. 新社会科运动和历史选修课的激增

第二次世界大战以后，美苏争霸愈演愈烈。1957年，苏联成功发射了世界上第一颗人造卫星，点燃了美国学校教育改革的导火线。1959年，布鲁纳发表《教育过程》，结构主义教育理论兴起。结构主义教育者们批评进步主义教育运动过分强调实用和生活，忽视学科知识和思维训练，降低了学校的学术标准。他们主张恢复学术标准，关注学科结构，增加学术性的选修课程，把学科专家的研究方法引入中学，以培养学生探究和发现的能力。

1962年，美国教育部"社会科课题"立项，从而形成了一场持续到20世纪70年代中期的新社会科运动。新社会科运动从以往关注学科综合转向强调各个学科的相对独立性，其主要表现形式是由学科专家主持多样化的学术性选修课程的开发，以提高课程的深度和难度。就历史学科而言，历史学家们一方面奔走于中学，介绍历史研究的新成果、新趋势、新观念和新方法；另一方面广泛搜集历史资料，深入开掘各个史学领域，迅速开发了多层次的历史选修课程。一是一般历史选修课程，如亚洲史、拉美史、非洲史、宗教史、城市史、妇女史、黑人史、电影史。二是高级历史选修课程，如高级美国史、高级欧洲史。三是微型历史选修课程，如美国独立战争、美国南北战争、印第安人研究、今日合众国。

新社会科下的历史教学具有如下特点。第一，在教学目标上，以学术为取向。第二，在课程形态上，大力开发历史选修课程。第三，在教学内容上，拓展广度，注意美国和西欧以外的历史；加大深度，深入探讨一些史学专题；关注历史学科结构，重点是历史概念及其体系。第四，在教学方法上，虽然提倡探究和发现法，但过分强调对历史概念、历史学科体系的牢固掌握，致使机械训练和记忆的旧方法重新抬头。

新社会科运动最终并未给历史教学带来繁荣。学科专家不了解中学历史教学的复杂性，急于把历史研究的新成果和新方法输入中学，使历史选修课到了泛滥的程度。这种"自助餐式的课程"削弱了历史基础知识的教学，大大降低了学生对历史课程的兴趣。

4. 标准运动和国家历史课程标准的出台

20 世纪 80 年代以来，鉴于新社会科运动的偏颇，恢复基础教育运动重新强调历史学科的重要性。1983 年，以《国家处在危机之中：教育改革势在必行》为标志，美国政府也积极参与其中。1991 年，老布什总统签发《美国 2000 年：教育战略》，把历史列为中学五门核心课程之一。1993 年，克林顿总统签发《2000 年：美国教育法》，不仅重申了历史课程的核心地位，而且决定编订各科国家课程标准。20 世纪 90 年代中期，美国颁布历史科国家课程标准。

国家标准下的美国历史教学具有以下特点。第一，多样性中的统一。美国是一个教育分权制的国家，国家标准不具有强制性。但是，国家标准的制订在美国教育史上毕竟是第一次，它综合反映了全国历史教育工作者的意见，对于州标准的制订具有直接或间接的影响，折射着多样性中的统一。第二，在教学目标上，重视历史学科能力的培养，包括时序思维、历史理解、历史分析与解释、历史研究、历史问题分析与决策。[①] 第三，在课程形态上，历史学科在社会科框架下可以灵活地开设。第四，在教学内容上，注意吸收当代最优秀的史学研究成果，以文化和文明为主线来架构美国史和世界史。第五，在教学内容的组织上，采取历史时期加历史主题单元的结构。第六，在教学方法上，反对死记硬背，重视学生学习历史的过程和方法，提倡对历史的质疑、批判和思考的态度，采用启发式、参与式和问题解决的教学方法，注重对档案、口述资料、艺术文物、音乐、相片、历史遗址、电影等多种类型的历史材料的鉴别和运用。

范红军：《美国社会科视域下历史教学的变革与启示》

---

① 赵亚夫：《国外历史课程标准评介》，18 页，北京，人民教育出版社，2005。

本章小结

基于课程与教学的整合理论，本章重点探讨中学历史课程与教学论的研究对象，初步构建本学科的基本理论体系，从中外中学历史教育的演变来体验课程与教学整合的实践经验。由于中学历史课程与教学论的跨学科性，有关本学科属性的探讨一直是一大难点。

学习反思

1. 试论课程与教学的关系。

2. 概论中学历史课程与教学论的研究对象。

3. 概述英国、美国中学历史课程与教学的演变趋势。

拓展阅读

1. 拉尔夫·W. 泰勒. 课程与教学的基本原理[M]. 罗康，张阅，译. 北京：中国轻工业出版社，2008.

2. 小威廉姆·E. 多尔. 后现代课程观[M]. 王红宇，译. 北京：教育科学出版社，2000.

3. 张华. 课程与教学论[M]. 上海：上海教育出版社，2000.

4. 李定仁，徐继存. 教学论研究二十年[M]. 北京：人民教育出版社，2001.

5. 何兆武. 历史理性批判论集[M]. 北京：清华大学出版社，2001.

6. 叶小兵. 试论初高中历史课程的整体规划[J]. 课程·教材·教法，2014(4).

7. 聂幼犁，任世江. 建设务实有效的 21 世纪的中学历史课程——著名教学研究专家聂幼犁先生访谈录[J]. 历史教学，2003(1).

8. 徐蓝. 谈谈研制高中历史课程标准的一些体会[J]. 历史教学，2016(23).

9. 朱煜. 论历史教学论的学科定位及研究范式[J]. 课程·教材·教法，2008(9).

10. 苏珊娜·波普，高嵩，徐贵亮. 全球范围历史教学论的总趋势[J]. 中学历史教学参考，2015(23).

11. 赵亚夫，郭艳芬. 美国国家历史课程标准述评[J]. 外国教育研究，

2004(2).

　　12. 孙立田. 美国中学历史课程的确立与改革[J]. 历史教学，1999(2).

　　13. 李稚勇. 英国中学历史课程改革论析[J]. 全球教育展望，2006(4).

　　14. 郑士璟.《英国国家历史课程标准》评介[J]. 历史教学（上半月刊），2016(10).

　　15. 李理. 台湾高中历史课程纲要修订评析[J]. 台湾研究，2016(2).

　　16. 朱汉国. 台湾地区中学历史教科书研究[J]. 历史教学（上半月刊），2014(11).

　　17. 李理 ."去中国化"的台湾中学历史教科书编纂[J]. 台湾研究集刊，2008(2).

PPT 课件

第一章　历史课程的本质与目标

学习目标

1. 理解中学历史课程的性质，认识历史课程的本质。

2. 了解历史学科的特点，认识其与历史课程本质、课程目标之间的关系。

3. 领会教育目的、课程目标与教学目标之间的关系。

4. 了解历史课程目标确定的依据，分辨 3 种不同的价值取向，评析现行中学历史课程标准中的目标定位。

本章导引

一天，办公室里，物理老师老王与历史老师小张争论起来。老王说："胜者王侯败者贼，历史是人写的，哪有什么客观？"小张则说："历史就是探求真相，谁也不能否认历史的事实，自然就是客观的。"老王反驳道："既然这样，一部通史不就行了，把真相说出来。为什么要反复编写？"小张无语。

不少一线历史教师认为，历史是客观的，教师在历史教学中的任务就是传递客观的知识。如果是这样，似乎只要编写了一套理想的教科书就可以实现历史教育的任务。为什么需要进行课程改革？历史课程改革的目标是什么？历史学科的特点有哪些？历史教育的任务是什么？为什么教科书要不断进行改写？学生在历史学习中究竟要获得什么呢？……这些问题不解决，我们是很难领会历史课程的本义的。

在本章，你会认识到，历史课程目标是我国历史课程构建的基础，它指明了历史教育的任务，明确了历史课程内容的范围。历史课程目标是历史教科书编写、教师教学必须遵循的依据。了解影响中学历史课程目标编制的因素，有助于学习者认识到历史课程的本质，更好地实施历史课程。历史课程目标是理解历史课程标准思想理念、把握历史课程改革方向的关键，其编制是否符合要求决定着历史课程改革的成败。

第一节 历史学科的特点与中学历史课程的性质

《普通高中历史课程标准(2017 年版)》全面贯彻了党的十九大精神,明确提出历史课程最基本和最重要的教育理念是:"全面贯彻党和国家的教育方针,切实落实立德树人的根本任务,坚持育人为本、德育为先,使历史教育成为形成和发展社会主义核心价值观的重要途径,努力培养德智体美全面发展的社会主义建设者和接班人。"[①]

《普通高中历史课程标准(2017 年版)》明确提出了历史学科的核心素养,其本质是应达成的课程学习目标。制约学科课程目标的设置与课程内容的选择的因素是学科特点、社会因素、学习者的身心发展规律。了解历史学科的特点,有助于我们领会历史课程的本质,把握学科核心素养的内涵,进一步推动课程改革的发展。

一、历史学科的特点

(一)主客观统一性

历史含义本身具有复杂的内涵层次:一是指人类的往事,二是指对那些往事的记述,三是后人对过去事件的认识。

历史上发生的事实是客观的,历史不容假设,这是在历史含义第一层面上的探讨。从历史的第二、三层含义分析,历史又具有主观性。这是因为:第一,历史的确存在,但它凝固于文本与历史遗物中,必须经过一番解读、理解才有效。普通民众面对的"历史事实",实际上都是经过历史学家主观选择出来的,没有历史学家的挑选、陈述,那些发生过的事情,在发生完之后就会从人们的记忆里永远消失。第二,历史见证人所记录的这些事情的原委、经过,历史学家对它们的描述,无不蕴含个人主观见解、观念。对某一个历史文本,不同的人会有不同的感受、不同的理解。即使同一个史学家,此一时彼一时的心境、阅历不同,对文本的看法也会不同。显而易见,历史是一门主客观统一的学科。

历史往事一旦逝去永远不可再现。对于逝去的历史事实,历史教师是

---

① 中华人民共和国教育部:《普通高中历史课程标准(2017 年版)》,2 页,北京,人民教育出版社,2018。

没办法教的，我们在课堂上所教授的、学生在历史课本上所学到的主要是对历史的一种认识。许多老师认为学习历史就是要掌握死的历史知识，这种观念是不正确的。

（二）前瞻性、当代性

为什么学习历史？历史是过去、现代、未来的联结，学习历史要以现实为出发点，从过去的经验与教训中寻找可以借鉴的东西，进而帮助学生形成历史意识，产生历史认同、民族认同，更好地为现在、未来服务。在形而上意义上，历史与人类共始终，它并未过去、从未完成，我们时时刻刻处于历史中。历史教育是为了民族繁荣、进步而进行的精神的、文化的教育，只有在现实中才能得以实现。所以，历史学科的特点是前瞻性的，绝不是回顾式的。

历史认识的进步主要表现在对史事的理解与评说上。就历史意义的认识来说，意义判断不仅因认识主体价值观的不同而不同，而且随时代的变化而变化。因此，历史需要不断地改写，以适应时代潮流。史书或史料必须经过人们的思考、反省、重新体验，才能够被赋予生命，才能影响人们的心灵、生活。所以，历史解释、思考具有当代性，它是当代人们的思考，是为了解决当代人们所关心的问题。

（三）选择性

面对浩如烟海的历史资料信息，研究与学习历史，均不得不进行选择。选择史料是历史书写的重要组成，也是历史学科的特点。史家研究历史问题、编写者编写教材文本，所呈现的均是一种选择的结果。由于种种原因，任何历史专著或教材均难以穷尽史料，难以把历史的方方面面呈现出来。所以，选择史料并不意味着历史是相对的、骗人的，选择的东西只是事实的一部分。

（四）人文性

历史课程是对学生进行公民教育、培养学生人文精神和人文素质的基本途径。透过历史，可以获得广阔的人生视野与阅历，有助于我们智慧的生成。英国史学家柯林武德指出，历史学的价值在于，"首先，认识成为一个人的是什么；第二，认识成为你那种人的是什么；第三，认识成为你这个人而不是别的人的是什么……它告诉我们人已经做过什么，因此就告诉我们人是什么"①。人文教化给我们的思想教益是无法估量的，帮助学生明白生活的智慧、生存的意义，从而学会做人；培养学生的爱国主义、民族主义精神；有利于学生增强参与意识，积极投身于人类文明的建设和改造。

（五）科学性与文学性相结合

在科学性上，史学与一切科学一样遵循共同的规范或准则，如信守事实、言之有据，努力探求事实与因果解释的真。英国史学家沃尔什言："历史学乃是一种科学研究，这在它是按照自己的方法和技术所从事的一种研究这种意义上说，大概是不好加以否认的。历史学家所寻求确立的结论，是通过对一种明确的题材——人类过去的行为与遭遇——的考查，按照一代又一代的探究者使之不断精确的规则而实现的。"②但史学与自然科学相比又不在同一个层次，"没有任何历史的论证曾经以精确科学所特有的那种强制性的力量证明了它的结论"③。自然科学的研究对象可以直接面对，历史学却不能直接面对历史事实，它所面对的只能是文献。自然现象的背后并没有思想，但研究历史事件必须研究人们是怎样思想的，这是史学区别于自然科学的所在。历史不可重复，因此历史科学的结论不可能像自然科学的结论那样得到验证，不同史家面对同样的史料可能会得出不同的结论。自然科学则不同，科学研究面对同样的事实对象，应该得出同样的结论。

在文学性上，史学与文学艺术有着某种密切的关系，共同点之一是它们都渗透着深刻的人文情怀。在本质上，史学与文学使用着同样的语言，"小说与历史之所同者，表现有感情、有生命、有神采之境界"④。史学与文学艺术又有明显的不同：历史学出发点不是假设，而是事实；文学艺术虽来源于生活，但它们的表现内容可以虚构。

---

① ［英］柯林武德：《历史的观念》，何兆武、张文杰译，38 页，北京，商务印书馆，1997。

② ［英］沃尔什：《历史哲学——导论》，何兆武、张文杰译，31 页，桂林，广西师范大学出版社，2001。

③ ［英］柯林武德：《历史的观念》，何兆武、张文杰译，363 页，北京，商务印书馆，1997(12)。

④ 张荫麟：《论历史学之过去与未来》，见蒋大椿主编：《史学探渊——中国近代史学理论文集》，468 页，长春，吉林教育出版社，1991。

（六）探究推理性

由于历史已经逝去，真相已经湮没在史料之中，要试图客观地对历史进行论述、分析，必须去寻找证据，从相关数据中进行推测、分析，然后得出结论或者认识。学习历史离不开史料，何炳松先生在其《通史新义》中明确指出："历史研究法自直接观察所得之史料入手，自此以一种复杂之推理进程以达于吾人所欲知之事实。是故此种方法与其他各种科学方法根本不同。其事实研究也在于根据史料而加以间接之推理，非直接之观察也。所有历史之知识均属间接之智识，故历史之为学实属推理之科学，其方法乃一种推理进程之间接方法也。"①所以，历史学科具有思辨推理的特点，可以使学生在推理思辨中发展其思维能力。

（七）认识的多样性

历史知识是一种反思性的知识，旨在通过认识者个体对于历史上所亲历的价值实践的总体反思呈现出认识者个体对于人生意义的体验②。对于同样的问题，会出现多种多样的体验和回答，答案见解具有开放性。历史学科的价值就在于存在着丰富多彩的历史认识。历史学科对于人生的追问，主要是通过感悟历史人物活动、反省历史上人类种种罪恶进行的。这是一种隐性的、潜在的知识，难以通过掌握、记忆的方式来获得，只能通过每个个体的内心世界来加以欣赏、鉴别和认同。它更多是一种对历史的反思。这种反思包含了大量个人亲身体会、独特感悟，体现着多样性。对于历史的认识，不同的人有不同的看法，绝对化的答案可能会阻碍学生自由思考的空间和个体经验参与的道路，使与存在经验密切关联的人文知识变成一个个僵化的结论、教条。③

二、中学历史课程的性质

《义务教育历史课程标准（2011 年版）》明确指出，义务教育阶段的历史

---

① 何炳松：《何炳松文集》，第 4 卷，101 页，北京，商务印书馆，1997。
② 石中英：《教育哲学导论》，173 页，北京，北京师范大学出版社，2004。
③ 进一步阅读请参考林慈淑：《历史知识特质与历史教育方向》，载《中学历史教学》，2015(12)。

课程"是人文社会科学中的一门基础课程，对学生的全面发展和终身发展有重要的意义"。《普通高中历史课程标准（2017 年版）》明确指出，普通高中历史课程是"促进学生全面发展的一门基础课程。学生通过高中历史课程的学习，进一步拓展历史视野，发展历史思维，提高历史学科核心素养，能够从历史发展的角度理解并认同社会主义核心价值观和中华优秀传统文化，认识并弘扬以爱国主义为核心的民族精神和以改革创新为核心的时代精神，具有广阔的国际视野，树立正确的世界观、人生观、价值观和历史观，为未来的学习、工作与生活打下基础"①。

历史学是人文社会科学中的一门基础学科，是人类文化的重要组成部分，在传承人类文明的共同遗产、提高公民文化素质等方面起着不可替代的重要作用。探寻历史的真相，正确地认识历史规律，以史为鉴，从历史中汲取经验教训，顺应历史发展的趋势，是历史学重要的社会功能。历史学与历史教育有着极为密切的关系，学校的历史课程承担着重要的历史教育功能。

在基础教育阶段，教育的根本任务是提高全民族的素质，以完善和提高少年儿童素质为根本目的，促进青年学生身心和谐发展，它的其他社会功能是通过育人这一功能实现的。它面向全体学生，为全体学生服务。素质教育以培养全面发展人才为目的，而不能形成"应试教育"的体系、选拔的体系和淘汰的体系。普通中学的教育任务是使学生养成一般中等国民应具有的品格、知识、能力。② 培养现代公民是中学教育的根本任务，历史教育要从社会的要求出发，围绕现代公民的培养对中学生进行教育。

历史课程是人文社会科学中的一门基础课程，人文学科培养的内容与任务和自然学科不同，应从学生发展的需求出发。人生来就有健全的本能和独立的个性，有其自身发展的内在需要。人文教育要尊重人，重视人的价值，同时还要考虑学科的特点。国家与社会的要求、学生发展的需要、学科特点共同决定着历史学科的性质。

概而言之，中学历史课程的性质是用历史唯物主义观点阐释人类历史发展进程和规律，进一步培养和提高学生的历史意识、文化素质和人文素

---

① 中华人民共和国教育部：《普通高中历史课程标准（2017 年版）》，1 页，北京，人民教育出版社，2018。

② 钟启泉、崔允漷、吴刚平：《普通高中新课程方案导读》，78 页，上海，华东师范大学出版社，2003。

养，立德树人，促进学生全面发展的一门基础课程。结合课程改革的任务，我们可以清楚地看到历史课程主要具有以下特性：

基础性。历史课程应该根据学生的心理特征和认知水平，以普及历史常识为主，引领学生掌握基本的、重要的历史知识和技能，逐步形成正确的历史意识，为学生进一步的学习与发展打下基础。我们要认识到，中学历史课程是一门基础课程，属于基础教育的范畴，中学历史学科教育的特点也是历史课程性质确定需要考虑的因素。在中学教育中，历史课程的任务不是培养历史学家，不是为高等教育培养后备军，而是提高国民素质。历史课程既为学生进入高层次的学习做铺垫，也为学生进入和适应社会打基础。历史课程不只是向学生传授系统历史知识的课程，它应是在向学生传授知识的同时，更多地关注和帮助学生发展的课程；它属于非专业历史教育课程，它是面向中学生的基础课程。历史课程应摆脱长期受大学专业历史教育模式和历史研究成果（模式）影响的束缚，不去刻意追求历史学科体系的完整性，避免内容的专业化、成人化倾向，构建符合中学生认知水平和学习需要的课程。

人文性。历史课程应以人类优秀的历史文化陶冶学生的心灵，帮助学生客观地认识历史，正确理解人与社会、人与自然的关系，进而关注中华民族以及全人类的历史命运；帮助学生提高人文素养，逐步形成正确的价值取向和积极向上的人生态度，适应社会发展的需要。历史由人类所创造，对历史的反思有助于我们对人自身的理解，有助于学生从历史发展中了解人类，在生动的历史细节中感悟人生，丰富自己的内心世界，获得精神情感上的慰藉、道德上的进步。历史学本质上是一门思考的学问，其真正的价值是在教育方面"能够使人们回想过去，从而教育人们的心智"①。历史知识的真正价值并不在于知识本身，而在于隐藏在知识背后的思想。历史知识中蕴含太多可供学生思维与思考的内容。历史知识的宝贵之处是，它能扩展人们理解人类活动与交往的范围，使人们在生动的历史细节中感悟人生，从而丰富自己的内心世界。历史教育的使命，就是让学生可以成为植根在丰富历史沃土上的一株"会思想的苇草"。历史课程注重公民教育，具有很强的人文性。公民教育功能的正确定位，适应了历史课程的基本特点以及时代发展的要求。学生通过历史思维，形成各自的历史认识，陶冶自

---

① ［英］乔治·屈维廉：《克莱奥——一位缪斯》，见田汝康、金重远选编：《现代西方史学流派文选》，181 页，上海，上海人民出版社，1982。

我情操，具备合格的公民素养。历史课程的学习，使学生能够了解社会的进步，了解一个国家文化的发展特点；明辨人类的是非善恶，培养理解、反思、探索、思维、批判能力和平等、正义、宽容等诸多优良品质，立德树人，养成良好的公民的素质；知道人要为自己的所作所为负责，有助于他们以后积极投身于社会活动、正视社会问题，从而形成健全的人格，促进个性的健康发展；弘扬以爱国主义为核心的民族精神和以改革创新为核心的时代精神，传承人类文明的优秀传统，使学生了解和认识人类社会的发展历程，更好地认识当代中国和当今世界；注重历史与现实的联系，使学生逐步学会综合运用所学知识和方法对历史和社会进行全面的认识；初步学会从历史的角度观察和思考社会与人生，从历史中汲取智慧，提高综合素质，得到全面发展。

思想教育性。历史课程不同于历史学，历史学重在进行历史研究，而历史课程则强调历史教育性。历史课程应坚持用唯物史观阐释历史的发展与变化，使学生认同中华民族的优秀文化传统，坚定爱国主义和社会主义信念，增强爱国主义情感，树立民族自尊心和自信心；拓展国际视野，逐步树立正确的世界观和人生观，理解和尊重其他国家和民族所创造的文明成果。通过历史课程的学习，学生能了解人类社会发展的基本脉络，继承优秀的文化遗产，弘扬民族精神；学会用马克思主义科学的历史观分析问题、解决问题；从人类社会历史发展的曲折历程中理解人生的价值和意义。

综合性。注重人类历史不同领域发展的关联性，注重历史与现实的联系，使学生逐步学会综合运用所学知识和方法对历史和社会进行全面的认识。

第二节　历史课程的价值取向与目标要求

历史教学有什么功用？学习历史对我们有什么作用？尽管有关部门一再强调历史的功能，但在当前"应试教育"尚未根本扭转的情况下，不仅学校的领导、其他学科的教师不看重历史学科，就是大多数的历史教师也在抱怨"学历史没用"。家长、学生甚至教师都以为"历史嘛，背一背，应付考试就行了"。现行历史课程标准将课程目标定位在公民教育、学科能力培养等方面，能够改变人们心中对历史课程的看法吗？历史课程的目标如何定位，为什么这样定位？学生究竟能够从历史课程中得到什么？历史课程对学生的成长有什么作用呢？这是探究历史课程目标时需要反思的问题。

一、确定历史课程目标的依据

课程目标在整个课程编制与设计中占有举足轻重的地位。课程目标是课程开发的预期结果，它在一定意义上制约课程开发的方向，对课程开发起着指引作用，指明了课程最终所要达到的结果。课程内容的确定、课程实施过程、课程的评价等，都要依据课程目标来确定。课程目标一旦确定，将制约着课程内容的选择，课程目标通过具体的文本对学生学习的行为与内容以及在学习活动中的表现方式进行勾勒，为课程内容和教学方法的计划与选择提供依据与指导，为课程的具体组织实施提供计划、依据、规定及要求等。课程目标还是学生应当达成的水平及程度的标准，是测评课程实施效果的尺度。评价课程实施的优劣，必须依据所确定的课程目标。课程目标在课程编制与设计过程中，具有定向、指导内容选择、实施操作与评价等功能。

课程目标的确定是一件复杂、困难的工作。一般来说，社会、学生和学科知识是课程目标形成的源泉，我们在确定课程目标时，需要综合考虑各种因素。在具体的课程实践中，人们制定课程目标多强调其中的一个因素，从而出现了知识本位价值取向、学生本位价值取向和社会本位价值取向这三种影响较大的课程目标价值取向。受课程目标价值取向的影响，在确定课程目标时需要注意三个方面的要求①：第一，学习者的需要。课程的设置是为了学习者的学习，促进学习者的身心发展。学习者的需要是课程目标确定的一个基本依据。要了解学习者的学习需要，就要研究学习者的学习兴趣和身心发展特点，这样才能保证课程设置的有效性。第二，国家、社会发展的需要。学校教育的一个主要任务就是使学生逐渐社会化，课程目标的确定应当反映社会生活的需要，将国家、社会生活的需求作为制定课程目标的重要依据之一。在确立课程目标时明白哪些才是课程目标需要重点反映的国家、社会需求，形成重点突出、层次分明的需求系列层级，并在课程目标中体现出来。第三，学科特点。学科知识内含着自身的逻辑体系，包含着基本概念和基本原理、探究方式、学科的发展趋势、与相关学科的关系等内容。这要求我们研究学科知识本身的特点、价值以及组织方式。

---

① 张华：《课程与教学论》，182～190 页，上海，上海教育出版社，2000；钟启泉：《课程与教学概论》，66～69 页，上海，华东师范大学出版社，2004。

（一）从学习者学习历史的需要出发

学生的需要主要是指人格上的身心发展的需要。随着学生人格的发展，其需要会不断变化、不断提升，因而学生人格发展的需要是动态的。学生身心发展的需要既具有年龄阶段的差异性，又具有个体间的差异性。这就需要理解历史学科具体的教学内容与学生人格发展的关系，分析从历史教育的内容中学生能够获得怎样的启示与知识，以制定出合理的、具有层次变化发展的学生需求的目标，实现历史教育的功能。在课程中仅关注知识的传递，实际是无视学生完整人格的发展，也不利于历史教育目标的实现。

学生作为个体，最终要成为一个社会人而融入特定的社会中去。当代社会生活的需求理应成为课程目标的基本来源之一。什么是当代社会生活的需求？这包括两个维度。从空间维度看，当代社会生活的需求是指从学生所在社区到一个民族、一个国家乃至整个人类的发展需求。从时间维度看，当代社会生活的需求不仅指社会生活的当下现实需求，更重要的是社会生活的变迁趋势和未来需求。我国基础教育培养目标是培育高素质的社会主义建设者，使学生具有爱国主义精神、社会责任感，具有终身学习能力，初步形成正确的世界观、人生观和价值观。当代社会要求学生成长为合格的社会公民，那么，历史教育与公民教育的关系怎样？哪些公民教育的内容属于历史教育的特色？历史学科的公民素养教育与语文、地理、政治学科的公民素养教育的区别在哪里？结合历史教育，我们希望培养的学生具有哪些公民素养？学生修完历史课程之后，具有怎样的看待、分析社会问题的眼光与能力？等等。只有仔细考虑上述问题，我们才能真正领悟历史教育的价值之所在，分析清楚历史教育的作用。这些是历史课程目标设计必须考虑的。

（二）考虑历史学科的特点

历史学科知识及其发展也是影响历史教育功用与历史课程目标确定的关键因素。这要求我们知道历史的功用是什么，历史学科与其他学科相比，其基本特点是什么，怎样使历史教学体现历史学科的特点等，以使教学内容呈现出历史的韵味。一般来说，学科有两个方面的功能与教育目标紧密联系：一是这门学科本身的特殊功能，即为学生将来从事某一学科专门化研究奠定基础的功能；二是这门学科所能起到的一般教育功能，即通过学科学习，促进学生整体发展的功能，以及满足个人生活和社会生活需要的功能。基础教育阶段的历史课程功能显然不是培养学生成为历史学研究的专家，而是满足学生未来社会生活的需要。这样的历史课程目标如何定位呢？如何确定其教育的作用内涵呢？这就涉及历史学科领域内的基本概念、学科特点、研究方式等内容。

从某种程度上说，历史学习就是形成一种历史认识。历史认识的客体不能直接呈现在研究者或学习者面前，后者只能通过对史料的认识去尽可能地接近历史本体。这个特殊性就导致历史认识只能是相对的，即无法求得绝对的客观真实。要获得历史认识，首先要对史料进行分析，或者对所获得的相对正确的事实进行一般描述，然后探讨历史表象背后深层的因果关系，从特殊中抽象出一般，评价历史现象。这是一个由表及里，从感性到理性的认识过程。解释者只能从自己的视角去解释历史，不同的人解释历史或同一个人变换不同视角解释历史，就会产生不同的历史意义。历史教学是让学生通过了解教科书提供的历史知识框架，进入历史的领域，通过对历史事件的理解、解读，在纷纭复杂的历史事件中感悟人性的本质，形成自己的历史认识。随着学生观念的更新、认识能力的增强，这种历史认识会不断发生变化。如果在学习中，学生能够自己去探究、评论历史人物的功过是非、历史事件的经验教训，他们就有可能在这种探究中形成一种当代公民必须拥有的理解、思辨、反思的眼光，唤醒自己参与社会活动的意识，从而树立一种主人翁精神。这就是历史教育的价值：学习历史可以使学生对人性有所感悟，塑造学生理解、思辨、反思等健康人格，培养合格的公民素养。

（三）落实国家、社会的需求

当今世界正在发生广泛而深刻的变化，经济全球化进程日益加快，世界范围内各种思想文化相互激荡，政治多极化趋势持续发展。当代中国正在发生广泛而深刻的变革，全面建成小康社会，加快推进社会主义现代化是时代赋予中国人民的崇高使命。培育具有中国特色社会主义核心价值观的公民，是时代发展和社会前进的需求，也是青少年自身成长和全面发展的需要。这对中学历史课程的改革提出了新的要求。

伴随着我国由大国战略向强国战略的转变，培养高层次的具有创新精神的人才迫在眉睫，历史课程改革要与时俱进，在国家人才培养战略中发挥其应有的作用。

研究历史的终极目的是研究现实。人们认识历史，目的在于"彰往而察来"，通过对历史发展的趋势和规律的把握，能更加自觉地顺应历史发展的潮流，推动社会进步。① 史学通过丰富的具体的历史知识让人们认识历史发展，了解当今世界是怎么来的，经历了什么道路，今后发展的趋势可能会怎样。这有助于我们更好地认识国情，明白为什么中国必须走社会主义道路，更好地看待我们的社会。历史具有启迪和增长智慧的作用。学习历史，了解历史人物的成败得失，有助于人们培养自己处理事务的能力，分析问题和解决问题的能力；理解社会发展规律，加强认识与改造社会的能力；明是非，辨善恶，增长才智，提高理性的洞察能力，具有历史的眼光。②

人类的文化是通过历史发展积累而成的，正是历史学的传承和记载，才使得我们民族的文化不仅没有被多次战争所中断，而且随着时代的推移不断发展和丰富。③ 历史涉及政治、经济、军事、文化等社会生活的各个方面。人们有着各方面的需求与爱好，不同层次的人们通过历史学习可以汲取不同的营养。诸如政治家以史为鉴可以治国安邦，军事家也往往参考历史著名战例而克敌制胜，文学家则多以历史素材作为自己的创作源泉，科学家的发明创造也需以本学科历史为前提。由此可见，历史学对一个国家、一个民族或个人都是不可缺少的。④ 即使是在日常生活中，一个人要想很好地生活，例如阅读文学作品、观看影视作品、旅游观光等，均需要一定的历史知识素养。

学习历史，有助于我们更好地了解世界，吸取和借鉴世界各国、各民族优秀的文明成就，提高我们的文化修养。通过进一步弘扬祖国的历史文化，增强中华民族的自豪感和民族凝聚力。

二、历史课程的价值取向

《普通高中历史课程标准（2017 年版）》明确提出，以立德树人为历史课

---

① 丁怀超：《历史意识与史学功能——评瞿林东著〈历史·现实·人生〉》，载《安徽史学》，1996(2)。

② 陈辉：《史学的社会功能与历史课程的设置》，载《历史教学问题》，1992(3)。

③ 丁怀超：《历史意识与史学功能——评瞿林东著〈历史·现实·人生〉》，载《安徽史学》，1996(2)。

④ 吴枫：《史学工作者的责任感与史学研究的社会功能》，载《社会科学辑刊》，1987(1)。

程的根本任务，坚持正确的思想导向和价值判断，以培养和提高学生的历史学科核心素养为目标。历史课程"要以唯物史观为指导，对人类历史发展进行科学的阐释，将正确的思想导向和价值判断融入对历史的叙述和评判中；要引领学生通过历史学习，认清历史发展规律，对历史与现实有全面、正确的认识，形成实事求是的科学态度以及正确的世界观、人生观、价值观和历史观；要增强学生的历史使命感，不断增强学生对伟大祖国的认同，对中华民族的认同，对中华文化的认同，对中国共产党的认同，对中国特色社会主义道路的认同；增强学生的世界意识，拓宽国际视野"①。

历史课程目标的拟定，需要综合考虑历史学科特点、国家与社会需求、学生发展等诸多方面的因素。三种取向都对课程目标的定位起着制约作用，在制定课程目标时，需要根据学生发展、社会需求、学科课程内容的逻辑和系统性等来确定课程目标。同时，在设置时关注课程目标实现的可能性，选择那些既重要、关键，数量又适宜的课程目标，并协调各类课程目标之间的关系。课程目标是由认知、技能、情感、应用四大类构成的，各类课程目标间都存在着相互联系、相互促进、相互制约的关系。如认知活动需要相应的情感及其他方面活动配合，在设计认知目标时，应该考虑情感、意志、态度、行为等方面的目标，使它们组成协调、和谐的课程目标体系，使学生的智力品质和非智力品质对应地、相称地发展。

此次基础教育课程改革的基本价值取向是以立德树人、学生的全面发展为本位，历史课程改革如何在这样一个大背景下完成其基本的任务，提高学生的人文素养，成为历史课程论首先应该考虑的内容。在定位课程目标时，首先应该认真分析国家的教育目的、教育方针与（初中或高中阶段）课程设置总目标，它们是课程的终极目的，是我国社会主义教育价值观的体现。课程目标设置必须符合国家教育目的、教育方针的要求。在此基础上，确定课程目标的基本来源。课程目标的基本来源或课程开发的基本维度是特定教育价值观的具体化。学习者的需要、当代社会生活的需求、学科的发展三者是怎样的关系？课程目标或课程开发究竟应以什么为基点？当课程开发的基点确立下来以后，应如何处理好与其他处于从属地位的目标来源的关系？对这些问题的不同回答形成了不同的课程开发的取向，这是确立合理的课程目标的关键。然后再确定课程目标的基本取向。历史课程目标是历史课程实施的关键，它制约着历史课程标准的制定，影响课程内容的选择与历史教科书的编

---

① 中华人民共和国教育部：《普通高中历史课程标准（2017年版）》，2页，北京，人民教育出版社，2018。

写，指导历史课程教学实施和对历史课程的评价。

历史课程目标设置还要考虑本学科的特点，围绕学生主体的发展及合格公民培育这一社会要求，探讨学生通过历史学习能够获得怎样的历史认识，养成必备的公民素养。历史学是历史教育的基础，历史学的知识理论和方法是历史学科教育的直接源泉。历史是靠证据说话的，所谓以史为据、史论结合。在历史学习中，面对复杂的历史情境时，总是依据具体的史料对具体历史事实进行分析，进而做出判断。由于在现实生活中，人们常常要对某些事物的性质、发展趋势做出判断，以便决定对策。显然，历史学科的这一特性，有助于学生在踏入社会以后，理性地看待社会上的诸多问题。这正是历史公民教育的目标所在。历史是一门思维的学科，历史思维要求学生在学习历史的过程中，能够将历史与现实结合起来，对历史现象或现实进行反思，进而形成忧患意识或积极向上的世界观与人生观。因此，为了培养具有人文素质的合格公民，必须培养学生拥有一定的分析问题、反思问题等学科能力，这有助于学生的全面发展。

【案例 1.1】

核心素养目标确定的维度

《普通高中历史课程标准(2017 年版)》把历史学科核心素养确定为唯物史观、时空观念、史料实证、历史解释、家国情怀五个方面。大体来说，唯物史观、家国情怀素养目标设置的维度是基于国家与社会发展的需求；时空观念、史料实证、历史解释目标设置的维度是基于学科发展的需要。

陈志刚：《历史课程目标的确定》

三、历史课程目标编制要求

定位历史课程目标时，一方面我们不能单纯从历史学科所具有的社会作用出发，把历史课程与史学研究混同起来；另一方面我们要从国情出发，从国家、学生的需求出发，这才可能使历史课程的目标符合国情，为广大一线历史教师和学生认可。

（一）课程目标编写应明确，便于实施

从某种意义上说，人的行为都是有目的的。如果课程目标不明确，教师就会根据各自的理解自行制定目标，这就很难保证各门课程都围绕国家规定的教育目的来运作，学生也很难达到教育行政部门规定的一些基本的要求。课程总要有一个基本要求即最低标准，这是每一个学生都必须达到的，否则难以保证学校教育质量。课程的最低标准不宜过高，应该是绝大多数学生都容易达到的。在课程目标编制时一定要把握以下几点。[①]

1. 强调预先规定行为目标

即要求课程编制应该根据预期的学习最终行为优先确定课程目标，这些目标应该以"指出欲使其在学生身上发生的那种行为，以及该行为所将处理的生活内容或领域"的形式来表述。这一特征的根本作用在于为课程编制的其他各步骤提供指导，尤其为评价课程与教学效果提供确定性的依据。这保证了课程编制活动的程序性，以及课程与教学的高度计划性和有效性。

2. 形成层次分明的目标体系

即要求将那些已被确定为课程目标的东西，按其不同的心理领域、不同水平，进一步划分，以形成一个意义明确、层次分明的目标体系。布卢姆等人提出的"教育目标分类学"认为，较高水平的技能需要建立在较低水平学习的基础之上。这对安排课程目标先后顺序、难易深浅，保证课程目标实现都具有重要意义。同时，从简到繁的目标体系使得课程评价更加精确。

3. 其他注意事项

第一，目的与手段不可分，目标与内容不可分，内容与经验不可分；确定目标与选择经验、组织经验、评价结果是同步进行的。

第二，并非所有学科课程的学习结果都能预先得以确定。

第三，并非所有的课程目标都能完满地转化为可被观测的行为目标。例如理解力、鉴赏力、想象力等目标就很难行为化。

第四，理解、应用、分析和综合等高水平的目标，很难严谨地表述

---

① 《课程目标》，见 http：//www.docin.com/p-174409787.html，2019-03-04。

出来。

第五，掌握知识和获得理解往往是同时发生的。

第六，情感、能力目标往往与认知活动相交融。在实践中很难有某种活动只涉及认知领域的东西，而不同时涉及情感领域和动作技能领域的东西。

（二）处理好历史课程目标与课程总体目标、未来课堂教学实施目标之间的关系

为了实现课程改革的培养目标，同时针对现行的基础教育课程教材中存在的弊端，《基础教育课程改革纲要（试行）》确定了本次课程改革的六项具体目标：改变课程功能、调整课程结构、精选教学内容、改进教学方式、改革考试和评价制度、重建课程管理体系。六项具体目标不仅为历史课程内容结构、教学实施方式、考试评价等改革指明了方向，而且为历史课程目标的设定指出了应注意的事项：历史课程目标应考虑到"改变课程功能、调整课程结构、精选教学内容、改进教学方式、改革考试和评价制度、重建课程管理体系"的要求，围绕六个方面结合历史课程的特点来设计。

（三）要根据学生的认知能力和社会需求来确定历史课程目标[①]

课程目标要体现国家和社会的意志与要求，由于历史教育是对学生进行良好公民教育、人文教育的主渠道，在课程目标设定上，应该从历史学科出发，将历史课程中的公民教育、人文教育内容目标细化。

课程目标是对学生学习过程、学习方法、学习效果、情感态度与价值观的全面要求，因此，课程目标的制定要考虑学生的认知能力、学习兴趣。中学生对许多事物具有好奇心、探究欲望和学习热情。他们的好奇、探究、学习热情和学习的注意力等，还需要足够的间接兴趣来提供维持的动力，如学习内容情节的生动、表现形式的多样性、教师高超的教学艺术等。因此，适当减少要求学生记忆和掌握的知识内容和理论内容就变得十分必要。课程目标的制定要以学生发展为本，以学生个性的健康成长作为课程实施的目标。历史课程不仅仅在于让学生掌握基础的历史知识，更重视透过历史的学习，使学生终身发展潜力得到开发、人性不断完善，使学生学会认

---

① 参见《全日制义务教育历史课程标准解读》，21～29页，北京，北京师范大学出版社，2002。

识历史的方法，养成正确的历史思维习惯，为形成正确的历史意识和历史观打下基础。课程目标的设定要重视对学生学习过程的指导。向学生传授学好历史课程的基本方法，使学生了解历史学习要掌握哪些基本知识、具备哪些基本能力和技能、了解哪些基本概念和基本理论，才能使学生真正学会如何学习历史。没有兴趣就没有真正的学习。课程目标要使历史课程在知识的呈现方式、内容的选择、课程实施等方面，能够促进学生思维的活跃，激发学生的学习热情和兴趣。

总之，历史课程定位应准确，要符合历史课程的特点，体现历史教育功用的要求。历史课程具有基础性、思想教育性、人文性等特点，历史课程目标的确定也应该围绕上述三个方面来展开，避免课程目标设置偏难或偏易，符合基础教育的要求，帮助学生认识到自己所担负的社会责任，立志做一个有益于社会的好公民，具有理智看待社会问题的眼光，善于批判反思，勇于承担自身行动所带来的一切后果。

第三节　中学历史课程目标简析

一、教育目的、课程目标与教学目标之间的关系

在教育系统中，教育目的、教育目标、课程目标、教学目标是一个有机整体。这些概念之间既有联系又有区别。课程目标是根据教育目的和教育规律而提出的课程的具体价值和任务指标。

课程目标分为三个层面：课程总体目标、学科课程目标和课堂教学目标。其中，"课程总体目标"描述的是在某一教学阶段课程设置所要实现的总目标，并为安排各种类型的课程和教学内容提供依据，在我国往往体现在"课程纲要"和"培养方案"中；"学科课程目标"接受课程总体目标的规范，是相对具体的目标，以"课程标准"的形式呈现；"课堂教学目标"与具体的课堂教学相关联，是具体的、情境化的、可操作的教学目标，是对某一门学科或课程的具体内容进行教学所要达成的目标的描述，体现教学的时空差异和个体差异。[1]

---

[1] 李高峰、汪明：《对"三位一体"课程目标的解读》，载《内蒙古师范大学学报（教育科学版）》，2009(10)。

对课程目标概念的理解，尽管理论界存有异议，但基本观点还是比较一致的，即普遍认为，课程目标是指学校课程所要达成学生身心发展的预期结果，是在课程设计与开发过程中，课程本身要实现的具体要求，它期望一定阶段的学生在发展品德、智力、体质、素养等方面所达到的程度。[①]从上述分析可以看出教育目的与课程目标之间的区别，教育目的是长期的教育目标，而课程目标则是中期的教育目标，它要根据课程改革的进程不断调整修改。下面我们以图示来展现一下教育目的、课程目标、教学目标之间的关系。

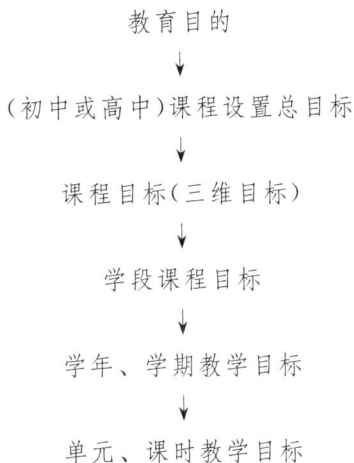

教育目的

↓

(初中或高中)课程设置总目标

↓

课程目标(三维目标)

↓

学段课程目标

↓

学年、学期教学目标

↓

单元、课时教学目标

【案例 1. 2】

教学目标拟定不当

刘老师是一位资历较深的历史老师，鉴于目前的课程改革是一种基于课程标准的改革，他为了提高课堂教学的有效性，在确定教学目标时，总是把课程标准中的相关内容标准拿过来，直接作为本节课的教学目标。当有专家批评他这一做法时，他困惑不已：不是基于课程标准吗？

[①]　靳玉乐：《现代课程论》，155 页，重庆，西南师范大学出版社，1995；钟启泉：《课程与教学概论》，59 页，上海，华东师范大学出版社，2004。

二、初中历史课程目标简析

当前课程目标是按照"知识与技能①""过程与方法""情感态度与价值观"三维目标来叙述的。"三维目标"的原始依据是《基础教育课程改革纲要(试行)》,它由课程专家提出。学科课程专家依据《基础教育课程改革纲要(试行)》的精神,将"三维目标"这个思路具体化为学科课程的阶段目标,形成目标体系。②《基础教育课程改革纲要(试行)》在"课程标准"部分指出,国家课程标准"应体现国家对不同阶段的学生在知识与技能、过程与方法、情感态度与价值观等方面的基本要求,规定各门课程的性质、目标、内容框架,提出教学和评价建议"。各门课程的课程标准原则上均按此提法设计课程目标,"三维目标"是指学科课程目标的设计思路。

初中历史课程目标是怎样设置的呢? 我们还是先来看看《义务教育历史课程标准(2011 年版)》中的具体规定。

初中历史课程目标③

(一)知识与能力

1. 知道重要的历史事件、历史人物及历史现象,知道人类文明的主要成果,初步掌握历史发展的基本线索。

2. 了解历史的时序,初步学会在具体的时空条件下对历史事物进行考察,从历史发展的进程中认识历史人物、历史事件的地位和作用。

3. 了解多种历史呈现方式,包括文献材料、图片、图表、实物、遗址、遗迹、影像、口述以及历史文学作品等,提高历史的阅读能力和观察能力,形成符合当时历史条件的一定的历史情景想象。

4. 初步学会从多种渠道获取历史信息,了解以历史材料为依据来解释历史的重要性;初步形成重证据的历史意识和处理历史信息的能力,逐步

---

① 这里的技能一词的含义是从心理学角度而言的,是通过后天练习形成的、控制动作执行的行动方式。历史教学界常常把技能等同于能力,其他理科教学界则不同,例如数理化课标中的三维目标就是"知识与技能、过程与方法、情感态度与价值观"。心理学界认为,能力包括知识、技能与态度三个层次。

② 韩海海:《从课程目标角度审视"三维目标"》,载《中国教育报》,2008-12-05。

③ 中华人民共和国教育部:《义务教育历史课程标准(2011 年版)》,5~7 页,北京,北京师范大学出版社,2012。

提高对历史的理解能力，初步学会分析和解决历史问题。

5. 学会用口头、书面等方式陈述历史，提高表达与交流的能力。

(二)过程与方法

1. 通过多种途径感知历史，学会从当时的历史条件理解历史上的人和事，并经过分析、综合、概括、比较等思维过程，形成历史概念，进而认识历史发展的时代特征和历史发展的基本趋势。

2. 在学习历史的过程中，逐步学会运用时序与地域、原因与结果、动机与后果、延续与变迁、联系与综合等概念，对历史事实进行理解和判断。

3. 在了解历史事实的基础上，逐步学会发现问题、提出问题，初步理解历史问题的价值和意义，并尝试体验探究历史问题的过程，通过搜集资料、掌握证据和独立思考，初步学会对历史事物进行分析和评价，并在探究历史的过程中尝试反思历史，汲取历史的经验教训。

4. 逐步掌握学习历史的一些基本方法，包括计算历史年代的方法、阅读教科书及有关历史读物的方法、识别和运用历史地图和图表的方法、查找和收集历史信息的途径和方法、运用材料具体分析历史问题的方法等。

5. 初步掌握解释历史问题的方法，力求在表达自己的见解时能够言而有据，推论得当；学会与教师、同学共同对历史问题进行探究与讨论，能够积极汲取他人的正确见解，善于与他人合作，交流学习心得和经验。

(三)情感·态度·价值观

1. 从历史的角度认识中国的具体国情，认同中华民族的优秀文化传统，尊重和热爱祖国的历史和文化；认识在漫长的历史进程中，我国各族人民密切交往、相互依存、休戚与共，形成了中华民族多元一体的格局，共同推动了国家发展和社会进步，增强民族自信心和自豪感。

2. 感悟近现代中国人民为救亡图存和实现中华民族伟大复兴而进行的英勇奋斗和艰苦探索，认识中国共产党在中国革命、建设和改革事业中的决定作用，树立中国特色社会主义理想信念；继承和弘扬以爱国主义为核心的民族精神，认识到国家统一、民族团结和社会稳定是中国强盛的重要保证，初步形成对国家、民族的认同感，增强历史责任感。

3. 了解人类社会历史发展的基本趋势及人类文化的多样性，理解和尊重世界各国、各民族的文化传统，学习汲取人类创造的优秀文明成果；认识和平与发展是当今时代的主题，逐步形成面向世界的视野和意识。

4. 认识人类历史上物质文明、精神文明发展的重要性，理解历史上的革命与改革在不同程度上促进了社会的进步，认识从专制到民主、由人治到法治是历史发展的必然趋势，不断发展社会主义民主与加强社会主义法制意识。

5. 认识科学技术的发展对人类历史进步的推动作用，逐步形成尊重科学、崇尚科学的意识，树立求真、求实和创新的科学态度；从历史的演变中认识合理开发和利用资源、生态环境保护的重要性，初步形成可持续发展的观念。

6. 认识人民群众创造历史的作用以及杰出人物在历史上的重要贡献，吸取前人的经验和智慧，初步理解个人与群体、个人与社会的关系，提高对是与非、善与恶、美与丑的识别判断力，逐步确立积极进取的人生态度，形成健全的人格和健康的个性品质。

根据上述内容，可以看出当前初中历史课程目标在编写上具有下列优点与不足。

(一)提出了三维目标

新课程提出的"知识与技能、过程与方法、情感态度与价值观"的三维目标作为国家课程基本理念的重要体现，意在纠正过去我国在主知主义课程观下单纯注重知识传授、忽视学生心灵成长的弊端，有其积极的现实意义。"三维目标的实质就是要求我们把学生当作完整的人来对待，只有在人的个性的完整性层面，才能准确把握三维目标的统一性和内在一致性。三维目标的统一性和内在一致性对教学工作的启示表现在：教学是培养人的活动，而不是完成三项任务的过程。"①一线的教师在理解课程目标时并没有把握三维目标的内在一致性，相反，它们被相互割裂开来，这种生硬的解读方法造成对课程目标的理解上的种种失误。更糟糕的是，教师在教学中误将本属于课程目标层面上的三维目标理解为课堂教学实施过程中的目标。造成这一误解的原因是，教师在教案设计过程中，常常将教学目标定为知识、能力、思想教育三个方面。课程标准中的三维目标"知识与技能、过程与方法、情感态度与价值观"，乍一看仅比原有的教学目标多了一个内容，似乎它们属于同一个层面上的东西，实际则不同。当前一些教师习惯以三

---

① 杨九俊：《新课程三维目标：理解与落实》，载《教育研究》，2008(9)。

维目标的形式处理课时教学目标，这不是课程改革的初衷，容易造成教学目标的空泛和对课程目标体系的忽视。但如果真的理解了课程目标的宗旨后，在教学中将其巧妙地以三维的方式表述出来，也未尝不可。

三维目标是学科课程目标，而非教学目标，在学科课程目标与课堂教学目标之间，存在着很大的抽象程度上的差异。尽管课程标准按照三维目标来陈述，我们要认识到教学目标是课程标准的下位目标。我们不能以课堂教学目标的视角来审视三维目标。站在课堂教学的角度，我们会觉得过程与方法目标不伦不类。教学目标有不同的层级：由学年(学期)目标到单元(主题)目标，再到课时目标。由于上位目标决定下位目标，教师在确定教学目标时，必须清楚它的上位目标是什么，才能把握住下位目标的基本定位，不至于把课堂教学目标设计成空洞的、抽象的口号式目标。在教学目标的陈述上，教师不能机械地按照三个维度来陈述，而应该从整体上来考虑学习目标，"把它当作思考教学目标的一条重要原则，然后根据具体的内容、学生与情景来确定目标的重点"①。换句话说，在有些课上，过程目标的叙述可以分布在知识与技能、情感态度与价值观目标层面里，不作为单独的目标来书写。

(二)课程目标的表述欠规范

课程目标不是对教师的教学行为的描述，而是指学习者的学习结果。要设计出合适的课程目标，进行课程目标设计时，必须对学习者学习后应达到的行为状态做出具体、明确的表述，再将这些表述进行类别化和层次化处理，努力做到目标表述内容丰富，技巧性比较强。

当前我国历史课程标准中课程目标的表述，是以三维目标的形式表现出来的，在具体表述时又是按照结果性目标、体验性目标与表现性目标类别进行划分的。结果性目标(行为目标)说明学生的学习结果是什么，所采用的行为动词要求具体明确、可观测、可量化。这种方式指向结果可以量化的课程目标，主要应用于"知识与技能"领域。表现性目标就是指学生在具体的教育情境、教学活动和学习活动中的个性化表现，旨在培养学生的创造性，强调学习及其结果的个性化。它明确安排学生各种各样的表现机会，所采用的行为动词通常是与学生表现什么有关的或者结果是开放性的。

---

① 崔允漷：《教学目标——不该被遗忘的教学起点》，载《人民教育》，2004(13～14)。

体验性目标(过程目标)就是描述学生自己的心理感受、情绪体验,所采用的行为动词往往是历时性的、过程性的。主要对应于"过程与方法""情感态度与价值观"领域。本着易于操作的原则,此次课程标准将体验性目标分为三个层次水平,即经历(感受)、反应(认同)和领悟(内化)。体验性目标注重的是过程,它强调教师根据课堂教学的实际进展情况提出相应的目标。三维目标是在不同层次上对课程目标进行定位的,实际不利于一线教师的理解。

课标在课程目标的叙述上采用笼统的含糊的表述方式,造成一线教师在课程实施时,无视课标的存在,只凭借自己的教学经验进行教学,把教学的关注点放在教科书知识的传递上,忽略了课程目标实现问题。例如,知识与技能目标,知识分为了解、理解和应用三个水平,技能分为模仿、独立操作和迁移三个水平。如果课标在表述上按照这种简便的划分方式去陈述内容标准,将便于一线教师体会课程标准的要求,更容易在课堂上进行操作,有助于历史课程目标的实现。在表现性目标的表述上,课标采用概述的方式,因为重心放在学生从事活动后应该展示的结果上,不利于确立学生所经历的情景。表现性目标只是给师生提供了探索个人感兴趣或某些重要问题的机会,并不强调在这些经历中,学生会学到什么。

(三)没有处理好历史课程目标与课堂教学实施目标之间的关系

这一点主要体现在内容标准上。根据内容标准,课标主要使用了"知道""了解"两个行为动词去概述,如果根据这两个动词涉及的技能培养层次实施教学,内容标准所强调的培养技能,将远远低于课程目标的定位。这不利于课程目标的达成,也影响到一线教师的具体操作。

课程目标是相对具体的目标,它与抽象化的教育目的或课程总目标不同,是根据某一具体学习领域或学科和学生发展阶段与状况,描述一门课程所要达到的目标。[①]我国历史课程标准中对课程目标的叙述似乎比较关注于宏观的、长期的教育目的,致使课程目标的规定空洞、庞大,缺乏可实施性。历史课程标准在制定自己的目标时,未能结合历史课程具体的特点、性质与历史学科的特点,根据学生对历史学习的需求灵活设定。课程目标内容应该相对具体、细化,目标的设定要考虑老师未来教学的实施,设定的目标具有指导性、明确性、可操作性,尤其注意在内容标准制定上,应

---

① 杨钦芬:《新课程三维目标的解读与整合策略》,载《教育学术月刊》,2008(7)。

将课程目标细化在具体的学习内容中。遗憾的是，现行课程标准的课程目标仍然采用笼统概述的方式，内容标准的编制脱离了课程目标的架构，不利于一线的教学实施。

我国的历史课程改革刚刚起步，需要一线教师理性看待课程标准的目标与内容，在具体的教学中，如果能够根据学情发展，围绕课程目标的达成，自行细化内容标准，这将有助于课程改革的发展。

三、高中历史课程目标简析

普通高中历史课程的目标是坚持落实立德树人的根本任务。学生通过历史课程的学习，形成历史学科核心素养，得到全面发展、个性发展和持续发展。学生通过历史课程的学习，掌握必备的历史知识，能够：

1. 了解唯物史观的基本观点和方法，包括人类社会形态从低级到高级的发展、生产力和生产关系之间的辩证关系、经济基础和上层建筑之间的相互作用、人民群众在社会发展中的重要作用等，理解唯物史观是科学的历史观；能够正确认识人类历史发展的总趋势；能够将唯物史观运用于历史的学习与探究中，并将唯物史观作为认识和解决现实问题的指导思想。

2. 知道特定的史事是与特定的时间和空间相联系的；知道划分历史时间与空间的多种方式，并能够运用这些方式叙述过去；能够按照时间顺序和空间要素，建构历史事件、历史人物、历史现象之间的相互关联；能够在不同的时空框架下对史事做出合理解释。在认识现实社会时，能够将认识的对象置于具体的时空条件下进行考察。

3. 知道史料是通向历史认识的桥梁，了解史料的多种类型，掌握搜集史料的途径与方法；能够通过对史料的辨析和对史料作者意图的认知，判断史料的真伪和价值，并在此过程中增强实证意识；能够从史料中提取有效信息，作为历史叙述的可靠证据，并据此提出自己的历史认识；能够以实证精神对待历史与现实问题。

4. 区分历史叙述中的史实与解释，知道对同一历史事物会有不同解释，并能对各种历史解释加以评析和价值判断；能够客观论述历史事件、历史人物和历史现象，有理有据地表达自己的看法；能够认识历史解释的重要性，学会从历史表象中发现问题，对历史事物之间的因果关系做出解释；能够客观评判现实社会与生活中的问题。

5. 在树立正确历史观基础上，从历史的角度认识中国的国情，形成对祖国的认同感和正确的国家观；能够认识中华民族多元一体的历史发展趋势，形成对中华民族的认同感和正确的民族观，具有民族自信心和自豪感；了解并认同中华优秀传统文化、革命文化、社会主义先进文化，认识中华文明的历史价值和现实意义；了解世界历史发展的多样性，理解和尊重世界各国、各民族的文化传统，具有广阔的国际视野，树立正确的文化观；认同社会主义核心价值观，认同走中国特色社会主义道路是历史的必然，树立中国特色社会主义道路自信、理论自信、制度自信和文化自信；能够确立积极进取的人生态度，塑造健全的人格，树立正确的世界观、人生观和价值观。①

根据上述内容，可以看出高中历史课程目标在编写上具有下列优点与不足。

(一)课程目标的表述基本符合要求

课程目标的表述是十分重要的，它直接为选择课程内容和经验提供依据，并为教师组织课程实施和继而进行的课程评价提供基本准则。课程目标表述正确、清晰和通俗易懂，就为课程目标的实现奠定了坚实基础。如果目标表述不当，不仅浪费目标设计和确定所花费的各种资源，而且会对课程和教学活动产生误导。《普通高中历史课程标准(2017年版)》对于课程目标的表述基本合理，围绕着五大核心素养展开，所述均能够指向学习者的学习结果。结合课程标准中对于核心素养的分层次表述，实际上是对学习者学习后应达到的行为状态做出具体、明确的表述，并将这些表述进行类别化和层次化处理，努力做到目标表述内容丰富，技巧性比较强。

(二)强调学生历史思维能力的培养

读史使人明智，历史最大的魅力在于历史认识的丰富多彩。由于历史已经逝去，真相已经湮没在史料之中，要试图客观地对历史进行论述、分析，必须去寻找证据，从相关数据中进行推测、分析，然后得出结论或者认识。可见，历史学习需要进行批判性阅读、思考，需要学生在学习过程中像法官断案那样，面对不同的材料信息，进行甄别、推断。正是这种批

---

① 中华人民共和国教育部：《普通高中历史课程标准(2017年版)》，6～7页，北京，人民教育出版社，2018。

判性阅读与推论，使历史学习变得格外兴趣盎然。

历史课程有助于培养学生的历史思维能力，读史明智主要在于培养学生思维方法上的进步。历史是一门主客观统一的学科，面对历史记述中不可避免的争论与不同的历史史料，历史知识的建构需要学生主观地选择、理解和解释。历史学科能力结构之一，就是面对史料，学生能够解释说明；分辨不同的历史观点与历史解释，说明历史解释之所以不同的原因。无论是初中还是高中，历史学习必须收集资料、构建论据和独立思考，对历史现象进行初步的归纳、比较和概括。历史学习不是一种被动接受式的学习，它要求学生分析、解释、推理、综合所选择的史料信息，然后形成结论。由此可见史料实证、历史解释素养提出的价值。

（三）重视家国情怀素养的培育

爱国主义教育是我国基础教育的一个重要目标，我国的历史课程肩负着爱国主义教育与弘扬传承历史文化的任务。历史课怎样进行爱国主义教育，历史课堂上的爱国主义教育与政治课、语文课的爱国主义教育的区别在哪里，这是分析历史课程目标时应考虑的。

历史课堂上的爱国主义教育并非简单的口号，它具体表现在通过历史教育，学生不仅在形式上，而且在心理上认为国家是自己的国家；不是从口头上，而是在文化层面上有着真正的归属感和认同感。这才是爱国主义教育成功的表现，是家国情怀的内容。国家认同就是爱国主义的表现，即对民族国家的一种依恋式的情感。国家认同依赖于文化认同、民族认同。学生只有对中华民族文化产生认同，进而对中华民族产生认同，才能对中国产生国家认同。

文化认同意指个体对于所属文化以及文化群体内化并产生归属感，从而获得、保持与创新自身文化的社会心理过程。历史教育中的"文化认同"是通过历史教育使学生能够了解和把握本民族传统文化的精髓，"能够达成一种共识或新的认识，即承认中国几千年的文明成果，其中包括儒、释、道等各家思想体系中所包含的合理因素、合理内核及其所具有的契合于现代社会可持续发展的文化因素、价值理念、思维方式和生存智慧，不再像以前那样，以西方文化'坐标'或以西方文化'支点'作为唯一的判断标准，来理解、诠释和评价中国传统文化"[①]。中华民族文化源远流长，是中华民

---

① 李中华：《国学、国学热与文化认同》，载《北京行政学院学报》，2007(3)。

族宝贵的精神财富。尽管传统文化中有着种种弊端糟粕，但是在新时期，我们可以将其改造完善，赋予其当代社会主义价值意义的新内涵。民族认同从概念上讲就是社会成员对自己民族归属的自觉认知，指一个民族的人们对其自身及文化倾向性的认可与共识，既存在于人们的头脑中，也通过文化活动体现出来。民族认同是民族精神塑造的前提，它以文化为基础，而民族主义的形成依赖于民族文化传统的认同。在民族认同的过程中，需要学生深入历史的细节，感悟优秀的民族精神，批判民族文化中的糟粕，对诚信、仁爱、自强、良知、正义、自尊等中华民族精神内涵产生深刻的认同。国家认同是指对自己所处国家的认同，承认其统治的合法性。国家认同是民族认同和文化认同的升华①，是一个人对民族国家的一种依恋式的情感，显然，国家认同就是爱国主义的具体表现。

文化认同、民族认同是国家认同的基础，围绕文化认同、民族认同而进行的国家认同式的历史爱国主义教育，比形式化、口号式的爱国主义教育效果要好得多，它有利于学生从心理上、文化层面上产生真正的归属感和认同感。这种教育的内涵能增强民族的凝聚力和国家意识，使学生更好地理解本民族的优良传统。围绕家国情怀素养展开的认同教育必然是一种认识与心理感悟教育，这种教育要求在课程实施时，不能仅从知识传递的视角出发，必须考虑学生内心情感变化的递进性、长期性，根据学生心理发展的规律，根据历史学科内容的特点，设定认同教育目标的发展层次，由浅入深对学生进行教育。

（四）关注培养合格的公民素养，感悟历史，立德树人

从历史课程的本义来说，学习历史不是为了改变社会，而是为了改变学生自己，使他们成为合格的社会公民，能够拥有历史的眼光，改变他们看待、认识世界的方式。历史是一门陶冶学生情操的学问，历史课程不仅要关注学生的情感体验，还要关注学生的道德生活和人格养成，能够立德树人。

历史由人类所创造，应在人与历史的关系中来理解人和历史。对历史的反思会开阔视野，有助于我们对人自身的理解，有助于学生从历史发展中了解人类，了解社会的进步；进而明辨是非善恶，反思人性，养成良好的公民素质，有助于他们以后积极投身于社会活动、正视社会问题。历史

---

① 薛其林、蔡雄：《论中华文化认同与和平统一》，载《云梦学刊》，2008(3)。

课程将目标定位于让学生从历史的发展中吸取未来社会生活所必须具有的
经验，让他们认识到人生会面临诸多社会问题或者社会变革，以及怎样从
自己的角度思考这些社会问题与社会变革，以此帮助学生理解现实社会，
理解当今的社会问题和政策，理解自己的社会角色，做个有责任感的社会
成员，增进对人类社会的理解，热爱自己的国家。这可以使学生认识到，
一个民族想要维持其长久的生命力就必须善于吸收、借鉴外部文化。如果
拒不接受，会使本民族发展陷入僵化；而如果接受过度，又会失去自我，
终被同化。一个民族只有不断从历史中汲取力量，不断思考、反省、创新，
才能屹立于世界民族之林的前列。

（五）关注历史意识的培养

"历史意识是人们在对历史的观察、感受的过程中，能够深入历史的情
境中，在对复杂历史材料进行分析、综合的基础上，把一切事物看成是历
史长河中的一部分，考察演进的社会，并不断与现实对话，进行审视历史
问题、思考未来社会发展的一种思维观念与方法。"[①]人们有了历史意识，才
能理解历史的演进，懂得历史的经验和教训，根据历史启示和历史发展的
规律来理解历史、观察现实、展望未来，形成对自身、民族、国家、文化
的历史及其发展的认同感和责任感。所谓"读史使人明智"即指学习历史可
以教会人们用历史的眼光审视问题。正如英国历史教育家李彼得所说："历
史的有用是在于改变我们看待世界的眼光，改变我们对现实、对于人类是
什么及可以是什么的看法，因而使我们能够有去改变想达成的结果的机
会。"[②]这种正确的历史意识，实际上是历史教育所要追求的目标，也是历史
课程标准反复强调的。

（六）五大核心素养的内涵尚待深入阐释

《普通高中历史课程标准（2017 年版）》第一次提出五大核心素养，虽然
对核心素养的概念与内涵做了一定的介绍，但是尚显粗糙。例如，什么是
历史解释？它与历史理解之间的关系如何？怎样进行历史解释？唯物史观

---

① 陈志刚：《从历史意识的培养谈高中历史教科书的编写》，载《历史教学（中学
版）》，2016（1）。

② 参见陈冠华：《英国中学历史教育改革》，101 页，台北，龙腾文化事业股份有
限公司，2001。

的具体内涵包括哪些？在历史课程实施中如何运用唯物史观？时空观念与物理学、地理学上的时间、空间概念的区别是什么？时空观念的具体内涵是什么？五大素养之间的关系是什么？这些问题课程标准并没有说明。理性分析，五大核心素养不属于同一个层次，素养之间存在交叉关系，课标把它们并列在一起，会给一线教师的历史教学带来诸多困惑。同时，课标也未能将历史课程目标细化在内容标准中，这也不利于一线教师的操作。

本章小结

历史课程目标指明了历史教育的任务，明确了历史课程内容的范围，它是历史教科书编写、教师教学遵循的依据。本章介绍了中学历史课程的性质，历史学科的特点，历史课程目标确定的依据，教育目的、课程目标与教学目标之间的关系，对现行中学历史课程标准中的目标定位的评析。学习这些内容有助于学习者认识到历史课程的本质，正视历史课程改革中存在的问题，更好地学习历史课程。

学习反思

1. 历史学科的特点有哪些？它对历史课程目标的编制起到怎样的影响？
2. 制约课程目标确定的因素有哪些？
3. 如何评价现行中学历史课程标准中的目标设置？
4. 我国中学历史课程的性质是什么？
5. 请谈谈课程目标与教学目标之间的关系。

拓展阅读

1. 钟启泉，崔允漷，张华. 为了中华民族的复兴，为了每位学生的发展：《基础教育课程改革纲要（试行）》解读[M]. 上海：华东师范大学出版社，2001.

2. 陈志刚，翟霄宇. 历史课程与教学论[M]. 北京：科学出版社，2012.

3. 历史课程标准修订组. 义务教育历史课程标准(2011年版)解读[M]. 北京：北京师范大学出版社，2012.

4. 何凡. 关于中学历史课程教育目标的反思[J]. 课程·教材·教法，2001(2).

5. 白月桥. 课程目标建构与历史教材编写[J]. 历史教学问题，2004（3）.

6. 朱汉国. 浅议 21 世纪以来历史课程目标的变化[J]. 历史教学（上半月刊），2015(10).

7. 郑林. 中学历史课程"过程"目标相关问题探讨[J]. 历史教学问题，2010(1).

8. 冯一下，张利娟. 价值判断：历史课程价值观教育的起点与基础[J]. 历史教学问题，2010(5).

9. 李爱琳，张永谦. 关注社会·回归生活·启迪人生——中学历史课程改革的价值取向[J]. 中学历史教学，2003(7).

10. 赵亚夫.《历史与社会》课程中历史学习的价值[J]. 人民教育，2008（10）.

11. 赵亚夫. 历史教学中的人格教育[J]. 中学历史教学参考，2002（Z1）.

12. 薛伟强. 中学历史学科特质述论[J]. 历史教学，2016(1).

PPT 课件

第二章 历史课程的编制与内容构建

学习目标

1. 了解中华人民共和国成立以来历史课程标准的发展，理解其发展变化的原因。

2. 掌握我国现行初、高中历史课程标准的内容，领会其层次性与衔接性。

3. 领会历史课程编制与历史课程目标之间的关系，熟悉历史课程内容构建应注意的问题。

本章导引

这是一位历史专业大学生与自己当年高中历史老师的对话：

"老师，现在上了大学的历史课，才发现当年学的历史真是太简单粗略了，很多有趣的历史人物和历史事件都没有涉及。"

"历史课时有限，我们要全力备考，教科书上有什么，我们就教什么，哪里有时间讲故事。"

历史课要教什么，课程标准对于历史教学的作用有多大，中考高考不考的知识要不要教，这些问题都涉及历史课程的编制和内容的构建。课程编制是指为了完成一项课程计划而进行的整个过程，它包括课程目标的确定、课程内容的选择与组织、课程实施和课程评价等阶段。历史课程标准是历史课程编制的成果表现，也是设计与构建历史课程内容的基础。历史课程内容的选择与组织应紧紧围绕历史课程目标的实现，具体来讲应以历史课程标准为依据，是课程标准的具体化。同时，还要考虑历史学科的特性、学生的发展需要、教师自身特点以及课程资源等多重因素。了解我国中学历史课程标准的发展和内容，有助于学习者更好地认识历史课程内容的组织与选择，更好地设计与构建历史课程内容，更好地实施历史课程。

第一节　中华人民共和国成立以来历史课程标准的发展

在我国，"课程标准"一词出现较早。清末新政中颁布了各级学堂章程，其中《功课教法》或《学科程度及编制》等成为课程标准的雏形。1912 年，南京临时政府成立，教育部对全国各级各类教育进行改革，公布了《普通教育暂行课程标准》，把"课程标准"作为推行普通教育的指导性文件。此后，"课程标准"多次重订或修正，一直沿用了 40 年。中华人民共和国成立后，在全面学习苏联的背景下，将"课程标准"改为"教学大纲"，作为国家对于各课程教学进行规范的纲领性文件。1991 年 5 月，上海中小学课程教材改革委员会颁布《九年义务教育课程标准（草案）》；1992 年 4 月，上海又颁布《全日制高级中学课程标准》。在"教学大纲"通行全国近 40 年后，"课程标准"在上海重新出现。2001 年，面向新世纪的基础教育课程改革全面展开，教育部于 2001 年起陆续制定小学、初中与普通高中的各科课程标准，代替以往施行的教学大纲。由此，"课程标准"逐渐全面代替"教学大纲"，成为指导、规范和监管中小学各学科日常教学、评价及管理工作的教育文件。作为中学历史课程编制的最高指导性文件的名称也随着这一趋势不断变化，其内容更是愈加科学、全面，为实现不同时期历史课程的目标服务，指导历史课程内容的选择与构建。

一、历史教学大纲的制定与修订

中华人民共和国成立至今，先后编制过 10 套中学历史教学大纲：1956 年颁布的初、高中《历史教学大纲（草案）》（5 份），1963 年颁布的《全日制中学历史教学大纲（草案）》，1978 年颁布的《全日制十年制学校中学历史教学大纲（试行草案）》，1980 年颁布的《全日制十年制学校中学历史教学大纲（试行草案）》，1986 年颁布的《全日制中学历史教学大纲》，1990 年颁布的《全日制中学历史教学大纲（修订本）》，1992 年颁布的《九年义务教育全日制初级中学历史教学大纲（试用）》，1996 年颁布的《全日制普通高级中学历史教学大纲（供实验用）》，2000 年颁布的《九年义务教育全日制初级中学历史教学大纲（试用修订版）》，2002 年颁布的《全日制普通高级中学历史教学大纲》。各个版本历史教学大纲的基本结构由两大部分组成，即说明部分和本文部分。说明部分包括教学目的和要求、处理教学内容的若干原则、教材内容的安排、教学中应注意的问题；本文部分是各年级的具体教学内容，又分为每一历史时期的几点说明和内容要点，并分别叙述。1956—2002 年，中学历史教学大纲不断编订或修订是应时代发展和历史教育发展的需要而为，也进一步促进了我国中学历史教育的发展，具体而言其发展状况如下所述。

（一）1956 版《历史教学大纲（草案）》及修订

中华人民共和国成立后，新社会的各项建设采取了学习苏联经验的策略，历史课程的设置几乎完全按照苏联模式，这对促进我国中学历史教育走向规范化道路起到重要作用，但机械照搬造成了脱离中国实际的问题。为尽快解决这个问题，1956 年 6 月，教育部颁布包括初中中国史、初中世界史、高中中国历史、高中中国历史（近代部分）、高中世界近代现代史五个教学大纲（草案）的一整套中学历史教学大纲，是中华人民共和国成立以来我国第一套完整的中学历史教学大纲。这套历史教学大纲由大纲说明和教学大纲两部分组成。20 世纪 50 年代，我国史学界逐步确立了马克思主义史学的主导地位。这套历史教学大纲以马克思主义唯物史观为指导思想，提出和强调培养中学生的历史唯物主义思想是历史学科的核心目标，这奠定了以后我国历史教育目标的基础；课程设置和内容表述既借鉴了民国课程结构，又在全面学习苏联中学历史教学大纲的基础上结合我国国情，确立了初、高中历史课螺旋上升的课程体系，中国史与世界史的课程内容比例较为协调，各个年级均为每周 3 课时，周总学时为 18 课时，三学年总计360 课时，占整个课时的 10％，课时充足，标志着新历史课程体系的初步建立，是中华人民共和国成立后内容最完备、最细致的教学大纲。

1956 年颁布的这一套中学历史教学大纲，开始改变盲目照搬苏联经验的错误，结合我国中学历史教学实际，但还是受到苏联历史课程的很多影响，过分强调学科的科学性、系统性、思想性，对学生的要求过高，课程分量过重，内容过深，给教师的教学和学生的学习带来了负担。为此，教育部于 1963 年精简这一套历史教学大纲，将其合并成一个，即《全日制中学历史教学大纲（草案）》，把初高中历史合二为一，并将原来的两部分分为"教学目的和要求""教学内容""教学中应注意的几点""各年级的教学要求和教学内容"，奠定了后来历史教学大纲的基本结构。

然而，这两套历史教学大纲随着 1957 年开始的政治运动、20 世纪 60

年代的教育改革浪潮和"文化大革命"的进行并没有很好地落实。

（二）1978 年版《全日制十年制学校中学历史教学大纲（试行草案）》及
修订

"文化大革命"结束后，我国的教育事业走上正轨，中学历史教育也逐
步恢复发展。为适应新时期历史教育的发展，教育部在 1978 年颁布了《全日
制十年制学校中学历史教学大纲（试行草案）》，规定初二、初三和高一三个
年级开设历史课，重视编写地方乡土史教材，比较关注教学方法的研究，
主张启发式教学，要求适当结合历史教学内容进行参观、访问、调查等课
外活动。这一历史教学大纲是在"文化大革命"结束后，在纠正"文化大革
命"错误、拨乱反正的特定历史背景下制定的，其教育目标明确指出"历史
教材和历史教学，一定要以马克思列宁主义、毛泽东思想为指导，对历史
做出正确的叙述和分析，做到革命性和科学性的统一，观点和材料的统一。
一定要高高举起和坚决捍卫毛主席的伟大旗帜，完整地、准确地领会和掌
握毛主席关于历史科学的理论和指示，指导历史教学""运用历史唯物主义
的基本观点观察问题和分析问题的能力"[1]等，重新确立了马克思主义在历
史学科中的统治地位，初步纠正了十年浩劫所造成的历史教育领域思想混
乱局面，使全国历史教学工作重新步入规范化，开始肃清"文化大革命"期
间历史学界"左"的错误，有利于恢复正常的历史教学秩序。

但是，受当时社会仍遗留的极左思潮的影响，这一版历史教学大纲中
仍然保留"以阶级斗争为纲"的内容和形形色色的唯心史观，规定只在部分
年级开设历史课，初中不开设世界史，不利于中学生形成正确的历史观，
不利于中学生掌握比较全面的古今中外的历史知识。为进一步纠正历史教
学的错误思想，1980 年教育部又颁布了《全日制十年制学校中学历史教学
大纲（试行草案）》，开始把历史教育重点从阶级斗争转向经济建设，进一
步肃清"文化大革命"的消极影响，为刚刚开始的改革开放培养合格的建
设者。

（三）1986 年版《全日制中学历史教学大纲》及修订

20 世纪 80 年代，在改革开放的政策引领下，我国的中学历史教育发展

---

[1]　课程教材研究所编：《20 世纪中国中小学课程标准·教学大纲汇编（历史卷）》，
330 页，北京，人民教育出版社，2001。

进入了一个空前繁荣的新时期。为适应新时期对历史教育的新要求，教育部于 1986 年颁布《全日制中学历史教学大纲》。这一版的历史教学大纲在教育目标和任务中初步提出了历史教育的三大任务，即"掌握基础的历史知识""逐步培养学生历史唯物主义的基本观点，以及运用历史唯物主义的基本观点观察问题和分析问题的能力""进行社会发展规律教育、革命传统教育、爱国主义教育和国际主义教育，培养学生热爱社会主义祖国，热爱社会主义事业，热爱共产党的真挚感情，学习历史上优秀人物的高贵品质，树立为社会主义现代化建设献身的精神"①。1986 年版的历史教学大纲还纠正了长期以来直线式单循环设置历史课的缺陷，初中完成中外历史学习的单循环，具体规定：初一和初二上学期开设中国古代历史和中国近现代史课程，初一每周 3 时，初二上学期每周 2 时；初二下学期开设世界史课程，每周 2 时；高一开设世界史课程，每周 3 时。这样的调整彻底改变了 20 多年来我国初中不设世界史课程的情况。但这样的编排也存在只有世界史在初高中螺旋上升，而高中不开设中国史，中外史课程比例失衡等不足。

针对 1986 年版历史教学大纲存在的上述问题，教育部对其进行修订，并于 1990 年颁布《全日制中学历史教学大纲（修订本）》。1990 年修订版的历史教学大纲在课程设置上，不仅增加了高中历史的课时数量，还在高中阶段增加了中国史的课程，具体来讲：高一增设中国近代史，高二继续开设世界史，高三增设中国古代史，既作为文科班的必修课又作为理科班的选修课。高三中国古代史的增设首次将中学历史课程分成必修课和选修课，开中学历史必修课和选修课之先河。

（四）1992 年版《九年义务教育全日制初级中学历史教学大纲（试用）》及修订

1986 年，我国开始实行九年制义务教育。为推进九年制义务教育的实施，国家教委于 1988 年首先颁布了《九年义务教育全日制初级中学历史教学大纲（初审稿）》，但并未实施。1992 年，教育部在初审稿的基础上颁布《九年义务教育全日制初级中学历史教学大纲（试用）》，对初中历史课程进行全面改革。这是中华人民共和国成立 40 多年来，首次将初中学段的历史课程

---

① 课程教材研究所编：《20 世纪中国中小学课程标准·教学大纲汇编（历史卷）》，448 页，北京，人民教育出版社，2001。

单独进行设计，突出义务教育的特色与精神，明确指出初中历史课对提高全民族的素质，增强民族自尊心、自信心和自豪感有重要意义。其进一步明确了历史教育的三项任务，即传授知识、思想教育和能力培养，尤其在能力培养方面，对初中不同年级的学生提出了可操作的不同层次的具体要求。例如，对初一学生的"能力培养"其中一条是"能解释重要的历史概念，回答一些浅显的思考题"，到了初二则要求"能运用学到的中国近代、现代历史知识，在教师的引导下，去正确地观察和认识当前社会生活中的一些问题"，到初三年级，则提出更高层次的能力要求，"在课堂讨论和小组讨论中，根据教科书或课外历史读物所提供的史实，说明自己的观点，并能对其他同学的发言发表意见"，"比较类似的历史事件，找出它们之间的异同，并做出简单的结论"，"联系当今世界和社会生活中遇到的某些重大问题，运用所学的世界历史知识，加深理解"①，等等。1992 年版的初中历史教学大纲还规定了地方乡土史或民族史课程的课时数，促使地方课程的教学能落到实处，还允许编写不同版本教材。在这个大纲指导下，20 世纪 90年代各地出版了初中地方乡土史或民族史教材，几种不同版本的历史教材在各地出版使用，初步形成"一纲多本"的局面。2000 年，为推动我国基础教育课程不断革新以应对世界范围的基础教育课程改革大浪潮，教育部颁布《九年义务教育全日制初级中学历史教学大纲（试用修订版）》，充分强调加强对学生的道德、价值观念和健全人格的培养，注重对学生创新精神和实践能力的培养，突出学生在学习过程中的主体地位，激发学生学习的积极性、主动性和创造性，大大减少了知识点和概念，改变了理论性偏强、难度偏高的状况，减轻了学生的学习负担。②

（五）1996 年版的《全日制普通高级中学历史教学大纲（供实验用）》及修订

　　为与九年义务教育相衔接，1996 年，国家教委制定了《全日制普通高级中学历史教学大纲（供实验用）》，这是中华人民共和国成立后我国第一个独立的高中历史教学大纲。1997 年，这一历史教学大纲在山西、江西和天津

---

① 课程教材研究所编：《20 世纪中国中小学课程标准·教学大纲汇编（历史卷）》，510 页，北京，人民教育出版社，2001。

② 戴羽明：《学习〈初中历史教学大纲〉（试用修订版）的几点体会》，载《历史教学》，2001(4)。

试用。经过三年的试用，教育部对其做了修订，2000 年，教育部颁布《全日制普通高级中学历史教学大纲（试验修订版）》。2002 年，教育部正式颁布《全日制普通高级中学历史教学大纲》。

1996 年实验版的高中历史教学大纲在结构中增加了"考试与评估"的规定，体现教学大纲对于评价教学质量的权威性；还将历史课程分为必修、限定选修和任意选修三类，其中高一开设的中国近现代史为必修课，高二开设的世界近现代史和高三开设的中国古代史是文科限定选修课，高一开设的中国文化史和高二开设的世界文化史是任意选修课。这三种历史课程的设计既考虑到了高中学生的文理分科，减轻学生的学习负担，也考虑到了不同学生的历史学习兴趣，是对 1990 年颁布的《全日制中学历史教学大纲（修订本）》必修课与选修课的进一步发展。但是，高二世界近现代史作为限定选修不利于理科学生的历史教育。2000 年修订版的高中历史教学大纲注重培养学生的创造性学习能力，十分重视开展学生自主学习和探究性学习，并拟定了 22 个有关中外历史的研究性课题供师生开展研究性学习时参考，但对于这些课题的研究，在时间安排、活动方式等方面，大纲并没有做硬性规定。2002 年正式版的高中历史教学大纲对这 22 个研究性课题做了较大的修改，变成 16 个题目，但题目更具体，操作性更强，师生还可以拟定更具体的研习题目，为培养学生的创新精神和实践能力搭建了科学的平台。

二、历史课程标准的研制与修订

（一）研制历史课程标准取代历史教学大纲

21 世纪，经济全球化和政治多元化趋势愈演愈烈。联合国教科文组织对 21 世纪的教育价值取向的定位为：学会认知、学会做事、学会共同生活、学会生存。面对 21 世纪的挑战与机遇，英、美、日、韩等国把基础教育改革与发展作为提高其综合国力和国际竞争力的重要战略，纷纷出台新的课程标准，出现了世界范围内课程改革趋势。面对这一趋势，中共中央、国务院发出了关于深化教育改革、全面推进素质教育的决定，并在《面向 21 世纪教育振兴计划》中提出改革现行基础教育课程体系，研制和构建面向 21 世纪的基础教育课程和教材。2001 年，国务院出台了《关于基础教育改革与发展的决定》，进一步提出"加快构建符合素质教育要求的基础教育课程体系"的任务。同年 6 月，进一步制定《基础教育课程改革纲要（试行）》，提出了

21 世纪基础教育课程改革的思路。

在《基础教育课程改革纲要(试行)》的思路指导下，我国的中学历史课程改革也如期进行，2001 年 7 月，教育部颁布《全日制义务教育历史课程标准(实验稿)》，2003 年 4 月颁布《普通高中历史课程标准(实验稿)》，代替以往施行的初中和高中历史教学大纲。重新用"课程标准"取代"教学大纲"，不仅仅是词语的置换，主要是改变以往历史课程中普遍存在的诸多问题，例如，课程目标局限于知识和能力、政治和思想教育方面；课程结构拘泥于历史学科体系的完整性；课程内容存在"难、繁、偏、旧"的现象；课程实施中灌输式教学、被动式和接受式学习的现象非常突出，忽视学生主动探究能力的培养；课程评价单一化倾向严重，评价目标、评价类型、评价内容、评价方法、评价功能等单一化。正如朱煜教授所讲，这一变化还隐含了价值取向的变化，至少有四个方面的理解和考虑：一是课程价值趋向从精英教育转向大众教育，着眼于全体学生的发展；二是课程目标着眼于未来社会对公民素质的要求；三是从只关注教师教学转向关注课程实施过程，特别是学生学习的过程；四是课程管理从刚性转向弹性，给教师的教学、教材的编写等留下足够的空间。①

历史课程标准也不是对以往历史教学大纲的全盘否定，而是继承与发展。正如姬秉新教授所言，历史课程标准是在继承的基础上对教学大纲的完善和发展，但它又比教学大纲有进步、有发展，主要表现在：明确中学历史教育属于非专业历史教育；课程从关注知识传授转向关注学生发展；构建适合学生认知的中学历史教学；由规范教师的教学行为转向规范学生的学习行为；变知识单向传递为知识多元交流。②

(二)历史课程标准的修订与发展

随着时代的发展，世界范围内的新课程改革也在不断发展。以英国为例，自 1991 年颁布第一个历史科国家课程标准以来，分别于 1995 年、1999 年、2007 年推出新的课程标准。为了适应现代社会发展和教育改革的新形势，美国也继 1994 年颁布第一个历史科国家课程标准后，于 2010 年出版了新修订的课程标准《国家社会科课程标准：一个教学、学习与评价的框架》。为了应对以信息技术为代表的新技术革命的新挑战，以及以经济全球化为

---

① 朱煜：《历史课程与教学论》，44 页，长春，东北师范大学出版社，2005。
② 姬秉新：《谈历史课程标准较之历史教学大纲的发展》，载《历史教学》，2003(3)。

标志的世界经济社会发展的新格局，党中央于 2010 年印发了《国家中长期教育改革和发展规划纲要（2010—2020 年）》，明确提出"到 2020 年，基本实现教育现代化，基本形成学习型社会，进入人力资源强国行列"的宏伟目标。为实现这一宏伟目标，我国课程标准的修订拉开了新一轮课改的序幕。

1. 初中历史课程标准的修订

初中历史新课程标准实施十年，既取得了辉煌成就，也暴露了诸多问题。正如赵亚夫教授所指出的那样，"现行的《标准》的确较过去的《教学大纲》进步了很多，但这主要是指意念和功能方面的进步。不过，它的操作性尚差，缺乏必需的层次性和可测性，是不争的事实。它不能支撑新教育理念的现代性，知识与技能目标肤浅，是不争的事实。它缺乏学科教育理论坚持，空洞且缺少学科先进的学理研究成果，也是不争的事实。因此，课程目标部分一样需要改善，应该平衡知识、能力和态度价值观三者的关系，树立现代的人文教育观念，将反省精神纳入其中，同时细化行为和衍生性目标"①。

与此同时，一些初中历史课程标准的一线使用者——基层的教研员和老师，也不断反映了他们实践中的困惑，诸如"课程标准表述太乱"，"课程内容不合理，政治史意味浓，文化史有一些，经济史单薄，生活风俗史看不到，这不利于学生从更广的视角去把握和理解民族历史和文化传统"，"朝代线索不清晰，有些朝代缺失，这对学生在后续学习和终身发展过程中接受历史知识形成朝代或时间定位的障碍"，"新课程评价制度过于理想化，不易操作"②，等等。

在这样的背景下，教育部委托基础教育课程教材专家工作委员会组织开展了义务教育课程标准的修订工作，并于 2011 年颁布《义务教育历史课程标准（2011 年版）》。

2. 高中历史课程标准的修订

2014 年 12 月，教育部全面启动对 2004 年开始施行的各学科普通高中课程标准的修订工作。本次修订以贯彻落实党的十八大提出的"立德树人"根本任务为指针，深入总结 21 世纪以来我国普通高中课程改革的宝贵经验，

---

① 赵亚夫：《新课程历史课程标准急需解决的几个重要问题》，载《首都师范大学学报（社会科学版）》，2006(5)。

② 贾新文、张小萍：《2011 年版义教历史课标的主要变化探析》，载《课程教学研究》，2012(8)。

充分借鉴国际课程改革的优秀成果，努力将我国普通高中课程标准修订成既具有国际先进水平又符合我国实际情况的纲领性教学文件，构建具有中国特色的普通高中课程体系。2004 年启动的普通高中课程改革走过十年历程，取得了显著成就，为素质教育的全面实施和我国人才培养质量的全面提升做出了重要贡献。但是，面对经济、科技的迅猛发展和社会生活的深刻变化，面对我国普通高中教育基本普及的新形势，面对时代对提高全体国民素质和人才培养质量的新要求，现行普通高中课程还有某些亟待改进之处。本次高中课程标准修订的基本任务包括：第一，凝练核心素养，推动落实"立德树人"根本任务；第二，进一步明确普通高中教育定位，坚持基础性和选择性的统一；第三，研制学业质量标准，明确人才培养要求；第四，优化内容结构，促进普通高中教育与高考改革对接；第五，增强可操作性，力争"好用、管用"。

教育部委托基础教育课程教材专家工作委员会具体组织修订工作，覆盖包括历史学科在内的 20 个学科。经过历史学科专家、教育专家和富有实践经验的普通高中历史教师、教研员等辛勤而富有创造性的工作，《普通高中历史课程标准(2017 年版)》于 2018 年年初正式颁布。

综上所述，中华人民共和国成立以来，我国的中学历史(教学大纲)课程标准，不断修订、发展，越来越符合社会发展对人才的需要，为实现中学历史课程目标，为中学历史课程的编制提供了强有力的指导。

燕慧：《〈普通高中历史课程标准〉2017 年版与 2003 年版的比较》

第二节　历史课程标准的内容

我国现行的初、高中历史课程标准即《义务教育历史课程标准(2011 年版)》和《普通高中历史课程标准(2017 年版)》。两个课程标准规定了初、高中历史课程的性质、理念、目标、内容及实施建议，对如何选择和组织课程内容来进行历史课程教育具有重要的指导意义。

一、《义务教育历史课程标准(2011年版)》的内容

（一）初中历史课程的性质与课程理念

《义务教育历史课程标准(2011年版)》着眼于学生的全面发展和终身发展，将初中历史课程定位为人文社会科学中的一门基础课程，对学生的全面发展和终身发展有着重要的意义，具有思想性、基础性、人文性、综合性的特点。其课程充分体现育人为本的教育理念，发挥历史学科的教育功能；以普及历史常识为基础，使学生掌握中外历史的基本知识，着力于促进学生的全面发展；将正确的价值判断融入对历史的叙述和评判中，增强对学生社会责任感和为中国特色社会主义事业、人类的和平与发展做贡献的集体主义精神的培养；鼓励自主、合作、探究式学习，倡导教师教学方式和教学评价方式的创新。

（二）初中历史课程的设计思路与内容选择

为体现课程性质、贯彻课程理念，《义务教育历史课程标准(2011年版)》的总体课程设计思路是，面向全体学生，从培养学生的历史素养和人文素养出发，遵循历史教育规律，充分发挥历史教育功能，使学生掌握中外历史基础知识，初步学会学习历史的方法，提高历史学习能力，逐步形成对历史的正确认识，并提高正确认识现实的能力，达到课程目标的要求。具体设计思路上，从"知识与能力""过程与方法""情感·态度·价值观"三个方面进行课程设计，将初中历史课程分为中国古代史、中国近代史、中国现代史、世界古代史、世界近代史、世界现代史六个学习板块；依照历史发展的时序，在每个板块内容设计上，采用"点—线"结合的呈现方式，"点"是具体、生动的历史事实，"线"是历史发展的基本线索，通过"点"与"点"之间的联系来理解"线"，使学生在掌握历史事实的基础上理解历史发展的过程；在学习内容的编制上，从学生的认知水平出发，精选最基本的史实，展现人类社会在政治、经济和文化等方面发展的基本进程，使学习内容更加贴近时代、贴近社会、贴近生活；在突出义务教育阶段历史教学特点的基础上，注意与高中历史教学的衔接，为学生在高中阶段的历史学习打好基础；课程内容留有余地，以增强历史课程的开放性和弹性，一方面为教材编写留下一定的空间，另一方面也为各地区进行乡土历史的教学提供便利，各地区可根据实际情况开发课程资源。

（三）初中历史课程的内容规定

《义务教育历史课程标准（2011 年版）》对六大学习板块的教学内容进行了较为详细的叙述和规定。以中国近代史板块为例，首先介绍了中国近代史的时段，又说明了中国近代史课程内容的特点，即中国近代史是中国半殖民地半封建社会逐渐形成和瓦解的历史，也是中华民族对外反抗帝国主义侵略，对内反对封建专制统治，为求得民族独立和人民解放，努力实现国家富强和人民富裕而奋斗的历史，进而按照中国近代历史发展的基本线索陈述了中国近代史上的重要历史事件、历史现象及其意义。接着规定了学完这一模块之后，学生应达到的三维课程目标，即通过学习，了解中国近代重要的历史人物、历史事件和历史现象，了解中国近代历史发展的基本线索；能够阅读和理解一些基本的历史材料；能够认识近代中国遭受过的深重灾难是国内专制统治的腐朽黑暗和外国列强入侵造成的；认识捍卫国家主权和民族尊严是中华民族的优良传统；知道救亡图存和实现现代化是近代中国人民奋斗的基本目标；知道民族民主革命的艰巨性；知道没有中国共产党就没有新中国的道理，从而坚定为中华民族复兴而奋斗的信念。在此基础上，以表格的形式列出中国近代史的课程内容，并辅以具体的教学活动建议。

此外，《义务教育历史课程标准（2011 年版）》还提出了包括教学建议、评价建议、教材编写建议和课程与资源开发与利用的详细建议。

二、《普通高中历史课程标准（2017 年版）》的内容

（一）高中历史课程的性质与课程理念

高中历史课程的性质：

> 中学历史课程承载着历史学的教育功能。普通高中历史课程，是在义务教育历史课程的基础上，进一步用历史唯物主义观点，以社会形态从低级到高级发展为主线，展现历史演进的基本过程以及人类在历史上创造的文明成果，揭示人类历史发展的基本规律和大趋势，促进学生全面发展的一门基础课程。学生通过高中历史课程的学习，进一步拓展历史视野，发展历史思维，提高历史学科核心素养，能够从历史发展的角度理解并认同社会主义核

心价值观和中华优秀传统文化，认识并弘扬以爱国主义为核心的民族精神和以改革创新为核心的时代精神，树立正确的世界观、人生观、价值观和历史观，为未来的学习、工作与生活打下基础。①

高中历史课程的基本理念：

1. 以立德树人为历史课程的根本任务。历史课程最基本和最重要的教育理念，是全面贯彻党和国家的教育方针，坚持育人为本、德育为先，使历史教育成为形成和发展社会主义核心价值观的重要途径。发挥历史课程立德树人的教育功能，使学生能够从历史的角度关心国家的命运，关注世界的发展，成为德智体美全面发展的社会主义建设者和接班人。

2. 坚持正确的思想导向和价值判断。历史课程要以唯物史观为指导，对人类历史发展进行科学的阐释，将正确的思想导向和价值判断融入对历史的叙述和评判中；要引领学生通过历史学习，认清历史发展规律，对历史与现实有全面、正确的认识，形成实事求是的科学态度和正确的世界观、人生观、价值观和历史观；要增强学生的历史使命感，不断增强学生对伟大祖国的认同，对中华民族的认同，对中华文化的认同，对中国共产党的认同，对中国特色社会主义道路的认同；增强学生的世界意识，拓宽国际视野。

3. 以培养和提高学生的历史学科核心素养作为目标。历史课程要将培养和提高学生的历史学科核心素养作为目标，使学生通过历史学习逐步形成具有历史学科特征的正确价值观、必备品格和关键能力。课程结构的设计、课程内容的选择、课程的实施等，都要始终贯穿发展学生历史学科核心素养这一任务。在结构设计上，要在体现基础性的同时，为学生提供多视角、多类型、多层次的课程体系。在内容选择上，要精选基本的、重要的史事。在课程实施上，进一步改进教学方式、学习方式和评价机制，将教、学、评有机结合，促进学生的自主学习、合作学习和探究学习，提高

---

① 中华人民共和国教育部：《普通高中历史课程标准（2017 年版）》，1 页，北京，人民教育出版社，2018。

实践能力，培养创新精神。①

（二）高中历史课程的设计思路与内容选择

《普通高中历史课程标准（2017 年版）》规定应依据普通高中课程方案的相关要求、历史学科核心素养、历史学科发展的前沿成果、课程改革的成功经验和国际历史教育的优秀成果来设计普通高中历史课程的结构，将高中历史课程分为必修、选择性必修和选修三类，采用通史与专题史相结合的方式。必修课是全体高中学生必须修习的课程，是普通高中学生发展的共同基础课程，设一个模块，名为"中外历史纲要"，采取通史方式，分为中国古代史、中国近现代史和世界史三个部分，每个部分的内容均在历史时序的框架下，由若干个学习专题构成。通过中外历史上重要的事件、人物和现象，展现人类社会从古至今、从分散到整体、从落后到先进的发展历程，使学生进一步了解和认识人类历史演变的基本脉络，以及丰富多样的历史文化遗产。选择性必修采取专题史方式，是学生根据个人兴趣、升学需求而选择修习的课程，设"国家制度与社会治理""经济与社会生活""文化交流与传播"三个模块，各模块由若干学习专题构成，各专题下的具体内容依照时序的发展进行表述，呈现中外历史上多方面的重要内容，引领学生从政治、经济与社会生活、文化等不同视角深入认识历史。选修课程是学生自主选择修习的课程，包括必修与选择性必修国家课程基础上设置的拓展、提高、整合性课程。课程标准提供了"史学入门"和"史料研读"两个模块作为参考。学校可选用、改编或新编。这两个模块由若干学习专题构成，通过了解史学的基本理论、知识与技能，以及通过实际的探究活动，增强学生深入学习历史的能力与素养。学校也可自主开发其他校本课程。

（三）高中历史课程的内容规定

《普通高中历史课程标准（2017 年版）》对必修、选择性必修和选修各模块的教学内容和学生要求都给予了简要的规定说明。以必修模块为例，"内容标准"规定了《中外历史纲要》的 24 个学习专题，以通史的叙事框架，展示中国历史和世界历史发展的基本过程，并对每一专题的教学内容和教学目标给予了简要说明。为便于教师教学活动的展开，课程标准提出了 4

---

① 中华人民共和国教育部：《普通高中历史课程标准（2017 年版）》，2～3 页，北京，人民教育出版社，2018。

点教学提示和 4 个教学活动案例，帮助教师在教学中落实五大核心素养的培养。例如，活动案例 2，对专题"1.10 中华民族的抗日战争"和专题"1.11 人民解放战争"提供了"老兵"的故事活动主题，使学生通过对历史的经历者进行个人研究，将历史的宏大叙事与个人亲身经历联系起来，理解在历史大背景下普通人物的所思所想和所作所为，并从普通士兵的身上感悟到革命军人的精神，通过搜集、整理与研究对象相关的材料，并在理解的基础上运用材料对具体人物的事迹进行描述，提高运用材料进行历史论证的能力。

高中历史课程标准还规定了学习必修、选择性必修和选修模块之后学生应达到的学业要求。以必修课程为例，要求学习本模块后：

> 学生能够了解中国和世界上重要的历史事件、历史人物、历史现象等发生和存在的时间和地点、原因和结果(唯物史观、时空观念、历史解释)；能够知道历史遗迹、考古发现、从古代到现代的各种文献是了解历史发展的重要证据，并能够开始使用资料作为证据来检验自己对历史问题的解答(唯物史观、史料实证、历史解释)；能够初步对中国历史和世界历史的发展建立多方面联系，以此解释历史，并能够对同类的历史事物进行比较、概括和综合(唯物史观、历史解释)；能够掌握随着生产方式的变革所引起的世界历史从古至今、从分散到整体、从落后到先进的发展总趋势(唯物史观)；能够初步具备用历史眼光分析现实问题的能力(历史解释)；感悟人类文明的多元性、共容性和不平衡性，具有民族自信心；能够以开放的心态，认识到世界各地区、各民族共同推动了人类文明的进步，初步具有世界意识(唯物史观、时空观念、家国情怀)。①

此外，《普通高中历史课程标准(2017 年版)》还针对不同板块的课程内容提出了教学与评价建议、教科书编写建议，建议教师要将教学目标、教学内容、教学过程及教学评价等聚焦于培养和发展学生的历史学科核心素养。为适应学业水平考试与高考需要，还提出了 1~4 级学业质量水平及考试与高考命题建议，以及地方和学校实施本课程的建议。

---

① 中华人民共和国教育部：《普通高中历史课程标准(2017 年版)》，21～22 页，北京，人民教育出版社，2018。

三、初、高中历史课程标准内容的优缺点

《义务教育历史课程标准(2011年版)》和《普通高中历史课程标准(2017年版)》的内容比较全面，逻辑性强，包含课程性质、课程理念、课程结构、课程内容、学业质量和教学与实施建议等，紧紧围绕三维目标和历史学科核心素养的培养与实现编制，但也存在些许不足之处。

(一)初中历史课程内容的优点与不足

初中历史课程内容强调历史时序。初中历史课程内容弱化了学习主题，重新编写每一个学习板块中的导言。通过按时序排列和解读课程内容中所选择的史事，导言基本上勾勒出各学习板块所涉及的历史发展基本线索和主要特征，揭示出历史发展的总体趋势，使教师能够了解该学习板块教学内容的总体框架和结构。导言还从三维目标的不同层次明确提出了教师和学生通过该学习板块的教与学应达到的目标，对指导教师正确处理课程内容以便于实现三维课程目标有重要意义。

初中历史课程内容选择更加科学。遵循为了使学生更好地理解历史发展而必须增加相关知识的原则，基于历史课程的时序性要求，增加了初中学生应该掌握也能够理解的新事物和达成共识的新的研究。同时，本着只选取最重要的史事的原则，也删除了旧课标中过难、过偏的学习内容，使内容总量有所下降。这有利于在减轻学生学习负担的情况下实现三维目标。

世界史板块的教学活动建议不多。已有的数量不多的教学活动建议多集中在世界近代史和世界现代史，对学生难学和教师难教的世界古代史的教学活动建议不多，不利于这一板块教学活动的展开，不利于这一板块课程目标的达成。

(二)高中历史课程内容的优点与不足

普通高中历史课程结构的设计考虑到了与义务教育阶段历史课程的关联，与高中历史三类课程的关联，与其他高中课程的关联。特别是高中历史三类课程自成一体，成为培养和发展学生的历史学科核心素养的重要载体：历史必修课程是共同基础，学生通过学习，掌握中国史和世界史的重要史事和发展脉络，基本形成对历史的整体认识；历史选择性必修课程是必修课程的拓展与深化，从三个主要领域呈现更为丰富多彩的历史内容，

提高学生的学习兴趣，引领学生从多角度认识历史的发展与变迁；历史选修课程是在必修课程和选择性必修课程基础上的进一步延伸，通过专业理论和专业技能的学习，强化学生的史学专业基础。

选择性必修课程的模块内容设置丰富，呈现了中外历史上多方面的重要内容，引领学生从政治、经济与社会生活、文化等不同视角对中外历史有更加深入的认识。特别是"经济与社会生活"中6个模块的教学内容与人们的社会活动和学生的现实感受及生活经验紧密相联，克服了以往历史课程中经济史内容的抽象化、专业化和成人化倾向。通过本模块的学习，学生能够感受到历史就在身边，与每个人的生活都有关系，能提高其学习历史的兴趣与动力。

历史选修课程关注学生将来的史学学习需要。选修模块内容是在必修课程和选择性必修课程基础上的进一步延伸，使学生的历史学习，不仅知其然，更能知其所以然，为今后的史学学习和研究奠定初步基础。"史学入门"介绍了历史学的基本知识，"史料研读"注重对史料的介绍和分析、解读史料的训练。这与2010年版《美国社会科课程标准》注重探究"我们是怎么知道的历史上发生了什么？""我们怎样评价各种历史证据的可用性和可靠性程度？""历史学家如何运用不同的史料和探究方法来支持他们对历史事件的重构和解释？"等历史学的问题具有异曲同工之妙。

课程的专题内容描述过于简略，必修课程中世界史内容略显单薄。《中外历史纲要》旨在使学生通过学习，掌握中国史和世界史的重要史事和发展脉络，基本形成对历史的整体认识。但是课程标准对每一专题的描述过于简略，特别是对于具体内容的描述过于精练，不利于教师在实际教学中对其内容的处理和教学目标的定位。此外，24个专题中只有10个世界史专题，这对只上必修课的大部分高中学生来讲，内容略显单薄，不利于历史学科五大核心素养的培养与发展。

(三)初、高中历史课程标准的课程目标层次的优点与不足

目标层次分明。根据课程整体目标，《义务教育历史课程标准(2011年版)》和《普通高中历史课程标准(2017年版)》对每个学习主题或专题的每一部分内容的学习程度都做出了明确、具体的规定和要求。《义务教育历史课程标准(2011年版)》将"知识与能力"的掌握程度划分为识记、理解与运用三个不同层次，用不同的、具有可操作性和可观察性的行为动词表述。其中"列举""知道""了解""说出""讲述""简述""复述"等为识记层次的要求，"概

述""理解""说明""阐明""归纳"等为理解层次的要求，"分析""评价""比较""探讨""讨论"等为应用层次的要求。这种陈述方式使学生非常清楚地了解所学知识的目标要求，也便于教材编写者和教师处理教学内容时能把握其深度与难度，具有较强的指导性和可操作性。对"过程与方法""情感态度与价值观"课程目标的陈述使用体验性、过程性的行为动词。其中"参加""参与""讨论""交流""合作""参观""访问""考察""体验"等为经历（感受）水平，"认同""反对""关心""关注""支持""尊重""珍惜""拥护"等为反应（认同）水平，"形成""养成""具有""热爱""树立""建立""坚持""保持""确立""追求"等为领悟（内化）水平。

评价有据可依。《普通高中历史课程标准（2017年版）》以五大学科核心素养为基础，首次制定了1～4级学业质量水平标准，并对每一层次水平进行了较为细致的描述，细化了对课程目标的要求，指向更为明确，更具操作性。同时，在实施建议中重点描述了"教学与评价建议、学业水平考试与命题建议"，并且在每个部分都有切实可行的案例，有利于落实历史学科素养的培养。但是，由于情感、态度与价值观和家国情怀属于体验性的课程目标，在实际操作中并不易于进行客观的检测与测量。

（四）初、高中历史课程标准实施建议的优点与不足

初、高历史课程标准都提出了相应的教学建议供历史教师参考，为便于操作与实施，还提出了教学活动案例。这些教学建议具体内容不一，大致有以下三个方面：第一，完整、准确地理解和把握历史课程目标与课程内容；第二，正确处理教师的教与学生的学；第三，在教学过程中要及时对教育进行客观有效的评价。这有利于解决我国地域辽阔、教育水平不一、历史教师队伍水平参差不齐的问题，从而更好地实施历史课程。

初、高历史课程标准评价建议详略不同，主要包含以下三个方面：第一，正确认识历史教学评价的性质与功能；第二，调动学校、教师、学生、家长及社会各界参与到历史教学评价中来，实现评价主体的多样化；第三，采用多种评价类型和评价方法，实现多维度、全方位的教学评价。这些供历史教师参考的评价建议全面、操作性强，有利于正确发挥评价在历史课程实施中的重要作用。

初、高中历史课程标准中的教材（教科书）编写建议，大多从以下三个方面出发：第一，教材编写要依据课程标准的规定，落实课程目标要求；第二，教材编写要考虑学生的心理特征与认知发展规律；第三，正确处理

课标与教材的关系，尽量采取多样化的编写方式。这些建议涉及了教材编写的主要因素，有利于教材编写者提高历史教材的质量。

重视历史课程资源的开发与利用。初、高中历史课程标准从历史课程资源的类型、开发途径、应遵循的原则等几方面提出了课程资源的开发与利用的建议，有利于打破以历史教科书为历史教学唯一资源的惯性思维，是实现历史课程目标的重要保障。

总体而言，我国现行的初、高中历史课程标准顺应了世界上历史课程注重培育学生历史思维能力的发展趋势，具有先进性。

第三节　历史课程内容的构建

课程标准对学生应该达到的教育目标做出了明确的规定，为实现这些课程目标，必须构建相应的课程内容，并对其进行有效的组织。21世纪以来初、高中历史课程标准都以培养学生的历史学科能力为目标，如何选择和组织历史课程的内容是值得探讨的重要问题。

一、历史课程内容的含义

所谓课程内容，是指各门学科中基本的事实、观点、原理和问题以及处理它们的方式，是一定的知识、技能、思想、情感、语言、行为和习惯的综合，是在一定教育价值观及相应课程目标指导下，对学科知识、社会生活经验或学习者的经验进行选择和组织而形成的学习体系。① 它是人类文明成果的精华，既是学生的学习对象，又是影响学生进一步发展的材料。

在学校教育中，课程内容的基本载体是教材，但它又不同于教材，是比教材内容更为广泛的学习对象和材料。历史课程标准通过"内容标准"或"课程内容"对本课程的内容选择进行了说明，通过"教材编写建议"或"教科书编写建议"对课程内容的编排和呈现方式进行了初步的建议与说明。但这些主要是针对教材内容和教科书内容进行的，只是历史课程内容的一部分。历史课程内容还应包括学生的学习经验、学习活动，以及历史教师的教学活动等。在构建历史课程内容时，我们不应只考虑教科书或教材的内容，还应将学生和教师的因素包含在内。

---

① 陈旭远：《课程与教学论》，166页，长春，东北师范大学出版社，2002。

二、历史课程内容的构建应有利于课程目标达成

2001 年《全日制义务教育历史课程标准（实验稿）》最先提出了历史课程的三维目标，即"知识与能力""过程与方法""情感态度与价值观"。2016 年《普通高中历史课程标准（征求意见稿）》最先提出了历史学科素养，对高中历史课程目标进行了新的定位，即学生通过历史课程的学习，培育和提高历史学科核心素养。不论是三维目标，还是学科核心素养，中学历史课程的目标都是要培养学生的历史学科能力，以利于学生的全面发展、个性发展和持续发展。要实现这一目标，所构建的历史课程内容必须有利于课程目标的达成。

第一，历史课程内容的选择应以课程目标为导向。在核心素养时代，历史课程内容的选择必须以培养学生历史学科特征的必备品格和关键能力为导向。中外历史知识浩如烟海，究竟什么样的知识才能进入中学历史的课程体系，这需要课程编制者对历史知识进行精心筛选。凡是有利于达成课程目标的内容都可以选入中学历史课程。但是，由于课时限制，我们不可能要求历史课程的内容面面俱到，应精选最基本、最重要的知识来展现人类优秀文明成果和历史发展大势，选用基本的历史理论与研究方法，引导学生对中外历史上重要的事件、人物和现象进行探究，不仅使学生掌握基本的历史知识，还能提高历史学习与研究的能力及方法，得到更多的历史启示。

第二，历史课程内容的编排应有利于历史课程目标的达成。中外历史的重要事件、重要人物和重要现象既相互联系，又相对独立，关系错综复杂。若仅仅平铺直叙地展现这些精选的重要的事件、人物和现象，难以达成课程标准所要求的各项课程目标。所以，应对历史课程的内容进行基于历史的发展逻辑和学生思维逻辑的编排，一方面基于中学生从历史发展的二维性即时间性和空间性出发认识历史这一特点，对错综复杂的重要的事件、人物和现象进行概括与总结，从古至今地呈现中外历史各自的发展轨迹，形成既完整又凝练的易于学生理解的历史学习体系；另一方面密切联系相关历史学理论与研究方法，提供相关史料，引导学生参与探究，以利于教学目标的达成。

第三，历史课程内容的呈现方式应有利于历史课程目标的达成。历史课程内容不限于历史教科书，是基于教科书内容的学生各种学习资源的综

合，因此其呈现方式也应该多种多样。在文字叙事的基础上，使用各种图片、表格、音频、视频等直观材料，还可以提供相关档案馆、博物馆的历史信息，甚至是史学、史料数据库等电子资源；在讲授法的基础上，积极引导学生开展讨论、辩论、角色扮演、课外实践、探究式学习等，以便培养学生的相关技能和能力。

三、历史课程内容的构建应体现学科特性

中学历史课程是建立在历史学基础上的一门旨在促进学生全面发展的普通中学课程。基础教育的课程性质决定了其课程内容的基础性，但还是必须体现历史学的学科特性。

第一，历史课程内容的构建应体现历史学科多元开放的特性。历史学是记载和解释作为一系列人类进程历史事件的一门学科，不仅其研究对象包罗万象，包括过去人类社会所发生的一切，其史学观点更是百花齐放，正如聂幼犁先生所言："允许不同声音，欲求一定证据；接受多元理解，欲求符合史实；容纳相悖评论，欲求自圆其说。"①中学历史的课程内容，一方面应尽可能选择人类社会发展历程中政治、经济与社会生活、文化等不同视角各个方面的最基本、最重要的历史事件、历史人物和历史现象，使学生通过中学历史课程的学习能对人类社会发展的前后过程和各个领域有一个相对全面的认识和了解；另一方面可针对比较典型的历史事件、历史现象和历史人物呈现不同学派的观点，给学生的历史学习制造认知冲突，使学生在学习中产生思维的碰撞，调动学生对其一探究竟的主动性和积极性，以此培养学生像历史学家一样去提出问题、查找史料来思考不同的历史观点，从而进一步形成自己的历史解释，为其形成辩证思维、批判思维和较为全面的历史认识奠定基础。

第二，历史课程内容的构建应体现历史学"史由证来，论从史出"的学科特性。历史的过程是一向的、不可逆的，要对过去的历史形成正确、客观的认识，必须通过对现存史料的搜集、整理和辨析，这是历史学的重要方法，也是历史学重要的学科特性之一。中学生学习历史课程，不仅仅要了解重要的事件、人物和现象，更重要的是对其做出分

---

① 聂幼犁：《假如在事实上不想被时代和学生抛弃——我国中学历史课程改革再议》，载《历史教学》，2003(9)。

析、判断，形成自己的历史认识。不管是分析历史现象，还是评判历史人物和事件，首先要选取或占有可靠的史料依据，再对获取的史料进行辨析，最终努力重现历史。因此，在构建历史课程的内容时，一方面应为学生提供可供参考的多种关键史料，以及获取丰富史料的途径或方法，便于他们进行基于史料的探究性学习；另一方面应对一些重要的事件、人物和现象保持开放性的评价，引导学生进行理性分析和客观评判，使学生不仅能"知其然"，也能"知其所以然"，不仅能将历史事物描述清楚，还能揭示其表象背后的深层原因与前后联系，形成对历史事物的合理解释。

第三，历史课程内容的构建应体现历史学"知往鉴今，以启未来"的学科特性。历史学的研究对象是一去不复返的人类历史，但其使命并不仅仅是弄清人类的过去，正如习近平总书记在致第二十二届国际历史科学大会的贺信中指出的那样："历史研究是一切社会科学的基础，承担着'究天人之际，通古今之变'的使命。"[①]即历史学可以给人类带来很多了解昨天、把握今天、开创明天的智慧，这深刻揭示了历史学"知往鉴今，以启未来"的学科特性。中学生学习历史课程的重要目的之一是关注现实问题，能将历史的学习与自身的发展，与国家、民族和人类社会的未来联系起来。这就需要在构建中学历史课程内容时，一方面体现强烈的时代感，选择与现实相关和有助于学生终身发展所必需的学习内容，将历史课程与现实生活和社会发展紧密联系，使学生感受到学习历史能为现实社会发展提供重要的借鉴发展；另一方面重视历史发展规律的研究与揭示，使学生在了解和认识人类历史演变的基本史实和基本脉络的基础上，理解人类历史从古至今、从分散到整体、从落后到先进的发展规律，增强对人类社会未来发展的自觉性和自信心。

【案例 2.1】

高中历史必修——现代中国的对外关系

如何让学生理解外交的本质？实际上，外交的本质与现代社会生活有很多共通之处。学生至少可以联系生活中的交朋友、朋友圈。稍加引导，

---

①　朱绍侯：《历史研究的使命》，http：//opinion. people. com. cn/n1/2016/0531/c1003－28394301. html，2019-02-28。

便可理解多交朋友、少树敌人可以营造良好的外部环境；好朋友助益最大，强敌最具威胁性，所以要尽量缓和矛盾、化解冲突；与他国结盟有利也有弊等。接下来再从学理上理解外交的本质内涵就很容易了。

第四，历史课程内容的构建应体现历史学的人文学科特性。何兆武先生提出，历史学离不开史学研究者对史实的理解和诠释，"历史学是一种人文知识"①。因此，历史学具有人文的学科特性。"作为一门人文之学，历史学关注具体的、个别的事物，对自己的研究对象有独特的价值关怀和价值判断。"②中学历史课程承担着重要的育人任务，应充分体现出历史学的人文特性，使学生通过学习和探究历史确立积极进取的人生态度，塑造健全的人格，树立正确的世界观、人生观和价值观，以服务于国家强盛、民族自强和人类社会的进步为使命。因此，在构建历史课程内容时，应用鲜活的"人"来吸引学生，用朴实的"人性"来感染学生。通过突出一个或一群血肉丰满的历史人物，使历史课程的内容更加鲜活生动，不仅使学生对历史产生亲近感，还能使学生感受到"个人"对人类社会发展进程的重要影响。通过理解分析历史事件、历史人物和历史现象背后的价值关怀和价值判断，使学生服务于国家强盛、民族自强和人类社会进步的使命感油然而生，其情感态度与价值观得到自然的升华。

【案例 2.2】

高中历史必修——夏、商、西周的政治制度

在讲授禅让制、世袭制、分封制和宗法制这些抽象的政治制度时，以相关历史人物事迹为切入点，可以让学生通过尧、舜、禹的事迹了解禅让制的产生、发展、结束。在讲述夏商时期从中央到地方的国家行政管理制度时，通过商朝著名的相伊尹、曾被商王封为"西伯"的周文王等，使学生明确夏商时期的行政管理制度已经相对成熟。更重要的是通过大禹治水三过家门而不入，伊尹从奴隶到厨师、从厨师到间谍、从间谍到丞相，周文王被关在牢里七年仍不断学习等事迹，让抽象的政治制度鲜活起来，更让

---

① 何兆武：《对历史学的若干反思》，载《史学理论研究》，1996(2)。
② 李里峰：《从社会科学拯救历史——关于历史学学科特质的再思考》，载《江海学刊》，2014(6)。

学生从这些人物的身上看到生命的价值与意义。在讲述夏、商、西周的更迭时，通过讲述夏桀、商纣为何而败，商汤、周文王为何而胜，让学生明白是非善恶。

第五，历史课程内容的构建要体现出历史学的发展变化特性。相较于自然科学严密的确定性和可控性，历史学中纯粹的、线性的演进微乎其微，"历史活动是由有思维的人的活动构成的，表现出强烈的个别性、偶然性"①，故中学历史课程在基础教育学科中变化最迅速、最猛烈。史料乃历史学基石，以史学方法、理论为框架，史家各显其能，反复论证，得出自己的观点、结论，最终构建出自己的历史大厦。史料、史实、方法、理论与史家五大因素，皆带有不同程度的主观性，充满着未知和变数。史实推翻史实，史料更新史料，史家辩驳史家，史观批评史观，其中任一因素的变化都可能导致新的观点、结论出现，这些因素还产生叠加效应。是故，历史的真理性是很有限的，人们对历史的认识只能达到相对真理，而不可能穷尽绝对真理。因此，在构建历史课程内容时，应避免重客观轻主观，重知识轻人性，重规律性轻变化性。鉴于学术研究日新月异，历史老师理应是充电频率最高的老师，这样才能引领学生不断探索历史的奥秘。

四、历史课程内容的构建应满足学生的学情需要

中学历史课程是为初中和高中阶段的学生构建的，其内容的选择、编排与呈现的最终目的是发展中学生的历史学科能力。历史课程内容只有被学生同化为自身知识与能力的一部分，才能促进学生掌握历史学科的学习方法，升华自身的情感态度与价值观。要使历史课程内容易于被学生同化，应该满足学生的学情需要，能激发学生的学习兴趣，符合学生的年龄特征与心理特点，促进全体学生的不同个性发展。

第一，历史课程内容的构建要激发学生的学习兴趣。兴趣是最好的老师，然而中学生普遍对历史感兴趣而不喜欢上历史课，其中一个非常重要的原因是丰富的历史课程内容被局限于历史教科书内容，而历史教科书往往是乏味的历史知识点。为解决这一问题，首先，应选择生动形象的历史材料纳入历史课程内容。历史教科书的叙述往往是程式化的原因（或背景）、

---

① 葛懋春主编：《历史科学概论》，24 页，济南，山东教育出版社，1987。

过程、结果、影响，教师构建课程内容时，应采取学生更感兴趣的故事式的历史叙事方式，通过生动形象的历史材料，让学生能思考到当时的历史情境。其次，应将学生的学习经验与学习活动纳入历史课程内容。学生在学习历史课之前，并非对历史一无所知。他们通过生活、学习等对历史已经有了部分了解和认识。如果能精准了解学生的前认知，并以其为基础构建历史课程内容，很容易激发学生学习历史的兴趣。最后，将课外活动纳入历史课程内容。学生的历史学习活动多种多样，并非限于历史课堂的学习，还包括课后的书籍阅读、影片观看和各种探究活动。将课外活动纳入历史课程内容，会让他们觉得历史与个人的生活密切联系，会对历史课产生亲近感。

第二，历史课程内容的构建要符合学生的年龄特征与心理特点。为保证初、高中学生都能学习完整的中外历史课程，初、高中历史课程应采用螺旋式的构建。初中历史课程的内容既要生动形象，又要有一定的深度和抽象性，设置适合儿童探究的各种问题与活动，促进其意识记忆、抽象思维和批判思维的发展。高中历史课程的内容则要注意与初中历史课程内容的衔接，既要避免内容上的不必要重复，又要避免高中历史课程内容过于拔高，使学生能够从更高、更广的视角和更深、更远的层次认识和理解历史。

第三，历史课程内容的构建应促进全体学生的不同个性发展。作为基础课程，中学历史课程在内容构建上应尊重学生的差异性，并能促进不同学生的不同个性发展。为此，须考虑以下几个方面的因素：首先，课程内容的选择与编排应有一定的弹性和递进性，既能照顾到一般水平学生的基本发展，也能使对历史有强烈兴趣和能力的学生获得高层次的发展；其次，课程内容的选择与编排应给不同地区的学生留有一定的空间，在确保所有学生都能达到课程基本教学目标的基础上，给予不同地区的学生获得地方历史课程资源的方便；最后，课程内容的选择与编排应有一定的灵活性与开放性，设置多样的教学活动和探究活动，给予具有不同学习特点和学习特长的学生发挥各自优势的机会，进行具有学生特色的个性化设计。

【案例 2.3】

部编初中历史教科书七年级——活动课：中国传统节日的起源

活动任务为以"探索中国传统节日"为题，组织学生搜集资料、展开研究，分小组以不同形式展示研究的成果。学生的现实生活经验是构建本课教学内容的重要基础，他们对春节、清明节、端午节、中秋节等传统节日都比较熟悉，这是开展本课活动的重要基础。从学生的现实经验出发容易引起学生的学习兴趣。学生的个性与特长各不相同，不同地区的节日风俗大同小异，以不同形式展示研究成果尊重了每个学生的个性特点，并有助于促进每个学生的发展。

本章小节

历史课程标准是历史课程编制的重要成果，也是构建历史课程内容的重要依据。中华人民共和国成立后，随着社会的进步和教育的发展，初、高中历史课程标准几经修订，不断完善。目前，《义务教育历史课程标准（2011年版）》和《普通高中历史课程标准（2017年版）》成为指导历史教材编写和历史教师教学的根本依据。历史课程内容的构建以培养学生的历史学科能力为目标，应有利于课程目标达成，应体现历史学的学科特性，应满足学生的学情需要。

学习反思

1. 中华人民共和国成立后，初、高中历史课程标准几经修订的原因是什么？

2.《义务教育历史课程标准（2011年版）》和《普通高中历史课程标准（2017年版）》有哪些优缺点？

3. 为了培养学生的历史学科能力，应该如何构建历史课程内容？

拓展阅读

1. 施良方. 课程理论：课程的基础、原理与问题[M]. 北京：教育科学出版社，1996.

2. [美]泰勒. 课程与教学的基本原理（英汉对照版）[M]. 罗康，张阅，译. 北京：中国轻工业出版社，2014.

3. 陈旭远. 课程与教学论[M]. 长春：东北师范大学出版社，2002.

4. 赵亚夫. 追寻历史教育的本义——兼论历史课程标准的功能[J]. 课程·教材·教法，2004(3).

5. 赵亚夫. 从历史课程标准追寻历史教育的本真[J]. 中学历史教学参

考，2004(Z1).

6. 任世江. 关于完善历史课程标准的思考[J]. 全球教育展望，2003 (12).

7. 薛伟强.《普通高中历史课程标准（实验）》与"上海课标"比较[J]. 历史教学，2006(7).

8. 郑林. 论中学探究式历史学习课程的内容选择与编排[J]. 课程·教材·教法，2011(10).

9. 李卿. 试论当前中学历史课程内容的"时代性"问题[J]. 课程·教材·教法，2011(7).

10. 冯一下，李洁. 再论高中历史课程的设置与内容安排[J]. 课程·教材·教法，2002(1).

11. 冯一下. 试论中学历史课程内容体系的演变——纪念我国中学历史课程开设 110 周年[J]. 历史教学（中学版），2012(12).

PPT 课件

第三章　中学历史教学设计

学习目标

1. 了解历史教学设计的基本理念。

2. 了解历史教学设计的基本模式，掌握历史教学设计基本要素的分析方法。

3. 掌握历史教学目标设计的基本操作要领与规范，能够用学习结果表达行为目标，掌握基本的课时教学目标的检测方法。

本章导引

　　部编历史教材七年级上册专设"沟通中外文明的'丝绸之路'"一课，详细阐释了这一发现世界的中国方式。在授课时，老师一般会从丝绸之路开辟的背景、过程、影响三个方面来开展教学。教师授课的逻辑与历史知识本身的逻辑顺序是一致的，但学生对以下三个问题感到好奇：(1)"丝绸之路"是一条什么样的路？通向哪里？(2)哪些人往来于这条路上？(3)这条路运送什么货物？这些货物对人们有什么影响？学生与教师、教材的关注点稍有不同，学生更关注细节，更关注人与路的关系。那么如何统整学生、教师和教材之间的关系？如何基于学生学习的角度来设计"丝绸之路"一课的教学呢？[①]

　　从以上案例中可以看出，学生的认知逻辑与教科书的知识逻辑之间存在着差距。教师考虑如何教的时候，不得不重新构思教师、教材与学生在

---

　　① 　王健宁：《基于学生视角的初中历史教学——以〈沟通中外文明的"丝绸之路"〉一课为例》，载《历史教学》，2017(23)。

历史认知活动中的知识逻辑与认知逻辑的统一问题。解决这一问题的切入点在于确定一个什么样的目标，并如何在这一目标统摄之下按照学生的认知逻辑来组织教学内容，这就是教学设计。故而说，历史教学设计是历史教师确定"如何教"的日常活动。历史教师在教学设计活动中，需要理解教学设计的基本理念，了解历史教学设计的基本结构，掌握教学设计要素的分析方法，明确历史教学目标是历史教学设计的出发点和归宿，并能够设计可操作、可测量的教学目标，服务于有效的历史教学。

第一节　历史教学设计及其基本理念

一、历史教学设计的概念

教学是一项有明确目的的培养人的社会实践活动。在社会分工越来越细、专业性质越来越强的情况下，社会对教师的教学工作寄予了厚望，期待教师通过专业的教学带来高质量的教学效果，提升全民的综合素养。对此，作为专业技术人员的教师，需要提升自身的专业素养，从专业的角度认识教育工作的不可替代性。

对每一位教师而言，课堂是教师工作的主要场域，教学是教师的日常工作。作为专业人员的教师，要使课堂教学促进学习者在知识与能力、过程与方法、情感态度与价值观等方面的全面发展，达成有效的课堂教学目标，就要对教学进行精心设计，这是教师人生价值的重要体现，也是教师的职责和使命所在。

（一）设计

设计是一个运用非常广泛的词，在日常生活中经常能够听到建筑设计、服装设计、包装设计、平面设计、广告设计等多种词语。设计者所设计的产品不仅体现出设计者的价值追求与文化理念，更重要的是满足消费者多样化的消费需求，实现产品销售的最终目的。以建筑为例，人类的居所从最初的山洞、地穴式建筑逐渐发展到高楼大厦，建筑的功能逐渐多元化。北京故宫作为世界建筑史上的一大奇迹，充分体现了中国传统文化的思想。

北京故宫的规划与建筑布局严格运用了阴阳平衡原则，皇帝处理政务的外朝为阳，皇帝起居的内廷为阴。外朝以"三大殿"太和殿、中和殿、保和殿为主，两侧有文华殿和武英殿两组宫殿。内廷以"后三宫"乾清宫、交泰殿、坤宁宫为主，两侧是供嫔妃居住的东六宫和西六宫。乾清门居于外朝和内廷之间，形成前后的分界线。故宫的主要建筑沿中轴线南北纵深发展，次要建筑则严格对称地布置在中轴线两侧，体现出帝王至高无上的权力和庄重威严的气概。总体布局突出体现了"前殿后寝"的宫廷建筑格局，传达出传统文化中"中和""天人合一""君权神授"等思想，整个设计体现出帝王权力的至高无上和壁垒森严的等级制度。

北京故宫外朝的"三大殿"太和殿、中和殿和保和殿，体现出中国儒家思想中"中正""仁和"的传统观念。太和殿的"太和"二字意味太平，又寓意万方安和之意；中和殿的"中和"意指处理事务要坚守中庸之道，公正持中，不偏不倚；保和殿的"保和"有保持太和景象的意思，意指为民父母者，其首要职责是保民平安：体现出统治者国泰民安、江山永固的理想。

北京故宫的宫殿常以"九"为数。故宫建筑均以"间"为基本空间单元，按奇数一字展开。在中轴线上的许多建筑，都是面阔九间进深五间，合九五之数，象征天子的九五之尊。此外，九龙椅、八十一门钉以及大屋顶五条脊、檐角兽饰九个，九龙壁、故宫角楼结构九梁十八柱等，都含九之数，对应"九九归一、一生二"的阴阳平衡学说。

故宫主体颜色为黄、红两色。明清两代明令规定，唯皇帝之宫殿、陵墓建筑及奉旨兴建的坛庙等，才准使用黄琉璃瓦，其他建筑一律不得擅用，否则即是"犯上"，要处以极刑。红色在中国历来被视为一种表示美满、喜庆的颜色，意味着庄严、幸福、富贵。故宫因为是皇帝居住的中心处所，必须处处显示出皇帝的至高无上和尊贵富有，所以绝大多数建筑均采用红墙黄瓦。

············

北京故宫的建筑格局、风格和特点等多个方面，体现出中国传统文化"中和""天人合一""阴阳平衡"等多种学说，也突出体现了古代中国皇权至上、君权神授等思想。设计不仅仅代表标新立异，也是设计者某种思想的展现，还是人类在改造世界、修身养性过程中的精神表达，是人类创造力不断发展、促进人类不断进步的动力和源泉。

(二)教学设计

以服装为例，作为产品其已经超越了单纯的遮羞、御寒的功能，在此基础上，设计者的目的除了表达自己的审美理念和思想外，也是为了满足消费者的不同需求，即满足消费者对产品功能的需求和实现个性的张扬。同样，如果将课堂教学看作一种教师劳动的基本产品，那么教学设计的目的是满足学习者的学习需求，为学生的进一步学习创造空间，实现学习者综合素养的发展。

1. 教学是一个系统工程

对于大多数人来说，教学是一个既熟悉又陌生的概念。熟悉是因为该词语人人耳熟能详，陌生是因为并未深究教学的含义。李秉德认为，"教学"是指教的人指导学的人进行学习的活动。[1] 这项活动包含了七个最基本的要素：学生、教师、教学目的、课程、教学方法、教学环境和反馈。七个要素相互影响，构成教学系统[2]（见图 3-1）。

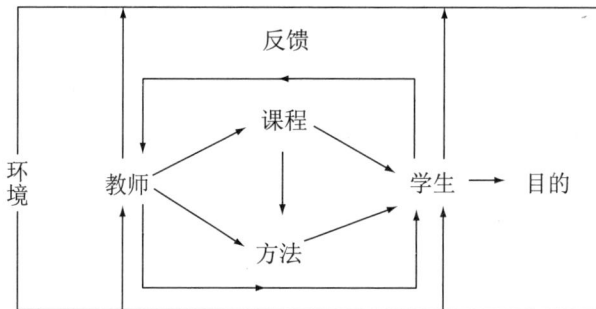

图 3-1　教学诸要素的关系

在这一教学系统中，七大教学要素构成复杂的关系，也表达出教学即教师采用恰当的教学方法，在特定的教学环境下，借助于课程内容的教学，并对学生的学习情况进行有效反馈，从而实现学生的发展，达到教学目标。在这一系统内，"目的"是课堂教学的终端。有效的教学需要对教学的诸多要素进行系统设计，也就是教学设计。

---

① 李秉德：《教学论》，2 页，北京，人民教育出版社，2001。
② 李秉德：《教学论》，15 页，北京，人民教育出版社，2001。

2. 教学设计的发展阶段

教学设计是一个舶来品。20 世纪 60 年代以来，教学设计逐渐发展成为教育技术领域的一门独立学科，20 世纪 80 年代传入我国时就已经相对成熟，因在教学操作方面的程序化、精确化和合理化，逐渐受到我国学者和教师的关注与青睐，使传统经验型教学受到挑战，推动了我国中小学教学从传统到现代的转变。从教育技术的角度看，教学设计的发展历程大致可以分为四个阶段：

构想萌芽阶段（20 世纪 30 年代以前）。最早提出教学设计构想的是美国哲学家、教育家杜威（J. Dewey）和美国心理学家、测量学家桑代克（E. Thorndike）。杜威早在 1900 年就提出应发展一门连接学习理论和教育实践的"桥梁科学"。桑代克在 1912 年就已经设想过相当于现代的程序学习的控制学习过程的方法。在 20 世纪初到 30 年代，教学设计的理论成果逐渐出现，但尚未形成系统的理论体系。

理论形成阶段（20 世纪 40—60 年代）。教学设计理论体系的建立和发展主要取决于两方面的因素，即学习心理学的发展和社会的需求。教学设计作为一门学科，孕育于第二次世界大战期间，是在第二次世界大战后各种学术理论和新兴的媒体技术的发展及其在教育、教学过程中应用的基础上发展起来的。

学科建立阶段（20 世纪 60 年代末）。在此阶段，教学设计作为一门学科才真正建立，它以独特的理论知识体系、结构耸立于教育科学之林。

深入发展阶段（20 世纪 70 年代以后）。20 世纪 70 年代，学习需要分析是教学设计模式的重要补充，人们不仅关心"是什么""如何做"，还关心"为什么"，这使得教学设计更加有的放矢。20 世纪 70 年代，出现了一系列教学设计模式。

3. 教学设计的概念

教学设计在发展和传播的过程中，因学者所持有的观念和立场的不同，对教学设计的定位和归属不同，故教学设计并未有一个统一的定义。

美国学者加涅在《教学设计原理》中指出：教学是一项以帮助人们的学习为目的的事业。教学通常是有计划的，这就意味着，教学是以某种系统的方式设计的。有计划的教学目的在于帮助每一个人，使之按自己的方向得到尽可能充分的发展。[①] 加涅也对教学设计给出了自己的定义："教学设

_____

① ［美］R. M. 加涅等：《教学设计原理》，皮连生、庞维国等译，3～4 页，上海，华东师范大学出版社，1999。

计是系统规划教学的一个过程，这个过程包括分析教学目标、寻求最优教学方法、合理配置教学资源、设计教学程序、客观评价学习过程。"①美国学者肯普认为："教学设计是运用系统方法分析研究教学过程中相互联系的各部分的问题和需求，在连续模式中确立解决它们的方法步骤，然后评价教学成果的系统计划过程。"②史密斯和雷根认为："教学设计是指运用系统方法，将学习理论与教学理论的原理转换成对教学资料、教学活动、信息资源和评价的具体计划的系统化过程。"③我国学者乌美娜认为："教学设计是运用系统方法分析教学问题和确定教学目标，建立解决方案、评价试行结果和对方案进行修改的过程。"④何克抗教授认为："教学设计主要是运用系统方法，将学习理论与教学理论的原理转换成对教学目标、教学内容、教学方法和教学策略、教学评价等环节进行具体计划、创设教与学的系统'过程'和'程序'，而创设教与学系统的根本目的是促进学习者的学习。"⑤也有学者认为，教学设计是在一定理论指导下，运用开放的系统方法，对教学的相关因素进行分析，形成促进学生有效学习的资源开发、实施、评价及其完善的方案的过程。⑥

在教学设计的诸多定义中，既有方案说，也有过程说；既有技术说，也有方法说。正如《教育技术国际大百科》(1989)中提到的几种不同的教学设计理念：有的认为教学设计是一个艺术创作的过程，有的认为教学设计是一个科学的过程，有的认为教学设计体现为"系统工程方法"，有的认为教学设计体现"问题解决方法"，还有的强调"人的因素"⑦。这些定义都从不同的角度、不同的层面说明了教学设计并不具有单一的归属，而是多个领域探讨的共同课题。

---

① [美]R. M. 加涅等：《教学设计原理》，皮连生、庞维国等译，20 页，上海，华东师范大学出版社，1999。

② 转引自张旭、许林编著：《现代教育技术》，30 页，北京，科学出版社，1995。

③ [美]P. L. 史密斯等：《教学设计(第三版)》，庞维国等译，8 页，上海，华东师范大学出版社，2008。

④ 乌美娜：《教学设计》，11 页，北京，高等教育出版社，1994。

⑤ 何克抗、郑永柏、谢幼如：《教学系统设计》，4 页，北京，北京师范大学出版社，2002。

⑥ 李森、陈晓端：《课程与教学论》，108 页，北京，北京师范大学出版社，2015。

⑦ 皮连生：《教学设计——心理学的理论与技术》，7 页，北京，高等教育出版社，2001。

4. 教学设计的特点

由以上几个定义和教学设计的属性，可以归纳出教学设计的几个特点。

(1)教学设计的系统性

从教学设计的诸多定义就能看出，学者们几乎都强调对教学过程和要素的系统规划或系统化，期望通过充分发挥教师的主导作用，将教学作为一个整体进行设计，不仅要考虑到国家和社会对学校教育提出的人才要求，还要考虑学生的实际需求和自身所处的教育环境；既要考察教学系统内部诸要素的基本情况，还要积极开发和利用教学系统外部各种教育教学资源，系统考察教学中的各个构成要素，实现教学目标—内容组织—教学实施—教学评价—教学调整与完善的系统设计过程。

(2)教学设计的目的性

在传统的教学中，教师也进行一定程度上的教学设计，即传统意义上的备课：备教材、备学生、备方法。这"三备"基本上构成了教师日常教学设计的最主要的内容，其特点是关注教师如何教，而对于学生如何学设计不足，以致形成以教定学、以教代学的情况，学生学习的积极性、创造性被扼杀，课堂教学成为教师的独角戏，而不是学生向往的交响曲。这种传统意义上的备课，使教学缺乏原创性，系统性和科学性不足，教师大多依据个人的教学经验和从教学任务出发，对学生的学习情况做出判断和计划，故很难激发学生的学习兴趣。教学设计的本质是"师生主体间为了学生的发展，以指导学习为目的而进行的系统计划过程和活动"[1]。故而说，结合学习者的学习需求，关注和促进学习者的发展，是教学设计的目的所在。在学习者的学习需求方面，有着应然的需求和实然的需求两类。应然的需求是指国家和社会对学习者应当达到的学习水准的基本要求，实然需求是学习者通过相关内容的学习达到的基本水准，是学习者在知识、能力、方法、情感态度、价值观等方面的进一步发展能够达到的水准。当代教学设计理论家普遍认为，教学设计要解决的也是类似"旅行"的三个基本问题，即我们要到哪里去，我们怎样到那里去，我们是否到了那里。回答"要到哪里去"是一个确立目标的过程，"怎样到那里去"则是一个导向目标的过程，而"是否到了那里"是一个评估目标的过程。[2]

---

① 刘鹏、陈晓端：《对教学设计本质及其特点的再认识》，载《电化教育研究》，2001(4)。

② 盛群力、马兰、褚献华：《论目标为本的教学设计》，载《教育研究》，2008(5)。

（3）教学设计的控制性

在教学诸要素中，教师起到主导作用。教师通过研读课程标准，整合教科书及其他教材，结合学生的学习特征与学习需求，依据教学基本理论，将教学中诸要素进行优化组合，确定最佳的教学方案，并对教学方案试行和修正，从而达到预期的教学目的。在教师进行教学设计的过程中，首先需要思考的是课堂教学如何达到课程标准的基本要求，并据此设定课堂教学目标；又以课堂教学目标作为教学的出发点和归宿，选择教学材料，整合教学内容，设计教学活动，并评价教学结果。故而说，教学设计以教学目的为旨归，以期通过目的的导航与调适作用，实现对教学内容的聚焦及对教学过程和结果的精确控制。

（4）教学设计的实践性

教学设计从本质上来说是指向课堂教学实践的，因为教学是一项有目的的实践活动，无论是教师课前的设计、课堂上对设计方案的实施，还是在课后对教学设计的反思，都体现了教师的教学智慧与教学创造。作为教师智力创造的结果，教学设计形成的基本方案需经过课堂教学实践的检验才能发挥其价值和功用，教师借助教学设计及教学实践，满足了学生成长的需要，也才能实现作为教育者个人的社会价值。一般而言，教学设计属于课堂教学的预设活动，是对课堂教学活动的基本设定，包含着对教师教的活动和学生学习活动的预先设定。这一设定在课堂教学过程中需要根据教学的进程和学生学习情况进行适当调整，使教学内容更加符合学生的认知需要。从这一意义上说，教学设计并不是一个固定的、封闭的、一成不变的文本，而是一个可修正、可完善的教学文本，教师需要在课堂教学中充分运用学生学习中的生成性资源对教学设计进行丰富和完善，促成更有效的教学。

（三）历史教学设计

历史教学设计是以获得最佳的历史教学效果为目的，历史教师在研读历史课程标准、整合历史教学内容的基础上，根据学生的历史学习特点拟定历史教学目标、分析历史课堂教学问题、设计历史教学过程和历史教学评价以形成教学方案，并对方案进行修正的过程。历史教学设计既包含对历史课堂教学的设计程序，又包含历史教学设计过程，是课前设计、课中调适和课后反思及改进活动的统一。

二、历史教学设计的基本理念

(一)以学生发展为本，关注学习者的历史学习需要

从学科与学生这一对关系来看，教学之所以存在的最根本原因，一是人的发展的需要，二是文化发展的需要。教学的根本使命和基本职能是促进人与文化的双重建构。[①] 教学设计是教师在教学中充分发挥主导作用，实现文化创造、促进学生发展的重要载体。新课程实施以来，教师的角色逐渐转变，教师不仅仅是知识的传授者，更是教学资源的开发者，教学文本的设计者和学生学习的促进者、引导者。对教师课堂教学效果的优劣判断不再简单从教师教的角度进行判定，而主要是从学生学习的过程和结果的角度进行评判。因此，作为历史教师，在教学设计中始终需要追问学习内容对学生心智的培养具有什么样的意义，历史知识如何才能涵养心性；学生在历史课堂上学到了什么样的方法，提升了什么样的能力；历史知识作为载体如何构建学生的历史观以及将构建什么样的历史观，又激发了学生什么样的情感，帮助学生形成什么样的对待历史的态度。对历史知识的意义和价值的叩问以及学生发展的关怀，是有效的历史教学设计的重要保证。

(二)注重教学立意，强调核心目标

在教学设计活动中，大多数学者认为，教学设计应当以教学目标为导向。新课程实施以来，在历史教学设计的探索中，教学立意和核心目标备受关注。教学立意是统领整节课内容和精神的中心，是课堂的灵魂所在。恰当的教学立意可以使学生通过历史学习，汲取超出知识层面的历史智慧、经验、教训，掌握历史学科核心能力，树立核心价值观。[②] 古人云"文以载道"，在历史教学中，历史知识既是课堂教学的目标，也是发展学生历史思维能力、树立正确的历史观念的手段，是达成课堂教学立意的媒介。尤其自新课程实施以来，历史教学提倡"一课一中心""一课一主题"，要求在历史教学设计中突出教学的核心目标，在核心目标明确的前提下统整教学内容，以突出历史教学设计的整体感。教学立意和核心目标的确立，要求教

师能够充分研读历史课程标准与教材，探索单元与课时的教学主题，追踪史学前沿，深刻挖掘历史思想，建构教学线索，体现学科育人的教育本质。

(三)实现教学过程最优化

教学过程最优化理论是苏联教育家巴班斯基提出的教学理论和方法。教学过程的最优化是指在一定的教学条件下寻求合理的教学方案，使教师和学生花最少的时间和精力获得最好的教学效果，使学生获得最好的发展。在历史教学设计中，教师首要考虑的是如何在规定的时间内完成规定内容的教学，因此，需要教师能够在确定教学立意和核心目标的前提下，充分考虑学情，从学生历史学习的角度出发，优化整合教学内容，灵活运用教学方法，有目的、有步骤地合理安排教学活动，保证历史课堂教学的效率、效果和效益。

第二节 历史教学设计的模式与要素

一、历史教学设计的基本模式

(一)一般教学设计模式

在教学设计发展过程中，学者们根据不同的理论指导，构建出不同的教学设计模式，为教学设计者提供了基本的参考。这些模式包括：建构在一般系统论理论基础上的教学模式，如巴纳塞的教学设计模式、布里格斯的教学设计模式；建构在传播理论基础上的教学设计模式，如马什的一般传播模式、莱特和皮亚特的文本组织模式；建构在学习和教学理论基础上的教学设计模式，如迪克和凯瑞的教学设计模式、加涅和布里格斯的教学设计模式、梅里尔的教学设计模式、凯普的教学设计模式、斯密斯和瑞根的教学设计模式。教学设计自20世纪80年代中期引介入我国之后，国内教育技术学、教育心理学、课程与教学论等学科的专家和教师结合我国的教育教学实际情况，研究并提出了一系列教学设计模式。如邵瑞珍、谢幼如、张祖忻、孙可平、盛群力、何克抗等学者都依据自身学科的基本理论提出了各自的教学设计模式。[①] 此外，随着信息技术与教育的整合，有学者还建

---

① 徐英俊、曲艺：《教学设计：原理与技术》，43～58页，北京，教育科学出版社，2011。

构了 E-learning 环境下的教学设计模式和混合学习的教学过程序列。[①] 下面仅就加涅和布里格斯的教学设计模式、张祖忻等人的教学设计模式做简要介绍。

1. 加涅和布里格斯的教学设计模式

美国心理学家加涅和布里格斯运用信息加工学习理论，精心描述了教学设计中的教学事件以及教学程序。加涅将学习的结果看成学生心理状态、能力或倾向的改变，并将学习结果分为五类：言语信息、智慧技能、认知策略、动作技能和态度。加涅认为"教学是一系列精心为学习者设计和安排的外部事件，这些事件作用于支持学习者内部学习过程的发生"[②]，学生学习的阶段与学生内部活动过程、外部的教学过程应当保持一致。加涅和布里格斯首先析出了九大教学事件：

(1)引起注意；
(2)告知学习者学习的目标；
(3)回顾所需的先决技能；
(4)呈现刺激材料；
(5)提供学习指导；
(6)引发学习行为；
(7)提供行为正确与否的反馈；
(8)评估学习行为；
(9)增强保持与迁移。

加涅指出，具体的教学设计主要集中在(4)(5)(6)三步上。教学设计者要根据实际情况灵活地运用教学技巧，巧妙地安排教学活动，以优化每一教学事件。根据实际的教学情况，这九大教学事件会被合理地安排在教学活动中，形成教学设计过程的九个阶段：(1)教学目标；(2)教学分析；(3)起点行为和学生的特征；(4)作业目标；(5)标准参照的测验项目；(6)教学策略；(7)教学材料；(8)形成性评价；(9)总结性评价。

---

① 王嘉毅：《课程与教学设计》，142～143 页，北京，高等教育出版社，2007；谢幼如等：《教学设计：原理与方法》，14 页，北京，高等教育出版社，2016。
② 孙可平：《现代教学设计纲要》，93 页，西安，陕西人民教育出版社，1998。

这九个阶段形成加涅和布里格斯的教学设计模式，如图 3-2 所示[①]：

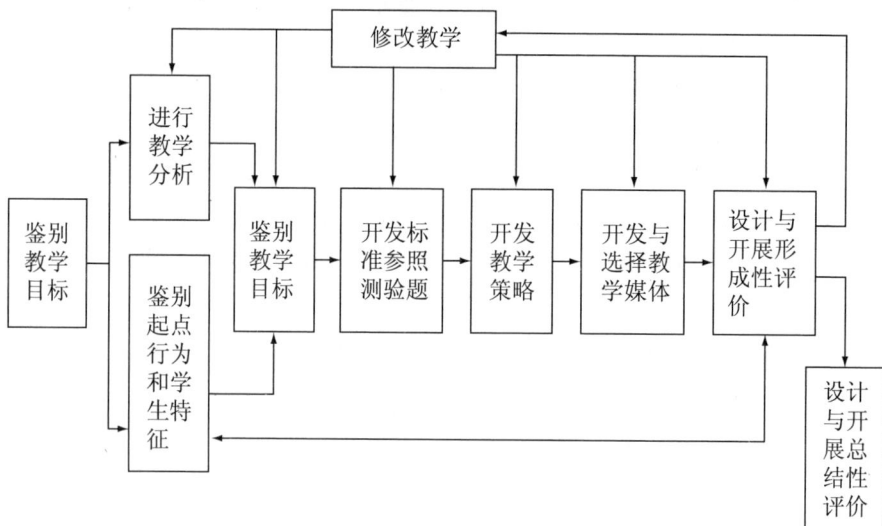

图 3-2　加涅和布里格斯的教学设计模式

2. 张祖忻等人的教学设计模式

上海外国语大学张祖忻教授等人立足于教育技术学的视角，从八个要素建构起了教学设计的过程模式。具体如图 3-3 所示：

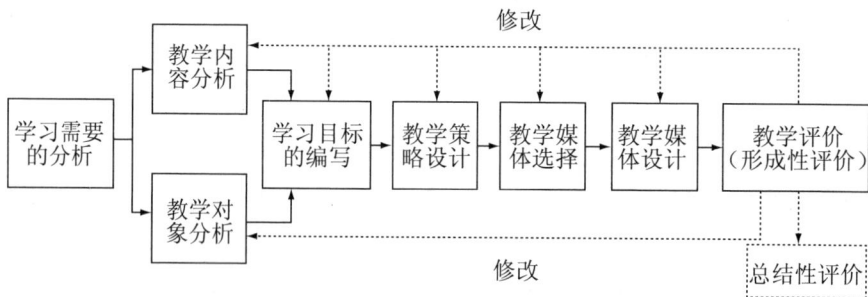

图 3-3　张祖忻等人的教学设计模式

(二)历史教学设计的基本模式

参照学者建构的教学设计模式和我国历史教学的实际情况，可以将历

---

① 谢利民：《教学设计应用指导》，237 页，上海，华东师范大学出版社，2007。

史教学设计分为如下三个阶段：

1. 分析阶段

教师要做两类分析：一是历史教学内容分析，包括课程标准、教科书和其他教学资源；二是学情分析，包括学生的学习需要、学习起点和学习潜力等。

2. 选择决策阶段

要求历史教师确定教学目标，并对教学模式、教学媒体、教学信息资源以及教学方式、方法做出选择和决策，做出历史教学设计文本。

3. 评价阶段

这个阶段要求历史教师对教学设计文本的可行性进行评价和修改。

这三个阶段及其要素构成历史教学设计的基本模式与流程（见图3-4）。

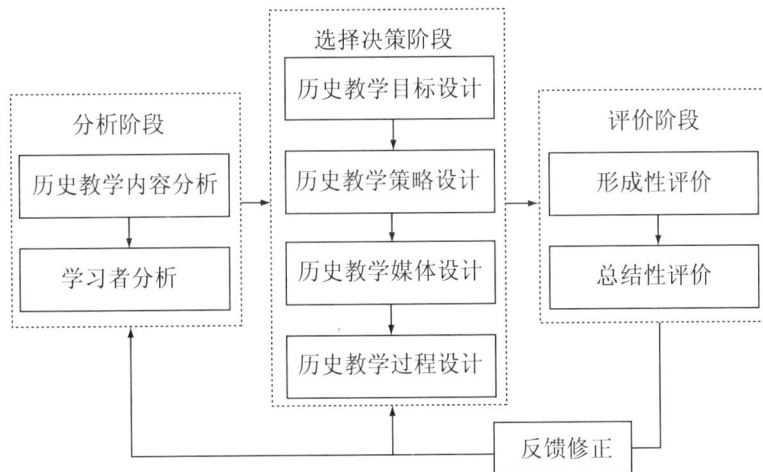

图3-4　历史教学设计模式与流程

二、历史教学设计的基本要素分析

在教学设计的三个阶段中，涉及的要素有：历史教学内容分析、历史学习者分析、历史教学目标设计、历史教学策略设计、历史教学过程设计以及历史教学设计评价。对教师而言，掌握这些要素的分析及其设计方法，是设计出优秀的教学文本的关键所在。

（一）历史教学内容分析

历史教学内容分析是学生历史学习的应然要求。历史教学内容分析既包含了学段内内容的层递性、知识的逻辑性和学科的思想性分析，也包含了模块—专题—课节的由整体到部分、由宏观到微观的分析。

1. 模块教学内容分析

教学设计层级见图3-5。

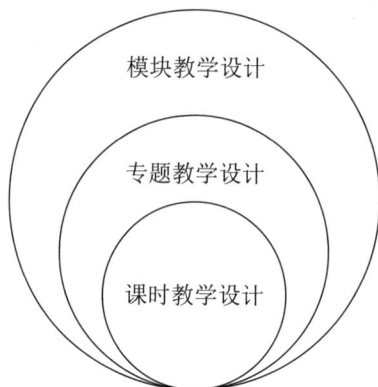

图 3-5　教学设计层级

在教学设计中，模块教学设计主要在于分析该模块从哪些维度入手建构模块内容。如《普通高中历史课程标准（2017年版）》将高中历史课程进行了如下构架（见表3-1）：

表 3-1　普通高中历史课程的基本结构

类型		模块
必修		中外历史纲要
选择性必修	（一）	国家制度与社会治理
	（二）	经济与社会生活
	（三）	文化交流与传播
选修	（一）	史学入门
	（二）	史料研读
	（三）	其他校本课程

　　模块教学设计要求教师能够抓住模块的主要内容，厘清模块教学的基本线索，并根据内容和学生的基本情况，合理安排课时计划，保证模块教学的思想性、流畅性与完整性，并能够依据学校的安排做出模块教学计划（学期教学计划）。

　　2. 专题教学内容分析

　　目前，初、高中历史课程基本上是以模块加专题的形式建构起基本的教学内容框架。在教科书的编写中，一般以单元作为专题的组织形式，一个单元构成一个专题。要求教师能够在教学设计中，明确专题教学目标，厘清专题线索，整合专题内容，使课时教学设计能够保证与专题的基本线索保持一致，形成整体—局部、宏观—微观、专题（单元）—课时的关系。

　　在历史教科书的编写中，为了编写的方便，有时候将一些完整的内容分散在各个课节中，知识并不连续，形成了历史教学的"暗线"，不利于学生形成完整的历史认识。为此，教师需要在教学中能够将这些"暗线"抽取出来，进行整合式教学设计，形成一个完整的教学单元，这种单元设计方式，可以看成是专题教学设计的另外一种方式。①

　　3. 课时教学内容分析

　　在日常历史教学中，以课为单位的教学设计是教师历史教学设计的最主要部分。在进行以课为单位的教学内容分析时，首先要用课程标准对该课的基本规定进行分析，以确定本课教学要达到的基本标准，完成标准化教学的首要任务。在目前我国的历史教学中，普遍的做法是以历史教科书的"课"作为基本的单位进行教学，因此在进行教学内容分析时，需要将课程标准对本节课的相关规定和历史教科书的内容进行对照分析，以确定教学的基本线索和知识逻辑，构建起课堂教学的知识体系。如教师在做统编版义务教育七年级上册第 7 课《战国时期的社会变化》的教学设计时，首先要深入分析课程标准对该课的基本规定：

　　知道春秋战国时期，诸侯国之间的战争，了解这一时期的社会变化。通过商鞅变法，认识改革使秦国逐渐强大起来。通过都江堰工程感受中国古代人民的智慧和创造力。

---

　　① 进一步阅读请参考袁从秀：《基于历史学科核心素养的单元教学分析——以〈复杂多样的当代世界〉单元为例》，载《历史教学》，2016(17)；方美玲、郝志红：《"丝绸之路"的单元理解——以"丝绸之路的开通"为例》，载《历史教学》，2017(5)。

　　课程标准从历史知识与历史理解的层面对该课内容做了基本的规定。在课程标准的基本规定中，需要深入考察三个条目中的关键词或核心概念，以明确三个条目之间的逻辑关系。在教科书内容方面，对该课列有三个子目：战国七雄、商鞅变法和"造福千秋的都江堰"。可以看出，教科书的编写主要依据课程标准。为了准确理解课程标准的基本规定，整合教材内容，在分析教学内容时需要思考的问题是：

　　什么是"社会变化"？社会变化包括什么？社会变化的过程是什么样子？社会变化产生了什么样的影响？是什么力量推动了社会变化？
　　商鞅变法在战国时期的社会变化中居于什么地位？产生了什么影响？
　　在春秋战国时期，为什么各国诸侯普遍重视水利工程？都江堰对当时的秦国产生了什么影响？与社会变化又有什么样的联系？

　　在层层追问中，逐渐能够明晰该课教学内容之间的逻辑关系：

　　春秋战国时期，各国的变法及兴修水利、发展农业生产，其目的都是能够富国强兵，以便在兼并战争中获胜或立于不败之地。商鞅变法在春秋战国时期各国变法中最为成功，而都江堰水利工程的兴修促进了秦国经济的发展，加之其他因素，秦国逐渐强大并在兼并战争中获得优势，最终统一全国。

　　由上述内容可知，对课程标准和教科书内容的分析，其目的在于把握标准化教学要求下"课"的基本内容，并建立看似零散的教科书知识的线索，理顺知识之间的逻辑关系，确定教学的重点，以保障教学的知识基础。由于初中的历史教学"在每个板块内容设计上，采用'点—线'结合的呈现方式。'点'是具体、生动的历史事实，'线'是历史发展的基本线索。通过'点'与'点'之间的联系来理解'线'，使学生在掌握历史事实的基础上理解历史发展的过程"①，因此在课程标准的分析中，需要抓住主要的"点"，也就是关键的历史事件，由关键的历史事件之间的联系建构起学生理解历史的基本线索，从而达到基本的教学要求。

---

　　① 中华人民共和国教育部：《义务教育历史课程标准（2011 年版）》，3 页，北京，人民教育出版社，2011。

（二）历史学习者分析

历史学习者分析也称为学情分析，是指教师通过观察、访谈、调查、测验等方法，对学习者的智力因素、非智力因素等方面的已有状态、潜在状态和差异状态的诊断与评估。学情分析的目的是为教师的教学组织与实施提供准确的信息和依据，是因材施教、为学而教的逻辑起点。苏联心理学家维果茨基认为，教学要想对儿童的发展发挥主导和促进作用，就必须走在儿童发展的前面，为此，教师必须首先确立儿童发展的两种水平：一是儿童已经达到的发展水平，二是儿童可能达到的发展水平。已经达到的发展水平和可能达到的发展水平之间的差距，维果茨基将其称为最近发展区。为了使学生达到可能达到的发展水平，教师就必须了解学生已经达到的发展水平，必须进行学情分析。

学情分析是教师教学设计的基础和前提条件，是有效教学的内在要求，也是教师教学专业性的基本体现。历史课堂教学的学情分析是教师进行针对性教学设计，追求更有价值、更有意义的历史教学的先决条件之一。正如有学者指出的那样，"离开了学生的原有知识，教学设计、教学方法就无所谓好坏"[①]。对学生已有的历史知识、能力、态度等方面的把握，有助于教师充分了解学生的学习情况，有针对性地确定教学目标、教学重难点以及选择教学方法并开展教学。

学情分析也是教师进行教学研究的起点。认识学情分析的价值、掌握学情分析的方法是教师作为专业人员必修的功课，合理、准确、精当的学情分析能够让教师最大限度地避免教学挫败感，获得教学愉悦感、存在感和成就感，提升教师对教育价值和意义的理解，促进教师对自身专业的认识，推动自身的专业发展。

1. 学情分析的维度与内容

学生情况的复杂性决定了学情分析的复杂性。要使得学情分析落到实处，必须厘清学情的维度。美国学者 P. L. 史密斯（Patricia L. Smith）和 T. J. 雷根（Tillman J. Ragan）对学情分析的维度与内容做了非常细致的划分：（1）认知特点，包括学生特定的先行知识、一般能力、特殊能力、发展水平、语言发展水平、阅读水平、认知加工的风格、认知和学习策略等；

[①] 邵燕楠、黄燕宁：《学情分析：教学研究的重要生长点》，载《中国教育学刊》，2013 年第 2 期。

(2)生理特征；(3)情感特征，包括兴趣、动机、学习动机、对学科内容的态度、学习态度、对特殊形式媒体的感知和经验、学业自我概念、焦虑水平、信念和对成功的归因等；(4)社会性特征，包括同伴关系、对权威的态度、合作或竞争的倾向、道德水平、社会经济背景、种族/民族背景、从属关系和榜样等。[①] 在方法论层面，提出要注重学生已知和未知的分析，还应当关注学生的能知、想知和需知。[②] 不仅要关注学生的学习经验，还要关注学生的生活经验。[③] 何成刚等认为，学生历史学习起点分析主要包括了解学生的知识基础、生活经验，了解学生的兴趣点，运用学生的情感资源；了解学生历史思维结构的发展状况。[④]

综合学者们对学情分析的结果可以看出，在维度上，需要做已有状态、潜在状态和差异状态的区分；在内容上，就历史科任教师来说，需要做知识，能力，方法，兴趣、态度和情感的区别。如表 3-2 所示：

表 3-2　学情分析的维度与内容

内容	维度		
	已有状态	潜在状态	差异状态
知识			
能力			
方法			
兴趣、态度和情感			

2. 学情分析的策略与方法

学情分析表达了有效教学的理想诉求，在具体操作上又充满现实的困难。要进入学情的澄明之境，必然不能将复杂的问题简单化处理，需要采取长时段与短时段相结合、经验判断与技术分析相结合的策略，形成教师学情分析的基本理路。

---

① ［美］P. L. 史密斯、T. J. 雷根：《教学设计（第三版）》，庞维国等译，上海，华东师范大学出版社，2008。

② 陈瑶：《学情分析研究综述》，载《当代教育理论与实践》，2014(6)。

③ 吴银银：《高中生物课堂教学设计的学情分析：价值内涵和方法》，载《教育探索》，2011(2)。

④ 何成刚、陈亚东、夏辉辉：《历史课堂教学技能训练》，17～24 页，上海，华东师范大学出版社，2008。

（1）长时段与短时段相结合

从长时段进行学情分析，主要是指从学生所处学段的认知因素和非认知因素做整体的分析。这种分析和判定有助于教师从宏观上把握学生的发展路径，从而确定每一个学段的教学目标和教学策略。短时段的学情分析，主要指教师从单元或专题、课时等方面，通过观察、访谈、测试、问卷等方法，对学生知识、能力、方法等已知和未知、能知和需知等做出合理的分析，为教师提供课时教学的基本信息。基于学段的长时段学情分析和基于单元或专题、课时的短时段学情分析，两者相辅相成，互为基础和前提，并在教学中不断调整，以适应学生各方面的发展。

在长时段的学情分析中，已有的教育学、心理学的研究成果不可忽视。例如，皮亚杰将儿童认知的发展分为四个阶段：感知运动阶段、前运算阶段、具体运算阶段和形式运算阶段。每一个阶段都有其认知特点，在思考模式上有质的不同。这一理论对认识儿童的整体性发展具有普遍的指导意义。同时，当代中小学生的发展也具有时代特征，比如，生理成熟期提前；思维活跃，但学习兴趣不高；价值观念多元化，具有较高的职业理想和务实的人生观；自我意识增强，具有一定的社会交往能力；心理问题增多，等等。[1] 这些心理学、教育学的研究成果是教师进行学情分析必不可少的知识基础。

（2）经验判断与技术分析相结合

经验判断是在信息数据不充分以及有些因素难以量化的情况下进行的预测，具有简便易行、直接可靠、快速经济等特点。尤其是教学任务繁重的教师，凭借直觉的经验判断往往能够节省大量的时间，将主要的精力集中在教学内容的处理层面，最大限度地实现课堂教学的文化传承与创造价值。

但经验判断的局限性在于，对复杂的数量变动关系，单凭人脑记忆和判断，容易出现疏漏和失误。同时，对信息的分析不够精确，容易受教师已有的心理、情绪、知识结构、个人素质等因素的影响，学情判断会产生主观片面性。因此，技术分析则显得必要而紧迫。一般而言，严谨的学情分析包含观察、测验、问卷调查、访谈等多种形式。

---

[1] 全国十二所重点师范大学联合编写：《教育学基础》，131～132 页，北京，教育科学出版社，2002。

苏向荣、王丽：《"近代以来世界科学的发展历程"学情分析问卷》

由此，教师对本专题中学生已有的知识掌握情况做出已有状态、潜在状态和差异状态三个维度的分析，并以自己调查的数据作为基本参照，进行基于真实情况的教学难点判断，为教学设计提供了准确的信息，并依此做出合理的教学预测。

(三)历史教学目标设计

在学习内容和学情分析的基础上，依据历史课程标准对"课"的内容的相关规定，教师对教学目标进行设计和撰写。历史教学设计强调，教学目标应该预先确定，教学目标应该以学生的学习结果作为基础，并以具体的、明确的术语进行表述；在教学活动之前，必须把教学目标明确告知学生，使师生双方都能够知道"我要到哪里去"，便于教学中做到有的放矢。

在教学目标的撰写中，为了能够让教师和学生明确本节课在知识、能力、方法、情感态度与价值观等方面达到的状态，目标的撰写需要分条陈述，在具体的写作方式上，需要从知识与能力（技能）、过程与方法、情感态度与价值观三个维度对课堂教学目标进行表述。在确定历史课堂教学目标时，需要做到以下几个方面的结合。

1. 可接受性与发展性的结合

在确定历史课堂教学目标时，教师不仅需要考虑学生的学习能力和接受水平，而且要考虑学生能够通过教学内容的学习，在原有认知水平的基础上，获得知识、能力、方法、情感态度与价值观等方面的发展，要使学生能够"跳一跳够得着"。

2. 全面性与层次性的结合

在历史教学中，教师需要面对全体学生，故在确定历史课堂教学目标时，需要着眼于全体学生来确定课堂教学的核心目标，使得全体学生都能得到发展；同时，教师需要考虑班级学生的实际情况，在确定核心目标之后，还需要根据班级学生的认知层次与以后的发展趋向，确定不同层次、不同发展趋向学生的教学目标，并能够在教学中获得有层次的发展。

3. 系统性与具体性的结合

历史教学目标的设计需要考虑学生在知识与能力、过程与方法、情感态度与价值观等方面的全面发展，设计中需要教师能够理解历史知识既是目标，又是达成历史思维能力培养的手段；能够理解历史知识与历史思想、方法以及历史价值观之间的关系，使得历史教学目标的各个维度形成一个有机的系统。同时，在进行历史教学目标的设计时能够用行为动词表达学习结果，目标的表述尽量具体、可操作、可测量，充分实现目标对教学过程的导航作用。①

(四)历史教学策略设计

"教学策略是教学设计的有机组成部分，是在特定教学情境中为适应学生学习需要和完成教学目标而诊察做出，并随情境变化而进行调整的教学谋划和采取的教学措施。"②教学策略是实现教学目标的重要手段，与历史教学目标、历史教学思想、学生的历史学习准备情况紧密联系。历史教学策略主要考虑的问题有：

(1)教学内容如何整合和组织。

(2)针对具体的教学内容，可参考的教学模式有哪些。

(3)针对具体的教学内容应当采取什么样的教学方法。

对课堂教学内容及学情的宏观把握，直接影响到教师的教学策略选择。有效的策略设计能够针对学生的学习情况，灵活安排教学活动，巧妙设计各个教学环节，使得整体的教学获得最优化的教学效果。

(五)历史教学过程设计

教学过程设计是教学设计的重要组成部分，教学过程的设计与教学目标的确定、教学策略的设计紧密关联，可以说，有什么样的教学目标和教学策略，就有什么样的内容组织与活动安排。这种在单位时间内的教学内

---

① 进一步阅读请参考聂国民：《〈古希腊民主政治〉教学设计》，载《历史教学》，2017(3)。

② 肖刚：《教学策略的内涵及结构分析》，载《高等师范教育研究》，2000(9)。

容组织与活动安排，形成教学过程设计的主要内容。

在教学过程设计时，教师对于课堂教学内容与活动能够采用流程图或表格的形式表达出来，既能够清晰地展现教师教的活动，又能够规划学生学的活动，并明确每一个步骤、每一个教学环节的设计意图，使得历史课堂教学思维可视化和结构化，才能增强课堂教学的可操作性和可控制性，体现出教学的计划性与目的性，为达成历史教学目标提供有力的支持。

（六）历史教学设计评价

在历史教学内容分析、学情分析、历史教学目标确定、教学策略设计和教学过程设计之后，基本上完成了一个教学设计的"产品"。对于这一"产品"能否达成预定的教学目标，是否符合学生的实际，教学环节和知识衔接是否流畅，能否取得最优的教学效果，达到理想的教学状态，就其目标设计、教学方法、教学活动、材料运用等需要做出基本的评估和修改。对教学设计产品的验证、分析和修改，就是对教学设计的评价。在日常教学中经常能够看到教师数易其稿，正是对教学设计评价的真实写照。对历史教学设计的评价方式主要有形成性评价和总结性评价两类。

历史教学设计的形成性评价是对历史教学设计的产品在教师进行课堂教学之前的反复推敲与雕琢，以及初次教学中的使用和调适，重点是对教学设计的可行性、有效性、合理性等方面的基本判断。其中，历史教学目标的达成度是形成性评价的主要内容。

历史教学设计的总结性评价是教师在进行完课堂教学之后，依据历史教学效果和学生学习结果，对教学设计的最终评价。历史教学设计的评价主体主要是设计者自己，因此，对教学设计的评价需要教师具有较强的教学反思能力，能够依据教学中学生的学习情况做出合理的判断，并改进和完善历史教学设计。

第三节　历史教学目标的设计与检测

历史教学目标是历史课程标准规定的教学任务的具体化，是指学生在历史教学活动中所要达到的预期结果的标准。现代教学设计认为，教学设计的起点应该是教学目标的设计，终点是教学目标的达成与检测。苏联教育家巴班斯基认为，实现教学最优化的第一个办法或第一位工作，就是制定恰当的教学目标或教学任务。历史教学目标设计是将历史课程目标分解为更细微的项目，并使之行为化，对教学的每一个层次、每一个小过程做出具体的教学标准规定，以便于贯彻和检验。历史教学目标在历史教学设计及历史教学活动中居于核心地位。

一、历史教学目标的基本功能

（一）导向功能

历史教学目标是历史教学活动的基本出发点，也是历史课堂教学最终的归宿。它表达了历史教师教学设计所期望的教学结果和学生的最终行为，决定着整个教学过程的方向。

（二）整合功能

历史教学目标是历史教学系统内各个组成要素的联结点和灵魂，对其他要素起到统率、支配和协调的作用，所有的历史教学活动都是为了实现既定的历史教学目标而展开的。

（三）甄别功能

教师在教学过程中，依据学生的学习表现，对教学效果进行评价，以验证课堂教学是否达到了教学目标。在这个过程中，教师可以通过目标检测学生的学习结果，并评判学生历史学习水平的差异，为下一步的教学提供基本的参考。

（四）激励功能

历史教学目标在很大程度上体现出的是学生的历史学习目标，并以学生最终的历史学习结果的方式呈现，故教学目标体现出对学生学习的基本期望。课堂教学中展现出的历史教学目标能够激发学生对新的学习任务的期望和学习欲望，调动学生学习的积极性和主动性，并通过教学过程中的评价和及时反馈对学生的学习动机和学习效果进行强化。

二、历史教学目标的表述

在教学设计的过程中，教师如何进行教学目标的表述，不仅是一个理论上的问题，也是一个技术性问题。它要求教师不仅具有良好的理论基础，也要求教师具有正确的目标表述能力。为了能使历史教师进行正确的目标表述，首先要求教师能够知晓目标表述应该具备的基本要素。

1962 年，马杰（R. F. Marger）根据行为主义心理学提出行为目标的理论与技术。该理论认为，教学目标应当以行为目标作为教学目标的表述方式。行为目标指用可观察和可测量的行为表述的目标。马杰认为，一个教学目标的表述包括四个要素，分别是主体（audience）、行为（behavior）、条件（condition）和程度（degree），取这四个要素的英文单词的首写字母，将这一方法简称为"行为目标表述的 ABCD 法"。

（一）主体（audience）

教学设计的一个基本特点是"以学生为本"，在教学中表现为"以学生发展为本"。因此，在教学目标表述时，行为主体自然是学生，而不是教师。教学目标检验的是学生的结果是否达到，而不是评价教师有没有完成某一项工作。因此，教学目标的陈述必须从学生的角度出发，陈述行为结果的典型特征，行为的主体必须是学生。

（二）行为（behavior）

对大多数教师而言，对学生历史学习结果的判断依据是学生的历史学习行为，即依据学生的行为来推测学生的思维。因此，历史教学目标需要用行为动词作为基本的符号，表达学生学习的基本结果。为了能够准确表达学生的历史学习结果，这就要求教师首先了解历史教学目标表述中常用的行为动词，并熟知这些行为动词代表的思维含义及学习的层级，才能较为清晰地确定学生通过学习哪些历史知识达到哪个层级的目标。

在教育目标研究领域，美国心理学家布鲁姆及其团队曾研究并出版了风靡全球的《教育目标分类学》。教育目标分类学将人的发展领域分为认知领域、情感领域和动作技能领域，深入分析了教学目标的层次与行为动词之间的对应关系。此外，美国心理学家加涅对学习结果的分类也值得借鉴和参考。结合布鲁姆教育目标分类学和加涅学习结果分类，可以将历史教学三维目标、行为水平层次及行为动词的对应关系做如下归类（见表 3-3）：

表 3-3　学习结果分类与三维目标、行为水平层次及行为动词的对应关系

学习结果类别	三维目标分类	行为水平层次	行为动词
言语信息	知识	了解	说出、描述、列举、举例、简述、识记、记忆、复述……
		理解	辨认、区别、比较、解释、阐述、说明、归纳、判断、收集、整理、预测……
		应用	运用、应用、评价、计算、辩护、质疑、撰写、解决、修改、拟定、检验、计划……
动作技能	技能	模仿	模仿、再现、例证、临摹、重复、尝试……
		操作	测量、测定、操作、制作、查阅、计算、验证……
智慧技能		迁移	联系、转换、灵活运用、举一反三、触类旁通……
认知策略	过程与方法	经历	经历、尝试、参观、体验……
		感知	领会、解释、说明、认识……
		探究	运用、掌握、能、会……
态度	情感态度与价值观	体验	参加、参与、寻找、尝试、交流、考察、接触、体验、观察、探究……
		反应	认同、拒绝、接受、反对、讨厌、关心、关注、怀疑、摒弃……
		领悟	形成、养成、热爱、树立、建立、追求、坚持……

　　依据布鲁姆的教育目标分类学、加涅的学习结果分类和三维目标及行为动词对照，就可以较为清晰地了解和掌握历史教学目标在表述时具体的行为动词所代表的思维含义及行为水平。

　　（三）条件（condition）

　　条件表示学习者完成规定行为时所处的情境或影响学生产生学习结果

的特定限制或范围，也说明在评价学习者的学习结果时应该在哪种情况下进行。

（四）程度（degree）

课程内容标准所指向的表现程度通常是指学生通过一段时间的学习后所产生的行为变化的最低表现水准或学习水平，用以评价学习表现或学习结果所达到的程度。除了行为动词体现出的程度差异外，还需要从其他角度对学生学习结果的最低程度做出基本的限定。例如：学生通过分析西周后期社会状况的相关史料，较为全面地归纳分封制崩溃的主要原因。

上述教学目标的设计中，主体是"学生"，行为有"分析""归纳"，条件为"西周后期社会状况的相关史料"，表现程度为"较为全面"。这样表述结果，能够明确教学中学生对该内容应该掌握到何种程度，增强了课堂教学的可操作性，也为学生学习结果的测量提供了依据。

三、历史教学目标的检测

历史教学目标的检测，即对历史教学目标是否达成、历史教学策略与教学过程是否有效的价值考量，是对教师教和学生学的情况的基本判断，也是"教—学—评"一致性的重要保证。

（一）历史教学目标检测的原则

在历史教学目标的检测中，需要把握如下原则。

1. 预设性与生成性相结合

历史教学目标是教师依据历史课程标准、历史教学内容和学生的历史学习情况制定的，尽管历史教学目标是学生历史学习结果的表达，但不可避免地带有历史教师的主观判断。在历史教学目标的制定过程中，教师不可能完全预设所有学生的所有学习结果，任何历史教学目标都会给学生的历史学习留下基本的空间。在历史学习的过程中，学生往往会结合已有的知识与经验，在课堂教学中表现出教师预料之外的情况。这些情理之中、预料之外的情况，形成课堂教学的生成性资源，成为学生在知识与智慧技能等方面发展的一个生长点，是教学中生成的教学目标。对这些生成性资源及其目标的把握，有助于教师改进历史教学设计，优化历史教学目标，发展教学智慧，提升教学技艺。

2. 诊断性与发展性相结合

在教学目标的功能中，一项重要的功能在于教学目标能够对学生的学习情况做出基本的诊断和甄别，判断学生在知识与能力、过程与方法、情感态度与价值观方面提升的水平与层次，这也是教学目标检测的重要尺度。同时，教师在教学中对教学目标的检测还需要以发展性为原则，关注学生的个体差异，积极捕捉学生反馈的信息，对学生的历史学习情况在诊断的基础上提出具体的建议，积极强化和矫正学生的学习态度与行为，促进他们在原有水平基础上不断发展。

3. 全面性与层次性相结合

历史教学目标是知识与能力、过程与方法、情感态度与价值观三个维度的结合，是一个有机的整体，体现了历史课程的价值追求。教师在教学目标的检测中，既要关注学生知识与技能的获得，又要关注学生在学习中的参与与投入、方法的习得与运用，还要关注学生情意的发展，并最大限度地促进学生的全面发展。同时，教师要针对学生的具体情况，对不同能力倾向、发展倾向的学生，在达到基本目标的基础上进行有差别的评价，促进学生有差异的发展。

（二）历史教学目标检测的基本方法

依据中学历史课程的基本结构，历史教学目标层次的不同，历史教学目标的检测形式、检测手段以及检测的时间不同。对模块教学目标的检测一般以模块教学中和模块教学后的期中考试、期末考试检测为主，以检测学生对该模块内容的理解和掌握程度；专题教学目标或单元教学目标的检测一般在单元教学或专题教学结束后进行；而课时教学目标则是在课堂教学中做即时性检测。对课时教学设计目标的检测是教师依据教学设计进行的课堂教学中或课后的基本环节。对课时教学设计目标的检测方法主要有以下三种。

1. 观察

教师在课堂教学中，可以依据学生学习教学内容时的情绪、行为反应，尤其是通过观察学生学习的"过程"，对"过程"目标进行检测以获得学生对课堂教学的主观感受，从而判断学生在课堂上的投入程度、教学内容的难易程度等，以便教师能够及时调整教学内容，促成更为有效的教学（见表3-4）。

表 3-4　学生参与课堂情况的评价指标

内容要求	课堂行为参与
评价指标	围绕主题主动提出问题。
	学习过程中积极思考，有参与的意识。
	积极参加课堂讨论，发表自己的见解。
	参与信息的搜集、汇总和交流。
	认真对待和完成课堂作业。

2. 提问

提问是教师促进学生思维，评价教学效果以及推动学生实现预期目标的基本控制手段。在日常教学中，师生问答、生生问答是教师常用的教学方法，也是教师实施课堂控制与教学效果检测最直接的手段。教师通过提问检测教学目标的达成情况时，应重视提问形式，把握提问的时机，有层次、适度地向不同历史学习水平、不同发展倾向的学生提出不同的问题，并依据学生的回答情况做出基本的判断，保证"教—学—评"的一致性。

3. 纸笔测验

纸笔测验是检测历史教学目标达成的有效手段之一。历史教学的纸笔测验分为两类：一类是随堂测验，即老师随堂布置测验试题，学生在课堂内完成，此类测验能够有效巩固和检测学生在课堂学习的基本情况，但有教学时间方面的限制，对学生课堂学习内容的广度与深度的考查方面有一定的局限性；另一类是课后测验，以单元检测、期中考试和期末考试为主，此类测验的优点是检测面广、对内容的掌握情况考查得更加清楚，既能反映每个人的学习情况，又能反映学生整体的掌握情况。在教学目标检测中，既要注重随堂测验，也要重视课后测验的反馈。

陈志刚：《"权利法案"教学目标设计与检测》

本章小节

历史教学设计是以获得最佳的历史教学效果为目的，历史教师在研读历史课程标准、整合历史教学内容的基础上，根据学生的历史学习特点拟定历史教学目标、分析历史课堂教学问题、设计历史教学过程和历史教学评价以形成教学方案，并对方案进行修正的过程。历史教学设计分为三个阶段：分析阶段，包括历史学习内容分析和学情分析；选择决策阶段，包括历史教学目标设计、教学策略设计、教学媒体设计和教学过程设计；评价阶段，包括对教学设计的形成性评价和总结性评价。在历史教学设计的过程中，历史教学目标居于核心地位，直接影响教学设计的其他环节，对教学目标达成度、学生参与度等方面的检测，能够直接判断历史教学设计的可行性与可操作性。

学习反思

1. 什么是历史教学设计？历史教学设计应当具备什么样的理念？

2. 历史教学设计的主要阶段及其要素有哪些？

3. 历史教学行为目标表述要考虑哪些要素？历史教学目标检测的主要方法有哪些？

拓展阅读

1. 何成刚，夏辉辉．历史教学设计［M］．上海：华东师范大学出版社，2009.

2. L. W. 安德森，等，皮连生，主译．学习、教学和评估的分类学［M］．上海：华东师范大学出版社，2007.

3. 谢幼如．教学设计原理与方法［M］．北京：高等教育出版社，2016.

4. 刘金金．改革开放以来我国中学历史教学设计研究评述［D］．华东师范大学，2014.

5. 陈伟国．高中历史新课程的教学设计策略［J］．历史教学，2005(11).

6. 王雄．现代历史课堂教学设计的原则与操作方法［J］．课程·教材·教法，2003(2).

7. 郑林．历史课堂教学中的问题设计［J］．历史教学，2006(7).

8. 周仕德，何成刚．历史教学设计观的转型探析［J］．中国教育学刊，2010(4).

9. 卢春建. 选择怎样的故事来开展历史教学——以《历史教学》刊登的部分教学设计为例[J]. 中学教学参考，2009(36).

PPT 课件

第四章　中学历史教学实施

学习目标

1. 了解教学过程、教学模式、教学策略、教学方法、教学方式、教学手段、教学风格、教学流派的不同含义。

2. 掌握基本的历史教学模式与教学方法。

3. 能够在历史教学实践中具体运用历史概念教学、史料教学、通史教学与专题史教学的理念与方法。

本章导引

在当代中学历史教学实施过程中，历史教学模式的创新焦点纷纷指向"扬生抑师"，即高扬学生的历史学习活动，抑制历史教师的教授活动，历史教学实施的钟摆从传统的"教师中心"转向了当代的"学生中心"。历史教学模式如何协调学生的历史学习活动与教师的历史教授活动的关系，仍然需要在中学历史教学实施中总结经验。

第一节　历史教学模式与方法

20 世纪 70 年代初，美国的乔伊斯（Bruce Joyce）等学者出版《教学模式》一书，系统研究了 4 类 20 多种教学模式。20 世纪 80 年中期以来，中国的教学模式研究开始起步。随着国内外教学模式研究的不断推进，一些深层次问题日益显现，如教学模式与教学方法的概念混同、形形色色教学模式的泛滥以及教学模式的历史学科化。

一、教学模式与教学方法概念辨析

从教学史看，教学方法历史悠久，随着教学模式的出现，教学模式与教学方法的概念混用现象一直没有得到澄清。

（一）教学模式

教学模式是关于教学过程的模式，教学过程是由教师、学生、教学理论、教学目标、教学内容、教学环节、教学方法、教学手段、教学条件等教学要素构成的。由于侧重教学要素的不同，教学模式也就呈现出多种多样的含义。

1. 教学模式的不同含义

（1）教学模式是指学习环境，如历史情境教学模式、"翻转课堂"教学模式。

（2）教学模式是指教学活动结构的理论表达，如基于人本主义学习理论的情感教学模式、基于问题解决的教学模式。

（3）教学模式是指教学活动的结构，如"读、理、练"三段式历史教学模式。

（4）教学模式是指一套教学活动的方法论体系，如史料研习教学模式。

（5）教学模式是指教学活动实践经验的归纳总结，如江苏洋思中学的"先学后教、当堂训练"教学模式、山东杜郎口中学的"三三六"自主学习教学模式。

2. 教学模式的含义、结构与特征

综观教学模式含义的不同侧重，比较全面的教学模式的含义如下：教学模式是在一定教学理论指导下，以教学实践活动为基础，围绕特定教学目标而形成的具有相对稳定教学结构的教学范式。

教学模式有其自身结构，一般而言，严格意义上的教学模式应当包括以下基本要素：教学理论、教学目标、教学程序、教学环境、教学策略、教学评价。

教学模式具有许多特征，诸如理论性、操作性、规范性、结构性、稳定性、开放性、个性等。但是，教学模式的最主要特征在于整体结构性，即对教学过程的整体结构构建。

（二）教学方法

教学方法是关于教学过程的方法，它与教学过程的教学目标、教学内容、教学形式有着密切的联系。由于观察问题的角度不同，教学方法的含义也不尽相同。

1. 教学方法的不同含义

(1)教学方法是教师为了完成教学目标和教学内容而采用的具体方式，如讲述法。

(1)教学方法是学生为了完成学习目标和学习内容而采用的具体方式，如阅读法。

(3)教学方法是教师和学生为了共同完成教学目标和教学内容而采用的具体方式，如谈话法。

2. 教学方法的含义与特征

基于教学过程的师生共同活动性，教学方法是教师为了促进学生完成教学目标和教学内容而采用的教与学的具体活动方式。

教学方法具有实践活动性、师生双边性、继承发展性、多样组合性、具体方式性等特征。但是，从教学过程来看，教学方法的最主要特征是具体方式性。

(三)教学模式与教学方法的关系

教学模式与教学方法都是教学过程的构成要素，两者联系紧密。但是，两者也有明显的区别，不宜简单地等同。

从教学模式与教学方法相互联系的角度看，教学模式是教学过程中具有内在联系的多种教学方法的综合和集成。据此，有一种观点认为，教学模式是一套调控教学活动的方法论体系。也有一种观点认为，教学模式就是"大教学方法"。可见，离开了教学方法，教学模式就会失去完整性。

从教学模式与教学方法相互区别的角度看，教学模式侧重教学过程的整体结构和框架，教学方法侧重教学过程的具体教学活动方式。

(四)教学过程、教学模式、教学策略、教学方法、教学方式、教学手段、教学风格、教学流派辨析

教学模式不但容易与教学方法混同，而且经常与教学过程、教学策略、教学方式、教学手段、教学风格、教学流派等混淆使用。因此，厘清这些概念之间的区别是十分必要的。

教学过程是指教师促进学生学习的一整套教与学的活动，教学过程包括教学模式、教学策略、教学方法、教学方式、教学手段、教学风格、教学流派等。

教学模式是基于教学理论与教学实践而构建的教学过程的整体结构，

如授受教学模式。

教学策略是指关于教学活动计划的变式预案，具有选择性、灵活性和机智性。例如，对于历史课堂教学问题的设计，除了首选历史问题以外，还需要备选历史问题，以应对历史教学活动的动态变化性。

教学方法是由教学模式决定的教学过程中的具体教学活动方式，如授受教学模式下的讲述法。

教学方式是教学方法的细节。王策三认为，教学方法是由教学方式组成的。[①] 李秉德认为，教学方法是教学活动方式的总称。[②] 白月桥认为："方法包括方式，方式的综合构成方法。"[③]例如，讲述法下的描述教学方式。

教学手段是实现教学方法的工具，包括教学硬件和教学软件，如多媒体教学手段。

教学风格是指教学模式具有鲜明而独特的个性特征。

教学流派是指教学风格相同或相近的教师群体。例如，历史教学的"京派"与"海派"。

二、基本教学模式

基本教学模式主要是从普通教学论角度来讲的。作为普通教学论的组成部分，历史教学论也应当珍视和借鉴这些带有基础意义的教学模式。

中国当代教学模式经历了一个从引进到迅速繁荣而又急剧沉寂的大起大落过程，在这一过程中，出现了上千种一般教学模式和上百种历史教学模式。但是，从这些模式的整体结构特征来看，许多模式其实不属于教学模式。有的教学模式直接移植某个教学理论，如知识内化教学模式；有的教学模式直接以某个教学手段命名，如导学案教学模式；有的教学模式以某种教学方式来命名，如问题探究教学模式；有的教学模式以教学步骤来命名，如"三环五步"教学模式。

教学模式是对教学过程的整体架构。关于教学过程的构成要素，从"三要素"到"九要素"不一而足。但是，教师的教授活动与学生的学习活动始终

---

① 王策三：《教学论稿》，245 页，北京，人民教育出版社，1985。
② 李秉德：《教学论》，193 页，北京，人民教育出版社，1991。
③ 白月桥：《历史教学问题探讨》，134 页，北京，教育科学出版社，1997。

是教学过程的基石，教与学的关系也是教学过程的主要关系。因此，基本教学模式的构建需要立足于教学过程的主要关系。

（一）授受式教学模式

授受式教学模式是指教师教授、学生接受的教学模式，是一种以教师显性教学活动为主而以学生隐性学习活动为辅的教学模式。授受式教学模式虽然饱受批评却又一直无法被摒弃，它是具有广泛影响的基本教学模式之一。

授受式教学模式有着悠久的历史渊源，也具有现代教学理论的支持。在中国古代社会，教师权威论根深蒂固。近代赫尔巴特的"主知主义"和"教师中心论"影响深远。苏联教育家凯洛夫认为，教学就是教师传授、学生掌握系统知识的过程，教学过程包括感知、理解、巩固、应用四个环节。[①]

20世纪50年代以来，中国引进并改造凯洛夫教学模式，形成了稳定、成熟而影响持久的授受式教学模式。授受式教学模式突出基础知识和基本技能的教学，一般由五个教学环节构成：第一个教学环节是组织教学，吸引学生的注意力；第二个教学环节是复习旧课，导入新课；第三个教学环节是讲授新课；第四个教学环节是课堂小结，巩固新课；第五个教学环节是当堂练习，布置作业。

授受式教学模式的最大优点就是能够最大限度地发挥教师的显性主导作用，充分展现教师的学科素养和教学风采，高效率地传递系统知识。下面摘录历史教师的精彩讲授片段。

【案例4.1】

中世纪"上帝"的荣耀与无奈

西欧早期中世纪的文化低落是特殊历史条件下的社会转型时期的特殊"阵痛"。它从罗马文明艰难地转折而来，又有蛮族各部的共同参与创造。在此过程中，基督教把强调个人精神的希腊文化，强调国家、军团、秩序的罗马文化和强调血缘的日耳曼文化粘贴了起来。然而，危难时期松散的

---

① ［苏］凯洛夫：《教育学》，沈颖等译，北京，人民教育出版社，1953。

组织的强大向心力，却在登峰造极之时，出现了一次次大裂变。①

授受式教学模式有其适用范围，它比较适合学科素养较高的先进学生。如果不顾教师自身特长和学生的实际学业水平，一味照搬授受式教学模式，许多流弊就会出现，诸如忽视学生，"满堂灌"，重视知识、轻视能力，导致"教师中心""课堂中心""课本中心"。实际上，这些弊端并不是授受式教学模式自身所固有的，主要是教师不恰当运用授受式教学模式所带来的。如果对其他教学模式运用不当，也会出现上述弊端。因此，那些全盘否定授受式教学模式的主张是值得反思的。

历史知识是历史教学的基础，没有历史知识基础，历史能力就无从谈起。历史知识具有具体性和连贯性的特点，完全依靠学生自学恐难洞悉其背后深意。所以，历史教学根本无法离开教师的讲授。对此，《义务教育历史课程标准（2011 年版）》明确申明："注重对基本史实进行必要的讲述。"②

改革开放以来，针对授受式教学模式使用不当所带来的弊端，历史教学界进行了积极的改革，指导思想是贯彻启发式教学原则，教师的讲授要少而精，相应增加学生的学习活动。在这些改革尝试中，比较有代表性的教学模式改革大都聚焦于课堂教学结构的重构，例如"读读讲讲议议练练"八字四段教学模式、"读、理、练"三段教学模式。三段教学模式的教学结构如下：第一个教学环节是学生围绕教师提出的历史问题阅读历史教科书，学生之间可以适当交流；第二个教学环节是教师引导学生对教科书的历史知识进行结构化整理；第三个教学环节是教师组织学生进行历史知识的运用练习。在历史思维能力培养占据主导地位的当代，授受式教学模式的教学结构已经演变为整理史实、问题探究和思维拓展三个核心教学环节。

从师生教学活动的关系来看，授受式教学模式并不排斥学生的学习活动，只是把学生的学习活动始终置于教师的显性引导之下。实际上，在授受式教学模式的教学实践中，教师的教授活动是多种多样的，诸如讲授、讲读、讲解、讲评、提问、倾听、引导、反馈，学生的学习活动也是丰富多彩的，诸如阅读、思考、听讲、发问、讨论、记录、练习，教师与学生

① 李惠军：《笃学行思路——一个历史教师团队的教学随笔》，114 页，天津，天津古籍出版社，2008。
② 中华人民共和国教育部：《义务教育历史课程标准（2011 年版）》，36 页，北京，北京师范大学出版社，2012。

的教学互动也是无处不在的，诸如眼神的交流、思维的碰撞、情感的共鸣。

（二）活动式教学模式

在高度集中统一的教育管理体制下，授受式教学模式在教学实践中不断被推向"唯一性"的境地，这种僵化做法所累积的忽视学生的流弊越来越凸显。随着改革开放与教育教学思想的解放，注重学生学习活动的教学模式探索层出不穷。其中，活动式教学模式较有代表性。

活动式教学模式是一种以学生学习活动为主而以教师引导活动为辅的教学模式，在"以学生发展为本"的教学改革理念下，活动式教学模式也一度被推上神坛，但喧闹过后，教学界开始反思活动式教学模式的适用范围。

活动式教学模式具有久远的教育思想传统和扎实的现代教学理论支持。古希腊教育家苏格拉底提出"助产术"的教学思想，教师活动旨在帮助学生的学习活动。文艺复兴以来，欧洲教育家们提出了"快乐学校""自然教育""生活教育""活动教育"等活动教育思想。20 世纪初，美国教育家杜威继承和发展欧洲近代的活动教育思想，系统提出并积极实践以"做中学"为表征的活动教学理论。杜威认为，教学就是经验的获得，而经验都是由"做"的活动得来的，所以，学生活动是学校教学的中心。杜威的"做中学"由五个阶段的教学程序组成：一是活动情境；二是问题刺激；三是知识调动；四是解决问题的多种设想；五是检验设想的可靠性。20 世纪 50 年代以后，"发现学习""探究学习"和建构主义学习理论进一步丰富了活动教学模式的理论基础。

20 世纪 90 年代，素质教育全面实施，学校正式设置活动课程，活动教学思想开始进入课堂教学领域，在大量活动教学实验的基础上，逐步形成了活动式教学模式。活动教学的核心思想是学生对教学活动的积极、主动、全面参与。活动式教学的教学结构由五个环节组成：一是学生围绕问题的阅读活动；二是学生围绕问题的述评活动；三是教师根据学生述评活动情况而进行的有针对性的启发式精讲；四是学生对主干知识和关键能力的运用、练习活动；五是学生发现和提出学习问题。这些活动顺序不是一成不变的，而是可以根据教学内容和学生情况随机进行组合。

在活动式教学模式下，学生的学习活动越来越受到重视。这些学习活动不仅包括听讲、阅读、思考、记录、练习等接受式活动，还包括谈话、讨论、辩论、问题探究、资料研习、角色扮演、制作、访问、参观、调查、竞赛、编辑、课题研究等参与式活动。

活动式教学模式在中学历史教学领域运用较为成功的是历史研究性学

习活动，历史研究性学习活动主要包括四种类型。一是课前设计的问题式研究性学习活动，如"洋务运动不可能使中国富强起来吗"；二是课内即时调整的问题式研究性学习活动，如"为什么中华民国选都南京"；三是课内专题式研究性学习活动，如"辛亥革命是成功还是失败的"；四是课外专题式研究性学习活动，如"掸去土布的尘埃"①。

活动式教学模式的实践在很大程度上改变了授受式教学模式使用不当带来的流弊，学生的学习活动大幅增加。但是，形形色色的低效乃至无效的学习活动日益充斥课堂，学生成了课堂教学的主宰，教师沦为学生活动的看客，有些学校还硬性规定教师的讲授时间，师生活动关系被极大扭曲，这就严重背离了活动式教学模式的思想初衷。

在具体教学实践中，授受式教学模式的使用不当带来了"重教轻学"的流弊，而活动式教学模式的错误使用又导致了"重学轻教"的偏颇。在这种两难情况下，试图更好协调师生活动关系的对话教学模式引起了学界的关注。

三、基本的历史教学方法

历史教学模式具有多样化的发展趋势。但是，无论哪种教学模式，都离不开历史教学方法的支持和保障。从中华人民共和国成立到 21 世纪初，由于"一纲一本"计划课程体制的限制，历史教学方法成为历史教学研究的主要领域，其成果主要集中在以下几个方面：一是对传统讲授法的改革，如启发式讲授法、讲读法、情境教学法；二是基于学生学习而提出的历史教学方法，如自学辅导法；三是基于历史教学手段的变革而提出的历史教学方法，如历史图示教学法②、微课、慕课。

（一）历史讲授方法

历史讲授方法是教师以口头语言和书面语言来引导学生认识历史的一系列具体教学活动方式，主要包括叙述、描述、概述、概括、归纳、演绎、比较、分析、综合、讲读、图示等具体讲授方式。无论哪种历史讲授方式，都需要符合真实、流畅、富有文采的历史语言要求。

---

① 聂幼犁：《中学历史研究性学习研究——案例分析与点评》，天津，天津古籍出版社，2009。

② 黄慕洁：《1979—1994 年中学历史教学方法改革述评》，载《历史教学》，1995(6)。

【案例 4.2】

历史故事叙述：最后的晚餐

这是《圣经》上的一个故事，耶稣基督在受难前夕和他的十二个门徒最后一次会餐。在会餐的过程中，耶稣宣布了一个重大的事件。他说："我明天就要离开你们了，为什么呢？因为就在你们当中有一个人把我出卖了。"这句话一说，就起了一个爆炸性的效果，十二个门徒表情各不相同。我们看大弟子彼得，他出身渔民，性格豪爽，马上拍案而起："老师，您说出来，这是谁，我们要把他撕成碎片。"耶稣的小徒弟，他最喜爱的约翰，表现出了迷惑不解的神情："像老师这样道德高尚的人，为什么还会有人陷害您呢？为什么陷害您的人就出在您的门徒之中呢？"同学们看，正是这个陷害耶稣的犹大，听到耶稣宣布以后，感到非常恐惧，唯恐老师把他的名字点出来，他一直往后退缩，恨不能找一个地缝钻进去，可是他的手呢？还没有离开出卖耶稣所得到的三十块银币的钱袋。①

历史叙述的特点在于时序性、过程性和生动性。

【案例 4.3】

历史人物概述：达·芬奇

达·芬奇不只是一个画家，同时又是一位数学家、力学家、工程师、音乐家和解剖学家，他是一个多才多艺、学识渊博的人。达·芬奇一生给我们留下了七千多页手稿。在他的手稿中，我们居然发现有最早的滑翔机设计图。作为工程师，达·芬奇修建过意大利北部的运河，修建过米兰城的城堡。作为一个画家，为了追求真实，他不顾教会的禁令，解剖了尸体。但是，达·芬奇最有成就的还是绘画，他的代表作是《蒙娜丽莎》和《最后的晚餐》。②

---

① 北京师范大学历史系教学法教研室、北京教育学院东城分院历史组等编：《时宗本中学历史课堂教学》，231～232 页，北京，北京师范大学出版社，1986。

② 北京师范大学历史系教学法教研室、北京教育学院东城分院历史组等编：《时宗本中学历史课堂教学》，231 页，北京，北京师范大学出版社，1986。

历史概述的特点在于线索性、精练性和目的性。

【案例 4.4】

历史人物描述：蒙娜丽莎

这个年轻的妇女，安详恬静，面带微笑，充满了青春的活力，她既不是一位天使，也不是圣母玛丽亚，而是一个活生生的人。①

历史描述的特点在于特征性、细节性和形象性。

【案例 4.5】

历史分析方法：文艺复兴

"文艺复兴"意味着什么呢？意味着恢复古代希腊、罗马的文化，特别是希腊文化。如果这场文化运动只是这样的话，那它的意义就没有多大了。因为古代希腊、罗马的文化，只是奴隶社会的文化，而现在的"文艺复兴"时期呢？它们所研究的是用希腊、罗马古典文化的形式，装入资产阶级的内容，来为资产阶级服务，因此，它实际上是一场资产阶级文化兴起的运动。②

历史分析的特点在于层次性、深刻性和本质性。

【案例 4.6】

历史比较方法：俄罗斯与美国

在北半球世界的东西两端，雄踞着两个曾经在 20 世纪主宰世界的大国。东端的俄罗斯联邦，几个世纪以来，在世界舞台上扮演了特殊的角色。而西端的美利坚合众国，虽然只有短短的 230 年历史，却演绎了一个大国兴起

---

① 北京师范大学历史系教学法教研室、北京教育学院东城分院历史组等编：《时宗本中学历史课堂教学》，231 页，北京，北京师范大学出版社，1986。

② 北京师范大学历史系教学法教研室、北京教育学院东城分院历史组等编：《时宗本中学历史课堂教学》，228 页，北京，北京师范大学出版社，1986。

的罕见奇迹，将世界第一经济强国的位置占据了一个多世纪。①

历史比较的特点在于视角、项目和同异。

范红军：《如何才能讲出有"深度趣味"的秦始皇故事》

（二）历史活动方法

历史活动方法是指教师引导学生通过主动参与学习活动来认识历史的一系列具体教学活动方式。主要包括听讲、阅读、思考、记录、练习、谈话、讨论、辩论、问题探究、资料研习、角色扮演或编演历史剧、制作、访谈、参观、调查、演讲、竞赛、编辑、课题研究、翻转课堂等活动方式。无论哪种历史活动方式，都离不开教师的引导、学生的主动参与和活动的教学价值。

【案例 4.7】

史料研习方法：新文化运动

《胡适日记》两则

胡适致胡绍庭书（1912 年）：祖国风云，一日千里，世界第一大共和国已呱呱堕地矣……吾恨不能飞归，为新国效力耳。

袁氏尊孔令（1914 年）：此令有大误之处七事……一片空言，全无意义，口头谰言，可笑可叹。

师：这里的"世界第一大共和国"指的是……
生：中华民国。

---

① 李惠军：《笃学行思路——一个历史教师团队的教学随笔》，210 页，天津，天津古籍出版社，2008。

师：对。辛亥革命结束了中国两千多年的帝制，创立了亚洲第一个资产阶级共和国。这时的胡适"恨不能飞归"为国效力。从中我们可以看到辛亥革命唤起的巨大希望。可惜，希望很快就破灭了，为什么？

生：袁世凯篡夺了革命的果实。

师：而且袁世凯准备复辟帝制，颁布了"尊孔令"。对此，胡适的评价是"全无意义"，"可笑可叹"。①

史料研习方法的运用需要注意把握以下几点：一是注意史料的来源、类型、作者意图和价值；二是联系已知历史知识来整理和辨析史料，区分史实和观点；三是能够综合运用分类、概括、分析、比较、互证等方法来利用多种类型的史料。

【案例 4.8】

历史问题式研究性学习方法："没有封建残余的明治维新能成功吗?"

这是一位高一学生在学习"明治维新"一课时提出的问题。教师及时调整原先设计的教学计划，抓住这一可遇而不可求的创造性教育机遇，进行创新意识和研究能力的培养。

明治维新中保留了封建残余是否具有合理性？以往的观点总是突出封建残余势力的落后性，不说明其存在的合理性。当学生提出这种教材没有正面论述的问题时，教师最好的教学方法是引导学生展开讨论。虽然，讨论后学生未必能最终得出确切的答案，但是广泛联系具体历史事实来说明自己观点合理性的过程，本身就是一种研究能力的培养。②

在运用问题式研究性学习方法时，教师要善于捕捉来自学生的有价值的历史问题，敢于调整常规教学，适时组织历史研究性学习活动，积极培养学生的历史发散思维能力。

---

① 彭禹、沈时炼、张炎林：《海派历史教学透析》，78 页，北京，北京师范大学出版社，2014。

② 聂幼犁：《中学历史研究性学习研究——案例分析与点评》，81 页，天津，天津古籍出版社，2009。

【案例 4.9】

编演课堂历史剧方法：林则徐的政绩

主题：林则徐在湖广总督任内解决旱灾的故事

说明：由学生分别扮演林则徐、官员甲、官员乙、官员丙、仆役。剧情安排成两幕，第一幕演出林则徐要求官员捐钱的情形，第二幕演出林则徐巧计求雨的情形。另有同学负责旁白和音乐的播放、道具的摆设，以增加戏剧性。①

编演课堂历史剧能够营造历史情境，发挥学生的历史想象力，活跃历史课堂教学气氛，调动学生历史学习的参与度与积极性。但是，编演课堂历史剧的难度很大，需要师生的充分准备和共同参与：一是选择主题；二是构思剧情结构；三是课下反复排演；四是能够引申出一些发人深思的历史问题。

【案例 4.10】

翻转课堂历史学习方法：秦朝灭亡的原因

课前，学生自主学习以视频或微信为载体的"秦朝灭亡的原因"课程内容，完成学习任务单，比较系统地了解与秦朝灭亡的原因有关的历史基础知识。

课中，教师引导学生通过个性化学习、小组合作学习、班级集体学习组合的混合学习活动来整理、拓展和加深对于秦朝灭亡原因的历史认识。首先引导学生简单回忆和整理秦朝灭亡原因的历史知识结构，即秦朝的暴政及表现。其次，教师启发学生思考：暴政背后的指导思想是什么？法家思想。法家思想与秦朝暴政的契合点有哪些？专制集权、严刑峻法、急功近利、好大喜功。暴政是秦朝灭亡的唯一原因吗？联系历史教科书上的旧知识——修长城，匈奴威胁。最后，教师引导学生总结：历史发展的一果多因。

课后，学生整理课堂学习成果。

---

① 林淑燕：《历史第二册"鸦片战争"教学与评量之设计》，载《清华历史教学》（新竹），2000(11)。

翻转历史课堂教学方法要求教师精心准备和制作视频课程或微信课程，对于学生课下自学活动能够有效把控，课上的深度学习既要体现学生的学习主体地位，也要充分发挥教师的引导作用。

历史教学模式与方法日益呈现出多样化的发展趋势，选择和优化组合历史教学模式与方法需要考虑以下因素：一是历史教学的特点；二是历史教学目标；三是历史教学内容；四是学生的具体情况；五是教师本人的教学特长。

第二节　对话教学的实施

21世纪初基础教育课程改革启动以来，对话教学以其鲜明的时代性和生本性对传统的教师独白式教学产生了强烈冲击，教学论界围绕对话教学的含义、特征、基础、价值、形式、方法以及误区等理论和实践问题进行了系统而深入的研究，有力推进了中学历史课程与教学改革。

一、对话教学的含义与特征

关于对话教学的具体含义，教学论界并没有统一认识，但也达成了一些基本共识。

（一）对话教学的含义

教学中的对话古已有之，孔子和苏格拉底都是成功运用对话的教师典范。但是，对话教学则深深植根于近现代民主社会。综观对话教学的多样化含义，大体可以划分为三个层次。

1. 对话教学的微观含义

对话教学的微观含义即一般把对话教学视为一种语言交流、教学方法、教学方式、教学手段或教学艺术，持此观点者以中学教师为代表。

2. 对话教学的中观含义

对话教学的中观含义一般把对话教学看作一种教学模式、教学策略、教学活动或教学形态。持此观点者以中学教学研究者为典型。

3. 对话教学的宏观含义

对话教学的宏观含义一般把对话教学定义为一种教学哲学、教学原则、教学理念或教学精神。持此种观点者以教学理论研究者为主。张华认为，对话教学"是一种融教学价值观、知识观与方法论于一体的教学哲学"①。

对话教学的三种含义各有侧重，也有交叉，综合其共识，对话教学的含义如下：对话教学是一种以自由、民主的教学环境为条件，以学习共同体为依托，以平等、多向对话为本质特征的教学形态。

(二)对话教学的特征

对话教学的含义多种多样，对话教学的特征也不一而足。

1. 民主性和平等性

民主性和平等性是对话教学的首要特征。在传统等级社会，没有民主和平等的社会基础，作为一种教育理念的对话教学也无从谈起。在民主、自由、平等、理性、科学的近现代社会，以效率科学为目标的控制性教学长期盛行，学生的主体地位往往会从属于教师的主导作用，教师的独白式教学披上了科学的外衣。因此，从独白式教学走向对话教学就必须建立民主、平等的师生关系。

2. 沟通性和合作性

在对话教学中，教师与学生之间，学生与学生之间都存在着明显的背景、知识、经验、信仰、观点等个性差异，这些差异为对话教学的所有参与者提供了彼此分享、沟通、交流和合作的学习机会。因此，尊重个性差异的沟通和合作理应成为教学常态。

3. 互动性和交往性

互动和交往是对话教学的沟通性和合作性在教学上的行为实践。这种互动和交往不是单向的，而是多向的，有利于深度对话教学的展开。

4. 创造性和生成性

对话教学既不是师生依照脚本的教学表演，也不是教师把个性化思想统一起来的求同教学，更不是"公说公有理，婆说婆有理"的教学相对主义，而是在不同思想的自由激荡与分享过程中，不断获得反思、建构、生成和创造的教学发展契机。

总之，对话教学的根本特征是育人性，即培育具有民主、合作、交往、

---

① 张华：《对话教学：涵义与价值》，载《全球教育展望》，2008(6)。

创造潜力的现代合格公民。

二、对话教学的理论基础

对话教学的理论基础广泛，涉及课堂生态学、教育心理学和民主主义教育哲学等学科领域。

（一）师生共生共存的课堂生态学

从生态学角度看，课堂是一个由教师、学生、学科资源和教学环境构成的生态系统。在课堂生态系统中，传统的师生关系是教师教授与学生学习的二元固化关系，共生共存的师生关系则是交融性动态变化的关系。在师生共生共存的课堂生态系统中，教师由单一的教授者转变为教授者与学习者，学生也由单一的学习者转变为学习者与施教者。"教师不仅内在地包含了学生，而且就是学生；学生不仅内在地包含了教师，而且就是教师。"①这种师生共生共存的课堂生态学观点为师生的多向持续对话提供了理论基础。

（二）建构主义教育心理学

建构主义理论认为，任何知识都是特定的个体或群体在特定的情境中通过主动探究而建构起来的，知识具有情境建构性的特点。因此，教学不是学生被动接受外在客观知识的过程，而是教师促进学生在已有经验的基础上主动建构知识的过程。在知识建构过程中，教师与学生需要相互倾听、分享与对话。

（三）民主性对话教学与批判性对话教学理论

18世纪的启蒙运动以自由、民主、平等、理性的时代精神开启了近现代教育哲学理论，但二元论的哲学认识论阻碍了对话教学理论的民主化发展。杜威秉承社会民主与个性自由的启蒙精神，摆脱二元论的思维方式，借助"经验"理念，把师生平等的互动探究与知识建构联系起来，建立了民主性对话教学理论。此后，反思性与批判性对话教学理论应运而生。这就为对话教学的开展提供了直接的理论来源。

---

① 张华：《对话教学：涵义与价值》，载《全球教育展望》，2008(6)。

三、对话教学的形式与方法

基于多元认识论的对话教学，其形式和方法也是多样化的。

（一）对话教学的形式

从对话教学的课堂活动构成要素来看，对话教学的形式主要有以下几种。

1. 教师、学生与教学文本的对话

教学文本主要包括两大类：一类是现成的教学文本，如历史课程标准、历史教科书、历史教学指导用书、历史教学设计方案、历史视听文本等；另一类是生成性的教学文本，如教学实录、教师的板书、学生的笔记等。

在对话教学中，教师、学生与历史教科书的对话是基础性对话形式，因为历史教科书是教师和学生进行历史教学活动的主要教学文本。教师、学生与历史教科书的对话是以阅读为基础的，但是，阅读并不等于对话。教师、学生与历史教科书对话的实质是与历史教科书编写者的思想交流与对话。在这一对话过程中，教师和学生要善于区分历史教科书中的史实与观点，敢于补充、完善、质疑、批判乃至纠正历史教科书编写者的偏颇观点。例如，人民教育出版社 2007 年 3 月第 3 版《义务教育课程标准试验教科书·世界历史》九年级上册第 15 课《血腥的资本积累》把"三角贸易"定性为"罪恶"，教师和学生要意识到这是教科书编写者基于道德评价的观点。从客观历史结果来看，三角贸易把欧洲、美洲和非洲紧密地结合在一起，促进了资本主义世界市场的初步形成。因此，对三角贸易的评价要坚持道德评价和历史评价的有机统一。

2. 教师与学生的对话

教师与学生的对话是对话教学的主要形式。师生对话包括言语、行为以及思想对话，师生的思想对话是深层次的对话教学。例如，学习秦朝的暴政，如果不能触及暴政背后的法家指导思想，则算不上是深层次的思想对话。

在师生对话过程中，民主氛围、平等倾听、独立思考、心灵沟通、精神交流、自由对话是非常重要的，反之，对话教学就会流于形式主义甚或虚假对话。

3. 学生与学生的对话

在对话教学中，学生与学生的对话是难度较大的一种对话形式，因为学生的历史学科素养毕竟有限。因此，教师对生生对话的适度参与是十分必要的。否则，小组合作学习等生生对话方式就会沦为学生漫无边际聊天的工具。

4. 教师、学生的自我对话

从狭义对话教学看，自我对话能否成为一种对话形式尚存争议。但是，从广义对话教学着眼，教师与学生的自我对话恰恰是一种经常被轻视乃至被无视的对话教学形式。

从教学心理学角度看，在多向对话教学的过程中，教师和学生经常处于种种困惑、矛盾和冲突之中，这些困惑、矛盾和冲突为自我专业成长提供了强大的内在动力。面对对话中的困惑、矛盾与冲突，教师、学生需要与他者对话，更需要自我对话。其中，自我反思是自我对话的重要方式。

(二)对话教学的方法

从对话教学的课堂实践层次来看，对话教学的方法主要包括问答法、谈话法、讨论法与辩论法。

1. 问答法

问答是对话教学的最常见方法，主要包括教师与学生的问答、学生与学生的问答。

传统的问答一般指向知识的传授与掌握，对话教学的问答在更大程度上指向知识的理解与本质。"知识的本质是问题"[1]，因此，问答的关键在于提出问题。问题可以区分为有意义问题和复述性问题，对话教学的问答提倡有意义问题。

【案例 4. 11】

有意义问题与复述性问题的比较

武昌起义为什么爆发？

武昌起义为什么事出偶然而又必然爆发呢？

2. 谈话法

谈话是比较自由和开放的对话教学方法，主要目的是相互分享与理解，

---

① 张华：《重建对话教学的方法论》，载《教育发展研究》，2011(22)。

方式以师生谈话为主，生生谈话为辅。

谈话的进行有赖于问题的预设与生成，特别是问题链的情境性建构，在构建问题链的过程中，教师要根据学生的已有经验和谈话进展，机智而综合运用回忆性问题、理解性问题、阐释性问题、推断性问题、假想性问题和评价性问题。

【案例 4.12】

历史谈话方法："宋元时期的对外交往"新课导入

师：同学们，请看这幅世界地图。地球上大陆间相互连接的是哪几个洲？

生：亚洲、欧洲和非洲。

师：很对，历史上把这块欧、亚、非相连接的陆地，称为"旧大陆"。那么，中国在这块旧大陆的什么地理位置？（哪个洲）

生：亚洲的东部。

师：相对而言，因为中国在这块旧大陆的东面，所以史称东方；而欧洲在这块旧大陆的西面，史称西方。

师：在古代交通工具十分落后的情况下，东西方之间的联系非常艰难，但作为世界文明古国的中国，很早就有人不畏艰难，长途跋涉、翻山越岭，为沟通东西方交往而不断探索，其中时间最早、贡献最大的要数谁？

生：西汉时的张骞。①

3. 讨论法

讨论是一种以生生对话为主的比较自由和开放的对话教学方法。从讨论的组织方式看，讨论主要包括对谈式讨论、群体式讨论与分组式讨论；从讨论的问题看，讨论可以划分为课内问题式讨论和专题问题讨论课。在教学实践中，课内问题式讨论经常采用小组讨论的方式，专题问题讨论课在高中历史教科书中的主要呈现方式是"探究活动课"，例如，人民教育出版社 2007 年 1 月第 3 版《普通高中课程标准实验教科书·历史（必修 1）》中的探究活动课"'黑暗'的西欧中世纪"。

---

①　薛建平、孔繁刚：《宋元时期的对外交往教学实录》，载《历史教学问题》，1993(4)。

讨论课的组织结构大体包括四个教学环节。

(1)师生共同确定讨论课题。

(2)教师引导学生做好充分的课前讨论准备。由于讨论课题较为综合，一般会把讨论课题进行任务划分，由不同的学生小组来承担。

(3)学生是讨论课的主体，教师是讨论课的必要参与者，应当适时把握讨论课的教学方向。

(4)讨论课结束，要及时进行总结和反思。

【案例 4.13】

"唐玄宗的评价"讨论课的学生小组分工

(1)唐玄宗简介。

(2)唐玄宗的历史功绩。

(3)唐玄宗的历史过失。

(4)历史人物的评价标准。

4. 辩论法

辩论是以生生对抗性和冲突性对话为主的高层次对话教学方法，对学生的思辨能力要求较高，比较适合高中学生。

从辩论课的组织看，为了学生的充分参与，一般把学生分成主持方、正方、反方、评论方、观众方和总结方。从辩论课的程序看，主持方介绍辩题和辩论要求，正方与反方代表发言，正方与反方对辩，正方与反方做总结性陈述，观众方提问，评论方点评，总结方进行总结。

辩论课的关键在于辩题的确定，辩题不应具有倾向性，要坚持中性原则。历史辩论课的辩题具有综合性、复杂性、多样性和争议性的特点。例如，辛亥革命是成功了还是失败了。

四、对话教学的误区

随着对话教学的深入开展，对话教学在理论研究与实践探索方面的许多误区也逐步显现，有些误区还非常典型。

（一）对话教学的理论误区

对话教学的概念研究一味扩展，有些定义已经完全站在了社会批判和生命哲学层面，充满了理想化色彩，日益脱离中国基础教育实际。例如，把师生的民主、平等关系绝对化；把讲授式教学与对话教学对立起来，全面否定讲授式教学与全面肯定对话教学，无视讲授式教学的合理成分，忽视对话教学的使用范围和教学局限性，看不到讲授式教学与对话教学的互补关系；片面强调对话教学在知识建构、个性差异等方面的教育价值，忽视经典知识基础和普适共性价值观的育人功能。

对话教学的理论研究带有明显的经院派倾向，大量移植西方的概念和理论，缺乏教学实验的实证研究，本土化和教学实践性较低。

（二）对话教学的实践误区

围绕教科书的现成知识进行对话。例如，许多教师经常围绕隋朝建立的时间、建立者和都城等问题进行师生对话，学生照本宣科，教师随声附和，消耗了宝贵的教学时间，属于低效对话教学。

围绕既定答案进行对话。有些教师对于对话教学准备充分，预设了一系列问题和答案，然后一厢情愿地诱导学生向既定答案趋近，忽视学生的不同看法。例如，在史料教学中，教师利用多媒体课件快速呈现多则史料和问题，学生还没有认真阅读完史料，教师就蜻蜓点水地提问学生，随后急于出示问题的"标准答案"。这种对话教学属于虚假对话教学。

小组讨论流于形式。小组讨论是常用的对话教学方式，但其形式化问题一直如影随形。一是在没有讨论价值的教学内容和教学问题上频繁而随意地采用小组讨论方式，为讨论而讨论，为对话而对话，小组讨论完全沦为学生学习活动的点缀。二是小组讨论没有具体的任务分工，全班学生或小组学生都围绕一个问题展开讨论，小组讨论的随意性、空洞化和形式化非常明显。

问题缺乏对话价值。问题的思维含量是决定对话教学质量的关键。在对话教学中，套路化、雷同化和僵化的问题设计比较常见。例如，在历史对话教学中，教师经常设计背景、原因、过程、内容、结果、意义、影响、评价、启示等空泛而笼统的历史问题，缺乏聚焦性、具体性、探究性和新异性。

教师在学生与学生对话中沦为看客。生生对话是对话教学的重要形式，生生讨论是生生对话的常见方式。但是，在生生对话特别是生生讨论过程中，教师往往置身事外、沦为旁观者，对于生生对话中出现的一些错误史实、模糊概念、偏激观点和混乱逻辑没有及时指出和纠正，坐失稍纵即逝的教学良机。

第三节　历史概念教学的实施

历史知识是历史教学的基础。根据历史知识的抽象概括程度，历史知识可以区分为历史事实知识、历史概念知识与历史理论知识。其中，历史概念知识是连接历史事实知识与历史理论知识的中介，在历史教学实施中具有关键性作用。

一、历史概念的含义

历史概念是对历史事实的内在联系和本质特征的概括性认识。

历史事实知识是一种实体性知识或陈述性知识，具有具体性和确定性特点，主要包括历史时间、历史空间、历史人物、历史事件、历史现象。例如，1865 年，曾国藩和李鸿章在上海创办江南制造总局。历史概念知识的内在本质特征则是一种历史认识知识或程序性知识，它虽然以历史事实知识为载体，但更有赖于历史思维的运用，具有概括性和多样性的特点。例如，对于"1865 年，曾国藩和李鸿章在上海创办江南制造总局"这一历史事实知识的历史认识，有一种观点认为它代表着中国近代化的发展方向，另一种观点则认为江南制造总局在本质上仍然属于封建官办企业。由此可见，历史概念的内涵主要是指历史事实本身，历史概念的外延主要是指史实认识，包括背景、原因、性质、特征、影响等。此外，具有内在联系的一系列历史概念能够形成历史概念体系，从而揭示历史发展的趋势。

二、历史概念的教学意义

在历史教学中，历史事实知识因其具体性而最受重视，历史理论知识也因其明确的结论性而常被用作点睛之语，如"落后就要挨打"。对于历史概念，教师却经常忽视它。

历史概念是连接历史事实与历史理论的桥梁，历史概念的教学意义重大。首先，历史概念是对纷繁复杂的历史事实的内在联系的概括，加强历史概念教学，有助于梳理串联历史事实之间内在联系的历史发展线索，从而使历史事实知识结构化，有利于学生对于历史事实知识的有意义学习。其次，历史概念的形成需要综合运用分析、综合、比较、概括、演绎、例证、判断、推理等思维方法，有助于提高学生的历史思维能力。最后，历史概念体系的构建有助于历史理论体系的形成，如唯物史观体系有利于学生对于历史发展演变的整体认识。

三、历史概念的类型与教学

分类标准不同，历史概念的类型也会有别。如果按照历史概念所反映的历史事物范围来划分，历史概念包括专指性历史概念和泛指性历史概念两种类型。例如，"孔子"属于专指性历史概念，"革命"属于泛指性历史概念。如果按照历史事物自身的内容要素来划分，历史概念的类型包括历史时间概念、历史空间概念、历史人物概念、历史事件概念、历史名物概念、历史现象概念、历史理论概念。

历史概念的类型不同，其教学也有明显差别。

（一）历史时间概念的教学

历史时间概念不仅仅是指历史年代，而是年代时间概念与历史逻辑时间概念的统一体，这样才能摆脱历史时间的孤立性，揭示历史发展的本质联系。

【案例 4.14】

历史年代概念的教学

1840 年，鸦片战争爆发。此后，中国开始由封建社会变成半殖民地半封建社会。

在这个教学案例中，"1840 年，鸦片战争爆发"属于历史年代的时间概念，"此后，中国开始由封建社会变成半殖民地半封建社会"属于历史逻辑的时间概念。

【案例 4. 15】

历史时期概念的教学

元朝统治时期，重建大一统国家，对西藏实施行政管辖，版图超出汉、唐，并为东西方的交流创造了条件。[①]

在这个教学案例中，"元朝统治时期"属于历史时期的时间概念；其余部分是对元朝政治特点的概括，属于历史逻辑的时间概念。

(二)历史空间概念的教学

历史空间概念不仅仅是指历史地理位置，还包括历史地理环境和历史社会环境。历史空间概念的教学离不开历史地图的使用。

【案例 4. 16】

历史地理位置的教学

奥斯曼土耳其帝国的首都是伊斯坦布尔，它地跨欧洲和亚洲两个大洲，扼黑海出海口。罗马帝国时，称拜占庭；东罗马帝国时，谓君士坦丁堡；土耳其共和国时，叫伊斯坦布尔。

历史地理位置的教学除了标明自然地理位置以外，还要注意地名的历史变化。在讲到历史地名时，最好能够注明今天的地名。例如，西周定都镐京，今陕西西安一带。

【案例 4. 17】

历史地理环境的教学

井冈山地处江西与湖南交界的罗霄山脉中段，周围五百多里都是崇山峻岭，地势险要。附近各县农业生产条件较好，农产丰富。

---

① 中华人民共和国教育部：《义务教育历史课程标准(2011 年版)》，10 页，北京，北京师范大学出版社，2012。

历史地理环境教学不是为了纯粹呈现自然地理环境，它是为历史社会环境做铺垫的。

【案例 4.18】

历史社会环境的教学

井冈山的历史地理环境为井冈山革命根据地这个历史社会环境的创建提供了物质条件。第一，在军事上，地处偏僻，远离大城市，地势险要，易守难攻。第二，在政治上，中国共产党的群众基础较好。第三，在经济上，山货和附近各县的农产品丰富，便于筹粮筹款。

在实际历史教学中，历史地理位置教学、历史地理环境教学与历史社会环境教学往往是三位一体的，无法截然分开。

历史空间概念教学虽然重要，但要防止陷入地理环境决定论的泥潭。

（三）历史人物概念的教学

人是历史的主角，历史人物概念是历史概念的中心，有些教师主张，一节历史课必须有一个中心历史人物。历史人物概念的教学主要包括时代背景、历史身份、历史活动和历史评价。

【案例 4.19】

历史人物的时代背景教学

战国时代，列国竞争，富国强兵与改革是时代的强音。儒家的王道之学不合时宜，信奉法家霸道之学的商鞅走到了历史的前台。

【案例 4.20】

历史人物的主要身份教学

孔子有许多头衔，政治家、思想家、教育家不一而足，但比较而言，孔子的主要历史身份还是思想家，他创立的儒家思想一直是中国帝制时代的官方统治思想。

【案例 4.21】

历史人物的主要活动教学

富兰克林·罗斯福出生在一个名门望族的家庭，他祖上是当年乘了"五月花号"来到美国的。他青少年时代最崇拜的人是他的堂叔、美国第26任总统西奥多·罗斯福。在 16 岁以前，富兰克林·罗斯福曾八次远渡大西洋到欧洲旅游，到过许多国家，汹涌澎湃的大海洋锻炼了他勇敢坚毅的品格，异国他乡的风土人情增添了他书本上得不到的知识，大大开阔了他的视野。罗斯福是带着冒险精神和丰富的社会知识进入青年时代的，他进的是一流的哈佛大学，但学习成绩平平，是属于三流的，但他积极从事社会活动，关心国内外大事，擅长演说，担任校刊主编，深受同学喜爱，在社会交际方面取得了成功。"一战"期间，他任海军部长助理，为美国海军建设做出了重大贡献。大战后，他曾作为民主党副总统候选人参加竞选失败，然而比竞选失败对他打击更大的是，1921 年 8 月，罗斯福全家在加拿大一个小岛上度假，发现另一个小岛森林失火，他率领全家前往参加扑火灾的搏斗，过度疲劳后，又在冰冷的湖水中游泳，第二天就发现左腿麻痹，全身发热，不能行动，得了小儿麻痹症。当时不少人认为这是不治之症，能保住性命就不错，预言他的政治生涯会就此结束。然而罗斯福却没有在命运面前屈服，他说：我就不相信这种娃娃病能整倒一个堂堂男子汉，我要战胜它！他用双手从一个房间爬到另一个房间，在地板上同两个儿子摔跤。正是凭借不屈不挠的精神和顽强不息的意志，他终于用手杖站起来了，并坐着轮椅又走上了政治舞台。他成了乐观主义者，再也不觉得人世间有什么不可克服的困难，同时他对人类的种种问题也有了更多的关心、更深的了解和更大的同情心。①

【案例 4.22】

历史人物评价的教学

关于秦始皇的评价，一种观点认为他是"千古一帝"，另一种观点认为他是"千古暴君"。那么，如何全面评价秦始皇？秦始皇的历史功绩：建立统一的多民族国家；推行专制主义中央集权制度；采取了一系列巩固统一

---

① 杨向阳：《上海著名历史教师教学思想录》，378～379 页，上海，百家出版社，2000。

的措施。秦始皇的历史过错：滥用民力；统制思想；严刑峻法。

（四）历史事件概念的教学

历史事件概念的要素一般包括时间、地点、人物、过程、内容、性质、特征、影响等，历史事件概念教学要求概括性和准确性。

【案例 4.23】

英国工业革命

18 世纪 60 年代，发端于英国纺织业部门的一场生产技术的革命，主要表现是以瓦特蒸汽机为动力的大机器工厂制生产取代手工工场，后扩展至世界其他主要国家，对生产力的发展、城市化进程、社会结构的变化以及世界整体化都产生了深远的历史影响。

（五）历史名物概念的教学

历史名物概念包括历史文献、历史制度、历史器物、历史发明、历史学说、历史思想等。例如，《解放黑人奴隶宣言》、《本草纲目》、《论语》、科举制、一条鞭法、青铜器、蔡伦的造纸术。

【案例 4.24】

殷墟甲骨文

殷墟甲骨文是中国商朝后期王室用于占卜记事而刻在龟甲和兽骨上的文字，于 19 世纪末在商代后期都城遗址"殷墟"（今河南安阳小屯村）发现。甲骨文是现存中国最古老的一种成熟文字系统。甲骨文的内容涉及商朝社会的祭祀、家族、农业、征伐、刑狱等许多方面，是研究商代历史的宝贵资料。

（六）历史现象概念的教学

历史现象概念不同于确切的历史事件概念和具体的历史人物概念，它一般是指在较长的历史时段内和较广的历史空间里出现的类似的历史事物。

【案例 4.25】

第一次工业革命

18 世纪中期，第一次工业革命发源于英国，到 19 世纪末，已经扩展到法国、德国、美国、俄国、日本等世界主要国家。它以瓦特蒸汽机的广泛使用为标志，开启了机器代替手工工具的技术革命进程。它对世界历史的生产技术、工厂制、城市化、社会关系、殖民扩张、全球化都产生了深远的历史影响。

（七）历史理论概念的教学

历史时间概念、历史空间概念、历史人物概念、历史事件概念、历史名物概念与历史现象概念都属于历史事实概念，与历史事实概念相对应的则是历史理论概念，如革命、改革、现代化、全球化。历史理论概念主要是对同类历史事实概念的进一步理论概括。历史理论概念容易与历史现象概念混淆，历史现象概念更注重对同类历史事实概念的外部联系和特征进行概括。

【案例 4.26】

国家资本主义

国家资本主义是一种国家能够直接控制的资本主义经济，它是国家政权与私人资本的结合。国家资本主义的性质取决于国家性质，主要包括无产阶级专政国家的国家资本主义与资产阶级专政国家的国家资本主义两种类型。

四、历史概念的教学策略

历史概念的教学策略主要涉及师生活动、历史概念理解、教学方法以及需要注意的问题。

（一）树立自觉的历史概念教学意识

在实际历史课堂教学中，漠视、轻视、回避历史概念的教学现象比较普遍，一些教师虽然重视历史概念教学，但也大都照搬学术化的历史概念。例如，有的教师讲到"冷战"的历史概念，往往会利用多媒体课件把学术界的多种"冷战"定义呈现给学生，这些定义冗长、晦涩，理解难度很大。因此，教师要善于从学生的历史思维出发，把学术化的历史概念转化为通俗易懂的中学教学的历史概念。

（二）注意初中与高中历史概念教学的差异

初中与高中历史概念教学的差异，一方面表现在历史概念的选择，另一方面表现在历史概念教学方法的不同。初中历史概念的选择以历史事实概念为主，其中，历史事件概念与历史人物概念尤为重要。初中历史概念的教学方法要具有直观、形象、活动等特点，如类比法、图示法、故事法、联系法、活动法等。高中历史概念的选择要在历史事实概念的基础上更加侧重历史现象概念、历史理论概念以及历史概念体系。高中历史概念的教学方法要体现历史思维的逻辑性和辩证性，综合运用分析、综合、比较、对比、演绎、归纳、概括、例证等历史思维方法。

（三）把握历史概念的历史性、历时性、实质性、系统性

历史概念的历史性要求历史概念符合历史事实，防止古今混淆，避免以今度古。例如，有的教师把秦朝的驰道类比成今天四通八达的高速公路。实际上，秦朝的驰道是宽50步的土道，中间三丈宽的土道供皇帝专用，皇帝专路两边的土道才归普通百姓行走。① 历史概念的历时性要求注意历史概念的时代变化。例如，"人文主义"这个历史概念在古希腊、欧洲中世纪、文艺复兴三个不同历史时代就具有不同的历史内涵和外延。历史概念的实质性要求把握历史概念的主要特征。例如，文艺复兴的主要特征是西欧资产阶级文化的兴起。历史概念的系统性要求把握历史概念体系。例如，革命、资产阶级革命、英国资产阶级革命就构成一个具有内在联系的历史概念体系。

第四节　史料教学的实施

一、史料的概念与分类

史料在史学研究中有着基础性作用，从认识论角度说，没有史料就没

---

① 赵恒烈：《如何纠正学生掌握的历史概念中的常见错误》，载《历史教学》，1963(5)。

有历史认识，马克思曾说："即使只是在一个单独的历史事例上发展唯物主义的观点，也是一项要求多年冷静钻研的科学工作，因为很明显，在这里只说空话是无济于事的，只有靠大量的、批判地审查过的、充分地掌握了的历史资料，才能解决这样的任务。"① 这说明了史料对于研究的重要性。

历史教育教学虽然不同于历史学研究，但是它借助历史学研究的一些方法、原则让学生认识历史、还原历史，甚至像历史学家一样做历史（doing history）；"教会学生利用原始史料做历史"，"懂得历史学家如何重建过去"，"学生像职业历史学家一样利用史料样品研究历史，最后，获得历史研究和重构叙事的基本工作"②。

在教学中，利用史料辅助教学活动这一教学方式，有的学者界称它为史料教学。但对这种"史料教学"，有人诟病它是材料教学而已，不能称为史料教学，更有人认为称为基于材料（史料）的教学更为妥当。之所以有这么大的争议，仔细分析问题集中于两个部分：一是史料的概念，二是教学的程序。从学理上，对史料观念有误解之处，引用了诸多现代学者的论文、著作，甚至是中学历史教科书上的材料。这些材料都是研究性材料，并非资料性材料——史料。程序操作上有不规范之处，用材料印证一个既定的观点，非论从史出。使用史料理念上有偏差，有的虚拟一个历史人物，基于史料编造一些故事性"事实"用于教学，这其实已属于情境教学了。

史料教学，首先应明白何谓史料。翻看任何一本史学理论的著作，给出的定义纷繁复杂，令人眼花缭乱。其定义内涵与外延，既有草率的，又有精细的，既有粗略的，又有丰富的。这源于从古到今对史料的认识范畴上皆有变化。中国古代，史家的史料视野在帝王起居注、官府文书、名人行迹、个人文集、私家笔记等领域。近代兰克学派则将范畴扩大，认为史料包括档案、碑刻铭文、书信、日记、回忆录、外交报告、见证者的叙述等亲临其境者的记述。随着计量方法和新史学的兴起，欧美史家所利用的史料范围有了更大扩展，认为除去传统的史料外，举凡一切保留前人生活、思想等材料皆可为史料，诸如生死记录、民间歌谣、家庭账册、财产清单、

---

① 《马克思恩格斯选集》，第 2 卷，39 页，北京，人民出版社，1995。

② Christine L. Compston, *A Teacher's Guide to Using Primary Sources*, Oxford University Press, 2004: 3.

纳税记录、选举登记、投票资料、口碑传说、广告招贴、音像资料、文艺作品、日用器具等。随着岁月的流逝，人们认识史料的视野还将扩大，作为研究使用的史料还会越来越丰富。因此，简单说，"凡治史过程中使用的研究性文献和常识以外的资料，都属于史料"[1]。

从概念定义看，史料太过丰富与复杂：从形态上看，存在有形与无形之别；从呈现方式上看，存在文字与非文字之差；从价值上看，存在一手与二手之异。复杂的史料势必涉及史家的整理，考辨每一条史料的真实性，推敲每一史料的特性，然后加以分类，以便研究使用。因其分类不同、研究视角不同，则类别各异。史学理论界对史料的分类做了诸多有益的探索和研究。

梁启超的《中国历史研究法》，将史料按获取途径分为"文字记录以外者"和"文字记录者"两类，前者包括"现存之史迹""传述之口碑""遗下之古物"，后者包括"旧史""关系史迹之文件""史部以外之群籍""类书及古逸书辑本""古逸书及古文件之再现""金石及其他镂文""外国人著述"等。[2] 赵光贤的《中国历史研究法》认为不仅有文字记载的史料与无文字记载的史料，还有介乎二者之间的史料，如古代有文字的货币、印玺等。

根据资料的实质性质，有学者将史料分为三类：（1）遗物：器皿、遗迹、遗骸、服饰、绘画、雕塑、照片等；（2）记录：手稿、文书、信札、日记、书册、碑铭、录音、录像等；（3）传说：对话、口述往事、口传故事、说唱故事、戏剧、歌曲、谚语等。亦有学者将史料分为直接史料与间接史料。所谓直接史料，就是与已经发生的事件有直接关联的史料。亦可分三类：（1）当事人直接的记载与遗物：诏令、奏议、书信、日记、铭刻、语录、调查报告等；（2）当事人事后的追忆：一切回忆录、游记、行程录、旧事记等；（3）同时人的记载：史官的记注、新闻记者的报道、好奇闻的当事者采录等。凡是非直接的史料，非原形的史料，都是间接史料。

欧美国家用"sources"指代史料，包括"primary sources"（第一手资料）和"secondary sources"（第二手资料），或者分为物体（沉默）史料和陈述（意识的）史料。史料的分类因人而异，但这些分类却给历史教学带来极大的借鉴意义。很多中学老师苦于史料收集困难，或者感叹史料来源单一，若是能

---

① 李剑鸣：《历史学家的修养和技艺》，237 页，上海，上海三联书店，2007。
② 梁启超：《中国历史研究法》，42、48 页，上海，上海古籍出版社，1987。

利用史料分类成果，可作为教学搜集史料之门径。

二、史料的鉴别与考证

由于历史教学是消费历史研究的成果、方法、原理，所以对于教学中使用的史料，也会涉及史料的鉴别、内容的考证、史料的解释与利用等。

史料搜集后并不能直接拿来教学，还需要做一番鉴别工作。史料鉴别主要是弄清史料的真伪，换句话说要对搜集到的史料是否可作证物及作证的程度等加以探讨。传统的鉴别史料方法不外两种形式，外考证与内考证。外考证主要对文献史料的外形考证，诸如对金石、纸本、竹帛等外形考证。外考证是考证第一步，若是已经证为伪作，就无须再做内考证。若是外考证能判断史料真实性、来历，但还不能决定其可信度和可靠性，则需要内考证。内考证即对文献史料的内容细节考辨真伪。朗鲁瓦（Lang-lois）与赛诺波（Seignobos）的《史学研究法导论》将内、外考证分为三个步骤①。

外考证：(1)追寻文本来自何处；
　　　　(2)作于何人；
　　　　(3)成于何时。
内考证：(1)探讨作者所言真意如何；
　　　　(2)作者是否自信其所言；
　　　　(3)作者是否有理由自信其所言。

另外，还提出想要知道史料是否有错误，应该考察②：

(1)是否为不好的观察者（如错觉、幻觉、偏见等）；
(2)其地位是否能够观察到；
(3)是否有怠慢与冷淡态度的表示；
(4)它是否为无法直接观察的事件。

---

① 王学典：《史学引论》，175 页，北京，北京大学出版社，2008。
② 郑樑生：《史学入门》，79 页，北京，北京大学出版社，2008。

例如屈原《怀沙赋》如何流传下来的，《史记》记载：

屈原至于江滨，被发行吟泽畔，颜色憔悴，形容枯槁。渔父见而问之曰："子非三闾大夫欤？何故而至此？"屈原曰："举世皆浊而我独清，众人皆醉而我独醒，是以见放。"渔父曰："夫圣人者，不凝滞于物，而能与世推移。举世皆浊，何不随其流而扬其波？众人皆醉，何不餔其糟而啜其醨？何故怀瑾握瑜，而自令见放为？"屈原曰："吾闻之，新沐者必弹冠，新浴者必振衣。人又谁能以身之察察，受物之汶汶者乎？宁赴常流而葬乎江鱼腹中耳。又安能以皓皓之白，而蒙世之温蠖乎？"乃作《怀沙》之赋。……于是怀石，遂自投汨罗以死。

有人曾对《怀沙赋》的流传有所怀疑，认为可能是假的。[1] 司马迁记载的事，涉及直接与间接两个文本考证，用上面的内外考证步骤也应分为间接的和直接的文本考证：

直接文本考证 1：
(1)追寻文本来自何处——来自《史记》；
(2)作于何人——司马迁；
(3)成于何时——汉武帝年间。

直接文本考证 2：
(1)探讨作者所言真意如何——司马迁说明《怀沙赋》的来历；
(2)作者是否自信其所言——不能完全自信所言，毕竟非司马迁亲眼所见，而且战国与汉朝隔了多年；
(3)作者是否有理由自信其所言——司马迁认为可靠才记载于《史记》中，有理由自信所言。

间接文本考证 1：
(1)追寻文本来自何处——屈原投江前的创作；
(2)作于何人——屈原诵，渔夫记；
(3)成于何时——战国末。

---

① 张汉林：《历史教育追寻什么及如何可能》，22页，北京，中国民主法制出版社，2016。

间接文本考证 2：

(1)探讨作者所言真意如何——屈原作《怀沙赋》表达了举世污，自身清之叹，渔夫记录了这个赋；

(2)作者是否自信其所言——材料有限，暂不能推断；

(3)作者是否有理由自信其所言——材料有限，暂无法推断。

直接文本辨析：

(1)是否为不好的观察者——司马迁受时代限制，不可能穿越屈原投江之时；

(2)其地位是否能够观察到——司马迁与战国隔了多年，无法观察到；

(3)它是否为无法直接观察的事件——司马迁无法直接观察此事。

间接文本辨析：

(1)是否为不好的观察者——渔夫的文化水平值得怀疑，能否一字不落记住下 500 多字的《怀沙赋》更值得怀疑；

(2)其地位是否能够观察到——渔夫在江边可能遇到屈原投江之事；

(3)它是否为无法直接观察的事件——可能是直接看到屈原吟诵《怀沙赋》，是否能将此事准确记住是存疑的。

根据上面分析，屈原投江而死前吟诵《怀沙赋》时，只有一位渔夫见证，《怀沙赋》只能通过渔夫记忆并传给后人。但是渔夫是否有足够的文化水平和超人的记忆力，可以过耳不忘且一字不差地复现？屈原投江至少 170 年后司马迁才记述此事，他又如何保证其所得《怀沙赋》即渔夫流传之《怀沙赋》？显然《怀沙赋》流传事迹有许多可疑之处。

三、史料的利用与解释

不过因中学历史教学的特殊性，一般老师所收集的史料都是史家公认的史料，所以在考辨工作上并不是每一次教学都会如此操作。教学中更多的则是对史料的利用与解释。

史料的利用与解释理应遵循基本的史学规范与原则，做到论从史出、史由证来。但有时候基于史料的教学却明显违反了这些基本原则，造成以论带史、阉割史料、曲解本意等问题。

【案例 4. 27】

《告各友邦书》只有软弱性和妥协性吗

　　凡革命以前所有满政府与各国缔结之条约，民国均认为有效……满政府所借之外债及所承认之赔款，民国亦承认偿还之责……凡革命以前满政府所让与各国国家，或各国个人种种之权利，民国政府亦照旧尊重之……

　　　　　　　　　　　——《临时大总统宣告各友邦书》(1912 年 1 月)

　　从这段常见的经典史料中，不难看出新生的南京临时政府带有资产阶级特有的软弱性和妥协性，反帝不彻底。这一结论也恰好与前面民族资产阶级诞生及后面孙中山让位袁世凯的史实联系起来，既印证了前面的所学知识，也为后面辛亥革命"失败"做了铺垫。这一设计看似行云流水，但事实果真如此吗？如果我们看到未删节的全文，上述结论便很难成立。

　　凡革命以前所有满政府与各国缔结之条约，民国均认为有效，至于条约期满而止。其缔结于革命起事以后则否。

　　吾中华民国全体，今布此和平善意之宣言书于世界，更深望吾国得列入公法所认国家团体之内，不徒享有种种之利益与特权，亦且与各国交相提挈，勉进世界文明于无穷。

　　从材料中，可以看出承认的是革命起事前的各种条约，条约期满则不续之，并向世界各国表达了一种和平、平等的意图。这与资产阶级软弱特性结论不吻合。或许有的人会认为既然承认了革命以前的各种条约，就是表明了资产阶级的妥协性特质。但是这明显没有以"同情之心"去理解当时制作《告各友邦书》的社会环境，即南京临时政府处于内外交困的境地：清政府尚未被推翻，袁世凯仍旧控制北洋威胁革命，帝国主义实行"严守中立"政策，南北和谈正在进行。历史证明，《告各友邦书》确实起到革命党人当初的期望效果，即杜绝列强联合清政府扼杀临时政府。1912 年 1 月 27 日，法国外交部部长致法国驻伦敦、柏林、圣彼得堡、华盛顿大使称，他们表现出了不介入的愿望，拒绝了对清廷金钱上的任何支持，也拒绝了对南京临时政府的任何承认，他们的态度只是在他们侨民的生命财产受到威胁时才可能有所变化，而临时政府发布的这个公告保护了外国侨民的生命财产。

这个例子告诉我们，即使是经典的史料，我们也需小心使用。其实，找到史料的出处，通览全篇，核对史料是否被删改摘编，是我们使用史料教学的第一步。这样可以避免很多因先入为主的想法而曲解史料的现象发生。然而，历史教学中随意阉割文献、曲解本意的案例甚多，甚至在本应严谨的高考题中也时有出现。

【案例 4.28】

李欣淑女士为何出走

丙：摘编自 1919 年年末长沙《大公报》的一则报道。

李欣淑幼年时，父为其定了亲，未婚夫不幸去世，父母准备叫她守"望门寡"。李欣淑在女校念过书，不满这种包办婚姻，因而反抗出走，到北京工读。她说："我于今决计尊重我个人的人格，积极的和环境奋斗，向光明的人生大路前进。"

根据 2014 年高考山东文综卷第 38 题材料丙的叙述，李欣淑的父母逼迫她在未婚夫不幸去世后守"望门寡"，而她不满这种包办婚姻出走工读，体现了新时代女性敢于同封建礼教斗争的精神。事实果真如此吗，先看《大公报》的相关报道。

北京有易女士的跑，长沙有李女士的跑，真是无独有偶呵。李女士是谁呢？就是本报上投稿的那位杏蘋村女士——逸怀或志平也是她常用的名字，想列位都还记得的。她现在因着她婚姻黑暗的缘故，到北京实行工读去了。这是一桩最可研究的事情。家庭的顽固、婚制的黑暗和社会的麻木都是她跑的原因……她的父亲是前清湖北候补道，诗书稍为哼得一点，世情是不晓得的。旁的不说，只说他对子女的婚姻的专制，就可以知道他的为人了。当女士幼时，就定把孙道仁做媳妇，后来她的未婚夫死了。她的父母原来是极赞成守望门寡的，但是要养她一世，于经济上太不合算，马上就把她配了彭家里伢子。彭家里的人，知识是没有什么，不过有几个钱罢了。她父亲因为这个缘故，对于女士的婚事觉得很满意，以为她将来可以过日子了。她幸而还有个稍有知识的母亲，在三四年前还肯把她在自治女校读了点书，那时她父亲极力反对，总说"女子无才便是德"，又何必读书？所以女士毕业以后就囚在家中，不准再进学校。这次女士跑了。他父亲还怪她母亲，不应该把她读书，以为她不识字，就没有知识，决不至于跑。也就可以不遗先人羞。至于他们现在对于女士的意思，还是一样的专制，说女士不回来就罢，若是回来，就要硬要她到彭宅去，不识时务到这样地方。①

很显然，李欣淑绝非因反抗"望门寡"而出走，也并非完全反对包办婚姻而出走，因为她的第一段婚姻也是包办的；她只是不满意父母包办的与彭家的婚事。高考命题人阉割史料以致张冠李戴，实属不妥。

刘扬、陈德运：《朱元璋禁止宦官读书识字了吗》

传统的史学研究，遇到伪史料则舍弃不用，只用真史料作为证据，即剪切拼贴这些史料做现成陈述。不过柯林武德对这样的剪刀加糨糊的做法做了猛烈的批判，认为史学研究重点不在史料的真伪上，要使史学有意义与价值，重点应该是对史料的追问（question）。历史学要研究并回答"问题"，"在科学历史学中，任何东西都是证据，都是用来作为证据的"②。柯林武德认为若是单单消极等待"论从史出"，事实上就取消了历史解释，"解释"起源于"问题"。按照柯林武德的思想，历史学家要使得"历史"具有意义和价值，必须超越证据，走向解释。任何史料只要"解释"，都可以成为教学的史料。

四、史料的追问与拷问

我国的史料教学大多是知识问答式的模式，旨在以知识理解为中心。选用的材料不是解决某个问题，而是为了印证某个结论。遇到不同观点的史料，只选契合教学内容者；遇到不可靠的史料，马上舍弃。实际上，关

---

① 热：《长沙第一个积极奋斗的——李欣淑女士》，载《大公报》，1920-02-17。
② ［英］柯林武德：《历史的观念》，何兆武、张文杰译，386页，北京，商务印书馆，1997。

于在中学历史教学如何使用史料，国外的同行已经有了以追问为主的一套严格的程序和方法。如追问史料 12 步法：

1. 何人而作？何时而作？何地而作？
2. 它是原始文献还是第二手文献？
3. 作者的观点是什么？
4. 作者的动机是什么？
5. 多大程度上反映了历史背景？
6. 文献关于什么主题？
7. 文献的组织和结构是什么？
8. 它的假设是什么？
9. 它遗漏了什么？它缺少了什么？文献沉默的是什么？
10. 基于这个文献能做哪些尝试性结论？
11. 有没有其他资料支持或加强它的论点？
12. 基于这个文献你能提出哪些问题？[①]

中国香港地区历史课程标准将 12 步史料追问法简化成 9 步：

1. 它是原始资料还是二手资料？
2. 它是什么时候制作的？
3. 由谁制作出来的？
4. 这一资料是从什么人的角度写成或制作的？
5. 它是基于什么原因写成或制作的？
6. 它的对象是什么人？
7. 这一资料有多可靠？它的报道是公正、客观的，还是带有偏见的？
8. 有没有其他资料支持它的论点？
9. 它对于研究某一特定历史议题/方面的作用有多大？[②]

---

① Kathleen W. Craver, *Using Internet Primary Sources to Teach Critical Thinking Skills in History*，Green Wood Press，1999：11
② 课程发展议会与香港考试及评核局：《历史课程及评估指引（中四至中六）》，25～26 页，2014。

还有人进一步简化成"史料教学批判思考四步法"：

（1）该史料的作者、背景与动机是什么？（2）有无与之相反的史料？（3）有无与之类似的史料？（4）比较、归纳你所搜集到的史料，你可以得出什么结论？①

不论4步、9步还是12步，它们都从不同的角度追问某则材料的价值和意义。这是一套较为周全、完备的分析史料的工具抑或策略，对于教师和学生都有很大的实用性。

追问史料的过程也是培育历史思维的过程。从当今世界主要国家历史教学来看，史料与历史思维紧密相联。譬如加拿大曼尼托巴省11年级历史课程便以史料来关注培养7种历史思维技能：

1. 提出并阐释问题，以此引领历史研究；
2. 辨别并选取一手材料与二手材料；
3. 思考历史材料的意图与真实性；
4. 解释、分析并记录一手材料与二手材料中的信息；
5. 对比多种视角以及彼此矛盾的历史记载；
6. 识别历史材料与历史记载中潜在的价值观；
7. 利用多种媒介构建历史解释并进行交流。②

历史教育着眼于培养未来的合格公民，则历史思维能力的培养不可或缺。史料运用与思维培养犹如车之轮胎、鸟之双翼，缺一不可。否则，史料教学就会成为点缀与装饰。

历史既要实证，又要诠释，历史教学也"决不能只停留在考订与叙述事实的水平上，而应该上升到有意义的理解与解释"③，理解与解释离不开对史料的无限追问。

----

① 张汉林：《历史教育追寻什么及如何可能》，22页，北京，中国民主法制出版社，2016。

② "Grade 11 History of Canada A Foundation for Implementation"，2014. http：// www. edu. gov. mb. ca/k12/cur/socstud/history ＿ gr11/index. html，2019-03-04.

③ 何兆武：《苇草集》，155页，北京，生活·读书·新知三联书店，1999。

陈德运：《国外课标中史料的追问建议》

第五节　通史教学的实施

通史是从宏观层面把握特定区域内人类历史发展大势，探寻人类历史发展规律的史书体例。世界通史着眼于整个世界，以地球上生活的整个人类作为自己的研究对象，将全人类的历史作为自己研究的内容。中国通史着眼于整个中国，将中华文明诞生以来的全部中华历史作为自己研究的内容。通史是大学历史课程的核心内容之一，通史教学也是近代以来我国中学历史课程长期延续的传统。

一、通史教学的内涵

通史是中国史书的常用体例，是一种连贯地叙述各个时代史实的史书。通史是贯通的历史，"贯通"既包括时间上的前后相延，也涵盖事件、人物脉络上的纵横相通。通史的时限一般从文明的开始一直到成书的时代，内容涵盖范围比较广泛，涉及一个或多个国家（地区）的政治、经济、文化、军事、科技等诸多方面的历史。但据刘家和先生研究，通史是中国学术语境中才有的一个概念，在西方并没有通史这个范畴。①

中国第一部纪传体通史是司马迁撰写的《史记》，记载了上自传说中的黄帝，下至汉武帝时代，历时 3000 多年的史实。司马光主编的《资治通鉴》是中国第一部编年体通史，主要以时间为纲，事件为目，从周威烈王写到五代后周世宗，涵盖 1360 多年的历史。

以通史为体例的教学便是通史教学。民国以降，中国通史和世界通史课程在我国的历史学高等教育中长期占据重要地位，中国史一直居于主导

---

① 刘家和：《论通史》，载《史学史研究》，2002(4)。

地位。中华人民共和国成立后，我国大学的通史课程内容和体系深受苏联的通史体系影响，"以斯大林化的社会形态理论作为指导理论，用单线条发展的社会形态理论来理解复杂多样的世界各地区的历史"。在马克思主义史学还比较薄弱的情况下，它填补了史学研究的空白，具有"拓荒者"的价值。① 但这种教材体系一直持续到现在，课程内容也大多延续至中华人民共和国成立初。

　　我国的中学历史教学显然受到大学的通史课程设置的直接影响。清末民初以降的百年间，中学历史教科书长期以中外分编的通史体例为主。21世纪之初，在课程改革的大潮中，初中历史课程标准以中外分编的专题史为主，高中历史课程标准则完全摒弃通史体，采用了中外合编的专题史体例。经过十几年的实践，专题史教学在一线遭遇了严重的挑战，问题丛生。2011 年，修订的初中历史课程标准全部改为通史体。2016 年，修订的高中历史课程标准(草稿)也部分恢复了通史体。普通高中历史课程由必修、选择性必修、选修三类课程构成，必修课采取通史方式，选择性必修和选修课采取专题史方式。"中外历史纲要"必修课程是全体高中学生必须修习的课程，课程内容分为中国古代史、中国近现代史和世界史三个部分。

二、通史教学的意义

　　"通史"的关键是"通"，但中西方史学形成了不同的学术范式。中国强调"古今之通"，即纵向时间上之通，即司马迁的"通古今之变"；西方强调"普世之通"，即横向上空间之通，融天下为一体，波利比乌斯、黑格尔皆属此类。这两种形式的"通"曾经影响了中西方史学的发展，各有利弊。

　　我们认为，"通"有两层含义：一是"通达"，即通过对历史的积精深思，通达人情、世情、事理，通达古今中外；二是"通透"，即透过对古今中外历史的梳理与反思，透辟通彻地明白其中的原理和规律。一言以蔽之，"通"可理解为"融会贯通"。这个特点决定了通史具有较多的哲学思辨的成分，更多地类似于历史哲学。

　　"通史"之"通"最重要的表现是对历史本质或规律的发现与把握。譬如马克思站在全人类的高度，全面研究人类的历史过程，创立了历史唯物主义理论，并在这一理论指导下，进一步认识人类历史的发展过程，创立了

① 祝宏俊：《〈世界通史〉课程的合法性危机及其出路》，载《历史教学》，2006(8)。

科学共产主义学说，阐明了人类历史发展的规律。又如汤因比之专著《人类大地母亲》研究了人与自然的关系，人类历史上各个文明的产生、发展、衰亡及相互之间的关系。其鸿篇巨制《历史研究》则跳出了地区与国别的窠臼，主张以"文明"作为史学研究单位，并进一步提出了"挑战、应战"理论，对人类历史做出了新的解释。

"通史"既重视"古今之通变"，又重视不变之"常"，可以说是"变"中求"常"，"常""变"结合，"常"主"变"次的一种修史方法。"通史"之"常"表现为历史本质或历史规律，"通史"之"变"表现为历史发展进程中的变化、变迁与变异等。治史"要能纵览全局，又要能深入机微"。"能见其全，能见其大，能见其远，能见其深，能见人所不能见处"①。如果说具体的历史给人以具体的智慧和启迪，而通史则给人对历史、现实和未来的宏观驾驭。这些概念、范畴和方法则为人们宏观上认识世界历史提供了帮助，正如马克思的历史唯物主义、斯宾格勒的文明社会理论一样，成为人们解读和认识历史的思想武器。

中学历史通史教育的最终目的就是培养学生的基于通史的历史意识和历史思维。中学历史课程以唯物史观为指导，多角度地展现历史演进的基本过程以及人类在历史上创造的文明成果，揭示人类历史发展的基本规律和大趋势。有助于中学生拓展历史视野，发展历史思维，树立正确的世界观、人生观和价值观，增强世界意识和国际视野，为未来的学习、工作与生活打下基础。

三、中学通史教学面临的挑战

虽然 21 世纪以来，典型的通史教学曾在中学中断了十几年，但中学通史教学面临的挑战在过去、现在甚至未来一直存在，主要有以下三个方面。

（一）内容范围广

通史的内容涵盖范围比较广泛，是对一个或多个国家（地区）的政治、经济、社会、文化、军事、科技等历史的全面阐述，涉及繁杂的时间、地点、人物、事件等。学生在学习的过程中难以掌握诸多的历史人物、事件和现象，容易混淆，学习效果也不理想，这是历史学习的一个极大的问题

---

① 钱穆：《中国历史研究法》，12 页，北京，生活·读书·新知三联书店，2006。

与困难；而对于教师而言，要求把每一个事件按照时间的顺序排列，讲清其背景、内容、过程以及影响等，这是庞大的工作量。

譬如《义务教育历史课程标准（2011 年版）》的课程内容包含 6 大板块，141 个大项，其中涵盖古今中外历史现象和事件 247 条，重要人物 71 位。同时各点、线之间又独成体系，互有差别，共有 6 册教材，总量极大。而高中历史课程的知识量无疑远远大于初中。

（二）时间跨度大

通史的时限一般从文明的开始一直到现在，时间跨度比较大。如中国通史即使起于有文字记载的商代，迄今也有 3600 余年，一般包含中国古代史、中国近代史和中国现代史三个阶段。而世界通史如从最早的古巴比伦文明开始，迄今则超过 6000 年，一般包含世界古代史、世界近代史和世界现代史三个阶段。时间跨度大让学生更加难以把握历史的发展脉络，容易将事件混淆，不利于学生整体把握历史。

青少年很难理解现在与过去有区别。他们认为历史人物和现代人很相似，以为历史人物的动机、价值观、信仰和心态与现代人差不多。他们很难体会历史人物实际遭遇的困难，经常不假思索地就把慕尼黑会议上的张伯伦、法国大革命前夕的路易十六等历史人物讥贬为傻瓜。有很多学生将变化视为一段插曲，而不是一个连续过程；将变化视为全部推倒重来，而不是继承延续之上的创新。对于青少年而言，最熟悉的只是当下，五十年之前便遥远如异国甚至宇宙。青少年经历的短暂人生和遭遇的有限境况，使他们很难身临其境地去感受过去。

（三）教学有效性不高

大多数的通史教学采用传统的以讲授为主的教学方式，按照时间顺序，教师讲解背景、内容、过程以及影响等，学生记忆领会，然后做练习巩固。这种缺乏创意的填鸭式的教学方式，很难激发学生的兴趣，造成学生被动机械学习，从而影响了中学历史教学的有效性。在升学考试之后，中学生能留下的带得走用得上的历史素养寥寥无几。

大多数老师认为，中学历史课程内容多，时间紧，课时少，一般为每周两节，课时总量极少。在有限的教学课时内，要完成海量的教学任务，因此疲于赶进度，任务重，负担大，很少有时间来培养学生的历史思维能力。

以上现象的出现，有着诸多复杂的背景和原因。

首先，经典的大学教材是编写中学教科书的重要借鉴，但高质量的通史教材即使在我国诸多的重点大学也很少见。通史之"通"实际是对历史过程的哲学认识。如果要达到"通达""通透"之"融会贯通"，通史须有较多的哲学思辨的成分，具有较多的思想性，更多地类似于历史哲学。通史"如果达不到或接近哲学的高度，那就不可能达到真正的'通'"①。但除了少数专攻历史哲学的方家，历史哲学是绝大多数历史学家可望而不可即的境界，随着思辨的历史哲学遭到学界的冷落和解构，具有启蒙思想家般宏观认识历史的气度和能力的历史学家更是稀见。

其次，如何编写适合中学生学习的编年体教材，目前在世界历史教育领域更是一个难题。因为青少年的阅历和经验有限，他们需要专门编写的有故事又有思想的历史教材。在当下，中国通史课程内容大多等同于中国历史，世界通史的课程内容等同于世界史，进一步等同于外国史。所谓的通史大多只是对已知时空范围内的人类及其完成的实践活动做流水账式的编年式的记述。如何避免"中国通史"成为王朝史、断代史的组合，如何防止"世界通史"成为断代史和国别史的汇编，如何激发中学生学习数百年乃至数千年前异常陌生的人物事件的兴趣并培养其思维能力，这些都是巨大的挑战。

最后，青少年学好历史所遭遇的困难，相对于其他学科明显要大得多。要形成对历史的形而上的认识，就必须构建历史的完备、严密的概念体系，明确认识、解释历史的方法，引导学生认识和把握历史的本质。对表象的把握主要通过形象思维、通过描述即可，而对本质的把握必须在表象的基础之上，通过抽象的、逻辑的思维来完成。这种"本质"更多是人的主观认识的结果，具有较多的经验性和实践性。换言之，传统的填鸭式教学方式很难培养学生的历史思维能力。教师面临的挑战是激发学生凭借一套与现今主流看法大不相同的观念和态度去理解过去的社会，这是一个比一般人的想象要困难得多的巨大挑战。国外多年的系列实证研究表明，儿童学习历史所遭遇的困难，相对于其他学科要大得多。这也是数十年来一直困扰所有历史教师的难题。

---

① 祝宏俊：《〈世界通史〉课程的合法性危机及其出路》，载《历史教学》，2006(8)。

四、中学通史教学的主要策略

(一)把握阶段特征

历史在曲折中不断发展,有明显的阶段性。阶段特征是指与特定历史阶段(时期)相适应的政治、经济、文化等关系的基本状态及基本特征,阶段特征是抽象的,能反映历史发展的本质,但一般的学生难以独立把握,需要老师加以引导。以具体的历史知识为基础,引导学生通过理解历史阶段(时期)特征来整体上把握历史,既能避免流水账式的历史课,又能使学生深化对历史的感悟,这一点对于内容范围广、时间跨度大的通史教学很有必要。

【案例 4. 29】

第二次世界大战后美苏争霸四个阶段的阶段特征

第一阶段:20 世纪 40—50 年代中期,美苏两极格局形成。第二阶段:20 世纪 50 年代中期至 60 年代初,美苏既有缓和又有争夺。第三阶段:20 世纪 60 年代中期至 70 年代末,苏攻美守。第四阶段:20 世纪 80 年代至 90 年代初,美攻苏守,美国对苏联采取强硬态度,遏制苏联在全球的扩张。

【案例 4. 30】

17—18 世纪世界的阶段特征

17—18 世纪世界发展的基本状况包括:工业革命开始启动,资本主义经济不断壮大,启蒙思想深入传播,自然科学成就巨大,殖民扩张加速,世界霸权争夺日趋激烈。其阶段特征可以概括为:农业文明向工业文明的转型,君主专制向代议制民主的转型,世界现代化和全球化的起步。

深刻把握阶段特征,我们还必须注意引导学生从"理论的高度"认识历史。比如国际社会主义运动的曲折发展,学生不仅要知道马克思主义诞生、巴黎公社、十月革命,更要知道它从空想到科学,从理论到实践,从一国到多国的基本发展趋势。比如中国古代的重农抑商政策在封建社会的前期主要起着保护农业发展,维系社会稳定,保障国家税收的积极作用,而在封建社会的后期则主要起着阻碍商品经济和资本主义萌芽的消极作用；在近代，中国民族资本主义的发展具有革命性和进步性，而中华人民共和国成立后对资本主义工商业的社会主义改造同样具有革命性和进步性。

（二）构建知识体系

历史知识体系是根据史实之间的内在联系，将纷杂烦琐、孤立分散的历史知识有机整合，形成脉络清晰、结构严谨的历史知识网络，而"古今贯通，中外关联，把握历史发展的基本脉络"也是中高考的必有重点。

面对几乎毫无历史知识储备的学生和一套线索烦乱、知识繁杂的教材，增强教学的有效性离不开对现有知识的整合。老师要充分考虑学生的知识储备和心理特征，潜心研究，对教材内容进行重新整合，去粗取精，化繁为简；科学规划教学模式，合理整合教学素材，力争知识结构化、内容线索化、理论系统化，才能使学生在日常的历史教学中学以致用，潜移默化地形成历史思维，真正爱学历史，学会历史，学好历史。

一般而言，中学历史知识可以从纵横两方面加以整合。纵向体系是指按照历史发展的时间顺序，对同一地域相同主题的不同历史时期的情况进行分析总结构成的知识网络。横向体系是指以政治、经济、文化、军事、社会等不同视角，对同一时期不同地域进行对比分析等构成的知识网络。纵向体系和横向体系并非孤立，而是相互联系、互为补充的，用知识图或概念图的方式呈现会更为直观。

【案例 4.31】

中国古代民族与国家发展的知识体系

先秦（中国先民的活动和早期国家的创建）→秦汉（统一多民族国家的建立和巩固）→三国两晋南北朝（统一多民族国家的分裂和民族大融合的出现）→隋唐（封建社会盛世的出现）→辽宋夏金元（民族政权的林立和经济重心的南移）→明清（封建末世下的危机）。

【案例 4.32】

专制主义中央集权制度的知识体系

秦王统一六国，建立秦朝，确立了从中央到地方一整套专制主义中央集权制度。西汉初，吸取秦朝教训采取"郡国并行制"，最终引发"七国之乱"；汉武帝时采取"中外朝"制、推恩令以及刺史制度，加强了君主专制和中央集权。隋唐时期通过三省六部制进一步限制相权，发展了专制主义中央集权制度。宋代增设参知政事、枢密使和三司使分割相权，任文官做地方长官，派通判监察地方，使君主专制主义中央集权制度进一步强化。明清时期，先后设内阁，废丞相，设军机处，使我国专制主义中央集权制度达到了历史的顶峰。君主专制主义中央集权制度的发展演变整体呈现出两大趋势：皇权逐步加强，相权被削弱；中央集权逐步得到加强，地方权力被削弱。

只有把君主专制主义中央集权制度的演变概括为几个阶段性变化，揭示出君主专制主义中央集权制度发展演变的规律，才能使学生从社会发展的趋势中把握历史的脉络，构成历史知识体系的框架。

(三)贯通中国史与外国史

历史事件的发生发展离不开对其产生影响的诸多环境因素，尤其是大航海时代以来，世界各个地区、各种文明在各自和交互的发展中，逐步打破了孤立、分散状态，逐渐融合成密切联系的全球统一体。自古以来，中国便与世界有密切的联系。明清以降，中国的发展更是受到世界形势的重要影响。但长期以来，我国绝大部分的中学通史教学都明确分为中国通史与世界通史两部分。[①] 因此，从全球整体的大视角去贯通中国史和外国史便非常重要。贯通中外历史一般有三个视角。

首先是相同的历史时期(时间)中外历史事件的联系。如 19 世纪 60 年代中国洋务运动、日本明治维新、俄国农奴制改革、美国南北战争的联系。

其次是中外相同(或相似)的人物和事件(事物)的比较。如李鸿章和俾斯麦，孙中山和华盛顿，戊戌变法和明治维新，辛亥革命和英法美资产阶级革命，新文化运动和文艺复兴、启蒙运动，等等；又如古代历史中不同地域性文明的地理环境、历史起源、生产方式、制度特征、文化类型的比较。

最后是国际背景下的中外历史的联系。例如，中国抗日战争和世界反

---

① 只有上海市在 21 世纪以降的高中学段一直采用独立编写的中外合编的通史体例。

法西斯战争，工业革命和鸦片战争，新民主主义革命与十月革命和国际共产主义运动，"冷战"与中华人民共和国的外交，改革开放与第三次科学技术革命，等等。只有在国际大背景下认识中国历史，才能掌握它们之间的联系与区别，从而更深入地理解中国历史。

（四）贯通国家史与地方（乡土）史

地方（乡土）史一般指我国某一地方（如省、自治区、市、地区、乡等）的历史，地方史是全国历史的一部分，全国性的重大历史事件和历史现象，在地方历史上往往能找到具体表现和一定影响。在教学中结合教科书中的内容，补充运用有关的地方史料，可以帮助学生从一个地区的情况看到全国情况，从而加强对全国性历史事件及其历史影响的掌握。

乡土史的教学素材，大多具体、直观、鲜活且贴近学生，很容易引起学生的兴趣，引发学生探究的欲望。目前很多发达国家的儿童历史课程都是从社区史、乡土史开始。美国有 30 个州的法律明文规定，学校必须开设本州的历史课程，有不少州还规定本州史须开设一个学期。

地方（乡土）史课程资源一般有以下三类：（1）文字类。主要包括乡土教材、历史档案、历史文献资料、地方志、家谱、族谱、科学技术史、文学艺术史、当地历史人物的回忆录等。（2）实物类。如博物馆、纪念馆、档案馆、爱国主义教育基地等相关场所的历史文物、历史遗址、历史档案等。（3）历史见证人类。如所在地区的历史事件的亲历者、见证人及相关历史学者等。

地方（乡土）史与通史的有效结合大体有三种模式：（1）穿插式，即配合统编教材进度，适当穿插讲授乡土历史。（2）专题式，即专门安排一定学时，开设乡土史课程，系统讲授整理编写的专题乡土历史。（3）实践式，指开辟第二课堂，引导学生开展课外历史实践、研究性学习活动等，这类活动往往能给教学带来意想不到的效果。老师可以根据实际情况灵活选择。

通史教学无论采取何种策略，都离不开引导激发学生学习的主动性。为此教师必须不断增强专业素养，熟悉史学研究动态，改革传统的以教师为中心的教学模式，构建和谐的师生关系，创造良好的学习环境，引导学生自主、合作、探究，让历史课变得有趣、有料、有效，从而提高教学有效性。

第六节　专题史教学的实施

一、专题史的由来及困惑

21世纪初新课程实施后，为了避免与初中内容体系简单重复，高中阶段实行"模块＋专题"的课程内容结构。《普通高中历史课程标准（实验）》在其"内容标准"部分规定高中历史必修课分为历史（Ⅰ）、历史（Ⅱ）、历史（Ⅲ）3个学习模块，选修课分为"历史上重大改革回眸""近代社会的民主思想与实践"等6个模块，共9个学习模块，包含60多个专题。

事实上，崭新的专题史内容体系设计一方面突破了按照章节通史编排体例的模式，另一方面也给中学历史教学带来极大的挑战。不论见诸报刊书籍的文章，还是来自中学一线教学的声音，诟病不断。例如，"专题学习阶段，由于高一课时紧，每周一般只有两节，专题所涉及的内容多，老师们普遍感觉讲不完，更不要说补充内容了。""新教材开始使用时存在时序性和整体性较差，知识系统破碎的弱点，有的多次重复；课程内容艰深、专业性较强。""把政治、经济、文化三个模块彼此割裂，以及模块内各子专题跳跃性大，连贯性不够，知识逻辑和历史逻辑性较差，新知识的学习缺少旧知识的铺垫。""必修教材之间、必修与选修教材之间历史知识的多处重复，同一个历史事件、同一个历史人物会重复出现在三个模块中。"[1]甚至有的老师抱怨说模块加专题是课改专家坐在书房里想出来的模式，真的是这样吗？让我们先把视野放宽到其他国家。

【案例4.33】

《日本高中地理历史科学习指导要领》世界史B[2]

（一）通向世界史之门

1.自然环境与人类的关系；2.日本历史与世界历史的联系；3.发现日

---

① 丁永华：《试论中学历史专题式教学》，苏州大学，硕士学位论文，2008年，29页。
② 《日本高中地理历史科学习指导要领》，参见 http://www.mext.go.jp/a_menu/shotou/new-cs/youryou/kou，2019-03-04。

常生活中的世界历史。

（二）各区域世界的形成

1. 西亚世界、地中海世界；2. 南亚世界、东南亚世界；3. 东亚世界、内陆亚洲世界；4. 从时间视角看各区域世界。

【案例 4.34】

《印度高中历史课程标准》11 年级世界史主题①

12. 文化冲突（14）

聚焦：美国，15—18 世纪

(1) 欧洲新航路开辟；

(2) 寻找黄金、奴役、围捕、灭绝；

(3) 土著人和文化：阿拉瓦人、阿兹特克人、印加人；

(4) 驱逐的历史；

(5) 历史学家关于奴隶贸易的观点。

【案例 4.35】

《法国高中历史、地理课程大纲》2 年级课程内容②

主题 2：20 世纪的战争（16—17 学时）

问　　题	实　　践
全球战争与和平的希望	第一次世界大战：一次全面战争中的战斗。 第二次世界大战：对犹太人和茨冈人的歼灭与种族屠杀战争。 冲突后重建世界秩序的希望：国际联盟和联合国。
从"冷战"到新冲突状态	"冷战"——意识形态与国力冲突：一个地点（柏林，1945—1989），一场危机（古巴，1962），一场武装冲突（越南战争）。 冷战后的新冲突状态：一场武装冲突（海湾战争 1990—1991），一个地点（萨拉热窝，1992—1995），一次恐怖行动（2001 年 9 月 11 日）。

---

① 《印度高中历史课程标准》，参见 https://librarykvpattom. wordpress. com/2013/08/01/cbse-secondary-senior-school-curriculum-2015/，2019-03-04。

② 《法国高中历史、地理课程大纲》，参见 http：//media. education. gouv. fr/file/special _ 4/72/5/histoire _ geographie _ 143725，2019-03-04。

【案例 4.36】

《南非 R-12 年级年级国家课程陈述(历史)》8 年级历史课程主题①

8 年级

1. 1860 年后英国和南非的工业革命;

2. 南非矿产革命;

3. 19 世纪晚期对非洲的掠夺;

4. 第一次世界大战(1914—1918)。

另外,北美的加拿大、美国,大洋洲的新西兰、澳大利亚等皆有专题史。综上可知,无论发展中国家和发达国家,不论欧洲、非洲、亚洲,有很多国家的历史课程都包含专题史。可以说,采用专题史是国际历史教育的趋势。若因我们习惯了通史教学,便对其一味批判,实非理性之态度。何况以往通史时代的高考,早就存在专题史复习。这或许也是《普通高中历史课程标准(2017 年版)》仍然保留了相当分量的专题史内容的原因。

二、专题史教学的误区及表现

(一)缺乏时序性,学生记不住朝代先后顺序

这也是不少人反对专题史的最大理由。一方面,专题史的侧重点在于精深地论述某一个问题,时序性并非其所长。另一方面,朝代顺序是否与历史时序性画等号,也是问题。时序性的内容恐怕不是记住朝代顺序那么简单,记不住朝代顺序并不意味着学生的时序性缺乏。的确,没有时间,谈何历史?没有时序性,谈何历史性?但专题史与时序性二者并非天然对立。实际上,《普通高中历史课程标准(实验)》对专题史中的时序性是相当重视的。

【案例 4.37】

历史必修 1"古代中国的政治制度"学习要点

(1)了解宗法制和分封制的基本内容,认识中国早期政治制度的特点。

(2)知道"始皇帝"的来历和郡县制建立的史实,了解中国古代中央集权

---

① 《南非 R-12 国家课程陈述(历史)》,参见 http://www.education.gov.za,2019-03-04。

制度的形成及影响。

（3）列举从汉到元政治制度演变的史实，说明中国古代政治制度的特点。

（4）了解明朝内阁、清朝军机处设置等史实，认识君主专制制度的加强对中国社会发展的影响。

很显然，这一专题是从先秦时期的宗法制、分封制的学习，到秦朝郡县制和皇帝制度，再到从汉到元政治制度演变史实，最后到明朝内阁和清朝军机处的内容。若是批判专题史缺乏时序性，显然说不通。当然，这种时序性与通识中的时序性还是有明显差别的。

（二）知识破碎性，学生不能完整地掌握知识

不得不承认，《普通高中历史课程标准（实验）》的专题史内容，缺少与其有密切联系的其他学习内容，使得完整的历史知识系统无法顺利建构，这的确加深了教学难度。例如，中国古代的政治制度发展，与当时的经济、军事、思想文化等密切相关，但这些内容却分割在不同的模块中。

即使如此，责任也不能全部归到专题史身上，更不能作为否定专题史的理由。因为国外的专题设计并没有人为地割裂政治、经济、文化、地理等内容，使其成为一个个孤立的专题，相反是把密切联系的内容都整合在一个专题。可见，专题史同样可以建构知识的系统性。

（三）内容割裂性，学生重复学习同一个内容

这的确是《普通高中历史课程标准（实验）》专题史部分的明显不足。譬如必修部分按政治、经济、文化等内容分成三个模块，某些历史人物、现象、事件在不同的模块中不断出现。如欧盟，既在必修一出现，又在必修二中涉及；抗日战争既在必修一专题二涉及，也在专题三中出现；孙中山更是在必修和选修模块中重复多次。这样的教材，老师重复教，学生重复学，很容易造成困扰。

我们认为，这是专题史内容设计的问题，但不是专题史必然出现的结果。《普通高中历史课程标准（2017年版）》采用通史加专题史的形式，必修部分为通史，选择性必修和选修部分皆为专题史。虽然选择性必修的三个模块大致还是政治、经济和文化，但其专题内容与以往相比有明显的差别。如政治模块的官员的选拔与管理，法律与教化，基层治理与社会保障；经济模块的食物生产与社会生活，商业贸易与日常生活，医疗与公共卫生；

文化模块的多样发展的世界文化，人口迁徙与文化认同，战争与文化碰撞，信息革命与人类文化共享。选修部分为史学入门、史料研读和其他校本课程。学生先学习通史，不宜分散的重要知识都放在通史；再学习专题史，且绝大部分内容都是通史部分很少专门涉及的。这样的课程设计，便最大限度地减少了以往的割裂和重复现象。

三、专题史教学的探索及理念

尽管专题史教学面临很多挑战，但我们仍将继续面对，《普通高中历史课程标准（2017年版）》中课程内容有将近一半是专题史。在过去十几年的高中教学探索中，一线教学也出现了一批优秀的专题史教学设计，其成功经验值得学习。

（一）用模块的核心价值观统领专题，围绕核心价值观展开专题教学

【案例 4.38】

用"民主化、法制化"统领政治模块教学

必修课程历史1政治模块共八个单元，涉及古今中外的政治制度和近代以来的国际关系。内容看似繁杂，但背后掩藏着一条主线："理解由专制到民主，由人治到法治是人类社会一个漫长而艰难的历史过程。""民主化、法制化"是历史1模块的核心价值观。在它的统领下，中国政治制度部分的逻辑关系表现为：由古代专制主义中央集权体制，到近代反封建、追求资产阶级民主，反侵略、追求民族独立斗争，再到中国特色民主政治建立。世界政治制度部分的逻辑关系表现为：由民主政治体制的源头古代希腊的民主政治、古代罗马法的发展，到近代欧美资产阶级代议制民主的建立，再到无产阶级为实现自身民主的斗争。这体现了中国与世界历史发展从专制到民主，从人治到法治的历程。国际关系史部分逻辑关系表现为：由近代中国与西方列强之间侵略与反侵略斗争，到第二次世界大战后世界格局由两极格局向多极化发展的趋势。这体现了近代以来的国际关系在不断碰撞中走向民主化的过程。由此可见，以"民主化、法制化"的核心价值观来整合教材，必修课程历史1各专题就形成了一个有机的整体，学生对必修课程历史1中各专题的学习目标、专题的重点知识以及必修课程历史1中各专题之间的相互关系就能清楚地领悟。

这种专题史教学的探索思路与课标理念很吻合。有的老师认为专题史跨度太大，古今中外历史知识很散，不如通史那样有逻辑。其实，跨度大，未必构建起来的课程内容就毫无逻辑。高中课标要求"学会从不同角度认识历史发展中的全局与局部关系"，所以有老师认为"专题史课程体系教学的关键是抓住各模块的核心价值观，它是模块的灵魂。以核心价值观统领各模块的教学，模块中各专题的教学目标清楚显现，各专题之间的相互关系也能一目了然"①。该教师以模块的核心价值观为钥匙，厘清各个部分之间的逻辑关系，从而整合专题形成一个有机体，打开了专题史教学的大门。

（二）从历史的角度学文化，从文化的角度学历史

【案例 4.39】

"毛泽东思想"的文史互鉴

"毛泽东思想"在高中必修 3 思想史部分，但必修 1 政治史"新民主主义革命的崛起""新民主主义革命的胜利"和必修 2 经济史"一五计划""三大改造""中共八大"等均有涉及。

梅老师的设计思路为，前面的政治史教学重点探讨新民主主义时期共产党人对革命道路的选择以及选择后的革命实践和结果。而文化史的教学中，"毛泽东思想"一课的关注点在于这种思想产生的历史背景以及它对实践的指导意义乃至对整个历史进程产生的深远影响。因此，她设计了以下四个核心问题：

1. 毛泽东与毛泽东思想：为什么这样的背景下能出现这样一个人和这样一种思想？

2. 所有思想的形成都有一个过程。毛泽东思想是怎样形成的？从它的形成过程看，毛泽东思想的精髓是什么？

3. 这种思想怎样指导了当时的革命实践？取得了怎样的成就？

4. 为什么说毛泽东思想是 20 世纪中国一项重大的理论成果？②

---

① 杨增荣：《高中历史新课程专题史教学策略谈》，载《中学历史教学参考》，2015（12）。

② 梅金娣：《从历史的角度学文化 从文化的角度学历史》，载《中学历史教学参考》，2007（5）。

这个教学设计以四个探究问题为线索开展教学，实际上这一探究正是以文化的角度取舍教学内容，应合了"从历史的角度学文化，从文化的角度学历史"的教学立意。四个探究其实并非随意设置，而是紧紧围绕这一立意而设计。她将毛泽东思想放在特定的历史时代、社会环境中去考察，探讨其产生和发展的历史背景及对近现代中国的影响。她的做法正好应合了从历史的角度学文化，而不是从政治、经济的角度讲毛泽东思想。

(三)明暗交织的双线历史学习法

【案例 4.40】

民族资本主义发展的双线交织学习法

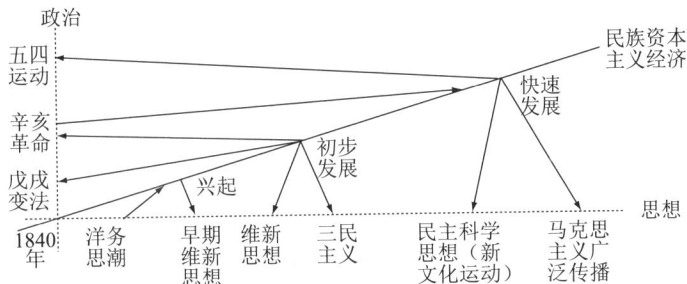

图 4-1　坐标式样双线教学法

明暗交织双线学习法，可以串联看似凌乱的知识于两条线索上，从而梳理清楚知识之间的内在逻辑关系，全景式展现出整个历史面貌。图 4-1 采用坐标式样的双线教学法，实心的斜线表示经济线索，虚线的横坐标表示思想线索，虚线的纵坐标表示政治线索。整个坐标式的双线学习法主要是表达出"民族资本主义经济对当时思想、政治的影响，同时也部分指出了思想、政治对民族资本主义经济发展的作用"①。由此将政治、经济、思想三者的内在逻辑关系梳理清楚，建构成一个宏观而又清晰的知识体系。

专题史课程结构注定了内容多、跨度大、头绪繁杂，这些确实存在的挑战，需要我们在实践中改革创新，逐步克服，上述三个案例可以给我们不少启示。

---

① 杨传水:《一明一暗　双线交织——例谈深化专题史学习的另类方法》，载《中学历史教学》，2017(2)。

苏向荣：《从西周亡国归因看中国古代政治制度的专题教学》

本章小结

中学历史教学实施既是历史课程实践与完善的过程，也是历史教学设计转化为动态历史教学行为的过程。以对话教学理念为基础的历史教学模式与方法是中学历史教学实施的外延，历史概念教学、史料教学、通史教学与专题史教学构成了中学历史教学实施的内涵。中学历史教学实施需要走出"学生中心"或"教师中心"的钟摆窠臼，立足师生对话教学的理念，在基本教学模式与教学方法的基础上，深入研究和探索基于历史学科内容特点的教学模式、方法与策略。

学习反思

1. 分析三种基本教学模式的主要特点与适用范围。

2. 结合具体案例，归纳和概括史料教学实施的具体操作步骤。

3. 结合具体课题，尝试通史教学与专题史教学的综合运用。

拓展阅读

1. [美]乔伊斯，韦尔，卡尔霍恩. 教学模式[M]. 荆建华，等，译. 北京：中国轻工业出版社，2002.

2. 赵亚夫. 批判性思维决定历史教学的质量[J]. 课程·教材·教法，2013(2).

3. 黄慕洁.1979—1994年中学历史教学方法改革述评[J]. 历史教学，1995(6).

4. 张华. 重建对话教学的方法论[J]. 教育发展研究，2011(22).

5. 赵恒烈. 如何纠正学生掌握的历史概念中的常见错误[J]. 历史教学，1963(5).

6. 马宁."登山型"课程理念下的历史概念教学反思[J]. 教育理论与实

践，2013(8).

7. 马宁."概念为本"的课程设计在历史教学中的应用[J].教育理论与实践，2010(8).

8. 赵亚夫.换个角度提高历史教学质量：我看专题史教学[J].中学历史教学参考，2007(11).

9. 余伟民.历史理论与历史教学——上海市高中历史教科书的世界通史观[J].历史教学(中学版)，2011(11).

10. 袁辉，王秀娟.从历史高考题看新课程专题教学中的通史教学[J].中学历史教学，2008(10).

PPT 课件

第五章　中学生历史思维能力培育

学习目标

1. 了解历史思维能力的含义及国内外研究动态，熟悉历史思维的核心概念。

2. 理解时空、证据、因果、变迁和延续及神入思维的内涵、价值及评价标准。

3. 熟悉学生面对时空、证据、因果、变迁和延续及神入等概念时的共通性问题或误解。

4. 掌握培养学生时空、证据、因果、变迁和延续及神入思维能力的基本策略。

本章导引

这是一位有 20 年丰富教学经验的高中历史教师与学生的对话：

"想要学好历史，你认为需要具备什么呢？"

"好记性。"

"还需要别的什么吗？"

"没有了。只需要记住一些史实，完全地记忆它们，当遇到考试的时候再把它们还给老师。"

"你对'思考'是怎么想的？你觉得思考和历史有关系吗？"

"它们没什么关系。很简单啊，历史就是发生在很久以前的事情，人们把它们记录了下来，后来的人复制了以后，又被现在的人写进了教科书。"

学生的回答暴露了很多历史教育中的平庸和肤浅。青少年经常认为历史课是一门遥远、烦琐，只需要背诵大量无聊知识的，与现代社会基本没有关联的学科。这样的历史课堂，大多是时间、人物、地点和事件的集合，并没有调动学生的历史思维，启动真正的历史学习。历史学习需要依据史料理解人类过去的活动和思想，从证据中去寻找事件之间的关联，考察古人所面临的、经历的情境及问题，关注人类社会在历史长河中的变迁与延续。只有经过历史思维训练，引导学生像历史学家一样思考，培养学生带得走、用得上的能力，历史才会变得鲜活起来，对于学生才会有意义。那么，历史学科应该培养学生哪些关键能力？它们有什么特征？学生会面临哪些困难？我们要采取哪些策略？

第一节　中学生历史思维能力概说

一、思维与能力

掌握知识与发展智力相结合是一个重要的教学规律，智力与能力密不可分。长期以来，我国的教学存在重知识、轻智力的偏向。20 世纪 80 年代以来，随着我国中学教育改革的逐渐深入，发展智力、培养能力已成为教学领域探讨的一个重要课题。

在现代心理学家眼里，思维、智力、能力等都是含义非常丰富且相互紧密联系的概念。智力与能力是指成功地解决某种问题（或完成任务）且表现出良好适应性的个性心理特征。① 影响学生智力与能力的因素主要包含生理因素、认知因素、非认知因素（非智力因素）和学科能力因素。其中认知包括感知、记忆、思维、想象、言语和操作等，思维是其核心成分，所以也有思维能力的概念。

思维是人脑借助于语言对客观事物的概括和间接的反应过程。思维以感知为基础又超越感知的界限，它探索与发现事物的内部本质联系和规律性，是认识过程的高级阶段，概念、判断和推理是其基本形式。思维能力是人脑对客观事物的本质及其规律的间接概括的能力，是对感性材料进行加工并转化为理性认识及解决问题的能力。无论是学生的学习活动，还是人类的一切发明创造活动，都离不开思维，思维能力是学习能力的核心。教育学家布卢姆把认知领域学习目标分为"记忆、理解、应用、分析、评价

---

① 林崇德：《从智力到学科能力》，载《课程·教材·教法》，2015(1)。

及创造"六个层次，其中"记忆、理解"属于低阶思维能力，"应用、分析、评价、创造"注重知识的应用和问题的解决，属于高阶思维能力。

能力必然和实践相联系，离开具体的实践既不能表现人的能力，也不能发展人的能力。能力培养是学科教育的重要目标。依据教育学理论，能力是人们表现出来的解决问题可能性的个性心理特征，是完成任务或达到目标的必备条件。能力可分为一般能力和特殊能力。一般能力指观察力、记忆力、注意力、思维力、想象力等，即通常所说的智力。特殊能力是在特殊活动领域内发生作用的能力，学科能力便属特殊能力。在一定意义上，智力与能力的高低首先要看解决问题的水平。

二、学科能力

学科能力是学科教育与学生智能发展的结晶，各学科教学是否有效，关键在于能否形成学生的各种学科能力。在学科教育领域，学科思维能力与学科能力水乳交融，一般情况下可以通用。学科能力可以分为学科一般能力和学科特殊能力两大部分。学科一般能力是指学生在各学科学习过程表现出来的普遍存在的基本学科能力，包括认知与理解能力、想象与思维能力、观察能力、问题解决与创造能力等。[①] 学科特殊能力是指学生在不同学科学习过程中表现出来的具体能力，由于学科知识性质与学习过程的差异，在不同学科中的学科特殊能力表现不同，如语文学科特殊能力便与历史学科特殊能力有明显差别。

目前，我国中小学生学科能力及其标准的相关研究比较薄弱，存在着各科课程标准在学科能力表现及标准的研制上疏于整体设计，课程实施中对教学缺乏明确清晰的学科能力表现指标和标准的指导等问题。

三十多年来，我国把各门课程的学科能力表现统统归结为"分析问题、解决问题的能力"，并作为"双基"的重要一维来看待，显然缺乏对学科能力表现的深入剖析，没有"基本技能"的具体指标和要求，从而导致教学过程中"基础知识"的教学十分系统和扎实，但"基本技能"的培养难以系统地落实。[②] 实际上，"基本技能"并非学科能力表现的全部本质。新修订的义务教

---

① 林崇德：《从智力到学科能力》，载《课程·教材·教法》，2015(1)。
② 郭元祥、马友平：《学科能力表现：意义、要素与类型》，载《教育发展研究》，2012(Z2)。

育课程标准由注重"双基"走向强调"四基"，即基础知识、基本技能、基本态度、基本经验，应该说是一种进步，但即使新修订的各科课程标准，对各学科核心能力表现也尚未明确进行系统的设计。

欧美国家对学生与学科智力、能力有长期的研究，21 世纪之初，它们提出了 key competencies(胜任力)、key competences(综合能力)、21st century competencies(21 世纪能力)、core skills(核心技能)、critical competencies(关键能力)、domain-specific literacy(特定领域的关键能力)等概念。

结合国际上发达国家对学科能力模型的研制和国内外有关学科能力的研究成果，可以认为，学科能力模型是制定教育质量国家标准、落实宏观教育目标的关键核心环节，也是统领和规范不同学科及不同学段学生成就水平的重要科学依据。

2014 年，以立德树人为根本，教育部开始研究和制订学生发展核心素养体系和学业质量标准。并在此基础上，对各学科高中课程标准进行全面修订。2016 年，教育部提出各学段学生发展核心素养体系，明确学生应该具备的适应终身发展和社会发展需要的必备品格和关键能力，明确了高中阶段各学科的核心素养及学科学业质量标准，并将其作为各学科教材、教学、评价、考试的唯一依据。由学科核心素养的内涵及外延来看，学科关键技能和核心能力仍是最重要的指向。

三、历史思维能力

历史思维是在历史学背景中思维过程与结果的统一，在中学生学习历史的过程中，历史思维能力是完成历史学习任务的决定性因素。从 20 世纪 80 年代初期至今，有关中学历史教学中的历史思维能力、历史学科能力的研究日益受到人们的重视。据统计，针对中学历史学科能力已发表百余篇论文，关于历史思维能力研究的文章多至近五百篇，另有十余部相关论著。如赵恒烈著《历史思维能力研究》，赵恒烈、冯习泽著《历史学科的创造教育》，朱尔澄著《从情理交融到历史思维》，白月桥著《历史教学问题探讨》。相关译著如莱纳著、白月桥译《历史教学中发展学生的思维能力》，扎波热罗茨著、白月桥译《历史学科培养能力与技巧的方式与方法》等。

在所有的历史能力研究文章中，关于历史思维能力的成果数量最多，是历史学科能力研究的核心和重点。实际上，大部分作者对于历史思维能力与历史学科能力的概念是通用的，两者没有本质的区别。前人对历史学科能力、历史思维能力的界定和分类多达数十种，也从不同角度、不同侧面、不同学段论述了历史思维能力的培养途径。

长期以来，我国学者在有关历史思维能力与历史学科能力概念的内涵与外延、能力标准的制定上各持己见，一定程度上影响了历史学科能力目标体系的认同和建立。梳理总结我国三十多年来有关中学历史学科或思维能力的研究，大致有以下五种视角。

（一）认识论视角

即以普通心理学的认识论为基准，然后加入具体的历史认识内容。该视角认为历史学习属于认识，也经过感性认识阶段和理性认识阶段。所以，历史学科能力的第一层次是认识历史表象，掌握历史事实的能力；第二层次是理解历史，揭示历史的本质与规律的能力。如有人认为历史学科能力的结构是：（1）学习的组织能力；（2）感知接受历史知识的能力；（3）理解历史知识的能力；（4）整理巩固历史知识的能力；（5）运用历史知识解决问题的能力；（6）对学习自我检查与自我监督的能力。[1] 有人具体提出要培养学生的抽象和概括能力、演绎和归纳推理能力、纵向和横向比较能力、宏观和微观能力、具体化和系统化能力等。[2] 有学者提出历史学科的思维同一般意义上的思维一样，可以分为形象思维、逻辑思维、直觉思维（或曰灵感思维），重点是培养学生的历史形象思维能力和逻辑思维能力。[3] 有学者认为历史学科基本能力的核心可分为历史形象思维能力、历史抽象思维能力和历史灵感思维能力，而历史抽象思维能力是历史思维能力的重中之重。[4] 有学者采用"四个基本原则三种主要能力"的说法，认为"历史学习能力"或干脆说就是"历史思维能力"，事实上都是由判断能力、理解能力和反思（或批判）能力合成的。它们实际上概括了形式逻辑和辩证逻辑中最重要的能力。[5]

由普通心理学入手来探讨历史思维能力，这是早期研究的必经之路，

① 周孝梅：《重视培养学生创造性的学习能力》，载《历史教学》，1985(4)。

② 沈谓明、徐景信：《"一条龙"教改实验中的思维训练》，载《山东教育科研》，1990(1)。

③ 叶小兵：《论中学历史教学中的历史思维能力》，载《首都师范大学学报(社科版)》，1998(1)。

④ 冯一下：《高考试题的综合化趋势与历史教学对策》，载《中学历史教学参考》，2001(1)。

⑤ 赵亚夫：《论以"理解"为中心的历史学习》，载《历史教学问题》，2002(3)。

但 21 世纪以降仍然受到不少学者推崇。这种视角的明显不足是，很难从根本上区分人类认识的一般过程与学生学习历史的特殊过程，从而也就很难真正培养学生的历史学科能力。

(二)普通能力视角

即以阅读、观察、想象、思维、记忆、创造等一般能力为基准，然后在每一子项的内涵中加入历史学习的有关内容。有人认为，人的能力一般可分为认识能力和实践能力，亦即学习知识的能力和运用知识的能力。就中学历史教学而言，就是要培养学生学习历史知识的能力和运用历史知识的能力。观察能力、想象能力、记忆能力、思维能力，都属于人的认识能力，而自学能力是前四种能力的综合体现。培养学生运用历史知识的能力，就是要培养学生运用历史唯物主义的基本观点观察问题和分析问题的能力，联系实际进行自我教育的能力，将历史知识运用于其他学科的能力以及审题和解题的能力。[①] 2003 年《普通高中历史课程标准(实验)》有关三维目标中的"知识与能力"的总体目标是：在掌握基本历史知识的过程中，进一步提高阅读和通过多种途径获取历史信息的能力；通过对历史事实的分析、综合、比较、归纳、概括等认知活动，培养历史思维和解决问题的能力。

有学者区分了历史学科能力与历史思维能力，认为历史学科能力包括阅读理解能力、阐述解释能力、鉴别评价能力与问题解决能力[②]，而历史思维能力包括历史思维方式的理解与应用能力，以及历史思维方法的掌握与应用能力[③]。北京师范大学"中小学生学科能力表现研究"总项目组提出基于学习、实践和创新的各学科通用学科能力，其中，历史学科能力特指：A. 学习能力：学生通过课堂教学、教材和补充材料认识历史事实及其属性、历史事实之间的关系以及历史知识的系统结构的能力。B. 实践能力：学生运用已掌握的历史认知成果学习新材料，分析解释历史的因果联系，评价历史事件、人物、制度在人类社会发展进程中的地位、影响和作用的能力。C. 创新能力：学生建立多种历史材料之间的联系，形成对历史事件、人物的叙述，或论证某种历史观点的能力；从历史材料中发现问题、解决

---

①　龚奇柱：《在历史教学中发展学生的能力有广阔途径》，载《历史教学》，1981(4)。

②　王雄：《中学历史教育心理学》，190 页，长春，长春出版社，2012。

③　王雄：《中学历史教育心理学》，178 页，长春，长春出版社，2012。

问题的能力；对于现实问题从历史的角度思考，做出判断和决策的能力。[①]

由普通心理学的能力视角入手，无疑是更接近学科能力了，事实上近几年的有些成果也逐渐对历史学科的特殊能力有所涉及。但这种视角的明显缺憾在于把学科一般能力与学科特殊能力合为一谈。众所周知，阅读、观察、想象、记忆、创造、分析、综合、比较、归纳、概括等是人类共有的思维能力，适用任何学科，但一般能力毕竟不能代替特殊能力。如果我们仅仅停留于此，学科特殊能力还是无法培养。学科能力研究的意义不仅在于对一般能力的具体化，更重要的是探索学科能力的特殊性。

(三)普通技能视角

即将一些多是通用的基础性、一般性的技能，如读写能力、计算能力等作为历史思维能力。有学者列出了时间方面的能力、空间方面的能力、编制图表的能力、编写提纲的能力、阅读教材的能力、运用史料的能力等。[②] 1988 年的《九年义务教育全日制初级中学历史教学大纲(初审稿)》，确定了计算年代、识图、阅读、解释概念、表达、类比等能力培养任务。有人按历史学习活动划分为找出中心思想、信息分类、区分事实和观点、鉴别原因和结果、找出相关事实、比较观点、使用原始的和第二手资料、形成概括、根据资料做出推论、根据事实做出结论，并把这些学习活动作为历史学科能力的代表。[③] 1996 年的《全日制普通高级中学历史教学大纲》，又增加了再认和复述、史论结合和评价等能力要求。

由普通技能视角入手的能力划分往往非常具体，但在概念的种属、层次的划分上值得推敲，譬如运用史料、鉴别原因和结果、使用原始的和第二手资料等明显属于历史学科特殊能力，与一般的阅读教材、编制图表、找出中心思想等显然不在一个层次，甚至不是一个类别。更重要的问题是，对学科能力的内涵及概括上流于一般化，把学科的一般能力或特殊技能当作学科的特殊能力。技能通常是一种单向活动，就像骑自行车，可以通过

---

① 郑林：《中学生历史学科能力表现及测评初探》，载《历史教学(上半月刊)》，2015(9)。

② 黄慕洁、白月桥：《关于历史教学培养智能问题的讨论评述》，载《历史教学》，1982(12)。

③ 刘立新：《中学历史科能力培养的立体构架》，载《四川师范学院学报(哲学社会科学版)》，1994(3)。

练习来学习和提高。而对历史的理解则是复杂多元的，需要进行不断反思，学生仅仅靠练习普通技能很难获得历史思维。

（四）高考能力视角

长久以来，高考考纲是一线教师最为看重、奉为圭臬的教学纲领性文件，因此以历史高考的能力要求作为历史思维能力的标准在现实中非常普遍。进入 20 世纪 90 年代以来，历史高考命题从知识型向能力型转化，普通高等学校招生全国统一考试《历史科考试说明》明确提出了四个层次共十项能力要求。

1. 再认、再现历史知识

（1）再认、再现重要的历史事实、历史概念和历史结论。

（2）再认、再现历史阶段特征、基本线索和发展过程。

2. 材料处理

（3）阅读理解历史材料。

（4）对材料进行去粗取精、去伪存真、由表及里、由此及彼的整理，最大限度地获取有效信息。

（5）充分利用有效信息，并结合所学知识对有关问题进行说明、论证。

3. 历史阐释

（6）归纳、比较和概括历史知识。

（7）把历史事件、人物、观点放在特定的历史条件下进行分析和评价。

（8）初步运用辩证唯物主义和历史唯物主义的基本观点分析历史现象和历史事物的本质，揭示其本质，阐述历史发展的规律。

（9）史论结合。

4. 文字表达

（10）语言准确，逻辑严谨。

2002 年始，历史高考进入文综时代，先是提出了记忆、理解、应用三个层次的文科综合能力要求，之后修订为"获取和解读信息""调动和运用知识""描述和阐释事物"与"论证和探讨问题"四个层次的能力要求。

1995 年，使用自编教材自己单独命题的上海借鉴本地学者的研究成果[①]，也制定了历史学科能力目标体系，分为识记鉴别、领会解释、分析综合、评价辩证四个逐次累积的层次。2005 年，《上海市中学历史课程标准

① 聂幼犁：《关于历史学科高考能力目标问题》，载《历史教学》，1992(1)。

（试行稿）》提出，中学历史课程培养的能力包括搜集史料、提取信息、解决问题、交流成果，中学历史课程的学习水平分为识记与鉴别、领会与诠释、分析与综合、评价与论证四个递进的层次，每个层次有两级要求，分别对应初中和高中阶段。

作为高利害性的竞争性考试，高考当然应该有自己的能力要求。但如果把历史高考的能力目标等同于中学历史学科的能力体系，也会存在很大的偏颇。首先，以选拔人才为目的的历史高考不能完全代替所有的高中历史教学，更何况还有初中历史课程。由《上海市中学历史课程标准（试行稿）》可以看出，中学历史课程培养的能力目标，与中学历史课程的学习评价目标可以有明显的不同。其次，完全把高考要求当作教学要求，在理论上就说不通，如果高考的能力目标制定不当，弊端更甚。譬如21世纪以来的文综高考能力目标，虽然有明确的分类和内涵，但这些能力都是历史、政治和地理学科通用的，基本上完全排除了学科特殊能力。如果完全照搬，培养学生的历史思维更是无法实现。

（五）学科特殊能力视角

即以史学研究的能力作为中学历史学科能力的标准，辅之以历史认识论。完整的学科能力体系还需在每一类能力的表现目标上，结合学习程度，由浅到深地表述操作的水平。赵恒烈先生早在20世纪90年代便主张历史学科的能力培养是要学生有"读史、看史、写史的本领"，主要有：①历史事实的再认、再现能力；②历史材料的搜集、鉴别能力；③历史材料的领会、诠释能力；④历史问题的分析、评价能力；⑤历史知识的鉴往、知来能力。① 有人认为历史学科能力中最基本也是最主要的应该是：准确描述与区分历史史实的能力和进行历史思维与按照历史规律进行阐释的能力。② 有学者构建了初步的中学历史思维能力分类体系，提出初中阶段要训练重证据意识、历史想象力和时序性思维意识，高中阶段着重培养时序思维能力、历史理解能力、历史逻辑推理能力、历史解释能力。③

中学历史学科的特殊能力或历史思维能力，是植根于历史学科专业性

---

① 赵恒烈：《中学历史学科能力培养中的几点看法》，载《历史教学》，1995(11)。

② 吴伟：《历史学科能力与历史素养》，载《历史教学（中学版）》，2012(11)。

③ 孙立田、任世江：《论历史思维能力分类体系》，载《历史教学（上半月刊）》，2014(6)。

上的中学生应该掌握的史学研究的专门能力。它既需要以学生自身的思维结构及学习历史所需的思维特性为基础，也受到学生学习历史的能力、策略和方法的重要影响。它可以涵盖一般的能力、技能和认识论，其不同层级的表现标准也应该取代各级历史学业评价标准。因此，指向学科特殊能力的历史思维能力，已经成为国际上历史学科能力的主流，当然其内涵和表现标准还存在差异，国内尤甚。我国的学科特殊能力大多缺乏分层次的、操作性的学习目标及表现标准，有的能力本身的定义就很不规范。

　　总体来看，三十多年来，我国有关中学历史思维能力的研究取得了相当的成就，无论基于何种视角，所有的成果对于相关研究的深化都有所助益。譬如，学科特殊能力视角以外的其他研究成果，也逐渐对历史学科的特殊能力有所涉及。影响我国历史思维能力研究的重要因素有：时代的发展和变化，我国历史教育目标的不断发展，具有指挥棒作用的历史高考考查重点不断更新，国外历史课程目标、教学评价、教育理论和历史思维能力研究的成就。

　　20世纪70年代，英国开始兴起的历史教育变革受到认知心理学的影响极为深远，尤其是皮亚杰的儿童认知发展理论。英国在学生历史思维方面的研究已持续了将近四十年并有丰厚的成果，受到国际的高度注意和学习。20世纪80年代，伦敦大学的李彼得提出了包括证据、变迁和延续、原因和结果、神入、解释、时序等的"第二层次概念"，这是西方国家有关历史思维的重大成果。它对20世纪末英、美、德、加、澳等世界许多国家的历史学科核心能力的结构和内涵产生了巨大而深远的影响。80年代末，英、美、法等国颁布的中学历史教学课程标准中，都明确地提出了要培养学生历史思维能力，英国和美国更是把历史学科能力专指为历史思维能力。目前，历史思维已经成为英、美两国历史教学中最重要的目标。

　　英国2007年修订的课标将历史学科可以培养学生的各种能力划分成两类。其一是关键概念，包含时序理解，文化、种族和宗教的差异性，变迁和延续，原因和结果，意义，解释。其二是关键程序，包含历史探究、使用证据及交流历史。无论关键概念还是关键程序，都有明确详细的内涵界定，核心指向仍是能力。1996年修订的美国《历史学科国家课程标准》按学科思维发展规律逐次递进，制定了五级能力标准。标准1，时序思维能力。标准2，历史理解能力。标准3，历史分析与历史解释。标准4，历史研究能力。标准5，分析历史问题并做出决策的能力。各级能力有4～10条二级指标。中国台湾地区于2006年出台了首次明确四项核心能力的高中历史课纲，其后多次修订，目前正在使用的是 2011 年版。台湾课纲明确经由历史教学，期望能培养学生具备四项核心能力：表达历史时序的能力、理解历史的能力、解释历史的能力、运用史料的能力。

近年来，欧美等国十分注重对历史学科"第二层次概念"（核心概念/关键概念）的研究，除了以往熟悉的证据、变迁和延续、原因和结果、神入、解释、时序等，又提出了相似与不同、历史意义、复杂性、多重观点、历史方法、记载、转折点、历史观点、道德维度等很多新的核心概念。英国、美国、加拿大等近年都出版了专门的历史学科思维的课程与教学论教材，重点研究其中五六个核心概念的内涵、意义及教学策略。

2018 年教育部公布的《普通高中历史课程标准（2017 年版）》遵循了学科特殊能力的思路，令人耳目一新，具有划时代意义。它首次明确了高中历史教学的五大核心素养，即唯物史观、时空观念、史料实证、历史解释、家国情怀，每个素养还有具体的内涵以及用于测量评价的 1～4 级水平标准。可以说，它的形式和内容都达到了国际先进水平。很明显，该能力体系受到了英美学术研究的重要影响，其表述中有很多相通之处。

中学历史思维能力问题是涉及教育学、心理学、历史学、测量评价学等学科的综合性、跨学科的复杂问题，尤其离不开本土的基于学科特质的长时间、大样本的实证研究。正如有学者不客气地说："只要是闭门造车，坐而论道，就绝不可能最终解决中学历史学科能力这一在理论上和实践上都具有重大意义的研究课题。"[1]尽管教育部已经提出了历史学科核心素养的草案，但中学历史学科能力或思维能力的特性、层次和结构的问题仍然没有彻底解决。尽管有很多学者提出了不同的看法，但绝大部分都是经验式、思辨式的质性研究，基于科学实证的研究稀见。截至目前，中学历史学科或思维能力究竟是什么，这个核心的关键问题尚未取得共识。在以后一个相当长的时间内，"历史学科能力或直言历史思维能力依然是我们需要攻克的严峻课题"。[2]

从研究基础来看，学科是教学实践的主要原料和依据，但凡新课改的重大问题，如学科能力、学科课程、学科教学、学科测评等无不以学科性质及内涵为基础。然而，"教学论恰恰缺乏对诸如学科的性质、学

---

① 叶小兵：《关于中学历史学科能力的研究》，载《历史教学》，1996(3)。
② 赵亚夫：《历史教学目标刍议二：怎样理解能力目标》，载《历史教学》，2007(6)。

科的要素、学科的结构等基本问题的研究"①。"中学历史学科特质"中
之特质，应指中学历史学科特有的性质，即中学历史学科独特的地方，
尤其是反映学科本质的性质。它既能与历史学、历史学科的性质区分，
又能与其他基础学科性质相异。据此，截至目前有关中学历史学科特性
（特点）的研究仍然非常薄弱。其中专门论述中学历史学科特质的成果只
有一篇。

以前贤研究为基础，有学者深入探析了中学历史学科的六大特质。
①史政性，即基于历史的政治性，突出表现为历史教育的意识形态性。
②史趣性，指历史的故事性、神秘性、变化性能使人好奇，引发兴趣，甚
而震撼心灵。③史忆性，指历史课程蕴含古今中外通用的人文基础知识，
目标是传承民族文化、构建集体记忆。④史证性，即求真求实，具体而言
为"史由证来、证史一致、论从史出、史论结合"十六字方针，是最具学科
特色的特质之一。⑤史变性，指历史学科内容、方法、理论与观念皆极具
变化性、多元性，历史的真正魅力或在于此。⑥史鉴性，即以史为鉴、鉴
古知今，它是基于现实的理性批判和反思，中学历史是启发中学生批判性
思维的最佳课程。② 该文提出的六大特质对于理解中国的中学历史思维能力
具有重要的借鉴作用。

中共中央办公厅、国务院办公厅印发的《关于深化教育体制机制改革的
意见》明确提出"要注重培养支撑终身发展、适应时代要求的关键能力"。历
史素养必须以能力为基础，历史学科的能力培养是历史素养的重要组成部
分。甚至可以说，学科能力的水平决定着历史素养的程度。关于怎样理解
历史学科能力的问题，"过去没有一致的结论，以后也难形成相同的看法"。
如今我们最缺的"不是理念和顶层设计，缺的是学科视野，是踏实的解决学
科真问题的愿望和能力"③。过去数十年欧美的研究表明，历史学科的很多
关键概念与青少年带进课堂的日常观念都是相反的。换言之，界定和宣示
中学历史思维的内涵及标准或许不太困难，但如何实践理论，培育中学生
的历史思维能力，这绝对是一个长期的巨大的挑战。

借鉴国内外的相关研究，我们认为，中学生历史思维的核心概念包括

---

① 李松林：《推进教学论研究的突破口》，载《教育研究》，2012(8)。
② 薛伟强：《中学历史学科特质述论》，载《历史教学》，2016(1)。
③ 熊巧艺、赵亚夫：《核心素养概念辨析——兼议历史教学改革》，载《中学历史
教学参考》，2016(12)。

时空观念、史料证据、变迁和延续、原因和结果、相似与不同、历史意义、神入、历史理解、历史解释及家国情怀。下文将以唯物史观为基础，重点论述时空、证据、变迁和延续、原因和结果及神入五种历史思维，它们都蕴含历史理解与解释。需要说明的是，尽管在概念上我们或许可以区分不同的历史思维能力，但实际上它们都是互相联系、相辅相成的，实践中很难单独培育某一种思维。

为了培养学生的历史思维能力，我们必须引导学生像历史学家一样思考。中学历史教育的目的绝不是要培养小历史学家，但通过唯物史观、历史时空、史料证据、变迁和延续、原因和结果、神入及家国情怀等历史思维的引导与训练，中学生就能像历史学家一样去思考历史、人生和社会，逐渐增长智慧，积淀人文素养，从而为未来做好准备。

第二节　时空思维

时间和空间是一切事物存在的基本形式。恩格斯说："因为一切存在的基本形式是空间和时间，时间以外的存在和空间以外的存在，同样是非常荒诞的事情。"①任何历史事物都是在特定的、具体的时间和空间条件下发生的，只有在特定的时空框架当中，才可能对史事有准确的理解。在不同的时空框架下理解历史上的变化与延续、统一与多样、局部与整体，才能对史事做出合理解释。时空观念是在特定的时间联系和空间联系中对事物进行观察、分析的意识和思维方式。

一、历史学中的时空

时间是指物质运动过程的持续性和顺序性。时间是客观的，其存在是绝对的，其具体表现形态和特性又是可变的、相对的。时间具有无限性，是无始无终的。空间是指物质存在的广延性，表明事物分布的状态，即位置、体积、形状等特性。空间有上、下、前、后、左、右六度，由此可确定事物所处的方位。空间是无限的，具有客观性和绝对性，其具体表现形态和特性也是可变的、相对的。空间与时间紧密相联，两者相辅相成、统一并存。

---

① 恩格斯：《反杜林论》，49 页，北京，人民出版社，1971。

任何社会形态、任何历史事件都处于一定的历史时间及一定或者特定的地理和社会环境中。历史时间除了指年代(时期)，更重要的是该年代(时期)所联系的历史内容，即每一个历史时间所关联的历史内容以及该内容在历史发展阶段中所处的地位、所发挥的作用和起到的影响。历史空间主要指历史现象、历史事件发生的特定地理环境以及历史人物活动的社会环境。历史上的国家之地理环境、位置、疆域、地名等的沿革和变迁，历史事件发生的地点或随着事件发展活动地点的转移，军事行动路线的变化和战役的地形、地物等都涉及空间观念的问题。

理解时空重要性的小游戏——"房间里的尸体"

二、时空思维能力的界定与评价

时空思维能力对历史学习有着重要意义，它是历史理解和历史解释的基础和前提。美国和英国的历史课程标准中有一项专门的与时间思维相关的能力培养目标，我国将其翻译为"编年式理解"或"时序思维能力"。《英国国家历史课程标准》指明，"所谓历史的时序指的是时间中事件的次序，掌握这样的次序是了解事件之间关系的基础，以及认识因果和变迁等观念的前提。因此，时序提供了心智架构或索引地图，让历史的学习具有意义和连贯性"。《美国国家历史课程标准》将时序能力视为"历史推理的核心"，认为"如果没有历史地看待时间的明确意识，学生肯定会把诸多事件看作一大堆杂乱无章的东西。没有强烈的年代学意识，学生就不可能考察它们之间的相互关系或解释历史因果联系"。我国将空间与时间合为时空观念，一同列入核心素养，既符合时空相辅相成的原理，也适应了我国长久以来"左图右史"的传统，具有自己的民族特色。但从中学历史教学实际来看，时序思维的重要性比空间思维更大，这或许是英美等国没有将空间列入历史核心概念的原因。

21世纪以来，随着历史课程改革的不断深入和发展，传统的通史体历史教材被新型的专题史教材取代，原本按照时间顺序由古至今地编排历史事件的方法被废止，改成按照"政治、经济、文化"三个主题来将相同性质的历史事件进行归类学习。加上历史新课程学业评价改革，只要求学生掌握重大历史事件的特征及其发生的先后顺序，对大多数历史事件发生和结束的准确时间并不做严格要求。由此，中学生的历史时空思维能力发展面临严重的危机。

由多年的课堂教学和测量评价实践来看，中学生时空概念错乱的现象非常严重。例如，很多学生搞不清楚中国古代主要王朝的先后顺序、甲午战争与抗日战争的先后顺序、合作化运动与人民公社化运动的先后顺序、法国大革命与巴黎公社的先后顺序、新经济政策与农业集体化政策的先后顺序。由于某些版本的教科书先讲抗日战争再讲辛亥革命，于是就有不少学生相信抗日战争发生在辛亥革命之前。想到东方古代政治制度，很多人认为是专制的；提起西方古代政治制度，一定是民主的。提及中国古代的自然经济，很多人想到落后；而西方的商品经济，一定是先进的。

表 5-1　历史学科学业质量标准：时空观念①

水平 1	能够辨识历史叙述中不同的时间与空间表达方式；能够理解它们的意义；在叙述个别史事时能够运用恰当的时间和空间表达方式。
水平 2	能够将某一史事定位在特定的时间和空间框架下；能够利用历史年表、历史地图等方式对相关史事加以描述；能够认识事物发生的来龙去脉，理解空间和环境因素对认识历史与现实的重要性。
水平 3	能够把握相关史事的时间、空间联系，并用特定的时间和空间术语对较长时段的史事加以概括和说明。
水平 4	在对历史和现实问题进行独立探究的过程中，能将其置于具体的时空框架下；能够选择恰当的时空尺度对其进行分析、综合、比较，在此基础上做出合理的论述。

_____

① 中华人民共和国教育部：《普通高中历史课程标准（2017 年版）》，70 页，北京，人民教育出版社，2018。

如表 5-1 所示，高中历史新课标对时空观念设定了逐次递进的四级学业质量标准，其中主要包含历史分期技能，图表识别和绘制技能，时空定位技能，描述历史的技能，分析、理解和解释历史等技能。其中水平 1 基本上可以作为初中阶段的时空观念的最高标准，但从长远来看，初中也需要分学年进一步细化。譬如英国历史课标相当精细渐进地规划了学生从小学至中学应该熟悉的时间用词、计时制度以及各时期历史名称的内涵。

三、时空思维能力的培育

培育中学生的历史时空思维能力，需要长期积累，也面临着很大的挑战，我们可以从以下四个方面入手。

（一）理解历史时间的基本概念

1. 机械时间和历史时间

机械时间指以现代计时器计时、基督纪年的时间系统，我国通称为公元纪年，涉及世纪、公元前（后）等重要概念。从基督降生开始计算年代的基督纪年始于公元 8 世纪，15 世纪以后逐渐被世界各国普遍使用。历史时间是世界上的国家和地区对自己的历史划分和日期表达的形式，几乎每个国家和地区都有自己独特的历史时间形式。譬如中国的干支纪年纪日、年号纪元、黄帝纪年，古希腊的奥林匹克运动会赛事纪年，早期英国的寺院年代，其他的天文纪年法、帝王年号纪年法、佛教纪元、犹太教纪元等。历史时间概念的养成非一朝可成，必须先有机械时间的认识作为基础。

法国历史学家雅克·勒高夫说"史学是时间的科学"，而马克·布洛赫认为历史学是"关于时间中的人"的科学。显而易见，没有时间就没有历史，就没有历史学。起源意为开端，开端也就意味着时间上的开始，所以年代学就成为历史学中一个重要的辅助学科。当某个世纪、年代、日期与某个历史事件挂钩时，这个时间就蕴含了丰富的历史意义，不再是单纯的数字。比如公元 476 年，是西罗马帝国灭亡之年，对于欧洲来说是一个时代的结束，也是另一个时代的开始，是古代和中世纪的分界点。类似的历史时间还有很多，比如公元前 221 年秦朝建立，15 世纪到 17 世纪新航路的开辟，1978 年中国开始改革开放，1991 年苏联解体等。需要注意的是，具体历史中的一世纪不必然等于 100 年。因为其起始时间未必与某个世纪的起始完全对应，譬如 18 世纪的音乐未必恰好开始于 1701 年，而 19 世纪的建筑也未必恰好结束于 1899 年。"它是糅合在问题、资料和事实之中的，它就是历史的本质"①。

教导学生认识史学的时间概念，绝不能仅止于娴熟的记忆能力，而必须引导学生回归到最根本的历史学的问题上，也就是帮助学生认识历史知识的建构过程，认识历史与过去的不同所在。

没有记忆我们无法思维。对于很多重要的历史事件的年代及分期等，中学生必须掌握，而年代、人名、地名、历史事件及意义等的记忆，恰恰是很多初学历史的人最头痛的地方，甚至也是很多高中文科生遇到的最大困难。知识的记忆是能力培养的基础，背历史有规律，也有很多行之有效的技巧和方法，老师需对学生加以系统的指导，尤其是初中阶段。

薛伟强：《中学历史巧记速记法》(节选)

2. 循环时间和线性时间

循环时间是古代社会长期广泛使用的时间系统，具有周期性，无论是中国、印度，还是古希腊、古罗马都是如此。受四季循环、昼夜交替的自然节律影响，古代历史学家编写历史多以统治者在位时间来纪年，如万历多少年、乾隆多少年、某某帝王多少年、某某执政多少年；或者以天干地支纪年，满 60 年一个循环。线性时间主要产生于古罗马基督教，呈现的是基督救赎人类的时间观念。它的开端是基督降生，然后一直通向未来，呈现直线发展的形状。由于循环时间缺乏连续性，容易出现重复、混乱和缺失，因此进入现代社会后逐渐被线性时间代替。

3. 历史分期

地理学家把空间分割为不同区域进行分析，历史学者则将时间分割为

---

① ［法］安托万·普罗斯特：《历史学十二讲》，王春华译，90 页，北京，北京大学出版社，2012。

不同时期。实际上，不切分就无法把握整体。当然，并非所有的分割方式都具有同等价值，不同的分期代表了不同的历史理解与解释，"一定要找到有意义的，使整体相对融会贯通起来的分割方式"①。历史分期有很多种类别。如生产力分期：史前、古代、近代、现代，农业社会、工业社会、信息化社会；王朝分期：先秦时期、秦汉时期、魏晋南北朝时期、隋唐时期、宋元时期、明清时期，金雀花王朝、斯图亚特王朝、波旁王朝、拉美西斯十一世、莫卧尔帝国、亚历山大一世；社会形态分期：原始社会、奴隶社会、封建社会、资本主义社会、社会主义和共产主义社会；社会性质分期：半殖民地半封建社会时期、资本主义萌芽时期、旧民主主义革命时期、新民主主义革命时期；重大事件分期：地理大发现时期、文艺复兴时期、资产阶级革命时期、第一次世界大战时期、第二次世界大战时期、战后时期、"冷战"时期等。因为历史分期的多样性，对于同一历史事件可以选择使用一种或多种分期术语来描述。随着历史的发展，历史分期的标准和断限也会发生变化。譬如当下的现代史，必然成为将来的古代史。

（二）掌握常用的时空表达方式

1. 时间轴（年代尺）

时间轴是一种直观的历史学习工具，在历史研究、学习过程中都扮演着十分重要的角色，我们可以引导学生把重要的历史事件以年代和时期进行排序，它可以直观地帮助我们理解历史事件之间存在的时序性和内在逻辑关系（见图 5-1、图 5-2）。

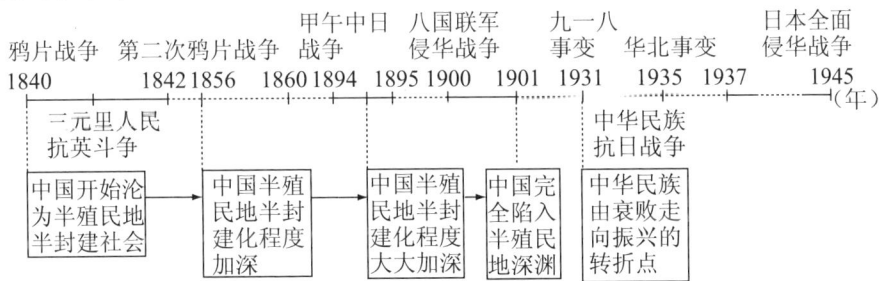

图 5-1　近现代中国反侵略斗争

---

① ［法］安托万·普罗斯特：《历史学十二讲》，王春华译，101 页，北京，北京大学出版社，2012。

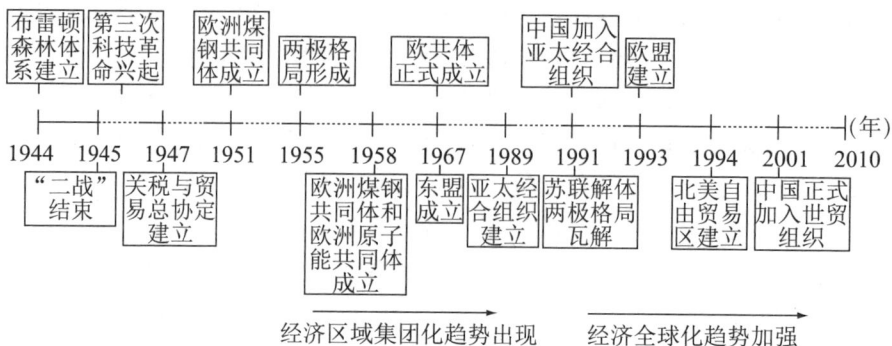

图 5-2　经济全球化趋势

2. 历史年表

历史年表是将有关重要历史事件主要按照年份顺序整理记录的表格文件。列表可将琐碎的历史知识整理出一条明晰的线索，以求达到化繁为简、突出重点的目的。历史年表能凸显出历史事件的发展过程和它们彼此之间的联系，清晰地展示出历史事件发展过程中的脉络。历史年表具体又可分为大事年表、综合性年表、对照年表、比较年表等形式。制作历史年表也能强化学生的记忆。

3. 历史地图

历史地图是反映人类历史时期自然和政治、经济、军事、文化状况及其变化的地图，是显示一切与人类活动有关的具有空间分布和地域差异现象的地图。历史地图不仅是一种重要的直观教具，而且也是密切配合历史教材内容的空间因素之形象说明或补充。它可以帮助人们认识和理解各种历史现象、历史事件发生的空间关系。历史地图分综合性地图和专题性地图两类。专题性地图又分为政治形势图、军事形势图、经济发展概况图、交通路线图等。运用历史地图时，先要引导学生熟悉图题、图例、注释等，然后按历史现象、历史事件发生的地点，理解其所处范围或位置或位移动态及意义。运用历史地图可以加深学生对事物所处空间的印象，以利于形成正确的空间观念。

教师可以充分利用教材的插图以及配套的历史地图册，通过插图解说法、填图练习法、板图讲绘法等加强学生的时空观，教师应该多鼓励学生自己动脑、动手，以便培养相关的识图、绘图技能。

4. 历史概念图（思维导图、心智图）

概念地图是一种比较直观的，能够表示、检查、修正、完善知识的认知工具。它通常是将有关某一主题但不同级别的概念置于方框或圆圈中，再以各种连线将相关的概念连接而形成的关于该主题的概念网络。它可以简洁直观地表达历史事物之间的结构、关系或演变过程，加深学生对知识结构的理解，促进历史概念的学习（如图 5-3）。概念图是历史教学常用工具之一，有助于培育绝大部分的历史思维能力，它既可以手绘，也可以用专门的概念图软件辅助。

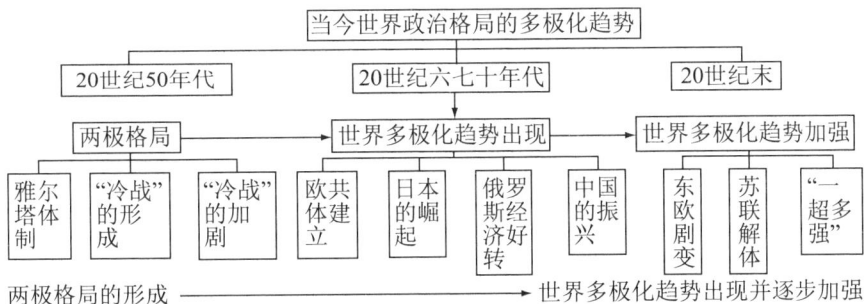

图 5-3　当今世界政治格局的多极化趋势

（三）把握历史阶段的时代特征

关注时代特征是把握历史的核心。时代是指人类社会发展过程中的不同的历史阶段，时代特征是指与特定时代相适应的政治、经济、文化等关系的基本状态及基本特征，具有明显的时间性，也蕴含了空间性。短时期历史阶段的时代特征一般称为阶段特征。时代特征是抽象的、反映历史发展本质的特征，一般的学生难以独立把握，需要老师加以引导。在学生掌握具体历史事件的基础上，通过理解某一历史阶段或若干年间（如每十年）的时代特征来把握整体的历史内容。这一点在通史教学和专题式教学中都很有必要。

【案例 5.1】

百家争鸣的时代特征

春秋战国时代"百家争鸣"，除了识记代表人物和代表思想，还必须在春秋战国时期这一特定的历史时代来理解。大变革、大动荡是春秋战国时期的时代特征，政治上新旧势力大斗争，各阶层之间的关系错综复杂；经济上，铁器牛耕推广，生产力大发展，提供了物质条件；科技上，天文学、医学等科技取得较大进步；文化上大爆炸，私学兴起。正是在这种时代背景下，形成了许多学说流派，代表不同阶层利益。

【案例 5.2】

中华人民共和国外交的时代特征

一般的教学中，中华人民共和国成立初期外交必然包含独立自主的和平外交政策的确立、和平共处五项原则、日内瓦会议、万隆会议四个知识点。其中，和平共处五项原则被认为是"对当代国际关系的重大贡献"，它"超越了意识形态和社会制度的差异"，"标志着中华人民共和国外交政策的成熟"①。这里有一个问题非常值得探讨，既然中华人民共和国的外交政策已经成熟到超越了意识形态和社会制度，为什么中国与资本主义阵营的外交关系在和平共处五项原则提出后 17 年都没有质的突破。对这个问题，只有把握中华人民共和国前三十年外交的时代特征才能解决。

中华人民共和国是共产党领导的通过革命运动建立起来的革命国家，信奉阶级斗争理论，凡事坚持非左即右、非敌即友。中国共产党刚刚治国理政后，本质上很难有今人所说的外交观念。因此，中华人民共和国前三十年外交的突出特征是革命外交，凡事以意识形态为本，坚持世界阶级斗争理论，认为第三次世界大战迟早要爆发。"和平共处五项原则"形式上是追求和平，本质上是为战争做准备。一旦认为革命力量足够强大，"东风压倒西风"，就自然会放弃"中间路线"，转向革命外交，不再愿意与资本主义世界"和平共处"，更多地强调斗争②。实际上，和平共处五项原则的良好开端未能持续，50 年代末便遭遇了严重挫折，60 年代初被否定和废弃，重新强调东方和西方势不两立。这是中国与资本主义阵营的外交关系在 50 年代和 60 年代都没有质的突破的根源，也是十一届三中全会以后我国外交政策发生重大调整的重要背景。③

（四）梳理历史事件的发展脉络

历史的发展脉络指的是历史发展过程中发生的重大事件及相互关系，它是历史发展的连接点和关键点，也是思维的线索。历史的发展脉络主要是时间性的，也必然包含空间性。中外历史在时间上、空间上都有纵横复

---

① 曹大为、赵世瑜等：《普通高中课程标准实验教科书·历史·必修1》，115 页，长沙，岳麓书社，2004。

② 任东来：《从"两大阵营"理论到"和平共处五项原则"》，载《太平洋学报》，2000(4)。

③ 参见薛伟强：《以中国现代外交为例的专题教学设计》，载《历史教学》，2017(15)。

杂的联系。梳理历史脉络，我们并不是只要学生学习建构过去事情的编年秩序，而是希望学生能形成前后一贯的解释，并能开始了解事物之间在时间面向以外的关系。通过梳理，建立一条时空线索，有利于归纳前因后果、认识变迁与延续、理解进步与倒退，从而更好地在整体上洞察诸多历史事实之间的关联。

【案例 5.3】

世界近代史发展脉络

世界近代史长约 300 年，如果我们厘清其发展脉络，便很容易整体把握。一般总结为，一个形态（资本主义社会形态）、两个时期（自由资本主义时期和垄断资本主义时期）、三条线索（一是资本主义的发展史，二是国际社会主义运动史，三是民族解放运动史）。三条线索中，资本主义的发展是核心。资本主义对无产阶级的残酷压迫，引发了国际社会主义运动的兴起。资本主义对外掠夺和殖民，导致了民族解放运动的产生。从这条大脉络出发，300 年间的重大事件及其相互关系基本上都可以概览无余。

第三节　证据思维

任何关于过去的知识与想要认识过去的人之间，都横亘着过去所留下的遗迹遗物或文献记录等中介物。"要了解历史的过程，就必须认识到证据的作用。"①

一、史料证据的教育价值

无证据便无论断，无事实便无历史学。可靠的历史资料和科学的历史理论，是历史研究不可缺少的两个方面。史料是人类在社会实践活动中残留或保存下来的各种痕迹、实物和文字资料，是有助于认识历史、复原历史真实情况的一切资源。史料是学习和研究历史的基础，是历史思维的起点，历史研究的主要方法就是对史料进行搜集、整理、考证，并运用史料进行判断推理，最后给出令人信服的解释。

_____

① 蒂姆·洛马斯、叶小兵：《论史料教学》，载《历史教学》，1998(2)。

就历史知识的本质而言，史料证据是历史知识的根源，不能掌握史料证据的概念，就不能真正理解历史知识。"史由证来、证史一致、论从史出、史论结合"的史料证据素养是历史教学不可或缺的关键素养。中学历史学科的史证性是由历史学特有的实证研究方法所决定的，是最具学科特色的特质之一，"凭证据说话是理性的民主和法治社会公民的基本素质，历史课程是培养学生证据意识、知识和能力的最佳途径"①。史料证据素养的培育对形塑中学生的法治意识与实证精神有直接的促进作用，对中学生的人格发展有重要影响。

二、史料证据思维能力的界定与评价

英国、美国等国家和地区的历史课程标准对史料证据思维能力早就有直接或间接规定。

英国课标将历史学科能力划分成关键概念和关键程序两类，后者包含历史探究、使用证据及交流历史。其中"使用证据"可以对应史证能力，具体内涵为：有关"过去"的知识是建立在以史料作为证据的基础之上的。学生应该能甄别、选择并使用史料(包括文本史料、视觉史料、口述史料、遗址遗物等)。通过对史料的出处、用途和语言文字的研究来评估它的价值和可靠性；评价史料的使用，以便形成合理的结论。

美国课标制定了五级能力标准。史料证据思维能力分散在三个标准中，主要包括，历史理解能力：A. 识别历史文献或历史叙述的作者与资料来源；E. 鉴赏各种历史观点。历史分析与历史解释能力：D. 辨别事实与虚构。历史研究能力：B. 获取历史资料；C. 向历史资料提出问题。分析历史问题并做出决策的能力：E. 明确表述对某个问题所持的立场或行为方式。美国课标表明，史料证据思维能力与其他学科关键能力相辅相成。

2006年版中国台湾地区课纲首次明确培养学生表达历史时序、理解历史、解释历史、运用史料四项历史核心能力。运用史料能力实际上即史料证据能力，2011版课纲最新的内涵表述为：(一)能根据主题，进行史料搜集的工作。(二)能辨别史料作为解释证据的适切性。(三)能应用史料，借以形成新的问题视野或书写自己的历史叙述。

---

① 聂幼犁：《羹奶、狼奶、狗奶和人奶——新课程背景下中学历史教育的反思、机遇和责任》，载《中学历史教学参考》，2006(1—2)。

长期以来，中国大陆的历史课程没有明确有关史料证据思维能力的内涵和标准。《义务教育历史课程标准(2011 年版)》指出："要学会从多种渠道获取历史信息，理解以历史材料为依据来解释历史的重要性，初步形成重证据的历史意识，逐步提高对历史的理解能力，初步学会分析和解决历史问题。"这应是国家对历史课程长期以来忽视培养学生证据意识的纠偏，但仍不够具体和完善，缺乏操作性。

《普通高中历史课程标准(2017 年版)》将史料实证列入五个学科核心素养之一，具体课程目标为："知道史料是认识历史的桥梁，了解史料的多种类型，掌握搜集史料的途径与方法；能够通过对史料的辨析和对史料作者意图的认知，判断史料的真伪和价值，并在此过程中增强实证意识；能够从史料中提取有效信息，作为历史叙述的可靠证据，并据此提出自己的历史认识；能够以实证精神处理历史与现实问题。"[①]史料证据思维能力的内涵和学业质量评价标准首次明确化，具有很强的操作性。

表 5-2　历史学科学业质量标准：史料实证[②]

水平一	能够区分史料的不同类型；在解答某一历史问题时，能够尝试从多种渠道获取与该问题相关的史料；能够从所获得的材料中提取有关的信息。
水平二	能够认识不同类型的史料所具有的不同价值；明了史料在历史叙述中的基础作用；在对史事与现实问题进行论述的过程中，能够尝试运用史料作为证据论证自己的观点。
水平三	在探究特定历史问题时，能够对史料进行整理和辨析；能够利用不同类型史料，对所探究的问题进行互证，形成对该问题更全面、丰富的解释。
水平四	能够比较、分析不同来源、不同观点的史料；能够在辨别史料作者意图的基础上利用史料；在对历史和现实问题进行独立探究的过程中，能够恰当地运用史料对所探究问题进行论述。

如表 5-2，高中历史新课标对史料实证设定了逐次递进的四级学业质量标准，主要包含搜集史料的技能、辨别史料的技能、运用史料的技能、理解和解释历史等技能。其中水平一基本上可以作为初中阶段的史料证据思维能力的最高标准，但还需细化。初中阶段主要解决历史"是什么"的问题，

---

① 中华人民共和国教育部：《普通高中历史课程标准(2017 年版)》，6 页，北京，人民教育出版社，2018。

② 中华人民共和国教育部：《普通高中历史课程标准(2017 年版)》，71 页，北京，人民教育出版社，2018。

使学生了解基本史实,形成"证据"与"史实"间的逻辑意识,即"史由证来、证史一致"的意识;初步了解甄别史料和提取信息的一般方法,能够区分一手和二手史料,初步掌握辨别史料真伪及可信度的一般方法,教师要引导学生注意证据的系统性、完整性。

比较可知,英、美及中国大陆和台湾地区历史课程标准有关史料证据思维能力的内涵表述实际上已经高度接近,本质上都涵盖搜寻史料——鉴别史料——解读史料——运用史料的过程。界定和宣示史料证据素养的内涵或许不太困难,但如何实践理论,让中学生具备史料证据意识和能力绝对是中国历史教学面临的一个巨大的挑战。譬如明确四项核心能力的中国台湾地区 2006 年版课纲颁布 5 年后,历史教师和社会各界关注的仍然是"事实"而不是"能力"。整体而言,"历史教学的根本形态并未因为核心能力的订定而有任何改变"①。而中国大陆地区中学生的史料证据思维能力现状同样不容乐观。

三、中学生史料证据思维能力的现状

2012—2013 年,有学者进行的高中历史新课程改革大规模调查研究专门涉及中学生的史料证据素养。调查采取分层抽样法,在河北省所有 11 个地级市每市选取样本 3~5 个计 38 所普通高中,每校抽取高三文科班 20 名同学接受调查。选择高三文科班学生是因其已经连续学习两年以上历史,对于高中历史教学最有发言权。且因其学生身份,顾忌很少,调查结果的真实性普遍较高。

本次调查共设计四个问题专门考查学生的史料证据素养。

其一,您认为影视剧中的历史:A. 很可信　B. 比较可信　C. 不太可信　D. 不可信　E. 不清楚。33.86％的受访学生认为可信,其中很可信占 4.41％,比较可信占 29.45％;56.76％的学生认为不太可信,6.12％的学生认为不可信,还有 3.27％的学生不清楚。在课堂以外,期刊及影视剧是中学生获取历史知识的主要渠道。影视剧中的历史已经文学加工,有很多虚构不实之处,可信度很低。如果学生有证据意识,就不会轻易相信历史题材的文学作品情节,但仍有三成以上的高三文科生认为可信,可见其史料证据意识之差。这是否属于少部分人的现象呢,接下来的问题可以说明。

其二,您认为历史事件亲历者所撰写的资料的可信度:A. 很高　B. 较

---

① 林慈淑:《历史要教甚么"能力"?》,载《清华历史教学》(新竹),2011(21)。

高　C. 很低　D. 不一定。选择很高的占 11.11％，较高的占 62.48％，很低的占 12.55％，不一定的占 13.85％。一般而言，一手史料的可信度要高于二手史料，但日记、信函，甚至照片、档案作伪者也屡见不鲜，如康有为、梁启超师徒有关戊戌变法的文本便有大量注水，学界已公认。可惜能认识到这一点的学生寥寥无几。

其三，请判断，信函、专著、档案、碑铭、文物古迹等 5 种资料中有几种属于第一手资料：A. 全是　B. 4 种　C. 3 种　D. 2 种　E. 1 种。回答 3 种的最多，占 38.24％；其次 2 种的占 24.55％；正确选择 4 种的仅占 17.71％；选 5 种的占 9.67％；选择 1 种的占 9.82％。区分史料种类乃史证意识基础，但能辨别一手史料、二手史料的被试学生竟不足两成。

其四，您认为使用某件历史材料做论据前的首要工作是_____。面对这个唯一的填空题，能正确答出"确认、考证或辨别材料的真实性或真伪、真假、可信度"等类似意思的只有 22.59％，错答率 37.78％，弃答率 39.63％，其中很多同学因不知题意所云而无法下笔。使用材料之前必须先辨别真伪，这是史学常识，竟然有近八成学生不知道。①

以上调查经分类检验，重点校与普通校、应届生与复习生没有明显区别，这显示，绝大部分高三文科生的史料证据意识和能力都很差。高三文科生尚且如此，高中低年级及初中生可想而知。很明显，中学生史料证据素养面临严重的危机。这个结论与刘芃、聂幼犁等专家的看法也是一致的。

四、史料证据思维能力的培育

史料证据素养与《中国学生发展核心素养》中的科学精神、责任担当两大核心素养及其理性思维、批判质疑、社会责任等三个二级指标直接相关，也是唯物史观和历史解释素养的基础，可见其具有学科内及跨学科的重要意义。然而，"历史的证据、推理和想象是史学最基本的思维意识与方法，也是目前中学历史课程改革至今的重大难点之一"②。培育中学生的史料证据思维能力，需要长期的积累。我们可以从以下三个方面入手。

---

① 薛伟强：《大陆高中历史新课程改革的成效、问题与反思——基于河北高三学生的调查研究》，载《清华历史教学》（新竹），2015(24)。

② 佚名：《〈历史的证据、推理和想象〉一课研讨纪要》，载《历史教学（中学版）》，2011(11)。

(一)培养学生史料证据的基本技能

1. 搜集史料的技能

历史上流传下来的史料不计其数，首先应该进行分类。按照资料的表现形式，分为文献史料、实物史料和口述史料；按照资料价值的不同，分为第一手史料(直接史料，原始材料)和第二手史料(间接史料)，有意史料与无意史料，"正史"与"野史"，等等。历史教学要构建现代的材料观，让学生经验思辨之路。随着科技进步和社会发展，历史材料的范围和内涵已经大大扩延。历史证据既可以是文献资料，也可以是实物资料，如遗迹、遗物、遗址；既可以是文字资料，也可以是音像、图片资料。就文献资料来讲，除了史籍、档案、史家论述外，还有家谱、族牒、地方志、日记、回忆录、碑帖、墙体标语等。在英国国家档案馆或者美国国家文献档案总署的网站上，都可看到专门为中小学设计的档案应用专网，其中有非常多以档案设计出的教材和教案，包含问题设计和教学活动，供学校老师自由选用。

"如果认为研究每个历史问题都具备专门的资料，那简直是幻想。"①不是所有的历史都留下了史料，遗留下来的史料是有空白的。对中学生来说，搜集史料的基本途径有：(1)就地取材：从中学历史教材及教辅资料中搜寻史料，现行历史教材中都有精选的典型史料，尤其是高中教材，占有相当篇幅。(2)网络寻宝：在信息时代，网络是中学生最熟悉的信息来源，从相关的门户网站、专业网站、电子图书、手机新媒体方面入手等能有所收获，但网络资源质量良莠不齐，需要辨别分析。(3)生活积累：以发现的眼光阅读小说、报纸、杂志，观看电视、电影，并注意搜集记录，正所谓处处留心皆学问。(4)调查采访：实地调查、访问、观察。(5)追踪搜寻：目录、索引、研究论著中的引注资料，人与人、事与事的关联性。(6)工具索引：各类字典、辞典、百科全书、目录、索引、年鉴，丛书、类书。

2. 辨别史料的技能

史料既不等于过去，也不等于历史。史料真正的角色是作为传递过去信息的媒介，对史料要勇于质疑。"任何一种史料，都不是完全可信，里面可能有错误，可能有虚伪，可能有私人的爱憎，可能有地方及民族的成见，

---

① [法]马克·布洛赫：《历史学家的技艺》，张和声、程郁译，53页，上海，上海社会科学院出版社，1982。

不经精密的考证，即笃信不疑，后患实无尽无穷。"①

　　史料的鉴别或称考证，归纳起来不外两种：一是外考证，即史书的辨伪与文句的校勘；二是内考证，即对史事的真实性加以鉴别。不是所有的史料都是真实的，不是所有的真实的史料都是有用的。我们要重点考察史料的真伪及其可信度。史料的编写受时代和编写者局限，没有完全不带偏见的史料。不可靠的史料可能仍然是有用的，假史料也可能从反面反映真实的历史。所以翦伯赞言："不钻进史料中去，不能研究历史；从史料中跑不出来，也不算懂得历史。"

薛伟强、汤文：《中山装"政治含义"考辨》

　　3. 运用史料的技能

　　史料并非天然证据，没有问题就没有证据，只有对解决问题有用的史料才是证据。一般而言，史料与结论之间的关系有几种：必要条件、充分条件、充要条件。史证的充分性是历史论证中的逻辑问题，有时史料虽然可靠、确凿，但用来证明某一历史结论却不一定充分。只有保证证据的完整性和充分性，才能形成完整的证据链。

　　坚持"孤证不立"的原则，避免史料与结论之间逻辑关系的简单化。当下，史论简单化的"现象绝非鲜见，教师常常是拿一个或一类的史料过度推论以获得某项结论，这种结论常因不合逻辑而经不起推敲"。比如教授"宋代的商业繁荣与都市生活"，仅仅依据《清明上河图》（还不一定是张择端的原作），而不用其他任何官方和私人文献史料，就推导出"开封是当时世界上规模最大的城市""城镇的发展、市民阶层的崛起，带来繁荣、多彩的城市生活"等结论。又如讲授"抗日民族统一战线的形成"时，号称以心态史视角诊释其背景、过程及影响，实际上仅仅凭借《蒋介石日记》，而不结合业已解密的国共双方、共产国际及日方的相关档案，以及重要当事人的回

_____

① 杜维运：《史学方法论》，118 页，北京，北京大学出版社，2006。

忆记述等其他史料，未免过于草率。①

"孤证不立"的原则，学生很容易理解，但多证也未必能成立。如有学者以庄季裕《鸡肋编》载"昔汴都数百万家，尽仰石炭，无一家燃薪者"为据，引用颇多辅证，认为北宋开封已经发生了燃料革命，煤炭成为人民生活的主要燃料。事实上，北宋汴都市民用薪柴做燃料的史料同样也可以找到，足证庄季裕之言过于夸张。

要重视反面证据，力戒抽样作证。很多历史问题往往是公说公有理、婆说婆有理，相互矛盾的结论都能找到相应的史料。如果只选择对自己的观点有利的证据，而对反面证据视而不见，就属于抽样作证。科学的态度是正视矛盾，注意史证的全面性。如关于太平天国的土地和赋役，既不能根据"照旧完粮纳税"而否定曾经实施过《天朝田亩制度》，也不能以颁给所谓"花户黄"的田凭认定《天朝田亩制度》曾普遍实行。应根据不同的史料，对《天朝田亩制度》的实际执行情况从时间、范围、力度等方面实事求是地加以评估。

避免滥用"默证"。"中学历史教材中没有提到的就是没有的"，这是不少历史教师的认识误区。比如教材在隋唐时期才提到了尚书、中书的官职，实际上尚书、中书在隋唐之前早就有了。

形成判断、解决问题是运用史料的目的。在初步阅读史料的基础上，要以史实为依据，以教材为依托，从问题出发，大胆假设、小心论证。思考这些史料是什么人、什么时间、为什么和怎样做出的，指向什么问题或者什么事件，传递的信息是什么，其可靠性和可信性如何，从中反映出什么样的观点和背景。要深入思考史料，是否给出某一特定的观点，是否给予合理平衡的解释，它支持或反对的问题是否偏颇。通过比较、分析不同来源、不同观点的史料，利用不同类型史料，对所探究的问题进行互证，形成更全面、丰富的解释。

(二)熟悉中学生史料证据思维的基本特征

无论如何，让学生对已知信息和证据做出区别是很难的。因此，在史料证据方面，学生有很多误解。

史料即过去。中学生最常陷入的思维陷阱是将史料视为过去的"直接报

① 於以传：《史料教学应充分关注证据价值及论证逻辑》，载《历史教学问题》，2013(4)。

道"。然而，史料自己不会说话，他们"像害羞的孩子，不但在被询问时才说话，而且不对陌生人说话"①。没有问题就没有证据。研究表明，很多学生并没有想到人们是如何了解过去的。他们认为历史就像教材或大百科全书写的那样。很多学生把史料看作可以直接说明历史的依据（甚至包括影视剧），不会询问历史的陈述所依据的是什么，仅仅是做出真实与不真实的判断。对史料和陈述进行对照的时候，不是用史料推翻陈述，就是用陈述推翻史料。

史料即信息。把过去看作固定的、完成的、出自权威之笔的史料，便是切实的。把所有的史料看作信息，面对史料与陈述有差异的时候，学生会用比较信息的异同和材料的多少来判断。但在回答问题时未采取任何史学分析的方法，只求助于权威及更多或较好的书本著作。史料出现矛盾，学生往往认为是由于找不到信息，或者是作者或老师能力不足，也可能是故意刁难。

孤立的史料证据。这是中学生在有初步的证据意识以后，经常出现的一种状态。他们认为，凡是能给问题提供正面信息的材料就是证据，而忽略其真伪、可信度及关联性。甚至有许多材料并不是那件事的记述，也将其当成证据。他们依靠信息量来决定相信什么，占大多数的就是正确的，少数的反面意见因此可以忽略。他们认为，历史事件的亲历者或目击者提供的材料一定是可信的。

学生要摆脱日常偏见，在理解历史证据时真正有所进展，很重要的一步就是用"通过推论重塑过去"的观点，代替"我们依赖于历史描述"的观点。长期以来，学生的史料证据思维被绝大部分历史教师忽视甚至无视。教师应当首先树立言必有据、据必有证、证必充分的教学理念，在史料证据上为学生做出良好的示范，并将其贯串课程、教材、教学、学习、评价的方方面面。

（三）优化教学模式和方法

核心素养很难通过死记硬背、题海战术来培育，我们必须改进传统的以讲授为主的教学方法，积极践行启发式、参与式、讨论式、体验式教学，营造独立思考、自由探索、勇于创新的良好环境，让学生学会发现学习、合作学习、自主学习。

---

① John Tosh, *The Pursuit of History*，London：Longman，1984：50.

运用史料教学培育中学生的历史思维，并非如表面上单纯，可以说这是一项比历史学者所面对的情况还要复杂的挑战。事实上，许多英国历史老师都承认，史料如果用得不好，史料教学只会使学生感到困惑，让他们只留下片断、混乱的图像。①

学生常常将史料视为关于过去的"直接报道"，当成教材的补充，不能在历史的脉络中深化解释与理解。这样的状态完全与历史学建构知识的路径背道而驰，也全然无法对应历史学家的研究和思考。

很多科班出身的历史教师熟悉史证理论与方法，史料教学也早已蔚然成风。然而大部分高三文科生仍知之甚少，这显然是教学理念、方法及能力的问题。长期以来，教条的灌输是历史教学的主要形式。"重结论、轻史实"，"重史料、轻考辨"的现象仍然比较突出，灌输"是什么"比较多，分析"为什么"比较少，引用各种材料比较多，对材料的考辨分析比较少。

学生面对多元丰富的史料，未必就能自然而然地受益。历史教学，绝非史料越多越好。真正有效的史料教学，教师须在史料的搜集、辨别、理解、运用等方面进行不断的示范、引导、启发，将史料与广泛的历史本身联系起来，让学生向历史资料提出问题，经验思辨之路，从而明白知识与解释、过去与真实的区别。

我们应该努力构建民主和谐的教育文化，促进合作、互动和分享。教师要放手让学生想一想、说一说、议一议，让学生去发现、探索，充分利用教材的小字、注释、图片、图表、思考题及其他材料，强化证据与历史的联系，注意论证的逻辑。教师与学生、学生与同伴保持持续沟通：这个说法有没有证据？这个证据可信吗？这些证据充分吗？这些材料可以得出什么结论？你为什么这样想？你有没有新的想法？司南和地动仪的造型有科学依据吗？面对否认南京大屠杀的日本右翼分子，你能用哪些证据去反驳他们？……在不断互动、分享、反思过程中，史证素养便可渐次培育。

---

① Riley. C，"Evidential understanding，period knowledge and the development of literacy：A practical approach to'layers of inference'for key stage 3"，*Teaching History*，1999(97).

第四节　因果思维

原因是造成某种结果或者引发某种事情的条件，结果为事物在某种条件或情况下产生的某种结局。万事万物都是有原因的，这是人的一种最根本的信念。"那种要去寻找原因的冲动内在于人类的灵魂。"（托尔斯泰）因果推理是人们习以为常的东西，我们几乎每时每刻都在用。普罗大众使用它，专业研究者也寻求它。因果律在哲学家的追问方式中起着至关重要的作用，哲学家的使命便是追问宇宙的起源和发展问题，并对之进行合理的解释。亚里士多德说，"科学就是有关原因的知识"。由哲学逐渐分化而成的人文、社会、艺术、自然等其他现代学科中，因果关系也是非常重要的研究领域，如历史学、法学、医学、社会学、数学、生物学等，但各有侧重。

一、历史学中的因果

因果关系一直是史家关注的核心问题之一。现代史学由英国哲学家傅格森在启蒙运动时期所定义，即将史实按照时间先后记载下来，再加上其发生的原因及其结果。该定义成为近代以来史学的基本内容。

今人要了解过去，需要先搜集史料，找出事件与事件之间的关系，并加以说明，因此历史的理解与解释中因果关系占了相当重要的部分。史家将理解与解释转化成历史的叙述，便构成了历史的文本，成为我们了解过去的重要来源。

如何确定因果，哪些是最重要的原因，哪些是最重要的结果，历来为中外史家所讨论。启蒙运动以来的主流史学思潮认为，人是理性的动物，其行事的动机可以经由调查研究而加以掌握理解。英国的柯林武德及欧洲的克罗齐都从思想的角度来看因果关系，认为一切历史都是思想史。若我们能找到一切历史人物背后的思想，则可以明白其行为，从而掌握历史的来龙去脉。不过，有很多历史事件或现象，仅凭行为者的思想或动机很难把握。

在历史事件之间建立起某种像自然科学里普遍使用的那种确定性的因果关系一直是历史学家追求的目标。20 世纪六七十年代，运用数学方法对历史资料进行定量分析的计量史学风靡欧美各国，后来又波及整个世界。

但实践证明，连最具有科学外貌及内涵的统计学应用在历史研究时，也无法将历史脱胎换骨成为客观的学科。

20 世纪 60 年代最受欢迎的史学理论家是英国的卡尔，其因果关系论成为西方主流史学界多年来流行的主要观念。卡尔基本上认为历史像社会科学，可以寻找通则（generalisation），研究历史要寻求原因。许多看似偶然的现象，其实都有原因。先将可能的原因找出来，列出一连串的因果关系，再去探讨其重要性，若能找出"必要条件"及"充分条件"最好。卡尔的因果主张至今仍被很多主流史学家所采用。

经过后现代主义的震荡与挑战，当前学界对历史学中因果概念的基本看法如下。第一，完整的历史解释是不可得的，过去已经一去不复返，人不可能离开现在而回到过去。第二，事件跟事件之间的关系并非理所当然。关于事件的选择以及赋予各因素间不同的价值，完全有赖于史家透过专业研究做出主观认定。第三，事件是各种因素间交互作用的结果，因果关系就像一张庞大的关系网络，并非单纯而直线发展的因果链，也不是一个一个独立的个体。第四，各种因素并非等值。根据原因的重要性赋予不同价值。常见的如背景因素和导火线，前者有助于解释引发历史事件的诸多因素，后者往往具有偶然、突发、引爆的特性，在历史事件中扮演着催化剂的角色。第五，因果解释应包含人的动机和意图，既包含当事人对外声称的理由，也包含其心里真正的理由或者未曾意识到的动机。我们往往因为当事人原始的意图或动机和事件的发展大相径庭，因而忽略了人的因素。第六，许多事情即使并非出于人的意图，但还是发生了，如长时段的历史变迁，如启蒙运动、科学革命的发展。[①]

二、因果思维能力的界定与评价

毫无疑问，因果思维是中学生理解和解释历史必不可缺的一种重要思维能力。20 世纪 80 年代以来，历史因果思维的培养也逐渐受到了世界上越来越多国家的重视。

英国 1991 年以来历次版本的国家历史课程标准，都将因果思维列入核心能力，并提出了明确的内涵及要求，即"分析与解释所学的历史事件、状

---

① 林慈淑：《历史，要教什么？——英美历史教育的争议》，351～355 页，台北，台湾学生书局，2010。

况与变革的原因和结果"。包括识别和评估不同因素的相对作用，解释原因
和结果之间的联系，考虑对原因的论断、证据和理解之间的关系。相当于
我国初中阶段的水平 4 对因果思维能力的要求：他们能够解释主要事件与变
革的原因与结果。他们能够理解用不同的方式来表述与解释历史各个方面
的原因。

美国课程标准的因果思维包含在能力标准 3 历史分析与历史解释中，主
要有："H. 解释分析历史行为的动机；I. 挑战历史必然性的各种论点；J. 假
设历史影响。"因果关系也是美国《国家社会科课程标准》中的"二级概念"，
要求为："能够鉴别和使用如因果关系、变化、冲突和复杂等概念来诊释、
分析和展示历史变化和连续这些形式之间的关联。"

我国台湾地区的初中课标要求了解并描述历史演变的多重因果关系，
台湾高中课标解释历史的能力包含：能对历史事件的因果关系提出解释，
能分辨不同的历史解释，说明历史解释之所以不同的原因。

我国《普通高中历史课程标准(2017 年版)》中，因果思维包含在历史解
释核心素养中，含义为：通过对史料的搜集、整理和辨析，辩证、客观地
理解历史事物，不仅要将其描述出来，还要揭示其表象背后的深层因果关
系。能力要求为：能够说出重要历史事件的经过及结果、重要历史人物的
事略、重要历史现象的基本状况。能够分辨不同的历史解释；尝试从来源、
性质和目的等多方面，说明导致这些不同解释的原因并加以评析。

学生因果历史思维的形成是一个漫长、复杂且曲折的过程，英国历史
教育学者提出的因果解释思维进步的六级模型可资借鉴参考，其中第一级
至第三级可以对应我国初中，第四级和第五级对应高中。

表 5-3　因果思维进步的六级模型①

第一级	从描述来解释。原因和理由构成过去事件和行为的内在，学生会使用原因、因为、必须、企图等词语来描述事物的因果关系。
第二级	从行为者和行为来解释。解释和描述是分离的，描述是指做了什么，解释是需要说明谁或什么人做了这件事。原因被理解为一件事情或一个人的力量所致，而不是两个或两个以上事件相互牵连的结果，换句话说原因是单向操作，而非双向互动。

① Denis Shemilt、洪静宜：《英国学生对历史因果解释的理解进程》，载《清华历史教学》(新竹)，2011(21)。

续表

第三级	从因果链或网络来解释。学生可以了解到行为和事件应以不同方式去解释，历史解释不再是单向的。许多事情在历史上之所以发生，不是因为任何人和任何东西做了什么，而是事件之间交互作用产生的结果。
第四级	限定在实际可能的事件的解释。历史的走向，不再是单向道。学生会把过去与现在理解为特定情况，并可以用一套因果关系去加以解释，不再困惑于确定性还是不确定性的二元选择中。
第五级	从情境来解释。在此阶段，只有很少数的学生能够使用证据去解释因果关系。他们努力去解释因果关系为何会被某些必要条件决定之外，被时间、地点、局势的格式塔所决定。归纳事件的来龙去脉，可以提高辨识必要条件的能力，并做出第二层次的解释。至于必要条件的运作，得视所处的情境而定。由此偶发性概念取代了随机性，成为必要性的反义词。
第六级	因果观念就是理论性的建构。第六级的思维，在所有可能的"最好的教育体系"出身的中等学生或研究生身上已不常见，更不用说要能达到什么思考性的成就。他们能了解为什么某些看似因果关系不可能的结果却会发生，也能了解为何某些大规模现象的解释，要比特定时空现象的解释更为可靠。更重要的是，他们必须知道，在什么样的情况下，对过去的理解如何可以或不可以用来分析和评估现在的经验和未来的可能性。

三、因果思维能力的培育

培育中学生的历史因果思维能力，需要长期积累，我们可以从以下三个方面入手。

(一)熟悉中学生因果思维的基本特征

学生认为原因具有可取代性。当原因被视为一种实体时，就被认为具有可取代性。比如学生会说，如果没有洪秀全，还是会有太平天国，因为天灾人祸，总有人会揭竿起义，这显示学生也许对历史偶然性的认知尚未成熟。

学生倾向于进行简单化的因果思考。学生倾向于以人物性的原因解释历史事件的发生，但却很少归因于外在的结构性因素。学生倾向于将具体的人物因素极大化，而将抽象性的结构性因素极小化。学生在处理因果关系的信息时有寻求真正的唯一原因的习惯，将复杂的因果关系看作单纯的原因与结果的关系。学生会将原因串成一条直线的因果链，认为第一件事情影响第二件，第二件又影响第三件，以此类推，很容易陷入以简单时序排列的因果关系，认为历史事实之间无轻重差别。学生经常会忽略人的意图与动机，尤其当人物的初始动机或意图与后来事件的发展有所不同时。事实上，人的动机和意图会在相当程度上影响事件的发展。

学生多将原因视为一种物理动力。他们经常把原因看作类似物理上的动能、具有驱动力量的特殊事件，当具备动能的原因不发生时就不会有事情发生。学生也容易将原因视为独立的事件，常常将不同的原因理解为一个又一个独立的事物，甚至认为原因越多，结果发生的概率也就越高。学生误解一因多果、一果多因的多元性意涵，以为写出许多种原因，就能解释事情的发生。

（二）引导学生理解因果关系的基本概念

1. 主观/内部原因和客观/外部原因

主观原因是来自历史事物或当事人方面的内部原因，也称内部原因。客观原因是历史事物或当事人之外的一种原因，也叫外部原因。主观原因和客观原因有差别，但又相互依存和联系，并在历史的发展中共同起作用。例如赵匡胤"杯酒释兵权"，其主观原因是赵匡胤怕别人威胁到皇权，客观原因是五代末年政权更替频繁，且大多是握有军事大权的将领起兵造反。两种原因相互依存和联系，共同导致了"杯酒释兵权"。

2. 偶然原因和根本原因，直接原因和间接原因

偶然原因是不经过中间事物，对事物的发生发展起到最直接的推动，直接诱导了一种结果，但与结果又不具有本质的必然联系的原因。其偶然性表现在既可能出现也可能不出现，既可以这样出现又可以那样出现。偶然原因也被称作直接原因，或导火线、机会等，一般是分析出时间关系或逻辑关系上最为接近的因素。间接原因是只起间接作用，不起主导作用的原因，它是时间或逻辑关系上较远的因素，是原因的原因。

根本原因是导致一个结果必然出现的一种历史事物，它是根本的、不可取代的，预示着历史事物必然产生和发展的方向。任何一个历史事件和现象都有根本原因，但不一定都有偶然原因。这是由它们是否具有不可替代性决定的。根本原因具有不可替代性，而偶然原因可以被替代。

例如，苏格兰起义是英国资产阶级革命的导火线。但它与英国资产阶

级革命的爆发没有必然联系，它并不是必然导致革命爆发的因素。英国封建专制王权与资产阶级的矛盾是革命的根本原因，革命迟早会爆发，但也可能由其他事件引发。

又如五四运动的爆发，根本原因是北洋军阀与人民大众的阶级矛盾的激化，直接原因或导火线是巴黎和会上中国的外交失败。主观原因是五四以前的中国经济、政治、社会发展，客观原因是第一次世界大战和俄国十月社会主义革命影响，这些国际和国内因素都是间接原因。

3. 主要原因和次要原因

主要原因是导致结果发生的起主导和决定作用的因素，次要原因是起非主导和非决定作用的因素，主要原因决定了次要原因。例如，中国人民取得抗日战争胜利的主要原因：(1)以国共两党合作为核心的全民族抗日；(2)以美苏为核心的世界反法西斯联盟的援助。次要原因：(1)爱国侨胞的支援；(2)国际友好和正义的人民及国际组织的支持。

4. 直接结果和间接结果

结果是由原因引起的事件和现象，除了直接结果，还包括间接结果(影响和作用)，所以常常有人将历史结果表述为历史影响和历史作用等。

直接结果是历史事件或历史现象直接引发的结果，间接结果是历史事件或现象经过中间事物的诱发而产生的结果，又称历史影响或作用。例如，甲午中日战争中国战败的直接结果是被迫接受丧权辱国的《马关条约》，间接结果有很多：中国的国际地位大大下降；刺激了日本的侵略野心；促使列强掀起了瓜分中国的狂潮；极大地加深了中国社会的半殖民地化；客观上促进了民族资本主义经济的发展；激发了中华民族的大觉醒。

5. 必然结果和偶然结果

必然结果是历史事物变迁中本质上的、规律性的、确定不移的结果，偶然结果是历史事物变迁中因偶然因素引发的、非规律性的结果。例如，1795 年，大资产阶级的督政府实行左右摇摆的秋千政策，无力维持稳定的统治，国内政局动荡不定。大资产阶级希望有人能建立一个既能防止王朝复辟，又能有力地镇压人民革命的新政权，于是拿破仑被选中。从这个意义上讲，拿破仑专政的出现是必然结果。出生于科西嘉岛贫寒家庭的拿破仑·波拿巴，年轻时一直希望科西嘉岛从法国独立。1793 年，年轻的少校拿破仑小试牛刀，统兵击败保王党势力和英军，获得土伦战役的胜利，被破格升为准将，据说属欧洲军事史上的首次。但 1794 年，由于拒绝到意大利军团的步兵部队服役，他被罢免了准将军衔。1795 年，他接受巴黎督政官之托，成功镇压了保王党势力的武装叛乱，一夜之间荣升为陆军准将兼巴黎卫戍司令，开始在军政界崭露头角。拿破仑青年时期的沉浮变迁，有很多是偶然性的结果。当然，必然性存在于偶然性中，偶然性体现必然性，偶然性和必然性在一定条件下可以相互转化。

6. 正面/积极结果、中性结果和反面/消极结果

能够促进或有利于事物发展的结果是正面/积极结果（影响），阻碍或不利于事物发展的结果是反面/消极结果（影响），既不属于积极也不属于消极的是中性的结果。

例如，工业革命的积极影响：极大地发展了生产力，使世界由分散和孤立逐渐连成一体，出现城市化趋势，等等。消极影响：资源的浪费，环境的污染与破坏，对落后民族的掠夺、屠杀、奴役，等等。中性结果：适应新生产力的两大阶级的出现。

7. 主观结果和客观结果

主观结果主要指历史主体主观期望的结果，客观结果是不符合历史主体主观期望的、历史事件发展最终产生的结果。比如，中国和印度民族资本主义的产生和发展，绝不是殖民者的主观目的，而是其侵略的客观结果。又如，甲午战败激发了中华民族的大觉醒，这绝不是日本侵略者主观期望的结果。殖民者的侵略，只是充当了历史的不自觉的工具，产生了一些有利于落后国家发展的客观结果。

8. 因果关系的多样性和复杂性

历史事物变迁的因果形式多样，有远的，也有近的；有主要的，也有次要的；有积极的，也有消极的；有主观的，也有客观的；有必然的，也有偶然的；有直接的，也有间接的。诸多原因与原因、结果与结果、原因与结果之间，并非各自独立，线性发展，而是交互影响，构成复杂的网络。

一因一果即一个原因产生一个结果的情况在历史上非常少，更多的是一因多果或多因一果、多因多果。应该引导学生认识到，一个原因可能影响到许多事件发生，一个结果也可能同时有多项原因，多项原因可能产生多项结果。学生需要理解原因与历史事件之间复杂的互动式连接甚至互为因果的关系，展现全部的因果关系联结。例如，五四运动对于中国共产党成立来说是原因，对于巴黎和会外交斗争失败来说是结果；东汉田庄的形成既是东汉政权建立后的结果，又是东汉末军阀割据局面形成的原因。

因果概念的重要性在于厘清历史事件变迁的原因，并增进对历史的了解。但相对而言，因果也具有高度争议性，检视复杂交互的因果网络，有

太多的变数与不确定影响着结果。某种程度上，无论是纵向还是横向，历史的因果关系都是无边际的。

(三)优化教学模式与方法

对于中学生历史因果思维的发展，外部的客观因素是主要原因，主要包括文化传统、教育体制、学科结构、教材编写、教师教学模式和方法，它们对学生的学习经验有重要影响，其中教师的引导和陶冶作用最大。

中国古代史家在探求历史事件的因果时，经常习惯以单一原因来概括全部。历史上很多有名的因果论述，像贾谊的《过秦论》、杜牧的《阿房宫赋》，以及顾亭林的《日知录》等，多半是单因分析。如秦之亡或是亡于秦自身，或是君主的仁义不施；明亡则或是王学空疏，或是封建未行，或是宗族力量未凝聚。我们很少见到对一个重大议题的多重原因探讨。其实，如明亡至少可以涉及流民、宦官、王学末流、出兵救韩的影响以及明朝君主的措施等。

教科书无疑对学生有直接而强大的影响力，它可以示范、引导与形塑学生的思维，并在学习经验中逐渐内化。比如初中戊戌变法："随着帝国主义侵略的加剧，以康有为、梁启超为代表的资产阶级维新派领导的维新变法运动兴起。"(川教版)显然，教材只分析了外部的客观原因，很容易让儿童认为，戊戌变法的兴起只有帝国主义侵略加剧一个原因。又如高中的太平天国运动："鸦片战争以后，鸦片走私更加猖獗，白银外流加速，银价激涨；洋货大批涌入东南各省，手工业者纷纷破产，巨额战争赔偿款分摊到参战省份，各级官吏趁机搜刮百姓；再加上连年发生自然灾害，中国面临的民族矛盾和阶级矛盾空前激化。农民暴动，此伏彼起。其中，规模最大的是太平天国运动。"(人教版)接着便开始讲1851年的金田起义。该教材分析了太平天国运动兴起的外部原因、间接原因和根本原因，但内部原因、直接原因和次要原因明显缺失。最明显的是，教材描述的现象在东南各省都存在，但太平天国起义为何单单发生在广西，为何从金田村开始，教科书没有任何交代。这样的叙述和推论与事件本身的关联性过于牵强，同时还流露出一种原因可以累加的误导。严格来说，这样的叙述不具备太高的解释效力。这种简单化处理因果关系的做法，很可能导致学生得出错误的因果概念。而教科书这样的例子不在少数。

文化传统根深蒂固，教育体制、学科结构及教材编写也会在较长时期内保持稳定。在这种情况下，作为课程开发者和实施者的教师，其作用便非常关键和重要。教师授课时应弥补教科书的不足，避免用简单化的方式表达因果概念，避免让因果关系显得绝对而不可挑战，引导学生认识和理解多元复杂的因果关系。

教师因果概念的教学方法会深深影响学生的思考逻辑。比如，很多老师使用的概念图或思维导图，优点是化繁为简，一目了然；缺点是过度简化了因果概念，容易让人误以为事情就是那样自然而然发生的。其内在逻辑在于认为事情的原因与结果是套完整确定的事实，只是用图表的方式来重新描述发生过程的顺序而已。且因素之间的关系都是单向影响，甚至根本没有关系。因此教师在使用概念图教学时，要引导学生全面分析，扬长避短，尽可能呈现因果关系的整体复杂面貌，并兼顾脉络的逻辑性。

教师应增强与学生思考过程上的互动。教师如何看待历史，不但决定了他如何教历史，在很大程度上也决定了学生如何思考历史。历史教师应增强与学生思考过程的互动，比如，带领学生体验历史建构的过程，进而了解历史知识如何被建构。在弹性的空间、开放式的提问及多元形式的资料里，让学生经历妥善的历史学习与训练，让他们有机会深刻地追问：为什么会发生这件事？这些真的是事件发生的原因吗？还有其他的原因吗？如果裴迪南大公夫妇没死，第一次世界大战还会发生吗？

第五节　变迁与延续思维

万物皆变，无论是古希腊的"人不能两次踏入同一条河流"，还是古代中国的"生生之谓易"，讲的都是这个道理。万物亦有不变，具体到某一个有特定内涵或质的规定性的客体来说，在特定的历史时期内，变中必须有不变，必须有相对的稳定性。不变之中蕴含着变化，变化之中又包含着不变，这是哲学的基本理念。

一、哲学中的变与不变

唯物辩证法认为，物质是运动的物质，运动是物质的根本属性，运动的物质必然产生变化。世界上只有永恒发展的事物，没有永恒不变的东西，自然界、人类社会及人的认识都是变化发展的。

变化是指事物在运动过程中所发生的状态乃至性质的改变。变化有多种样态：(1)空间变化和时间变化。空间的变化表现为空间位置的移动。时间的变化表现为过程，即一切事物都有产生、发展和灭亡的过程。(2)量变、度变和质变。量变是事物数量的增减和场所的变更，是一种渐进的、不显著的变化。度变是保持事物质的量的界限(度)在特定条件下的变化。质变是事物根本性质的变化，由一种质态向另一种质态的飞跃，是一种根本的、显著的变化。量变是质变的必要准备，质变是量变的必然结果。(3)进步和退步。进步(发展)是上升的、前进的变化，退步是下降的、倒退的变化。变化是发展的原因，发展是变化的结果。发展是指新事物的产生，旧事物的灭亡，即新事物代替旧事物。运动引起了变化，量变引起了质变，进步的质变推动着事物的发展。量变中有明显的不变，质变中也有不明显的不变，特定阶段变化中的质的规定性不能变。如果把不能变的给变了，就会丧失根本。

中国现代著名哲学家方东美主张，早在儒家与道家出现之前，中国人在理念上已经肯定了一套永恒哲学与一套变化哲学。这两套哲学犹如火车的双轨，使中华民族长期存续发展。代表永恒哲学的，是《尚书》中的《洪范》；代表变化哲学的，是《周易》。两部经典所保存的不只是古人经验的记录，还有他们长期生活中所提炼出来的智慧。从帝国时代的兴亡和更迭，先人看出了"天命"的基本要求，于是《洪范》给出了治国安民的九类大法，其中的核心理念就是不变哲学，也称为永恒哲学；《周易》则从自然现象的变化中，总结出人类避凶趋吉的法则。自然规律是变化中有不变，循环不已，人类社会亦应遵循。

二、历史学中的变迁与延续

历史循环论曾经在古代长期流行，中国的"分久必合，合久必分"，西方的"太阳底下没有新鲜事"都是典型。在轴心时代，循环时间观普遍存在于中国、印度、古希腊和古罗马。《周易》对时间和历史的循环性有突出的理解，孔子是循环性历史观的奠基人。战国时代邹衍提出了五行相胜说，用自然界五种基本元素相互克制的原理解释王朝更替的现象。汉代的刘歆则反其道而行，提出五行相生说，用五种元素相互生成的原理解释历史的循环。董仲舒独辟蹊径，为中国历史循环论添加了一种新理论，即"三统说"。其后邵雍、朱熹和王船山等也从不同角度论述了循环论历史观。

在具体分析中国历史上的改朝换代时，可以认为皇朝的更迭是质变，而同一皇朝中皇帝的更迭是量变。历史循环论虽然认为王朝的更替是循环往复的，以制度的延续不变为主，但也不否认在同一王朝的不同时期和不同的王朝之间会发生变化。比如，相较于前朝，秦二世和隋炀帝有明显的暴政，这是导致其速亡的重要原因之一。虽然汉承秦制、唐承隋制，但汉与唐在制度方面都有很大的创新。即使历史循环理论本身，也在不断变化，而且很多理论之间有明显的冲突。如五行相生说与五行相胜说明显矛盾，三统说与五德终始说有抵牾。古罗马历史学家塔西佗的历史循环思想也兼有退化与进化的双重内涵。

"史学的不确定性正是史学存在的理由，它使我们的研究不断更新。"[1]史料乃历史学基石，史学方法、理论为框架，史家各显其能，排比论证，得出自己的观点、结论，最终构建出自己的历史大厦。史料、史实、方法、理论与史家五大因素，皆带有不同程度的主观性，充满着未知和变数。即使相同的史料，也很可能存在完全相反的解读。史实推翻史实，史料更新史料，史家辩驳史家，史观批评史观，其中任一因素的变化都可能导致新的观点、结论出现，这些因素还产生叠加效应。"昨日是而今日非矣，今日非而后日也是矣。"[2]学术上的百家争鸣，若干年后以后很可能面目全非。

19世纪，源于生物进化论的社会进化论在西方广为传播，斯宾塞、马尔萨斯等是其代表人物。鸦片战争后，中国逐渐陷入严重的民族危机，面对数千年来未有之变局，变法还是延续，改革还是守制，祖宗之法可不可变、如何变成为百年近代史的社会焦点。经过社会的大讨论，洋务运动时期确立了"中学为体、西学为用"的基本原则，以后被长期遵循。严复把斯宾塞的社会进化论引进中国后，立即在饱经忧患屈辱的国人中引起轩然大波。康有为和梁启超创造性地提出了"三世进化说"和"三世六别说"，以顺应时代呼唤的社会进化论。由此社会进化论逐渐成为中国的主流思想，它也为后来的唯物史观传入中国奠定了基础。社会进化论主张顺应时代潮流，勇于变革。但事实上，任何国家和地区的发展，都不能完全割裂与传统的联系，历史在发展变迁中也必须有所延续。即马克思所言："人们自己创造自己的历史，但是他们并不是随心所欲地创造，并不是在他们自己所选定的条件下创造，而是在直接碰到的、既定的、从过去继承下来的条件下

---

① ［法］马克·布洛赫：《历史学家的技艺》，张和声、程郁译，18页，上海，上海社会科学院出版社，1992。

② 李贽：《藏书·世纪列传总目前论》。

创造。"①

延续中有变迁，变迁中有延续，这是古今中外历史的铁律。如夫妇、父子、君臣三纲及仁、义、礼、智、信五常，为古代中国世世相因、百代沿袭的传统文化。在现代社会，三纲固然已不合时宜，但五常是人类基本准则，仍然不断流传。秦始皇创立的诸多制度被世代沿袭，譬如皇帝制，三公九卿制，郡县制，统一的文字、度量衡及币制等，号称"百代犹行秦法政"。但每项制度在不同的朝代都有不同的形式和内容，使得中国在其后相当长的一段时间内领先于西方。

很多西方国家也奉行"祖宗之法不可变"的理念。英国的君主立宪制，是 1688 年光荣革命后建立起来的议会君主制，沿袭至今。甚至用作英国议会大厦的威斯敏斯特宫也一直沿用，依然保留了 11 世纪初建时的许多遗迹，以至 1987 年被列为世界文化遗产。美国宪法自 1787 年确立已经 230 余年，其间国内外局势发生了天翻地覆的变化，但至今除了 20 余条宪法修正案外，并没有做大的调整。

历史也可以发生"度变"。譬如关于什么是社会主义、如何建设社会主义，自马克思、恩格斯以来，列宁、斯大林、毛泽东、邓小平等都在不断丰富和完善。从以阶级斗争为革命武器，到树立科学发展观、构建和谐社会；从消灭私有制进行社会主义改造，到发展市场经济，以公有制为主体，积极鼓励和扶持私有制发展，这是我们认识的深化，也可以说是社会主义的"度变"。但社会主义的根本不能改变，否则就会亡党亡国，苏联解体和东欧的剧变是明鉴。

薛伟强：《中学历史学科的变化性》

三、变迁与延续思维能力的界定与评价

相较于自然科学严密的确定性和可控性，历史学中纯粹的、线性的演

---

① 《马克思恩格斯选集》，第 1 卷，585 页，北京，人民出版社，1995。

进微乎其微，"历史活动是由有思维的人的活动构成的，表现出强烈的个别性、偶然性"①。学生在历史学习中需要知道如何使用各种通则（generalisation）概念。"但如果他们要了解过去、现在和未来的联结关系，最重要的通则概念就是因果与发展。"②变迁与延续是学生在历史学习过程中必须培养的一种思维能力，目前已经受到世界上很多国家和地区的重视。

英国历史科国家课程标准一直把"变迁和延续"（Change and continuity）作为核心概念（能力）之一，2007 年修订课标中第三阶段（11～14 岁）的成就目标相关规定为：证明和解释历史时期的变化和延续性，对变化和持续的理解与对时代的感知，和一种对包罗万象的主题和问题的理解。学生应当分析变革内容和步调，无论这种变革能否达到一定程度而成为进步，以及是为谁服务的。

美国历史科国家课程标准有关变迁和延续的能力标准主要分布在两个标准中，标准 1 时序思维能力：G. 解释历史的嬗变与延续。标准 3 历史分析与历史解释：B. 比较和对比不同的观念、价值观、个性、行为和制度；D. 辨别事实与虚构；E. 比较对某一历史人物、时代或事件的记载。

美国 2010 年修订的《国家社会科课程标准》中历史学习内容主要涵盖在"时间、延续和变化"的主题中，有关延续和变化的能力标准为：中学段（初中）——能够鉴别和使用如因果关系、变化、冲突和复杂等概念来诊释、分析和展示历史变化和连续这些形式之间的关联，了解并描述特定的历史时期，某种文化和跨文化的变化形式，如文明发源、交通系统发展、殖民制度发展与瓦解，等等。高学段（高中）——能够采用比如时间、变化、冲突和复杂性等概念来阐释、分析和展示历史变革和连续性之间的关联，了解并描述重要历史时期、文化内和跨文化的变化形式，如古文化和文明的发展，国家起源、社会、经济和政治革命的出现等。

我们的《普通高中历史课程标准（2017 年版）》中，变迁与延续思维主要包含在时空观念和历史解释核心素养中，含义为：在不同的时空框架下理解历史上的变化与延续、统一与多样、局部与整体，并据此对史事做出合理解释。区分历史叙述中的史实与解释，知道对同一历史事物会有不同解释，并能对各种历史解释加以评析和价值判断。面对现实社

---

① 葛懋春：《历史科学概论》，24 页，济南，山东教育出版社，1987。

② Frances Blow、萧忆梅：《英国学生对历史变迁与发展的理解进程》，载《清华历史教学》（新竹），2011(21)。

会与生活中的问题，能够以全面、客观、辩证、发展的眼光加以看待和评判。

其后各个模块的内容标准和教学提示几乎都强调：理解历史进程中的变化与延续、继承与发展、原因与结果，建构历史发展的前后联系，认识历史发展的总体趋势。可见我国虽然未将变迁与延续列入核心概念，但仍然相当重视。

学生变迁与延续历史思维的形成是一个漫长、复杂且曲折的过程，英国历史教育学者提出的变迁与发展思维进步的六级模型可资借鉴参考，其中第三级和第四级可以对应我国初中，第五级和第六级可以对应高中。

表 5-4　变迁与发展思维进步的六级模型[①]

第一级	变化就是有事情发生。 变化被认为是自然发生的事件，而非有特殊目的。过去被看作非现在，且过去发生的事件彼此间没有关联。
第二级	变化就是有不一样的事情发生。 学生将变化视为时间两端中的不同处，不是发生在过去就是发生在过去与现在之间。如果过去没有事件发生的话，我们今天就会被卡在过去。变化的影响力是全面性和普遍性的。发展被视作量化形式的不同。过去与现在之间存在着无法穿透的屏障。
第三级	变化就是重要差异的通则(generalisation)。 学生现在能辨认差异处，而显著性差异被认定为变化。变化与延续可以在历史中同时存在。学生认为过去与现在之间的屏障是可穿透的，而过去与现在就是透过历史遗产而联结。过去与现在之间的关系是有意义的，现在是由过去变化而来的。
第四级	变化从不同的时间尺度来看是不一样的。 学生能理解有不同种类的变化，而它们是否被认定是变化要根据不同时间尺度的检阅。有些改变是变化性的。尽管这些改变有某种外在形式的变化，但是在重要概念上还是有延续性。趋势被理解为某个方向上的一系列改变。转折点即趋势方向上的重大变化。死局(dead ends)就是不成功的改变，被认为是没有开花结果的变化，是有可能发生但却没有实现的虚幻曙光。

---

① Frances Blow、萧忆梅：《英国学生对历史变迁与发展的理解进程》，载《清华历史教学》(新竹)，2011(21)。

第五级	不同的变化连在一起就是发展。 学生现在能理解改变之间的关联是很有意义的。在这个阶段，学生认为如果过去的某个重要改变没有发生，那随后发生的事件会代替这个重要改变的角色，以确保现在如实发生。在这个认知层次上，学生认为改变的联结形成各种发展路线（lines of development），它将过去与过去间以及过去与现在间的关系联结起来。有可能不只一条发展路线，但是这些发展路线都有各自的方向且没有互动关系。它们像是电车轨道，有既定方向而无法改变。
第六级	变化会产生可能性。 学生了解不同的发展路线会互相影响而造成某些情况。在不同发展路线中的改变会造成不同的结果。现在的情况并非过去发展下来不可避免的结果。从过去的发展路线可以预测可能发生的未来，但不能保证这些一定会发生。各种过去、现在与未来都是有可能的。

四、变迁与延续思维的培育

限于诸多原因，中学历史课程与教学中的变化性、多元性特点还未充分展现。培育中学生的变迁与延续思维能力，面临很大的挑战，我们可以从以下三个方面入手。

（一）熟悉中学生变迁与延续思维的基本特征

历史的变化是一个学生很难理解的历史概念。对于大多数学生而言，变化是人类生活经验的基本特征。青少年最初会感到，除了日常生活中改变自己的衣服、书包、手机等外，很难在任何用途中想到这个概念。因此，对他们来说，历史中的变化常常被认为等同于信息。它意味着时间次序，之前和之后。变化充其量只是表示有大事，如世界大战，牵涉很多之前和之后的不同事件。有很多学生将变化视为一段插曲，而不是一个连续过程；将变化视为全部推倒重来，而不是继承延续之上的创新。

如果认为进步是必然的，许多中学生会低估过去。他们认为过去的人们在智力上低于今天的人们，并且时间越往前，人们的智力越低。现代人周围堆满了物质进步的证据，且他们对人类演化及哲学发展理论的理解也会鼓励这样的看法。过去的人根本不可能知道，更无法理解现代社会熟视无睹的事情，比如互联网、手机等。陌生的和不同的，并不必然是愚蠢的、低贱的，越接近现在未必一切就变得越好。譬如很多专家同意，现代人的体质远远不如人类祖先。远古男性要比现代人跑得更快，身体更加强壮，体型更加优美，性格更勇敢和坚毅。

如果认为延续是必然的，很多中学生会高估过去。青少年经历的短暂人生和遭遇的有限境况，使他们很难身临其境地去感受过去。他们认为，古人与今人是相同的，这种观点几乎意味着否定历史长河发生的变化。我们确实延续了不同时代和环境中人们的共同人性，就此而言，学生的预设可以理解。危险在于，这样的思想可能助长学生将过去的时代错误表现，归因于古人的观念和习惯行为，但实际上它们可能在当时并没有主导性影响。

学生想当然地认为变化会即刻发生。学生倾向于片断化地分割他们学到的历史，由此想当然地认为变化是即刻发生的。比如，自然经济马上就解体了，封建体制迅速就瓦解了，家庭生产体系突然变化为工厂生产体系。而一些事物变化了，另一些却没有变化（延续），并非泾渭分明，这是令学生更困惑的事实。历史课程频频向学生展现一连串重大事件，却几乎不提及事件发生的前后联系，结果是学生不确定究竟什么变化了，什么没有变，其中有何价值。

（二）引导学生构建有机联系的知识网络

变迁与延续是定义历史事件之间关联的一个过程，是一个非常困难的概念。学生要能把过去看作一个具有连贯性和意义的整体，并理解时间长河下人类社会互动与相互联结的复杂方式。因此，引导学生构建有机联系的知识网络很有必要。

总揽全局。通过时间表、事件表、思维导图等方式，每节课都引导学生总揽全局，并结合所学内容，进行问题探究、话题讨论等活动，引导学生进行深度思考，理解其中的时序、因果、证据等相互联结的关系，理解不同时期和社会的观念、信念和心态，从而构建有机联系的知识网络，培养学生的理解力和判断力。

关键议题应该与学生已有的历史学习经验相结合，或者与他们今天的生活经历相结合，为了突出其中缓慢或快速的变化（进步或退步），可以用适当形式的时间表、纪年表、图表或曲线图等形式。有时，我们需要限制图表呈现的清晰度和准确度，以便给学生留出思考的空间，在某些想象性的图表中标出关键节点。例如持续 81 年的法国大革命可以说不是一场革命，而是一连串的革命。为了辅助理解，可以创建一份强调这种变化与延续的时间表。小组合作完成，再分组展示。包括多少细节视全班的能力水平而定，但要确保变化与延续不被太多的史实堆积所模糊。

单元总结。在每一单元新课结束后用至少一节课的时间做一个分析总结。目的是帮助学生在学习历史事件后将各种信息组织起来，扩展他们对变迁与延续的洞察力。老师要激励学生去理解，为什么过去只有这样的观念和态度，这些观念和态度会怎样影响过去人们的行为，长时间内许多量变和质变是如何发生的。要引导学生们看出事情变化发展的模式，并能辨认历史事件的独特性、相似性、连续性和转折点。许多学生很快就学会如何从他们对现在的认识来看待过去，但立足过去特定的时空去考虑当时的人如何看待可能的未来，往往需要更长的时间。

建立通则。建立通则是帮助学生建构历史变迁与延续叙述的重要工具。应该引导学生了解通则是什么，及其是如何形成的。通则是事物变迁与延续中呈现出来的稳定性的规律性的原理、原则。对一些学生来说，学习如何建立通则是不容易的。这需要他们选取和抛弃一些数据。这些选择的标准会根据所提的问题而改变，而学生在对特定历史事件不完全清楚时很难做出相关的选择。

【案例 5.4】

法国资产阶级革命的通则

1789—1870 年法国资产阶级革命中，各派政治势力轮番上台，法国政体不断变换，错综复杂，令人眼花缭乱。梳理脉络，找到通则，才能准确认识和把握。在 81 年的革命中，共出现过两次君主专制、两次君主立宪、两次军事独裁及三次民主共和。从规律上来看，法国革命共进行了两轮，每一轮都是按照君主专制—君主立宪—民主共和（共和国）—军事独裁（帝国）的顺序先后交替，第二轮后最终确立民主共和制，而且在每个共和国期间都会出现超越现实的过激事件。其中延续不变的是法国人民的革命激情、对民主自由的不懈追求以及资本主义发展的不可逆转。这条脉络可以帮助学生轻松地把握整个法国资产阶级革命的历程。

（三）引导学生进行比较

相似和差异的比较是有助于学生理解变化和连续概念的一种有效策略。将有一定关联的历史事件和现象进行比较对照，判断异同，分析缘由，有利于理解变化和连续，把握历史发展进程的共同规律和特殊规律。历史教学中的比较，一般包括纵向比较和横向比较两种类型。

纵向比较是同一国家或地区不同时期的历史事件和现象的比较。如比较"秦灭汉续"与"隋灭唐兴"，可以使学生很好地理解秦隋短命速亡、汉唐长寿兴旺的共同原因，深刻认识秦隋王朝的制度创新对后世的深远影响，并总结出封建王朝衰亡兴盛的通则。

横向比较是不同国家或地区同一时期的历史事件和现象的比较。如在自由资本主义时代，英、美、法、俄、日、德、意等主要国家相继走上资本主义道路，体现了历史发展的共性。但是这些国家走上资本主义道路的途径各有特色，这些不同的路径对其后的发展又产生了重要的影响。进行比较可以总揽全局，发现通则。又如第二次世界大战后德国和日本对待法西斯主义的态度截然不同，前者是深刻反省、严密防范，后者是拒不认错、模糊暧昧。通过比较才能更好地理解其中的变迁与延续、原因与结果。

进行比较时，通过问题探究、话题讨论等形式，配合图片或其他音像资料，常常会起到很好的效果。提供来自地方史的证据，巧妙挑选当代生活中与过去的类似方面加以比较，会增加历史课程的趣味，并容易发现差异和相似之处。

第六节　神入思维

"神入"（empathy）又译作"移情、共情、通情、同感、同理心"等，原本是心理学的一个概念，类似于我们日常生活中的"换位思考"，是指想象自己处于他人境地，并理解他人的情感、欲望、思想和活动的心理过程。神入概念被广泛应用于心理学、哲学、美学、文学、历史、社会学等学科，心理学领域一般翻译成"移情"，历史学领域则普遍使用"神入"。

一、神入历史的含义和特征

历史神入（historical empathy）或神入历史是"主体进入客体之中去想象

客体"的心理活动，即当事者置身于特定的历史时空，站在历史人物的立场，尽量理解其看事情、想问题的方式，尽量体会其感受，尽量走入其心中，避免用现代的观念、想法去看历史人物，去理解过去。历史神入需要一定程度的想象，但不是凭空虚拟，需要足够的资料佐证和逻辑推理。

神入概念作为青少年的一种重要历史思维，20 世纪 50 年代在英国就已经开始被研究，八九十年代被正式引入到英国历史教育领域，引起更多国家和地区学者的关注。相关研究方面，英国起步早，以学理分析见长，而美国则比较注重应用研究。近年来，美国作者发表了一系列神入的应用研究论文。中国大陆地区对神入的研究起步较晚，20 世纪 90 年代中期以后，才有人涉及该领域。

长期以来，英美两国的历史教育研究者非常关注神入问题，尤其是在历史神入的概念界定、心理基础、学习要求、教学方法等方面做了大量的理论和实践的探讨。尽管英美学者对历史神入概念的理解存在一些分歧，但在以下方面取得了共识。即神入历史引入历史教学是历史教育改革强调的重点之一；神入不是随意的历史想象，而是与证据获取、不同观点的辨析、观点陈述等理性思维活动紧密联系。

美国学者福斯特综合英美学者的研究，对历史神入的内涵、特征及教学策略等进行了细致的描述。他认为，历史神入首先应该与认同、想象或同情等概念加以区别，同时提出了神入历史教学的六个基本特征。①

第一，它是一个能够帮助人们理解过去、解释历史人物行为的过程。第二，评价历史事件的过程中涉及对历史的正确认识，学生必须对那个时期的关键事件、人物和文化有详尽的了解。第三，历史神入需对某个历史证据做详尽分析和评价，应该参与历史证据的检验和解释，以确立一个对过去行为更深刻的理解。第四，神入涉及认识历史人物行为的后果，必须了解历史人物行为的后果，并能审慎思考历史人物所采取的行为对将来的事件会产生怎样的影响。第五，不能用现在的认知价值观、信仰去判断过去的人。为了培养一种对已是过去的直觉感以及过去不同于现在的含蓄的认识，学生应了解过去的社会政治和文化的约束力。第六，对行为和结果的复杂性保持一种尊重理解和敏感的态度，了解不同的人在相同的环境中也有可能会做出不同的决定。因此学生应该理解，每个人的个性背景、性格信仰的复杂性怎样严重地影响人们的行为。

------

① 陈新民：《神入在英美两国历史教学中的运用》，载《全球教育展望》，2010(5)。

二、神入历史的教育价值

神入历史在重建与理解过去的历史教学过程中扮演着重要的角色。历史学科的性质主要是理解历史上各种人物的活动和行为，考察他们所面临、经历的情境及问题，关注人类社会在历史长河中的变迁。历史教学需要引导学生从史料证据中去寻找事件之间的关联，引导学生理解过去人们如何思考。但是过去已经过去，在时空嬗变之下，不同的时代产生的隔阂，也让后人不能真实体会过去人们生存的世界，他们为何做出如此的决定，以及当时他们面临什么样的情况。如果将神入历史的概念引入历史人物教学中，将可协助学生在认识历史人物的事迹后，运用理解与分析证据的能力，进一步去探究、理解他的思想行为以及抉择，让学生更贴近历史人物的处境。教师引导学生去思考前人行为的意图，并考量前人身处的时代背景以及所面临的状况，而非纯依结果，以现代人的价值观来看待前人的行为。

神入历史对历史教学具有重要的意义。首先，有助于拉近学生与"历史"的距离，激发学生对历史的学习兴趣。神入历史的过程，实质上就是学生走进丰富多彩、变幻莫测的历史的过程，是学生感受知识魅力和思考价值的过程。其次，有助于增强学生对历史的感悟和理解，强化其历史意识和观念。从因果分析、变迁延续和动机分析的尝试中，学生可以逐步加深对历史人物思想和行为的理解，从而能从历史脉络的情境中去理性理解历史人物行为的意图与影响。最后，神入历史可以培养学生的历史思维能力。在对历史事件、历史现象、历史人物进行分析、评价和判断的过程中，学生的历史意识和学科能力会逐渐增强。

三、神入思维的界定和评价

英国是较早在历史教育中提出神入概念的国家。进入 21 世纪，神入在英国得到进一步关注，更多体现在关键概念"文化、种族和宗教的差异性"中。在 2007 年修订的国家历史课程标准中，对第三学段(11～14 岁)的要求为：理解在过去的社会里男女老少多样的经历、观点、信仰和态度，及他们的思维是怎样影响世界的；考虑在某一历史背景下发生的事件、人物、发展的意义，考虑为何关于历史事件、问题和人的判断在历史上发生了变化。

英国学生历史能力标准水平 2 明显体现了神入概念：通过使用时间过往

的相关术语，依次排列重要事件与重要人物，知道自己的生活与过去人们的生活有何不同，学生能够展示他们不断发展的时序感。他们能够展示对超越现实社会的过去生活的各个方面，以及所研究的重要事件与重要人物的知识与理解能力。他们开始认识到，过去的人们之所以按照他们已行动的方式去行动，是有一定理由的。他们开始能够辨识表述过去的一些不同方法。在简单观察的基础上，他们考察并处理资料，来回答历史问题。

美国国家和地方的一些历史课程标准，对历史神入也提出了一些明确的要求。例如，5～12 年级的"历史理解"能力目标中相关要求有：富有想象力地阅读历史叙述，考虑叙述所展示的人物个性——他们可能的动机、希望、恐惧、性格、优点和缺点。鉴赏历史观点：通过从文学作品、日记、信件、艺术、文物及其他东西中反映出来的当时人的眼光和经历，用专业术语来描述历史；避免"从现在出发的主观臆断"，不要只从今天人们的价值观来裁判过去。5～12 年级"历史的分析及解释"能力目标中相关要求有：通过相似性和差异性的辨识，比较和对比不同的观念、价值观、个性、行为和制度。分析因果关系中的多种起因，包括个人在历史上的重要作用、观念、人类利害关系和信仰的重要影响，以及偶然性、意外性和非理性的作用。

《普通高中历史课程标准（2017 年版）》中，神入思维主要包含在时空观念和历史解释核心素养中，含义为：任何历史事物都是在特定的、具体的时间和空间条件下发生的，只有在特定的时空框架当中，才可能对史事有准确的理解。人们通过多种不同的方式描述和解释过去，通过对史料的搜集、整理和辨析，辩证、客观地理解历史事物，不仅要将其描述出来，还要揭示其表象背后的深层因果关系。具体要求为：能够按照时间顺序和空间要素，建构历史事件、历史人物、历史现象之间的相互关联；能够在不同的时空框架下理解历史上的变化与延续、统一与多样、局部与整体，并据此对史事做出合理解释。知道对同一历史事物会有不同解释，并能对各种历史解释做出评析和价值判断；能够客观论述历史事件、历史人物和历史现象，有理有据地表达自己的看法；能够认识历史解释的重要性，学会从历史表象中发现问题，对历史事物之间的因果关系做出解释。可见我国虽然未将神入列入核心概念，但仍然相当重视。

学生神入历史思维的形成是一个漫长、复杂且曲折的过程，英国历史教育学者提出的神入思维进步的六级模型可资借鉴参考，其中第三级和第四级可以对应我国初中，第五级和第六级可以对应高中。

表 5-5 神入思维进步的六级模型①

水平一	迷惑难解的过去。 他们只会照书直说，并不能对历史人物的行为做概念上的思考，对当事人的动机缺乏理解力，对历史人物的行为可以就内容进行一些细节式的讲述，却不能解释。
水平二	愚昧无知的过去。 他们在构思历史人物的行为时，是以自己的而不是古人的条件去考虑，他们不以为认识特定的价值观和信仰是应该的，他们排斥古人的思想行为，对了解特定的处境和思想，完全缺乏兴趣和意图。他们觉得自己比古代的人卓越，他们并不认为有需要去了解古时的人特有的价值观和信仰，只觉得古人在智能和情理方面的表现都是次等的。
水平三	概括化的固定形象。 这个阶段的学生以为古人和今人差不多。人的动机价值观和目的，都有不变的模式，所有的行为制度、社会习惯可以借助这个模式来理解，他们接受古人也像今人一样有感情和理性，他们不排斥古人，但没有迹象显示，学生有意重建历史人物特有的处境和思想。
水平四	掺用日常经验的神入。 学生认为运用神入去理解果然是有道理的，也开始考虑在历史人物特有的境况下理解各种行为，不过他们是属于以己比人的性质，并不晓得古人的价值观、信仰心态与今人是可以有很大差别的。他们会就一些关键性的特征进行认真思考，但主要是依赖个人经验和一些行为的概括来解释、理解那些特征。
水平五	受限制的历史神入。 他们认定古人与今人对事物的看法会有不同，也认为行为风俗与制度措施是依据史料掌握历史人物事发的境况来理解的，但是他们没有进一步要求把具体的境况与那个年代所属的精神物质世界联系起来。
水平六	融于时代脉络的历史神入。 这个水平的学生认为在理解和解释历史行为措施时，不能忽略其所处的时代或社会背景，如价值观信仰等事物，而且还要能够把它们和现在区别开来。

---

① 狄更逊(A. Dickinson)、周孟玲：《理性的理解历史与历史教学》，载《清华历史教学》(新竹)，1996(6)。

四、神入思维的培育

培育中学生的神入思维能力，需要长期积累，面临很大挑战，我们可以从以下四个方面入手。

（一）熟悉中学生神入思维的基本特征

学生很难理解现在与过去有区别。学生认为历史人物和现代人很相似，以为历史人物的动机、价值观、信仰和心态与现代人差不多。人的动机、价值观和目的都有不变的模式，所有的行为制度、社会习惯都可以借助这个模式来理解。因此他们在理解历史人物意图和处境的过程中，会依赖一些个人的假设，借助一些属于普通人性行为表现的概括说明，而不是依据获得的史料，建立特定的动机和想法。

学生很难体会历史人物实际遭遇的困难。历史教师经常会发现，有些学生不假思索地就把历史人物讥贬为傻瓜，例如慕尼黑会议上的张伯伦、法国大革命前夕的路易十六。不管哪个年级，差不多每一个班级都有这样的学生。他们觉得自己比古人卓越，古人在智能和情理方面的表现都是次等的。部分原因在于他们认为过去的人们没有我们现在所有的东西，还有部分原因是他们遇到了很难理解的决定或行为方式。

学生很难进入历史人物的思考脉络。他们在判断历史人物的行为时，以自己的而不是古人的条件去考虑。不知道古人的价值观、信仰心态与今人是可以有很大差别的。他们排斥古人的思想行为，尤其是那些自己可能会反对的观点。他们不以为认识特定的价值观和信仰是应该的，对了解它们完全缺乏兴趣和意图。

（二）引导学生进行反事实推理

引导学生进行反事实推理是神入历史的一个很重要的手段。反事实推理又称反事实思维，是指对过去已经发生的事实进行否定而重新表征，以建构一种可能性假设的思维活动，我们可以简单地把它们看作确定因果关系的思维实验。实际上，我们每天都在运用反事实推理。比如，"假如那天晚上参加聚会，那么我和她可能早就是朋友了"。

人们常说历史不能假设，但实际上恰恰相反。法国现代史学家拉孔布认为，"想象的经验是历史学中唯一可能的经验"。任何重建过去的尝试都是以想象力的发挥为前提，因为保存下来的资料不可能是完整和全面的。历史学家会一再遭遇资料中的空白，它们仅能通过历史学家非常熟悉的掌握的残存资料，以对可能发生的东西有一种感觉或直接来加以填补。动机和心态问题经常在这类研究之中，所研究的文化越陌生和遥远，用来理解它所要求的想象力作用也就越大。法国现代思想家雷蒙·阿隆说，"实际的因果关系只有通过与诸多可能性进行比较才能被确定"。如果我们不想想过去的事物是否能以别样的情形发生，那我们能够理解它们何以是如此发生的吗？的确，"想象另一种历史是找到实际历史的原因的唯一途径"①。

假定弗朗茨·斐迪南的司机在萨拉热窝那个重要路口向左转弯，而不是向右转弯，凶手就很难有机会下手，那么第一次世界大战是否还会爆发呢？这个反事实推理的例子有助于揭示偶然因素的作用。如果这个暗杀事件没有发生，那么是否可能出现其他的导火索将战火点燃呢？

所有的历史学家为了解释过去实际发生过的事情，都在思考过去可能发生的事情。要厘清现实的因果关系，我们就要构建非现实的因果关系。对历史学家来说，这种想象的经验，不仅是确定原因，而且是厘清原因、衡量原因的唯一途径。

（三）熟悉神入历史的基本操作

神入历史包含六个要素：时代、事件、人物、史料、观点与态度。时代：以至高的角度，了解整个时代中重要的关键事件、人物、政治、文化价值观、信仰。事件：对于所要探讨的历史事件，能了解事件发展的经过与结果。人物：了解历史人物的生平事迹、性格、价值观，了解历史人物行为的结果与影响。史料：理解史料证据的内容，解释史料，证据有多元的证据，了解各项政策背后所隐含的立场。观点：尽量使用证据解释，能理解不同证据背后所隐含的观点以及原因。态度：试着以历史人物的立场思考。综上所述，如学生以神入历史探究前人的世界，需同时掌握关于过去的历史知识、情感，以历史人物的处境思考，技能上需要运用史料证据解释。由此，学生在历史认知、情感、技能各方面都有所提升。

神入活动在历史教学中并非可以随意进行，以下几点尤须注意。（1）挑选一项过去富有争议或矛盾的主题，例如张伯伦为什么对希特勒采取姑息

---

① ［英］约翰·托什：《史学导论：现代历史学的目标、方法和新方向》，吴英译，157 页，北京，北京大学出版社，2007。

政策。(2)学生需要了解事件的历史脉络和时代背景，以求身临其境。(3)教师应适当挑选适合学生程度的学材，包含一手史料和二手史料，鼓励学生对资料证据提出批判。例如了解资料的作者是谁，为什么他要这样写，作者的立场是什么，有没有其他资料可以佐证。(4)延伸学生的思考，让他们质问更复杂且更有挑战性的问题。(5)鼓励学生去确认和解释历史人物的行为。(6)学生应当要被告知，最后的结论也只是暂时性的。因为历史学家不会同意学生在课堂上做出的结论，而且新证据的出现有可能会改变这些结论。

有意义的神入，需要许多时间和心力的投注，教师的角色主要是挑选适当的议题与材料，引导学生不断探究，不断激发思考能力。至于学生能够借一定的资料与事实，对某个特定的情况驰骋想象、神入其境、心悟其情，则需要经常练习，才能有所掌握。

(四)采用多元的教学方法

除了反事实推理，促进神入历史的常用方法还有讨论法、角色扮演、第一人称虚拟写作等。运用讨论，可以帮助学生彼此交流不同的意见，接受多元的观点，有助于发展神入历史。譬如，假如没有"文化大革命"发生，中国将如何发展？假如古巴导弹危机没有及时解除，第三次世界大战会爆发吗？假如第二次世界大战中法国没有迅速失败，第二次世界大战的进程会改变吗？……在讨论过程中，教师的引领和指导作用非常重要，应当鼓励学生既向教师提问，也互相提问，从学生的发言中可以了解到他们对历史的理解或不理解的许多情况。

角色扮演法指在课堂教学中，让学生充当皇帝、官员、地主、农民、记者、导游等不同的角色，运用小品、短剧、新闻发布会等形式，寓学习于表演中，使教学过程生活化、艺术化。开展角色扮演，可以提升学生的学习兴趣，使学生更易于体会历史人物的处境，更清晰地理解直接相关的概念。角色扮演不一定非得是全体参与，有时只需要挑选少数学生来表演。还可以是更简单地要求学生根据资料，参与模拟决策练习。当教师获得教学自信并寻求可利用的其他教学法类型时，就会发现有许多主题适合运用角色扮演法。当学生必须处理概念上十分困难的议题，比如宗教改革的影响时，角色扮演常常最有用武之地。

在历史学习的活动类别中，写作是最重要的活动，同时又是最不常用的活动之一。但是对学生的知识和理解的评估，通常主要是通过学生的写作形成的，它是培养学生高级思维的重要教学工具。比如进行第一人称的历史虚拟写作，学生仿佛被邀请进入历史人物身处的情境，以此思考过去。他们比较能够站在前人的立场思考，常常能显示出超常的历史背景理解力。譬如以汉武帝征伐匈奴为时代背景，通过老师的讲述，以及引自《史记》《汉书》等经过翻译的史料，模拟一个参与其中某场战役的士兵，推论当时主帅可能被给定的评价，当时战役的被认同度，以及士兵眼界所见可能之塞外风光与战地生活的景象，完成《一封寄自疆场的家书》①。如果你对学生写作的最终成果有明确期待和成功的标准，且让学生清楚你的期待，对学生完成任务很有好处。

神入历史是最令人着迷，同时也是最让人感到迷惑不解的地方。我们所处的时代与过去相比，已经发生了翻天覆地的变化。许多对我们而言不可思议的、不可能的或是极其愚蠢的事情，对过去的人而言是合理的、正常的；反之亦然。神入历史，像当时的人那样去看待当时的世界，我们才能理解当时人们的思想和行为。

本章小结

历史教育须引导学生像历史学家一样思考，培养学生的历史思维能力。尽管对于思维能力的分类和含义还有很多争议，但时空、证据、因果、变迁和延续及神入等关键概念已经取得了学界的广泛共识。你面临的挑战是激发学生凭借一套与现今主流看法大不相同的观念和态度去理解过去的社会，这是一个比一般人的想象要困难得多的巨大挑战。对于青少年而言，过去就像外国甚至火星，人们在那里做与当今社会完全不同的事情。英国多年的系列实证研究表明，学生学习历史的确会遭遇困难，且相对于其他学科而言是极其困难的活动。这也是数十年来一直困扰所有历史教师的挑战。

历史教学不能一味从老师教什么、如何教的角度出发，而应该先探究学生是如何学习历史的。学生对任何历史事件的想法都不是白纸一张，有自己的原始知识或前概念，所以了解学生的想法是极其重要的工作。如果你能了解他们面对时空、证据、因果、变迁和延续及神入等概念时，有哪些困惑，存在哪些共同性的误解，并做好准备，你的课堂会更成功。

---

① 张元：《寄自疆场的家书——高中历史课后作业的研究》，载《清华历史教学》（新竹），1997(9)。

　　学生历史思维的形成是一个漫长、复杂且曲折的过程，文化传统、教育体制、学科结构、教材编写、教师教学模式和方法等外部原因对学生的学习经验有重要影响，其中教师的引导和陶冶作用最大。学生理解历史的前提，是对时代、事件、人物、史料、观点与态度等有基本的把握，其中要求一种相当成熟且许多学生不易达到的理解力。教师的首要挑战是，要深入浅出、通俗生动地讲解，把教材中有大量术语的、抽象的知识具体化到足以使学生可以理解的程度。

　　老师应该结合具体的史实进行分析和示范，引导学生逐渐理解和掌握时空、证据、因果等基本概念的内涵和外延。每节课都要引导学生总揽全局，进行深度思考，理解其中的时序、因果、证据、变迁等相互联结的关系，理解不同时期和社会的观念、信念和心态，从而构建有机联系的知识网络。

　　核心素养或能力很难通过死记硬背、题海战术来培育，我们必须改进传统的以讲授为主的教学方法，积极践行启发式、参与式、讨论式、体验式教学，营造独立思考、自由探索、勇于创新的良好环境，让学生学会发现学习、合作学习、自主学习。

学习反思

　　1. 学生在历史学习中应该培养的核心思维能力或核心概念有哪些？为什么？

　　2. 如何培养学生的时空思维能力？

　　3. 儿童对于史料证据存在哪些共同的误解？

　　4. 中学生的因果思维有何基本特征？

　　5. 青少年对于变迁与延续的理解存在哪些共性问题？

　　6. 让学生神入历史有哪些策略？

拓展阅读

　　1. 陈新民. 国际视野中的历史学科核心概念研究[J]. 历史教学(上半月刊)，2017(6).

　　2. 中国社会科学网专题：时间与历史[EB/OL]. [2018－12－11]. http://www.cssn.cn/zt/zt＿xkzt/zt＿lsxzt/sjszt/sjsyj/sjyls/.

　　3. 聂幼犁. 历史的证据、推理和想象的试验说明与反思[J]. 历史教学(上半月刊)，2012(5).

　　4. 薛伟强. 中学史证意识教学的现状、问题与对策[J]. 中学历史教学，

2014(8).

5. 古伟瀛. 历史因果关系的后学转向[J]. 学术研究，2015(5).

6. 陈新民. 运用历史神入激发学生的历史学习——你能神入张伯伦的内心世界吗[J]. 历史教学，2001(6).

7. 张元. 陆逊心目中的刘备——学生学习"神入"的一例[J]. 历史教学，2011(9).

8. 张元. 从"唐太宗帅不帅？"谈到课程中的"感觉"[J]. 历史教学，2011(10).

9. 张汉林. 以理解为中心的历史教育[J]. 中学历史教学参考，2016(9).

10. 冯一下. 试论历史解释的界定[J]. 中学历史教学参考，2017(2).

11. 赵亚夫. 国外历史课程标准评介[M]. 北京：人民教育出版社，2005.

12. 雷戈. 史学在思想[M]. 郑州：河南大学出版社，2011.

13. 聂幼犁. 中学历史研究性学习研究——案例分析与点评[M]. 天津：天津古籍出版社，2009.

14. M. 苏珊娜·多诺万，约翰·D. 布兰思福特. 学生是如何学习的——课堂中的历史[M]. 张晓光，译. 桂林：广西师范大学出版社，2011.

15. 林崇德. 学习与发展——中小学生心理能力发展与培养[M]. 北京：北京师范大学出版社，2011.

16. 安妮塔·伍尔福克. 伍尔福克教育心理学（第11版）[M]. 伍新春，赖丹凤，季娇，等，译. 北京：中国人民大学出版社，2012.

PPT 课件

第六章　中学历史课程资源的开发与利用

学习目标

1. 了解课程资源的概念、特点、种类、开发与利用的原则。

2. 清楚中学历史课程资源的概念、范围、类型、开发与利用的原则及作用。

3. 比较历史影视资源、网络资源及历史教育 APP 资源的异同及每一种类型资源的开发与利用。

4. 掌握中学历史教科书的概念、功能、编写体例及使用。

本章导引

著名教育家陶行知先生在《生活即教育》一文中讲道："从前的书本教育，就是以书本为教育，学生只是读书，教师只是教书。在生活即教育的原则之下，书是有地位的，过什么生活就用什么书，书不过是一种工具罢了。书是不可以死读的，但是不能不活用。"

书不过是一种"工具"，不读"死"书，即如"尽信《书》不如无《书》"。这就需要历史教师和学生在开展历史课堂教学时，不能唯"历史教科书"是瞻，而要把教科书当作一种课程资源来开发与利用。课程资源到底是什么，开发课程资源应遵循哪些原则，如何利用课程资源来促进课堂教学，这些都是我们需要认真加以学习和探讨的问题。

第一节　中学历史课程资源的概念与类型

一、课程资源的概念与种类

(一)课程资源概念面面观

课程资源是 21 世纪初国家基础教育课程改革提出来的一个重要概念。

课程资源的开发与利用是课程建设的重要组成部分，是课程有效实施的必要保证。长期以来，人们对课程资源的重视仍显不够，有关课程资源的概念尚没有一个明确的界定，这不利于激发人们开发和利用课程资源的积极性，也影响到课程资源开发与利用的程度和效果。综合目前国内对课程资源的研究成果，对课程资源概念的理解主要有以下几种观点。

（1）一般认为课程资源有广义与狭义之分，广义的课程资源指有利于实现课程目标的各种因素，狭义的课程资源仅指形成课程的直接来源。

（2）课程资源是课程设计、实施和评价等整个课程教学过程中可资利用的一切人力、物力以及自然资源的总和，包括教材、教师、学生、家长，以及学校、家庭和社区中所有利于实现课程目标、促进教师专业成长和学生个性全面发展的各种资源。

（3）课程资源是指富有教育价值的、能够转化为学校课程或服务于学校课程的各种条件的总和。

（4）课程资源也称教学资源，就是课程与教学信息的来源，或者指一切于课程和教学有用的物力和人力。

（5）凡是有助于学生成长与发展活动所能开发和利用的物质的、精神的材料与素材，都是课程资源。如图书资料、音像资料、风俗习惯、文史掌故、名胜古迹、自然风光、与众不同的人和事等。

（6）在课程目标的指引下，可以通过筛选整合充实到课程内容并保障课程活动顺利进行的各种有形的人力、物力、自然资源以及无形的知识结构和经验。[1]

（7）课程资源是一个内涵相当丰富的概念，它主要指课程的材料来源。[2]

（8）课程资源应该是富有教育价值的，是广泛蕴藏于学生生活、学校与社会乃至自然中的教育资源。[3]

（9）课程资源是教育资源的重要组成部分，是课程整体物质、能量和信息等结构元素的源泉，是课程活动中富含课程潜能的内容系统和活动支持系统，是教育机构（组织）及其课程活动得以健全设立和高效开展的重要依

---

[1] 齐军、姚圆鑫：《课程资源概念的梳理与重组》，载《教育理论与实践》，2008（10）。

[2] 聂幼犁：《历史课程与教学论》，141页，杭州，浙江教育出版社，2003。

[3] 张贵勇：《课程资源问题需要深化认识》，载《中国教育报》，2012-07-19。

托和保证。①

尽管在课程资源的概念上仍然是见仁见智，但人们在一些具体问题上却是有着共识的。

首先，真正的课程资源理应由课堂延伸到课外，学生所处的自然和社会环境都应该成为学生学习与探究的对象，都是课程资源的重要组成部分。其次，课程资源为课程实施提供了必要的物质基础和前提，如果课程在实施时没有必要的资源支持，学校、教师、学生就会处于要求得不到满足的局面。最后，并不是所有的资源都是课程资源，只有那些进入课程，与教学活动联系起来并对教育教学目标的实现有所帮助的资源才是课程资源。

(二)课程资源的特点与种类

要正确理解课程资源的内涵，还要对其特点或属性有一个比较清晰的认识。《基础教育课程改革纲要(试行)》对课程资源的表述："积极开发并合理利用校内外各种课程资源。学校应充分发挥图书馆、实验室、专用教室及各类教学设施和实践基地的作用；广泛利用校外的图书馆、博物馆、展览馆、科技馆、工厂、农村、部队和科研院所等各种社会资源以及丰富的自然资源；积极利用并开发信息化课程资源。"据此，结合学界现有研究成果，课程资源主要有以下几个方面的特点。

1. 广泛多样性

课程资源存在于校内外的方方面面，一切在学生学习与生活环境中的有利于达成课程目标的资源都可能是课程资源。就校内而言，课程资源如图书馆、实验室、专用教室、信息中心、实践场地等，教师群体特别是专家型教师、师生关系、班级组织、学术团体、校纪校风、校容校貌等，还有如实验实习、座谈讨论、文艺演出、社团活动、体育比赛、典礼仪式等，这些都能成为课程实施的资源。而校外课程资源，如学生家庭、图书馆、科技馆、博物馆、气象站、工厂、农村、部队，甚至阳光、空气都可以成为宝贵的课程资源。显然，课程资源具有存在广泛的特点。②

① 黄晓玲：《试论陶行知的课程资源开发思想和现实启示》，见《纪念〈教育史研究〉创刊二十周年论文集(2)》，2281页，2009(9)。
② 陈冬梅、钟逢发：《课程资源的开发与利用》，3页，南宁，广西人民出版社，2007。

与此同时，在不同地域、不同时代，可供开发和利用的课程资源不同，其构成形式和表现形态也各异；在不同的文化背景下，由于人们的价值观念、道德意识、风俗习惯、宗教信仰等具有差异性，其认定的课程资源也各具特色；由于学校层次、规模、传统以及教师素质和办学水平不同，可供开发和利用的课程资源亦不同；由于学生个体的家庭背景、智力水平、生活经历不同，可供开发与利用的课程资源也必然千差万别。因而，从"客观状态"来看课程资源又具有多样性的特点。[1]

2. 价值潜在性

多种多样的资源为学校和教师因地制宜、因人而异开发与利用提供了广阔的空间。尽管如此，我们应该注意的是，不是所有的课程资源都是现实的课程要素和条件，必须经过课程实施主体主观能动地加以赋值、开发和利用，才能将可资利用的课程资源转化成现实的课程成分和相关条件，意即只有那些真正进入课程，与教育教学活动联系起来的资源，才是现实的资源。从这种意义上来看，一切可能的课程资源都具有价值潜在性的特点。[2]

3. 异质同构性

同一资源对于不同课程有不同的用途和价值，课程资源因而又具有异质同构性的特点。例如，动植物资源，可以成为学生学习生物学知识的资源，也可以成为学习环境学、生态学知识的资源，还可以成为学生调查、统计的资源。学校附近的山，既可用于体育课程中进行体育锻炼，也可以用于劳动技术教育中的植树绿化；既可以在艺术教育中陶冶学生的情操，也可以在生物中用于调查动植物的种类。这就要求教师要慧眼识珠，善于挖掘课程资源的多种利用价值，化腐朽为神奇，变无用为有用，使课程资源的潜在价值得以充分发挥和显现。[3]

课程资源具有广泛多样等特点，根据划分的标准不同，课程资源的种类也较多。一是从载体形态方面考察。根据来源，课程资源可分为校内课程资源和校外课程资源。校内课程资源主要有教材教辅资料、教学设备设施、教师和学生、学校文化等各种人力和物力资源。校外课程资源主要有

---

[1]　黄晓玲：《课程资源：界定　特点　状态　类型》，载《中国教育学刊》，2004(4)。

[2]　余文森：《新课程背景下的公共教育学教程》，186～187 页，北京，高等教育出版社，2009。

[3]　徐继存、段兆兵、陈琼：《论课程资源及其开发与利用》，载《学科教育》，2002(2)。

家庭资源、社会资源和自然资源等。根据性质，课程资源可分为自然课程资源和社会课程资源。自然课程资源包括动植物和微生物、水文和地貌、天气和气候等。社会课程资源主要是图书馆、博物馆等保存和展示人类文明成果的公共设施，体现一个社会和民族特征的价值观念、风俗习惯等。以上述两类划分标准为基础的课程资源，根据物理特性和呈现方式，可分为文字资源、实物资源、活动资源和信息资源。根据存在方式，又可以分为显性课程资源和隐性课程资源。根据功能特点，还可以分为素材性和条件性两类课程资源。

二是从与学习者的关系方面来考察，又有如下两个标准。一个标准是看某种课程资源是否专门为学习者而设计。按这个标准，可将课程资源分为两类：专门设计的资源，指为课程实施专门设计的，以社会资源为内容或条件的学习资源，即从无到有创造的资源，如主题活动设计的系列学习材料、综合实践活动资源包等，包括相关文字材料、录音带、录像带、多媒体课件，以及相关活动场景和机会等多种形式；非专门设计的资源，指本来并非为课程实施直接设计而存在的，且具有一定课程价值的相关资源，自然界、社会中广泛存在的具有多种特性和功能的社会资源都可看成这类资源。另一个标准是看课程资源距离学习者的远近程度，据此可把课程资源分为以下三类：直接的课程资源，泛指各种直接为学习者服务的课程资料和相关配套资料，不仅包括教材、练习册，还包括相关媒体和书籍等；教学环境内的课程资源，指课程实施涉及的主要社会环境资源，其功能是呈现教学信息和提供活动空间，如课程实施所涉及的课程、教具、传统游戏等；教育环境内的课程资源，指具有教育意义的广泛的社会环境，既包括以提供服务为主的支持系统，如乡村图书室、学习中心、电影院等，也包括科学技术、文化氛围等因素。①

（三）课程资源开发与利用的原则

原则规范着人们的行为，是正确行动的根据与准则。从广义角度来讲，凡有利于实现课程目标，有助于促进学生主动学习与和谐发展的资源都应该成为开发的对象。课程资源的开发不是随意把某些资源用于课堂教学，而是要遵循一定的基本原则，这样才能充分发挥课程资源的作用，有利于

---

① 黄晓玲：《课程资源：界定　特点　状态　类型》，载《中国教育学刊》，2004（4）。

促进学生、教师和学校的发展。基于课程资源的特点和类型，鉴于以往对课程资源开发与利用的研究成果，主要应遵循以下一些基本原则。

1. 针对性原则

课程资源的开发是为了课程目标的有效达成，针对不同的课程目标应该开发与之相应的课程资源。一般来说，每一种课程资源对于特定的课程目标具有各自的作用与功能，不同的课程目标需要开发不同的课程资源；但是，由于课程资源本身的多质性，同一课程资源又可以服务于不同的课程目标。所以，课程资源的开发就必须在明确课程目标的前提下，认真分析与课程目标相关的各类课程资源，认识和掌握其各自的性质和特点，这样才能保证开发的针对性及有效性。

2. 因地制宜原则

课程资源各种各样，但是对于不同的学生、教师、学科、学校和地区，可以利用的资源具有极大的差异性，因而在具体开发时要因学生、教师、学校、学科、地区而宜，不能强求一律。要发挥地域资源优势，强化学校特色，区分学科特点，展现教师风格，满足学生需要。同时做到开发的课程资源与其他教育内容的协调配合，注意时间、空间、人力、物力上的现实可行性。

3. 经济性原则

课程资源的开发要尽可能用最少的开支和精力，达到最理想的效果，具体包括开支的经济性、时间的经济性、空间的经济性和学习的经济性。开支的经济性，是指用最节省的经费开支取得最佳效果，尽可能开发那些不需要多少经费开支的课程资源，不应借口开发课程资源而大兴土木，盲目引进硬件设备，不计高昂的经济代价。时间的经济性，是指尽可能开发那些对当前教育教学有现实意义的课程资源，而不能一味等待更好的条件和时机，否则就会影响新课程的实施。空间的经济性，是指课程资源的开发要尽可能就地取材，不应舍近求远，好高骛远。校内有的不求之于校外，本地有的不求之于外地。学习的经济性，是指尽可能开发能激发学生学习兴趣的课程资源。如果引入教育教学活动的课程资源意图不明确、晦涩难懂，不仅达不到预期的目的，反而还可能加重学生的学习负担。

4. 开放性原则

课程资源开发的开放性包括类型的开放性、空间的开放性、途径的开放性。类型的开放性是指不论什么类型、以什么形式存在的课程资源，只要有利于提高教育教学质量和效果，都应该是开发的对象。空间的开放性是指不论校内校外、城市农村、中国还是外国，只要有利于提高教育教学质量和效果，都可以开发。途径的开放性是指课程资源的开发不应该局限于某一种途径或方式，而应该探索多种途径和方式，并且能够尽可能地协调配合使用。

5. 共享性原则

信息时代，任何一个人所了解的信息都是有限的。资源只有共享，其价值才能得到更加充分的发挥。有形的资源共享固然重要，无形的资源如经验、智慧如果能共享，则更具有价值。萧伯纳曾经说过这样的话：你有一个苹果，我有一个苹果，交换之后，每个人还是只有一个苹果；然而，你有一种思想，我有一种思想，交换之后，每个人就有两种思想。[①]

二、中学历史课程资源的概念与类型

（一）中学历史课程资源的概念

根据课程资源概念的相关研究成果，结合《普通高中历史课程标准（2017 年版）》和《义务教育历史课程标准（2011 年版）》的相关表述，尤其是教学实践中广大中学历史教师对历史课程资源的理解和具体运用，本书从广义方面来理解中学历史课程资源的概念，即凡是对实现中学历史课程目标有利的因素都是中学历史课程资源。中学历史课程资源的利用与开发水平同教学质量的高低密切相关，是否能充分利用和开发中学历史课程资源，直接关系到中学历史课程目标的实现程度。这些资源主要涉及：

1. 以历史教科书为核心的历史教材

历史教材是历史课程资源的重要组成部分。学校、教师和学生可依据本地区的特点和自身的需求，在教育行政部门的指导下选择合适的教材。

2. 历史教师

历史教师是最重要的人力课程资源。教师的素养决定了课程资源与利用的范围和程度。在课程资源建设过程中，要始终把教师队伍的建设放在首位，通过对教师这一重要课程资源的开发，带动其他课程资源的优化发展。

---

① 陈冬梅、钟逢发：《课程资源的开发与利用》，86～91 页，南宁，广西人民出版社，2007。

3. 图书馆

图书馆中涉及历史课程资源的主要有：历史文献、历史读物、历史报刊、历史文学艺术作品等。充分利用图书馆，对历史教学具有积极作用。

4. 历史音像资料

历史音像资料包括图片、照片、录音、录像和历史题材的影视作品等。充分利用历史音像资料，有利于培养学生学习历史的兴趣和历史理解能力。

5. 家庭

每个家庭都有不同经历，通过照片、实物以及家长和亲属等，学生可以了解家庭的历史和社会的变迁。充分利用家庭资源，可以增强学生对历史的体验和感悟。

6. 社区

社区资源包括社区的图书馆、资料室、少年宫、文化宫以及人力资源等。充分利用社区资源，采取社会调查、小组活动等方式，可以提高学生动手、动脑和参与社会实践的能力。

7. 历史遗存

历史遗存包括历史遗址、遗迹、文物以及蕴含历史内容的人文景观和自然景观等。利用历史遗存，能够增强学生直观的历史感受。

8. 互联网

有条件的地方和学校，可以利用信息技术和网络技术，收集丰富的网上资源、制作历史课件、展示历史资料、制作多媒体教学软件、开发历史网页和进行远程教育等，使学生更直接、更全面、更迅速地了解历史，在更大的范围内共享高质量的教学资源。

（二）中学历史课程资源的类型

《义务教育历史课程标准（2011 年版）》指出，"历史学科所具有的独特性质，使其拥有丰富的信息资源"。可见，中学历史课程资源包含的内容十分广泛、丰富。根据不同的分类标准，可以划分为多种类型。

1. 按性质来划分

中学历史课程资源既包括教材、教学设备、图书馆、博物馆、互联网以及历史遗址、遗迹和文物等物质资源，也包括教师、学生、家长、史学研究者、教学研究者、历史当事人及社会各界人士等人力资源。

2. 按功能特点来划分

中学历史课程资源可分为素材性课程资源和条件性课程资源。

素材性课程资源是指作用于历史课程并能够成为历史课程的素材或来源，是学生学习和收获的对象。如历史教科书、历史教师教学用书等历史教材，图书馆、档案馆、博物馆、科技馆中的文字、图片、音视频资料，家庭、居住区周边城市或农村中的历史资料和历史遗存，师生现有的历史知识和学习经验，历史教学目标等，都属于素材性历史课程资源。其中，以历史教科书为中心的历史教材是最常见也是最主要的素材性中学历史课程资源。需要注意的是，素材性课程资源只是准备教学时的备选材料，其自身并不能直接成为课程，只有经过选用者加工处理并付诸教学实施时才能成为课程资源。

条件性课程资源是指作用于历史课程却不形成历史课程本身的直接来源，并不是学生学习和收获的对象，但在很大程度上往往决定着历史课程实施的范围和水平。如历史课程实施的人力、物力和财力，历史教学顺利开展的时间、场地、媒介、设备、设施和环境等因素，以及学校领导、历史教师本人、学生对历史课程的认识与重视程度等，都属于条件性历史课程资源。条件性课程资源的开发与利用，并不是历史教师举一方之力即可完成，需要与其他方面人员协同合作方可实现，而且可资开发的潜力非常广泛。

3. 按空间分布来划分

按空间分布来划分，可以把中学历史课程资源分为校内资源和校外资源。

校内历史课程资源主要包括学校内部各种满足历史课程需要和服务于历史课堂教学的资料、场所、设备、人力和活动等，如图书馆、多媒体实验室、信息中心、专家型历史教师、师生关系、学生团体、历史展览、历史知识竞赛以及历史讲座等。

校外历史课程资源主要包括学生家庭、社区乃至整个社会中各种可以满足历史课程需求的场所、设施、人员和活动等，如博物馆、科技馆、档案馆、图书馆、历史研究专家、历史亲历者、历史参观、考察和历史访问等。校外历史课程资源可以大大弥补校内课程资源的不足，充分开发与利用校外历史课程资源能为我们转变教育方式、适应新课程提供强有力的支持。

4. 按承载方式来划分

以承载方式来划分，中学历史课程资源可分为文本资源、非文本资源和信息化资源。

历史文本资源是指以印刷品、磁带、磁盘、光盘、胶片等方式保存或复制的，能服务于历史教学的图像、文献、音像资料。历史非文本资源是指以实物、遗存如动植物化石、古建筑，或民俗、民风如民间剪纸等方式保存的资源，或与中学历史课程密切相关的以网络为承载和传播媒介的各类信息，主要包括历史专业知识与科学研究资源、中学历史教学资源和其他各类可资利用的信息资源。

5. 按存在形态来划分

按存在形态来划分，中学历史课程资源可分为静态课程资源和动态课程资源两类。

静态历史课程资源主要是以静止状态存在或呈现的历史课程资源，如历史文献资料、图像资料、历史遗址和遗物等。动态历史课程资源则是以运动并不断变化更新的状态存在与呈现的历史课程资源，如影视资料、网络资源、师生经验、史学研究成果、民俗资料等。

(三)开发和利用中学历史课程资源的原则

关于开发和利用中学历史课程资源的原则，目前历史教育学界还没有达成共识。本书采用《义务教育历史课程标准(2011年版)》中的主要观点，即目标性原则、思想性原则、精选性原则、可行性原则。

1. 目标性原则

根据并围绕着教学目标的需要，选择相应的课程资源，以使教师和学生运用这些资源更好地达成教学目标。

2. 思想性原则

课程资源的选择要注重其所呈现的思想导向和价值取向，要选择那些有助于学生全面、客观、辩证地分析历史的资源，并利用这些资源对历史进行正确的认识。

3. 精选性原则

历史课程资源多种多样，要对各种资源进行筛选，选取反映历史真实状况，具有典型性、代表性的资源，使资源的利用有助于学生对学习重点的理解。

4. 可行性原则

课程资源的选择和运用要考虑学生的实际，考虑是否具有可操作性。课程资源必须易于在教学实际中应用，并且省时、有效。

（四）开发利用中学历史课程资源的作用

对历史课程资源的积极开发与充分利用，是历史教学得以顺利进行的基础条件。在历史课程的实施过程中，教师如能强化历史课程资源意识，因地制宜地开发和有效利用各种课程资源，则会取得事半功倍的效果。

1. 有利于激发学生学史兴趣，更好地理解和把握教材内容

人类认识世界是从感知起步的，感知也就构成了一切学习活动的基础。乌申斯基曾说过，"直观教学不是建立在抽象的观念和词的基础上，而是依据儿童所直接感知的具体形象，不问这些形象是教师指导下在教学过程中所感知的，或是儿童先前独立的观察所获得的，这样教师就在儿童的心灵中找到现成的形象，而教学就建立在它的基础上"①。历史学习是一个从感知历史到积累历史知识，从积累历史知识到理解历史的过程。因而，丰富多彩、开放具体、形象生动的历史课程资源符合学生学习的认知特点，符合直观性教学的原则，更有利于激发学生学习历史的兴趣。

历史学科是一门综合性很强的人文学科，涉及的领域广泛。学校图书馆可通过调整藏书结构和规模，合理配置人文社会科学方面的书籍，如通史著作、历史刊物、历史文物图册、历史地图、历史图表、通俗历史读物、历史小说、科学技术史、文学艺术史、考古和旅游等方面的读物，以供学生查阅，丰富学生的社会、人文知识，加深他们对课程内容的理解。

2. 有利于转变教学模式，帮助教师更有效地实施教学

从课程管理部门的角度来看，历史课程分为国家课程、地方课程和校本课程三个层次。对课程资源尤其是乡土课程资源的开发与利用，是开发和形成地方与校本课程的必要条件。因而，开发课程资源不仅能让更多的历史教师参与到地方尤其是校本课程的开发和建设中来，而且更能帮助学校和教师创造性地实施新课程，丰富教学模式，对于转变课程功能、创新学习方式、更有效地实施历史教学具有重要意义。

3. 有利于课程目标的全面达成

在一定程度上，"课程资源的丰富性和适切性程度决定着课程目标的实

---

① ［俄］乌申斯基：《论公共教育的民族性》，见张焕庭：《西方资产阶级教育论著选》，495 页，北京，人民教育出版社，1979。

现范围和实现水平"①。根据《义务教育历史课程标准(2011 年版)》的基本要求，义务教育阶段历史课程的总体设计思路是面向全体学生，从培养学生的历史素养和人文素养出发，遵循历史教育规律，充分发挥历史教育功能，使学生掌握中外历史基础知识，初步学会学习历史的方法，提高历史学习能力，逐步形成对历史的正确认识，并提高正确认识现实的能力，达到课程目标的要求。即除了"知识与能力"目标外，"过程与方法""情感、态度与价值观"目标也是要解决的关键问题。因此，在实际历史课堂教学中，教师仅仅依靠以教科书为主的教材中所呈现的内容来实现教学目标已经远远不够。教师必须充分开发和有效利用相关的课程资源，对教材内容进行必要补充，才能对教学方案做出更全面、科学、合理的设计，顺利达成既定课程目标。

《初中历史课程的六种基本资源》

第二节　中学历史教学数字资源的开发与利用

历史课程资源多种多样，涵盖的内容也相当丰富，本书主要介绍目前教学中比较常用的几种数字资源的开发和利用策略。

一、历史影视资源的开发与利用

(一)历史影视资源的开发

《义务教育历史课程标准(2011 年版)》中提出："近年来历史题材的影视音像作品大量增加，成为一种非常重要而且容易获取的历史课程资源。文献纪录片一般能够真实生动地再现某段历史，刻画某些历史人物，叙述某

---

① 钟启泉、崔允漷、张华:《为了中华民族的复兴，为了每位学生的发展:〈基础教育课程改革纲要(试行)〉解读》，402 页，上海，华东师范大学出版社，2001。

些重大历史事件，有助于学生理解和认识历史，是应重点利用的影视资源。对于历史题材的影视文学作品，应选择那些比较接近历史实际、与课程内容有密切联系的作品，在使用时教师应注意进行必要的指导。"①由此可见，数量丰富的历史题材影视作品是历史课程资源不可或缺的重要组成部分，已经成为一个不争的事实。而且，视觉效果的直观性，缩短了青少年观众理解历史知识的时间；影视艺术的综合性，拓展了历史教育的空间；影视文化的多样性，有利于在素质教育中突出历史教育的地位；影视艺术的互动性，提供了探究性学习的活动视窗。因而，利用影视自身的优势寓教于乐，加深学生对有关史实的了解，理应成为历史教育的一种合乎人本意识的有效延伸手段。②

　　历史课堂中可资利用的影视资源比较多，一般来讲可以分为两大类：一是纪录片、教科片、专题片，一是以历史人物或事件为题材的影视剧。因为影视资料所呈现的不仅仅是历史本身，还有制作人对历史的理解与认识。所以影视资料中既有真实的历史，同时也有虚构的历史。可以依据"真实程度"，将有关历史的电影划分为以下几类，如表 6-1。

表 6-1　历史电影的划分③

类　型	特　征	备　注
观察式的纪录片	没有操纵、篡改，真实。	现在已很少见
同时代的纪录片	在观察式的纪录片的基础上，制作人提供了不同程度的理解。	《南京大屠杀》
事件之后的纪录片	后来制作，汇编了当时拍摄的真实事件和人物。	《大国崛起》
戏剧化的纪录片	内容上是纪录片式的，同时又进行戏剧化处理。	《东京审判》

　　①　中华人民共和国教育部：《义务教育历史课程标准(2011 年版)》，46 页，北京，北京师范大学出版社，2012。

　　②　李雪萍：《论中学历史课程资源的开发与利用》，31～34 页，云南师范大学硕士学位论文，2006。

　　③　何成刚、陈伟壁：《历史教学：透过电影辨析历史——澳大利亚学校历史教育透析之三》，载《中学历史教学参考》，2008(8)。

类　型	特　征	备　注
重构的历史片	完全是历史事件的重构，由演员饰演，重构了历史场景、地点、服饰和礼仪。导演根据脚本、剧本重新编排，采用流行的形式来讲述历史故事。	《雍正王朝》《开天辟地》《三国演义》
历史剧情片	在一个基本真实的历史背景和历史事件下讲述一个虚构的故事。	《泰坦尼克》

以下仅罗列了一些常见的影视资源的主要获取途径，供教学与研究者参阅。

（1）中学历史教学园地——视频：http：//www. zxls. com/Article/Show Class. asp？ ClassID＝94

（2）《百年中国》视频：http：//tv. cntv. cn/videoset/C14415/

（3）纪录片《世界历史》：http：//tv. cntv. cn/videoset/C23987

（4）中国人民抗日战争纪念馆（中国人民抗日战争网上纪念馆）——抗战视频：http：//www. 1937china. com/kzls/kzsp/index. shtml

（5）纪录片《辛亥革命》：http：//jishi. cntv. cn/2012/12/15/VIDA1355584140991885. shtml

（6）纪录片《大国崛起》：http：//jishi. cntv. cn/2015/04/24/VIDA1429839178145393. shtml

（7）纪录片《复兴之路》：http：//tv. cctv. com/2012/12/15/VIDA1355567956637131. shtml

（8）纪录片《故宫》：http：//tv. cctv. com/2012/12/15/VIDA1355572850852942. shtml

（9）纪录片《世纪战争》：http：//tv. cctv. com/2012/12/15/VIDA1355559258844129. shtml

（10）纪录片《百年中国》：http：//tv. cntv. cn/video/C14415/f2af195fb8f9438fd10fdb9167e959bf

（11）《探索发现》视频集：http：//tv. cctv. com/lm/tsfx/

（12）《国宝档案》：http：//tv. cctv. com/lm/gbda/

（13）中国国家图书馆——音视频资源库：http：//www. nlc. cn/dsb _ zyyfw/sytc/sp/

（14）中学历史教学资源网——历史视频资源：http：//www.jxal.com/index.htm

除此以外，一些已经由音像出版公司发行的有关历史题材的碟片、光盘等，也是课堂教学影视资料的主要来源。如三辰影库的"'九五'国家重点音像出版工程"中的《初中历史·原始社会(1)(2)》《万里长城》《中华历史五千年》《抗美援朝》，中央电教馆和上海电教馆联合发行的《河姆渡文化》《从鸦片战争到五四运动》等。

(二)历史影视资源的合理利用

通过恰当运用历史影视资源，能够营造出一个良好的帮助学生学习历史的直观场景，提高学生历史学习的主动性和积极性，促进学生习得知识的内化和思维能力的提升。但教师在历史教学中具体运用时，需引导学生注意以下一些问题。

（1）明确——电影中历史事件发生的时代背景、电影中主要的及次要的历史人物与历史情节。

（2）确认——电影制作的时间背景，电影是如何制作出来的，为什么制作，制作的目的是什么。

（3）思考——电影制作过程中，何种因素会影响电影对历史的解释。

（4）探究——电影要向观众传递什么观点、立场或态度；这些观点、立场或态度是如何传递的；又是如何说服观众相信这些观点、立场或态度的。

（5）感悟——你对电影中的事件、人物、故事、立场和观点是怎么理解的；哪个片段最值得你注意，这个片段是如何改变你对电影所涉及事件和历史人物的理解的；电影在历史真相方面达到了什么程度，效果如何；电影中什么片段偏离了已知的历史，它的目的是什么。[①]

对与教学内容有关的影视资源进行分析时，教师要引导学生有一个广阔的视野。要帮助学生探究清楚历史、制作人、时代背景以及现实等多种因素之间的复杂关系——制作人是以力图传播历史真相、弘扬历史的真善美为己任，还是奉行"一切历史是当代史"的原则，站在今天重新解释历史，还是借历史之名而"戏说历史"，实现商业目的，或者企图引导、影响观众已有的历史认识，向民众渗透其既定的历史价值观，从而实现特定的政治

---

① 何成刚、陈伟壁：《历史教学：透过电影辨析历史——澳大利亚学校历史教育透析之三》，载《中学历史教学参考》，2008(8)。

目的。所有这些问题，均需要教师正确引导学生在进行深入思考后做出自己的判断。

具体言之，实际历史课堂教学中教师运用影视资源时需要注意以下几个原则。

1. 真实性原则

"文艺典型反映的真实，重在塑造；历史典型反映历史的真实，重在实录。"①在实际课堂教学中，历史影视资源在将教材知识直观化、生动化、趣味化的同时，也因为中学生理性思维能力薄弱而被自觉接受为教师所传授历史知识的一部分，因而如何引导学生辨别是非、去伪存真，即将真实的历史面貌还原到课堂就成了选择利用影视资源教学的重要前提之一。

【案例 6.1】

《康熙王朝》的史实辨析②

学习人教版高中历史必修 1 第一单元的第四课"明清君主专制的加强"后，利用学生对影视剧《康熙王朝》《戏说乾隆》的兴趣，要求学生自己动手查阅正史资料，认真审视、甄别影视剧情的真伪，完成探究性练习……给同学们出了一道多项选择题，并说明选择的理由：在《康熙王朝》中，以下剧情不符合历史事实的有：(1)孝庄太后一口一个"我孝庄"；(2)康熙将自己与荣妃所生的女儿嫁给噶尔丹；(3)康熙四十八年，明珠与索额图参加千叟宴；(4)施琅向康熙投降。结果学生主动查阅资料，不仅找到正确的答案，而且还初步培养了批判性思维，不再人云亦云，养成严谨的治学态度，从而降低了影视作品给理解历史带来的负面影响。

从这一案例来看，历史剧业已成为学生生活中经常接触的影视资源之一。由于其反映的历史事件与历史知识不是全部客观可信，历史教师在教学过程中选用时必须正视这一现实，及时向学生说明或引导学生认识到一些失真甚或错误的表达，保证教学的科学性与严肃性。也可以采取恰当的教学方法与教学手段，因势利导，以培养学生正确的历史思维和价值判断。

---

① 赵恒烈：《历史思维能力研究》，48 页，北京，人民教育出版社，1998。

② 王恩妹、许序雅：《浅谈影视资源在高中历史课堂教学中的运用》，载《历史教学问题》，2006(4)。

2. 典型性原则

由于课堂教学时间和容量的限制，在选择任何课程资源补充教学内容时都要精挑细选，尽量把那些有代表性、说服力较强的材料运用到课堂教学中去，对于影视资源的利用也概莫能外。"收集历史材料要竭泽而渔，尽其所有；再建历史形象则要选择典型，突出特征。"[①]具体而言，要从三个方面考虑其典型性。首先是要确定哪些教学内容需要或适合运用影视资源。一般来讲，一些距离学生生活时代较远、内容较为抽象，仅依靠语言讲解学生无法做到真正理解或难以理解甚至会产生误解的重大历史事件，可以考虑选用影视资源来辅助教学。其次要考虑选择哪些影视资源较为切合。在可能的情况下，尽量选择那些史料翔实、价值较高、能明确教育主题、突出历史教育作用、真实再现历史情境的科教片或纪录片，不选用影视剧的情节作为辅助讲解重要历史事件或历史人物的补充资源，以免学生将真实的史事与戏说的"史实"相混淆。最后要考虑采用哪些片段、在什么时机以什么样的方式呈现。确切地讲，要根据教学内容(尤其是重难点)、设定的教学目标和学生的实际情况来选择和决定，不能喧宾夺主，为了烘托课堂气氛或为了"影视"而影视，那将失去选用课程资源来提升教育教学质量的初衷。

3. 启发性原则

教师利用影视资源创设好情境以后，需要及时设计与提出具有一定探究性和开放性价值的问题，引导学生与情境连接起来。教师要充分发挥学生的主体性地位，贯彻探究性原则来适时引导学生针对影视资料所反映出的历史事实，结合所学的基础知识进行拓展和延伸，帮助学生深入历史中去建构知识体系，体验历史过程，孕育情感。只有这样，才能充分发挥影视资源在课堂上应有的效果。

二、网络资源的开发与利用

信息和网络技术的飞速发展，为历史教学提供了非常丰富、便捷、高效的信息和资料来源。互联网上的历史教育网站、历史资源网站和各级各类图书馆、档案馆、博物馆等网站也是非常重要的历史教学与教育资源，不但值得而且需要历史教师和学生进行适度的开发与利用。此处，罗列和介绍一些较为常用的历史教学网络资源以供学习和研究者查阅。

———————

① 赵恒烈：《历史思维能力研究》，47 页，北京，人民教育出版社，1998。

(一)数字图书馆

除了提供数字化检索和网站管理平台的传统图书馆,数字化图书馆网站能为广大用户提供免费的图书阅读,大量的文献、图片、音视频的浏览与下载服务。国内常用到的数字图书馆资源主要有以下两个。

(1)中国国家数字图书馆(http：//www.nlc.cn/)：由中国国家图书馆创办与建设。该网站于1999年在国内业界首次采用先进的以太网络科学技术,开通了拥有三千多个信息节点的馆域网络。注册者可以在网站内根据需要进行检索,在图书、期刊、报纸、论文、古籍、音乐、影视以及缩微等栏目中找到自己想要的资源。

(2)超星数字图书馆：由北京世纪超星信息技术发展有限责任公司投资兴建,是国内专业的数字图书馆解决方案提供商和数字图书馆供应商,号称世界最大的中文在线数字图书馆。该馆提供大量的电子图书资源,涉及哲学、社科总论、自然科学总论等多达几十个学科门类,电子图书数十万册。

(二)综合类网络资源

综合类网络资源主要是为历史教育教学提供学术和教学研究论文、电子教材、教案、教学设计、多媒体课件、中高考试题、音视频资料等综合性历史资源。这类资源数量比较多,下面列举几个较具代表性和实用性较强的网络资源。

(1)人民教育出版社网(简称人教网 http//www.pep.com.cn)：由人民教育出版社主办。该网站目前进行了全新改版,在初中和高中两个板块中涵盖历史、历史与社会两个学科,每个部分设有同步教学(包括课程引领、教材使用、教学设计、教学辅助)、同步学习(包括同步导学、同步检测、同步拓展、同步作品)、发现(包括教学研究、课件素材、教学答疑、课改探索、学习策略、双语历史、历史知识、历史故事、历史人物、图说历史)以及论坛等特色栏目。相对而言,该网站是教育网站中历史教学资源最丰富的,是中学历史教学与研究的重要课程资源。

(2)中国历史课程网(http：//hist.cersp.com/)：由教育部基础教育课程教材发展中心指导创办。该网站提供了强大的站内检索工具,可通过文章标题、作者及关键字来搜索需要的课程资源。主要设有课程建设、试题精选、教学研究、教材研究、教学设计、测量评价、历史研究、教材资源、图说历史、历史论坛、历史博客、图书频道及精品推荐等栏目,号称中国最有影响力的历史教育网站，是中学历史教师的精神家园。

（3）中学历史教学园地（http：//www.zxls.com/）：网站开设高考与学考、新课标同步、初中中考、初中同步、上海专栏、教研论文、文综、说课、视频与 Flash、学生园地、百科与史书、名题精解、图说、实录、教材教辅、港澳台教学等多个栏目，号称全国文章总量、访问量最大的中学历史教学网站。

（4）川教社历史课程网（http：//www.chuanjiaoban.com/）：又名四川教育出版社义务教育历史教材教学资源网站，开设有中考专题、学案试题、教学设计、课件展示、教海探航、教材教辅、教材插图、课程培训、课堂实录等多个栏目。

（5）中国历史教学世界（http：//www.lsjxsj.com/Index.aspx）：由重庆市教育科学研究院信息技术教育中心制作，是关于川教版教材的专题网站，设有学科信息、课改方针、课程资源、教学探讨、中考天地、史海泛舟、学史一得、高中教学等栏目。

除以上重点介绍的网站外，还有一些其他历史教育教学类网站也可供参考，如：

中国历史教师网（http：//www.zxls.com/zglsjsw/）

历史风云网（http：//www.lsfyw.net/portal.php）

静安区历史课程资源网（http：//www.jals.edu.sh.cn/）

中学历史双语教学资源网（http：//www1.upweb.net/bi-historyindex.html）

央视网在线教育平台——中国公开课（http：//opencla.cctv.com/）

苏师历史教育博客（国内第一个由大学老师主办的历史教育博客）（http：//blog.sina.com.cn/u/3760719433）

（三）博物馆类网络资源

博物馆类网络资源主要包括网上历史博物馆、纪念馆、档案馆提供的文物、档案、典籍及有关历史人物或历史事件的图片、作品等。如：

中国国家博物馆（http：//www.chnmuseum.cn/tabid/40/Default.aspx）

陕西历史博物馆（http：//www.sxhm.com/index.php）

中国华侨历史博物馆（http：//www.ocmuseum.cn/index.html）

香港历史博物馆（http：//www.lcsd.gov.hk/CE/Museum/History/zh_CN/web/mh/about-us/introduction.html）

南京博物馆(http：//www. njmuseum. com/html/default. html)

(台)"国立"历史博物馆(http//www. nmh. gov. tw/)

(台)"国立"故宫博物院(http//www. npm. gov. tw/)

中国历史文化遗产保护网(http：//www. wenbao. net/)

牛津大学科学历史博物馆(http：//www. mhs. ox. ac. uk/)

佛罗里达自然史博物馆(https：//www. floridamuseum. ufl. edu/)

奥地利自然历史博物馆(http：//www. nhm-wien. ac. at/)

(四)专题类网络资源

历史专题类网络资源所包括的网站，主要是以专题形式传播和介绍历史知识、历史研究成果等。如：

(1)血铸中华网(http：//agzy. youth. cn/xzzh/)。该网站由共青团中央和中国社会科学院主办。除了新闻动态和活动以外，重点栏目是百年大事、历史遗迹、人民的反抗、来路追思、不平等条约、图强之路、历史资料、历史照片、历史研究、忏悔录、英烈等。链接的事件纪念馆是该网站一大特色，主要包括新文化运动纪念馆、戊戌变法纪念馆、九一八事变纪念馆、遵义会议纪念馆、淮海战役纪念馆等，相关历史事件图片档案、历史资料、回忆记录、理论研究、影音作品等内容非常丰富。

(2)近代中国研究(http：//jds. cssn. cn/)。由中国社会科学院近代史研究所主办，内容涵盖专题研究、图片资料、音像资料等，是相关历史知识、文献资料、学术研究成果与动态查询的重要参考网站。

(3)学术交流网(http//www. annian. net)。北京师范大学历史系黄安年教授创办，主要栏目有：中学历史教学与教材、美国问题研究、学术评论、学术图书提要等。

此外，像国内的近代中国网(http//www. china1840—1949. com)、学术批评网(http：//www. acriticism. com/)、史学连线(http://www. saturn. ihp. sinica. edu. tw/)、国学网(http：//www. guoxue. com/)、历史资源网(http：//www. fed. cuhk. edu. hk/history/)，国外的美国历史学家协会网站(https：//www. historians. org/)、美国历史文献资料(http：//www. law. ou. edu/hist/)等，也都是有关历史教学和研究可供参阅的网络资源。

网络资源丰富多彩、易于获取，固然是其优势。利用网络资源进行历史教学，不仅是现代教育的发展趋势，也是改革传统教学方式、丰富教学内容、大大提高教学灵活性和生动性，提高学生学习历史兴趣和主动性的必然诉求。但网络资源同时也是一把双刃剑，倘若利用不好也会带来不良后果。这就需要教师面对纷繁复杂、良莠不齐的网络资源，提高鉴别能力并能有选择性地使用，然后再根据教学内容、教学目标以及具体学情，把更有针对性的网络资源有效组织起来，在实际教学中发挥更突出的作用。

【案例 6.2】

活动探究课"'贵姓何来'：中华诸姓的来历"①

本课的活动目标是：

(1)以中国百家姓的知识为载体，探索学生自己姓氏相关的历史知识文化。

(2)通过探究中华民族姓氏的由来、自己姓氏的由来和变化等，探寻中国诸姓中蕴含的丰富历史知识。

(3)通过探寻自己姓氏的由来，培养学生热爱家庭的伦理观念，树立振兴中华的观念。

学情分析：

(1)七年级学生具有好奇心和好胜心，信息来源广，认知能力较强，思维灵活多变，运用网络资源的能力较强。

(2)但就姓氏所涉及的文化现象进行初步的探讨与分析，对所涉及的文化信息进行分类与整合，这对于七年级学生来说不是件容易的事情。所以，教师要注重指导学生如何充分合理地运用所收集到的资源，并制成相关的课件。鼓励学生充分发挥团队精神，特别是同组成员之间要做到科学合理的分工，让他们知道通过这样的学习探究，确实有所收获，从而提高他们学习历史的兴趣。

(3)关于百家姓的资料非常多，而一节课能展示的时间有限，所以教师在学生收集资料前，要有所指导，可以师生互相讨论，定出选题，对同一选题感兴趣的同学组成小组，让课堂的展示和探究有导向。

具体操作过程：

(1)师生共同商定活动选题，最后确定为：

第一小组：我说我姓

① 潘艳菁：《基于网络资源的初中历史情境教学实践研究》，12～13 页，南京师范大学硕士学位论文，2015。

第二小组：姓氏溯源（姓氏的起源及演变）

第三小组：探究百家姓（旧时百家姓、今天的百家姓）

第四小组：有趣的姓氏（有趣的姓氏种类）

（2）分组：确定选题后，对同一选题感兴趣的同学组成小组，确定组长，进行组内分工。

（3）收集相关资料，途径主要是利用网络资源，制作课件。

（4）研究性学习开展过程中注意的问题。

学生收集了大量的网络资源，特别是找到许多有关百家姓的网站。对各种网络资源进行分析、归纳、整理、提炼，从中发现对教学有帮助的信息。在这个过程中，教师要注意对学生的指导，特别是要区分网络资源的真伪。网络资源浩如烟海，其中既有正规网站的系统发布，也有网友的个人见解，如"百度知道"，对于网络提供的各种史实信息，要看其是否提供了材料的出处、作者等基本内容。还要查找史书，对于观点性问题进行考证。应慎重采纳，反复推敲，做到论从史出；对有争议观点，指导学生分析双方的依据，帮助学生得出自己的结论。在出现疑难问题时，指导学生使用论坛、QQ、微信等工具与外界进行交流。

三、新型移动学习资源——历史教育 APP 概述

近几年，随着智能移动终端的迅速发展与广泛普及，新型移动学习资源——教育 APP① 如雨后春笋般大量涌现。与先前的移动学习资源相较，教育 APP 凭借其特有的智能性、便携性、良好的交互性等极大优势，伴随着智能手机、平板电脑等电子移动设备的日益普及，不但"走入"了课堂，更是"走入"了学生的学习与生活，并迅速得到学校教师、学生及广大家长的青睐。

纵观基于苹果和安卓两个平台开发的有关历史教育与教学的 APP，目前主要分为两大类，即阅读类和音视频类。阅读类以图书、试题类、资讯类为主，音视频类主要包括专家讲座、有声历史故事、中学历史课堂视频和历史影片。如在搜索页面输入"历史"检索词，在教育类 APP 中涉及历史教育教学资源的主要有历史书籍、历史试题、专家讲座和有声历史读物、名师教学视频、历史知识资讯等内容，具体如下。

---

① 教育 APP 中的 APP 是英语 Application 的缩写，原意为"应用"，现在 APP 普遍被界定为移动智能终端的应用程序。

历史书籍类如"中外历史书籍大全150＋"，包括《中国崛起》《复兴之路》《共产党历史研究》《周恩来传》等中外历史及人物传记图书150余部。"剑桥中国历史合集——精品书库"，包括《剑桥中国秦汉史》《剑桥中国隋唐史》等7部。四册本《中华上下五千年》以时间为经，以事件和人物为纬，从盘古开天辟地的传说开始，将中华上下五千年历史文化的精髓——展现，为读者提供了了解历史的捷径。与之近似的图书还有《历史常识——开启中华五千年历史之门》《中国古代名人录》《中国历史大全——从盘古开天到二十一世纪》《历史知识——名人野史秘闻文献》等。"课本大全"（也称"教科书教材大全"）则收入覆盖小学、初中、高中各个年级、学科的上百本教材，历史教材也在其中。试题类资源以高中历史内容为主，数量也相对较多。如"高中历史"，包括了历年高中历史真题及详细解析、高考历史考点预测、高考资讯等。"高中历史——高考历史必备"，共分为25个主题，全面详细总结了高考历史知识点，归类整理，方便记忆，无须联网，随时随地可以学习。"高中历史笔记——题库大全"，包括了高中必修1－3知识讲义总结、高中历史各单元测试题大全、高中历史历年真题汇总大全等。其他如"三国志电子书""走读历史""历史地图""历史人物百科""高中历史@酷学习""高中课堂笔记总结大全——历史、政治、地理""高中知识点总结大全——历史""历史——历史真题详解及历史故事常识""辛雷智能学习历史""高考历史必备资料大全""初中历史7—9年级知识点总结大全""中考历史试题"等，不一一列举。

音频类APP资源主要有"有声历史书"，内含中央电视台百家讲坛的全部精彩内容和诸多的古代帝王、历史名人传记，能为听者多方位解读历史。"百家讲坛合集——快点阅读历史人文名家读书会"，完整收录《百家讲坛》高清全集音频，与央视同步更新，包括《易中天品历史》《于丹讲座》等丰富内容。《上下五千年——世界历史（上）》，作为世界历史的通俗性普及性读物，共分为古代文明、争战中的帝国、中世纪、文艺复兴时期、资产阶级革命等9部分，精彩扼要地勾勒出世界历史演进的基本脉络和发展历程。"历史小说精选"，包括《大秦帝国》《明朝那些事儿》《雍正皇帝》《曾国藩》等。其他如"中国历史——有声故事""中国历史故事""世界历史——世界上下五千年""世界历史故事""中国帝王传""台湾历史"等，不一而足。

视频类资源如"高中历史"，收集了名师讲解的高中历史视频教程。"高中历史——名师课堂教学视频大全"，汇集众多精品高中历史课堂教学视频，包括高一至高三各章节课程讲解、真题练习，涵盖了高中历史各章节内容的知识点总结，十分适合高中学生、教师使用。"高中历史——高中历史百川考试",汇总高中历史课堂视频,给同学们带来更好的课堂体验。"高中历史一点通",包括高一高二高三名师手把手免费在线教学视频大全、知识要点总结、高考冲刺必备等内容。此外还有"高中历史——名师视频教学"等课堂教学视频,内容也比较丰富。

资讯类APP资源如"历史上的今天",可以浏览当年当日重大历史事件。"新历史上的今天",每条历史大事件加上了详细解说,具有历史事件检索和收藏夹功能,较为便利。"历史百科——每天读点历史",相当于"历史百度"功能,将历史上的今天展示于手机通知中心里面,方便快捷,随时展示历史上的今天发生了什么,每个词条直接与百度百科建立链接,点击即可查看详情。"历史上的今天——前事不忘,后事之师",能自动展示当天的历史事件,采用便捷的日历选择方式,还可在维基百科中查看历史事件中的信息;除中文版外,还提供了英语版和日语版。

作为一种新型的移动学习资源,虽然在资源的建设机制、监管和推广机制及教学的应用模式等方面,都还处于不断尝试与探索阶段,但历史教育APP资源的快速发展,必将引起广大历史教育工作者的广泛关注。其已不再仅仅是学校课堂以外学生学习历史的助手,而将是推动学校历史教育与教学方式改革的有力工具。历史教育APP资源的开发与利用,既对信息技术与历史教育教学的深度融合提出了巨大挑战,也为其创造了良好的契机、开辟了广阔的前景。而所有这些,均需要广大中学历史教师与学生的热情参与和积极投入,因为"再好的外部课程资源条件,如果没有师生参与开发和利用,也无法发挥教学的有效性"①。

第三节 中学历史教科书资源的利用

一、历史教科书的概念与功能

(一)教材和历史教材的概念

从广义上讲,教材是指教学活动中所利用的一切素材和手段,即教学的材料。由于研究者各自的立场、观点以及划分标准、依据不同,加之教材本身也在不断地发展变化,对于教材,人们往往会有不同的理解和解释。

① 张贵勇:《课程资源问题需要深化认识》,载《中国教育报》,2012-07-19。

主要观点如下。

(1)关于教材，一般有两种解释：一是根据一定学科的任务编选和组织具有一定范围和深度的知识和技能体系，它一般以教科书的形式来具体反映；二是教师指导学生学习的一切教学资料，包括教科书、讲义、讲授提纲、参考书、辅导材料以及教学辅助材料。教科书、讲义、讲授提纲是教材整体中的主体部分。换言之，教材有狭义和广义之分。狭义上的教材即教科书，或称为课本。广义上的教材是指包括教科书在内的所有教学材料。

(2)教材是由一定育人目标、学习内容和学习活动方式分门别类组成的可供学生阅读、收听观看和借以操作的材料，既是教师进行教学的材料，又是学生认识世界的媒体。

(3)教材是教学过程中的一个要素，最普遍的广义说法是，教材包括了教师的传授行为中利用的一切素材和手段。在此意义上，教材是"教授及学习的材料"，是师生之间的媒介。

(4)教材是以一定育人目标、学习内容和学习活动方式为基本成分而分门别类组成的提供给学生认识世界的规范化、程序化、具体化的育人媒体。

由以上教材的定义可知，历史教材也可以有狭义和广义之分。狭义上的历史教材专指历史教科书，即历史课本。广义上的历史教材则是"师生为了达成历史教学目标而利用的相关素材、工具和手段"。① 实际上教材是历史基本知识的载体，是历史教师进行教学的基本凭借、学生学习历史的主要工具，包括文字类历史教材、音像类历史教材和实物类历史教材三大类。

(二)历史教科书及其功能

"教科书是以课程标准为依据，按照教学规律，由学科专家编写，经全国中小学教材审定委员会审查通过，供学校施教使用的文本教学材料。"② 据此，我们可以把历史教科书的概念理解为，它是根据国家规定的课程设置、课程标准以及学生的认知特征而编写的历史教学用书。历史教科书既是国家意志的重要体现，又是课程目标的具体体现和课程内容实施的主要载体。同时，历史教科书是学校历史教学中最主要、最基本和最常用的一种历史教材，是教师和学生开展教学活动的重要媒介，兼具"教本"和"学本"两项功能。一方面要有利于促进历史教师开展教学活动，另一方面则必须注重

---

① 于友西：《中学历史教学法》，3 版，88 页，北京，高等教育出版社，2009。

② 马执斌：《树立新的历史教材观是当务之急》，载《历史教学》，2005(6)。

学生的年龄特点、心理特征和认知水平，最大限度地调动学生学习历史的积极性、主动性和创造性。因此，历史教科书在历史教育教学中具有非常重要与广泛的功能。具体而言，表现在以下几个方面：

第一，是落实国家教育大政方针尤其是具体实施历史课程标准的主要凭借；第二，是学校历史教育最主要、最基本的教学资源，是开展历史教学活动的重要依据；第三，是贯彻实施历史课程基本理念、实现历史课程教学目标的基本抓手；第四，是连接教师和学生的中间桥梁，是师生开展课堂教学的基本工具；第五，能有效发挥主体自学功能，是将历史知识转化为能力的物质媒介，是提高国民素质的重要渠道。

以上对历史教科书功能的认识与传统观点相比固然有了较大进步，但仍不足以体现历史教科书功能的时代气息。随着时代的飞速发展，伴随着新课程改革不断深入的步伐，现代意义上的历史教科书理应发挥出更具时代特色的功能。这是因为，知识信息极度丰富的现状使教科书无法包容学科知识的全部，甚至仅仅是主要部分。现代科技特别是信息技术的发展，又令教科书无须包办介绍学科知识的任务。因此，新时代历史教科书的功能完全可以超越一种纯粹的知识观的解释，不是供传授的经典、掌握的目的、记忆的知识仓库，而是向学生展示一些有助于他们理解历史学科领域的关键知识、方法、过程以及与其他学科之间的关系、与社会和生活的关系的重要案例，而且应当是帮助学生进行学习并学会学习的工具，是引导学生理解认识人类已有经验和知识的媒介，是课堂学习的知识资源，是促进学生形成健康的情感态度和正确的价值观的催化剂。①

二、中学历史教科书的编写体例与结构

（一）中学历史教科书的编写体例

在我国，历史教材的编写体例大致有五种，即章节体、课题体、通史体、专题体和本国史与外国史合编。新课程改革以来，中学历史教科书的呈现方式出现了较大变化，主要采用了两种形式。一种是采取时序与主题（或称时序与"点—线"）相结合、中外历史分述的通史体，主要体现于初中历史教科书；另一种是采取时序与专题相结合、中外历史合编的专题体，主要体现于高中历史教科书。

---

① 高凌飚：《关于新课程教科书的几点思考》，载《课程·教材·教法》，2002(9)。

　　《全日制义务教育历史课程标准(实验稿)》的教科书在体例上采取了时序与主题结合，以学习板块的形式来构建历史课程体系。即以时序为线索从古至今，重点围绕表现每一历史时段突出特征的主题来叙述历史。同时，以"课"为单位，由若干"课"构成一个单元。课程容量适当，知识体系更为宽松，有利于学生在掌握历史事实的基础上理解历史发展过程。

　　新课改高中历史教科书则建立了以政治史、经济史和思想文化史等模块为架构，历史专题为单元，贯通古今、中外合编的历史知识体系。其中，高中历史必修3册，包括25个古今贯通、中外关联的学习主题，分别反映人类社会政治、经济、思想文化、科学技术等领域的重要历史成果，是全体高中学生必须学习的基本内容。高中历史选修6册，分别反映历史上重大改革回眸、近代社会的民主思想与实践、20世纪的战争与和平、中外历史人物评说、探索历史的奥秘、世界文化遗产荟萃6个学习模块。与传统的将中国历史和世界历史分编成册、以本国史和外国史为框架分别建立知识体系的统编本教科书相比，新课改高中历史教科书使学习内容更加完整，更便于学生进行比较、分析，发现中外历史之间的联系与区别，正确认识和把握局部和全局的关系。

　　由于专题史教学在一线遭遇了很大的挑战，《义务教育历史课程标准(2011年版)》全部改为通史体，《普通高中历史课程标准(2017年版)》也部分恢复了通史体。普通高中历史课程由必修、选择性必修、选修三类课程构成，必修课采取通史方式，选择性必修和选修课采取专题史方式。

　　(二)中学历史教科书的结构和功能

　　教科书的结构是指教科书内部各要素、各成分之间合乎规律的组织方式，即教科书是由哪些部分、哪些形式及内容组成的。一般来看，是指从教科书的前封到后封之间的所有组成部分，大体上出封面、扉页、前言、目录、课文、附录以及封底等部分构成。

【案例6.3】

部编《中国历史》(八年级上册)教科书结构①

封面

扉页

―――――――――

①　《中国历史(八年级上)》，北京，人民教育出版社，2017。

编委会

目录

历史教科书的结构是组成历史教科书的基本架构。以"人教版"《中国历史》(八年级上册)为例，虽然从封面到后记均为教科书的组成结构，但其主体部分则是从"第一单元"到"第七单元"之间的课文内容，它是教师讲授和学生学习的基本内容。而每一单元又由自己的独立结构"课"来组成，构成多个子系统。总的来看，目前我国新课改教科书结构呈现多样化趋势，课文系统和课文辅助系统形式多样、内容丰富多彩。

1. 课文系统

一般来说，历史教科书的课文系统主要包括基本课文、补充性课文、绪论性课文、史料性课文及探究性课文等。

基本课文是编纂者按照历史课程标准的要求，对精选的一系列重要而又基本的历史事件、历史人物、历史现象和历史过程的较完整、系统、全面的概括、叙述，是教科书的核心，也是要求学生必须学习和掌握的主要内容。与课文系统其他内容相比，基本课文部分是最基本、最稳定、最不可缺少的内容，直接为历史课程的教学目标服务。因此，尽管同一时期不同版本的教科书在结构方面存在着一定差异，但其课文系统内容基本一致。基本课文在内容编写上力求简明扼要，不做过多细节性表述。在文字编排上采用稍大字号，以示区别。

补充性课文是对基本课文的补充，其作用在于增加细节，帮助学生更好地理解基本课文的同时，扩展学生知识面和视野，训练和提高学生阅读理解能力，激发学生学习历史的兴趣。补充性课文在文字编排上采用其他字体或小一号字体并着不同颜色，以别于基本课文。

绪论性课文一般置于教科书全书、每个单元或章节之前，概述内容大意、编写意图与过程、历史背景等内容，如"人教版"《中国历史》(七年级上册)中的"说明"和"与同学们谈历史"、高中历史必修 1 中的"前言"等。它相当于一般历史著作中的绪论，能帮助学生厘清线索、宏观把握，对于学生学习历史具有指导性作用。

史料性课文即指教科书中引用的史料部分，大体上包括文字资料和图片资料两大类。文字资料主要包括档案、法律、诏令、公私文件、日记、文集、史书等，图片资料则指实物资料，如历史建筑、遗迹、遗物、碑刻等的照片、图像等。史料性课文的主要作用在于帮助学生感受历史的真实，养成"论从史出"的科学态度和"证据意识"，培养学生形成初步的研究能力。

探究性课文是 21 世纪以来我国新课程改革以来历史教科书中新增加的一种课文类型，每册书一般各有几篇探究性课文列于单元学习之后，如"人教版"初中历史教科书七年级上册中的"寻找历史""编历史小故事""秦始皇功过的辩论""运用历史地图学习历史"" 温故而知新'的方法和技能"等。探究性课文的作用就在于以活动和探究的形式引导学生参与到历史学习过程中，培养学生的历史探究意识和历史思维能力，以期达到对学生进行素质教育乃至于培养历史核心素养的宗旨。

2. 课文辅助系统

课文辅助系统虽然是以辅助课文系统而编写的，但却具有相对独立性并业已成为教科书中不可或缺的组成部分，尤其在历史教师课堂教学实践中占有举足轻重的地位。纵观不同版本的历史教科书，课文辅助系统主要包括：导语、课旁提要、课文注释、图表、习题等。

导语是指位于每一单元或每课开始之前的一段或几段文字，因教科书的不同而冠以不同称谓，如"导入框""课前提要""导言""导语"等。但基本功能都是为了导入新课，引起学生学习该部分内容的兴趣。

【案例 6.4】

部编《中国历史》(七年级上册)第 6 课"动荡的春秋时期"导语①

公元前 770 年，周平王将国都从镐京东迁洛邑，中国历史从此进入东周时期。东周前期被称为春秋时期。在这一时期，社会发生了哪些变化？周王室与诸侯国的关系如何？

课旁提要有的也称课旁提注，类似著作中的边注，是指在课文段落旁边编排的简短文字说明或古诗词、文献等。一般文字量不多，旨在对课文内容进行点拨，或者拓展课文内容、启发读者思考、提出相关线索等。如

---

① 《中国历史(七年级上)》，北京，人民教育出版社，2016。

"人教版"初中历史教科书中的"相关史事""材料阅读"等。课文注释一般处于历史教科书的脚注位置，其在扩充知识方面与课旁提要相似，更多的时候则在于解释难懂的字、词、概念、地名等。

【案例 6.5】

部编《中国历史》(七年级上册)第 6 课
"动荡的春秋时期"课旁提要和课文注释

课旁提要如："平王之时，周室衰微，诸侯强并弱，齐、楚、秦、晋始大，政由方伯。"——《史记·周本纪》

课文注释如：

①"诸华""诸夏"，是早期华夏族的统称。

②铜胄，铜制的帽子，古代打仗时戴的保护头部的用具，在冷兵器时代作用明显。

③全部殉马 600 多匹，实际出土殉马 334 匹，反映出当时齐国的国力强盛。

教科书中的图表包括地图、图片、表格、表解以及示意图等。这些图表在课文系统中的作用也比较广泛，如激发学生学习历史的兴趣；培养学生的观察力，帮助学生感知历史对象的同时形成历史表象和历史概念；迅速直观有效传递历史信息，发展学生的历史思维等。

习题是指在课文前、课文中或课文后设置的引起学生思考、帮助学生回忆或要求学生回答等各种性质问题的统称，如"人教版"初中历史教科书中的"问题思考""课后活动"，高中历史教科书中的"思考""本课测评"等。设置习题的主要目的在于引导学生参与历史学习过程，帮助学生加深理解和巩固基础知识，培养学生对所学知识与方法的综合运用能力，发展学生的历史探究能力和史学思维能力等。

三、中学历史教科书的使用

(一)中学历史教科书的使用原则

无论历史教科书在学校历史教学活动中的功能与作用如何重要，不管教科书编写的质量有多么高，最终能发挥教科书应有作用的关键还在于其使用者与实际使用过程，因而教科书的应用无论在理论上还是在实践中都是十分重要的。而首先要掌握的，即中学历史教科书的使用原则。

1. 综合运用多种类型教材，以收相得益彰之效

历史教材可谓种类繁多，它们在中学历史教学活动中所起的作用也不尽相同。仅就历史教科书而言，也呈现出"一纲多本"和"多纲多本"的局面。各版本的中学历史教科书在内容体系的建构方面都有自己的独特构思与意图，内容体系出现多样化的状态也是显而易见的。这就要求历史教师在实际历史教学活动中，将历史教材作为教学资源进行恰当的运用，根据自身和学生的实际，根据各种教材、各版本教科书的优势和短板，各取所需，取长补短，创造性地进行开发和利用，充分、有效地发挥以教科书为中心的历史教材的功能，实现历史教学目标。

2. 钻研教科书而不迷信教科书，"用教科书教，而不是教教科书"

面对"一纲多本"和"多纲多本"的现状，历史教师要做的不是无所适从，而是有所作为。各个版本的中学历史教科书虽然在观点确立和内容选择上有着相当大的差别，但都没有超出历史课程标准的要求，只是各自体现了教材编写者对课标的理解。因此，历史教师要对新课改教科书有一个清晰、客观的认识，即任何一个版本的教科书都仅仅体现了编写者对课标的理解，但编写者的理解是不能够代替教师本人对课标的理解的。历史教师一定要以历史课程标准作为处理教科书的最基本依据，还要依靠自己来吃透课标的精神，使用任何一种教科书都要有自己的教学处理。

3. 恰当处理好教科书课文系统与课文辅助系统的关系

历史教科书的课文系统和课文辅助系统既具有相对独立性，又互相联系，它们共同构成历史教科书的整体。由于历史教科书编写的基本依据相同，所以同一历史学习阶段（初中或高中）不同版本的教科书在课文内容方面基本相同。但课文辅助系统方面则各具特色，在扩宽和拓展学习内容的广度与深度方面差别较大。从一定意义上来说，教科书质量的高低不仅体现在课文系统的编写方面，更取决于课文辅助系统的编写质量方面。进一步而言，在教学过程中历史教师不但可以根据自己的设计思路自如地调配这些辅助系统资源，而且对课文辅助系统处理的水平与效果，还直接决定着历史课堂教学的质量。因此，随着历史教科书结构和功能的日益优化与凸显，如何处理好课文系统与辅助系统的关系形成有效的教学方案，则是历史教师必须深思熟虑的重要问题之一。

（二）中学历史教科书的使用策略

历史教师在教学中应用教科书时，应秉持大处着眼、小处着手、把握标准、潜心钻研、精心设计的策略，对历史教材进行有效开发与利用。

首先，宏观把握，中观设计，微观处理。

历史教科书不同于其他学科的教材，它的每个教学单元都要突出某个历史主题，而且各个单元之间、每一个单元的课与课之间都存在着某些或明或暗的历史发展线索，及一定程度上的逻辑层次或关系。因此，历史教师在处理教材时要有宏观视角，不能"只见树木，不见森林"，要中观设计与微观处理相结合，才能保证课堂教学内容有序开展，引导学生循序渐进、由浅入深地学习和研究历史。

【案例 6.6】

"人教版"高中历史必修 1 "古代中国的政治制度"

宏观把握：在研读《普通高中历史课程标准（2017 年版）》和通读本单元教学内容的基础上，首先对这一单元进行宏观的把握，梳理出整个单元内容的教学中心点、关键点和突破点。本单元的教学主题是"古代中国政治制度的主要内容及特点"，这是本单元的教学中心点。具体又可以归纳为一条主线即"专制主义中央集权制度的建立与发展"，这是教学关键点。两对矛盾，即"君权与相权、中央与地方的矛盾"，这是教学突破点。

中观设计：结合本单元选择的具体教学内容，根据宏观分析的结果可以确定本单元的教学思路。本单元中主要涉及君权、相权、中央、地方、集权、分权等概念和相关史实，因此可以利用"第 1 课 夏、商、西周的政治制度"渗透相关概念及史实，通过"第 2 课 秦朝中央集权制度的形成"来帮助学生明确相关概念及史实，通过"第 3 课 从汉至元政治制度的演变"来帮助学生巩固相关概念，最后通过"第 4 课 明清君主专制的加强"来指导学生运用相关概念。

微观处理：明确了以上两个方面的教学思路以后，则可以深入每一课中，根据实际教学内容进行具体设计，形成每一课的教学方案。

其次，把握标准，潜心钻研，精心设计。

历史教学不是教科书内容的复制与移植，特别需要历史教师的灵活运用与创造性加工，只是这种运用与加工需要以依据历史课程标准为前提。一方面，课程标准规范了历史学科的教学目标、内容范围，是教科书编写的依据，也是历史教师教学工作的指南；另一方面，课程标准也具有帮助历史教师把握授课的深浅度、对学生的学习效果进行评价等作用。[①] 历史教师使用教科书时要认真研读历史课程标准，深刻理解和领会课标的思想与精神，结合自身和学生实际情况，创造性地组织和开展历史教学。

要仔细钻研教科书，从整体上把握教科书的框架、脉络，全面理解和掌握教科书的基本内容、基本概念、基本观点，弄清楚各知识点之间、新知识与旧知识之间以及与现实生活之间的联系。要清晰掌握教科书中的重点、难点，明确采取哪些教学方法与手段，补充或删减哪些教科书中的内容，如何设计教学活动，以便突出教学重点、解决教学难点，实现教学目标。

《高中历史课程资源的开发与利用》

本章小结

课程资源是我国基础教育课程改革以来重点探讨的一个重要概念，对课程资源开发与利用的水平，往往决定着课程实施的范围和水平。由于历史学科的独特性质，其拥有非常丰富的可资利用的资源。本章从梳理课程资源的概念、种类及特点入手，重点介绍了中学历史课程资源的分类与作用，阐释了对历史影视资源、网络资源、历史教科书的开发与利用。总的说来，历史教科书仍是学校历史教学活动中最主要、最基本和最常用的历史课程资源，对其进行有效应用仍将是历史课程资源开发与利用工作中的重中之重。

影视资源是比较容易获取的历史课程资源，在营造良好的历史直观场景，提高学生历史学习的主动性和积极性等方面作用明显。互联网是一个内容丰富且更新速度较快的信息资源平台，在改革传统教学方式、丰富教学内容、提高学生历史学习兴趣和创新性等方面具有不可替代的作用。而

---

① 黄牧航：《历史教学与学业评价》，54～55页，广州，广东教育出版社，2005。

历史教育 APP 资源的快速发展，其在推动信息技术与历史教育教学深度融合方面所具有的力度与优势，将成为未来一段时期内历史教育教学工作者重点关注和研究的对象。

学习反思

1. 思考在课程资源的开发与利用方面历史学科与其他学科有哪些异同点及注意事项。

2. 谈谈如何将历史教育 APP 与历史课堂教学有机结合。

3. 讨论如何发挥历史教师主观能动性开发和利用历史教科书。

拓展阅读

1. 朱煜 . 历史学科课程资源的开发与利用[J]. 课程·教材·教法，2002(9).

2. 常云平，杨弢 . 大教材观与新课程资源观下中学历史教育面临的挑战与对策[J]. 课程·教材·教法，2006(8).

3. 郑流爱 . 高中历史素材性课程资源开发与利用的策略[J]. 课程·教材·教法，2013(9).

4. 冯凤 . 数字资源与课程的优化整合及应用研究[J]. 电化教育研究，2007(1).

5. 柳强 . 基于数字媒体的课程资源整合策略[J]. 教学与管理，2015(36).

6. 王玲 . 初中历史乡土课程资源的开发与利用[D]. 湖南师范大学，2007.

7. 王守丽 . 高中历史课程乡土资源的开发与利用[D]. 东北师范大学，2008.

8. 于友西 . 中学历史教学法[M]. 3 版 . 北京：高等教育出版社，2009.

9. 聂幼犁 . 历史课程与教学论[M]. 杭州：浙江教育出版社，2003.

PPT 课件

第七章　信息技术与历史课程

学习目标

1. 了解信息化时代下的历史教育教学新特点。
2. 掌握历史教学课件的设计特点及运用技巧。
3. 掌握历史数字故事的制作及运用方法。
4. 掌握历史微课的制作及运用方法。

本章导引

张同学即将大学毕业，和其他同学一起来到一所中学实习。到了实习学校以后，他发现该校的所有教室都安装上了现代教学设备，教师都能应用教学 PPT 以及视频等数字化教学手段，他们却什么都不会。面对这批学生，学校领导只好再专门进行实习前的数字化设备使用培训。与之形成鲜明对比的是，来自另一所师范院校的同学在大学就具备了较强的信息处理能力及数字资源的制作能力，很快就融入学校教学之中，并利用自己的技能辅助教师做好教学和班级管理工作，得到了学校领导及教师的认可，获得了更多的教学实践机会。

这个案例告诉我们，在信息化时代下，学校的教育教学环境发生了改变，新的时代对教师能力提出了新的挑战。作为一名新时代下的历史教育师范生，需要掌握一定的信息技术。本章内容旨在讲解历史教学课件、历史数字故事以及历史微课的制作方法和使用技巧，帮助同学们更好地融入信息化教学的浪潮中。

第一节　信息技术与历史课程的整合

一、信息化教育时代的到来

20 世纪 90 年代，以计算机、网络、多媒体、云计算等为代表的信息技术迅猛发展，人类也迈向了"信息化"时代。事实上，信息化不仅仅着眼于经济领域，它给社会各个领域都带来前所未有的影响。在教育领域，信息化的推进使得我国教育从"粉笔＋黑板"的时代逐渐走向电子时代。

在信息化时代的背景下，世界范围内的基础教育改革也在进行，各国期望借教育信息化的东风，纠正以往基础教育的弊病，通过信息技术实现学生学习范式的转变。2001 年，新一轮课程改革拉开序幕，教育部印发《基础教育课程改革纲要（试行）》，纲要强调："大力推进信息技术在教学过程中的普遍应用，促进信息技术与学科课程的整合，逐步实现教学内容的呈现方式、学生的学习方式、教师的教学方式和师生的互动方式的变革，充分发挥信息技术的优势，为学生的学习和发展提供丰富多彩的教育环境和有力的学习工具。"[1]

2010 年，我国发布《国家中长期教育改革和发展规划纲要（2010—2020年）》，"加快教育信息化进程"为六项保障措施之一，"教育信息化建设"列为十个重大项目之一。[2] 2012 年 3 月，教育部颁布《教育信息化十年发展规划（2011—2020 年）》，提出了注重信息技术与教育的全面深度融合。截至2015 年 12 月，全国中小学互联网接入率达到 87.1％，多媒体教室普及率达到了 80％，基本实现"宽带网络校校通"的格局。"十三五"规划提出，到2020 年基本实现教育信息化，基本形成具有国际先进水平、信息技术与教育融合创新发展的中国特色教育信息化发展之路。这不仅要求提升教师信息化教学能力、学生信息素养，而且要形成一批有针对性的信息化教学模式。

---

① 《基础教育课程改革纲要（试行）》，http：//old. moe. gov. cn//publicfiles/business/htmlfiles/moe/moe＿309/200412/4672. html，2019-03-14。

② 汪基德：《从教育信息化到信息化教育——学习〈国家中长期教育改革和发展规划纲要（2010—2020 年）〉之体会》，载《电化教育研究》，2011(9)。

《缩小基础教育数字鸿沟，促进优质教育资源共享》

　　面对信息化教育时代的到来，信息技术与课程整合无疑是解决学科课程改革问题的良好契机。以计算机、网络、仿真等技术为核心的信息技术，具有对媒体信息处理的集成性、交互性、开放性、情境性等特点。历史教学中若能恰当地运用信息技术，既可改变过于强调接受学习、死记硬背、机械训练的教学弊端，又可使学生养成主动参与、乐于探究、勤于动手的习惯，更能培养学生搜集和处理信息的能力，获取新知识的能力，分析和解决问题的能力以及交流和协作的能力。为了适应信息化教育的发展趋势，新时代的师范生须紧跟时代步伐，不断提升自身的信息化素养，努力成为一名符合国家及社会需求的，能够在信息化时代中运用各种信息手段的新时代历史教师。

二、信息技术与历史课程整合

　　信息技术是用于管理和处理信息所采用的各种技术的总称。为了清晰界定这一概念，我们可以从广义、中义、狭义的视角来理解。广义而言，信息技术是指能充分利用与扩展人类信息器官功能的各种方法、工具与技能的总和；中义而言，信息技术是指对信息进行采集、传输、存储、加工、表达的各种技术之和；狭义而言，信息技术是指利用计算机、网络、广播电视等各种硬件设备及软件工具与科学方法，对文图声像各种信息进行获取、加工、存储、传输与使用的技术之和。从三个定义视角来看，广义视角强调从哲学上阐述信息技术与人的本质关系，中义视角强调对信息技术功能与过程的一般理解，狭义视角强调信息技术的现代化与高科技含量。

　　支持学科教与学的信息技术，从狭义上理解往往是指多媒体或多媒体技术。多媒体是指组合两种或两种以上信息呈现类型的教学媒体。多媒体中包含的信息类型主要有文本、图片、声音、图形、图像、视频和动画，甚至还可实现人机交互、信息类型间的超级链接等多种功能。这里必然会涉及"信息技术与课程整合"概念。目前对这一个概念存在多种定义。其中，余胜泉在《信息技术与课程整合的目标与策略》中的定义较有代表性：信息技术与课程整合意味着在已有课程的学习活动中结合使用信息技术，以便更好地完成课程目标，它是在课程教学过程中把信息技术、信息资源、信息方法、人力资源和课程内容有机结合，共同完成课程教学任务的一种新型的教学方式。[①] 不论信息技术与课程整合定义有多少种，但基本共识还是有的，即以信息技术为手段，服务学科课程教学，最终圆满完成教学目标。

历史学以求得真相为旨要，史家会在卷帙浩繁的古旧文献中梳理史料，会在古迹遗址中寻找证据，会在无人问津的古文字中搜集信息，于是乎历史学常给人一个刻板的印象——古板、守旧、老气横秋。历史课程脱胎于历史学，在历史学刻板的印象影响下，不免也蒙上了刻板、无聊、守旧、老气横秋的偏见。信息技术这一孕育着现代气息的新生事物，它与古老的充满着"老气横秋"气息的历史课程能否整合呢？目前，信息技术与历史课程的整合，大致分为三个层次：工具层次—资源层次—融合层次。所谓工具层次，即将信息技术作为一种工具与历史课程整合。所谓资源层次，即将信息技术作为一种资源与历史课程整合。所谓融合层次，即将信息技术与教育的每个环节完美整合。三个层次的划分与历史课程和教学的对应关系为：若教学中只是使用 PPT，利用多媒体展示图片、史料而已，则属工具层次；若教学中利用信息技术为学生提供历史资源环境，或为协作工具、信息加工工具等，即属资源层次；若教学中以营造新型的历史教学环境、新的教学方式、改变传统的历史课堂教学结构等为旨趣，如历史翻转课堂教学模式，即属融合层次。

信息技术与课程整合层次决定了信息技术辅助教学发挥的价值大小。融合程度越高，历史教学的效果就越好，历史教育的价值就越大。反观我们的中学历史教学，利用多媒体播放视频，展示史料工具层次不在少数，这离融合层次还差得很远，难以真正发挥信息技术辅助历史教学的应有功能。融合层次的信息技术，不是被动地纳入，而是主动地适应和变革历史课程教学；不是仅仅作为辅助教学的工具，而是强调要服务于历史课程，应用于历史教育；不是将它定位于教师教学方式的多元，而是强调它在哪些地方能增强学生历史学习的效果，使学生完成那些用其他教学方式难以做到的事。

---

① 余胜泉：《信息技术与课程整合的目标与策略》，载《人民教育》，2002(2)。

在国际语境下，信息技术一般称为 Information and Communication Technology，简称 ICT，即信息与通信技术。在信息化时代的世界教育中，十分重视信息技术辅助历史学科教学。例如，德国巴伐利亚州的历史教育，在历史教育需要学生掌握的"基本技能"方面，6 年级要求"利用新媒体作为历史问题的潜在信息来源"；7 年级要求"通过互联网研究，利用相关软件收集信息"；8 年级要求"独立使用网络和软件作为史料来源"；9 年级要求"借助同时代的电影、图像和音频进行分析""通过多媒体信息进行简短的历史呈现"；10 年级要求"利用现代媒体（网络）进行独立研究并评价研究成果质量"①。

为什么要重视信息技术与历史课程的融合呢？其中一条最重要的原因在于信息技术辅助历史教学，可以强化学生理解历史的过程。例如，帮助学生"获取、批判性地评估史料"；"直接关注不同特点的史料"；"处理数据"；"使用因特网和多媒体资源获取史料"；"利用因特网和多媒体呈现和交流思想"；"用电子邮件与其他学校或不同国家的人交流意见和想法"②。

他山之石，可以攻玉。当国际上历史学科教学与信息技术融合的做法已经盛行之时，我们亦当紧跟这一时代步伐。学习国外的先进做法，将眼界与视野再次投向国际，从他们的做法中找到我们的历史教学与信息技术融合的未来方向和路径，改变目前大多处于用 PPT 只是节省板书时间，放电影只是活跃课堂氛围，播音乐只是缓解疲劳等状态。

【案例 7.1】

安大略省加拿大与世界课程标准(9~10 年级)

A1.3 评估资料的可信度和信息与该调查的相关度。（例如：考虑到资料的视角、偏见、准确度、目的，资料的背景以及作者的价值观和专业水准）

例题："假如你要通过互联网来查找关于喀里多尼亚原住民抗议的信息，你将如何判断哪些网站是最真实和可信的？"③

---

① "Lehrplan Realschule R6"，https：//www. isb. bayern. de/schulartspezifisches/lehrplan/realschule−r6/，2019-03-04.

② "National Curriculum in Action：ICT in Subject Teaching：History"，http：//www. nationalarchives. gov. uk/webarchive/，2019-03-04.

③ "The Ontario Curriculum Grades9 and 10 Canadianand WorldStudies"，http：//edu. gov. on. ca/eng/curriculum/secondary/canworld910curr2013. pdf，2019-03-04.

　　对于历史研究性学习抑或历史探究活动，很多老师不愿意采用这一教学模式。究其原因在于：其一，若是老师自己去找资料，费时费力，毕竟中学教学的时间有限。其二，若是让学生自己找，很多地区学生无从下手，找到的资料也是良莠不齐。若是利用信息化手段，固然可以在短时间内搜索到海量的资料。但与此同时，又会出现信息过剩问题，需要对海量的证据资料、观点进行筛选。案例 7.1 加拿大安大略省的历史课程正是基于这样的现实问题，指导学生掌握并运用搜索引擎来获得大量的相关信息，然后引导学生从资料的视角、偏见、准确度、目的，资料的背景以及作者的价值观和专业水准等方面评估、判断相关信息。这种信息技术与历史课程的融合不再是简单的工具层次，它以探究式的课堂教学达到融合层次，既改变了传统的教学模式，又可达到培养学生历史思维的课程目标。

【案例 7.2】

新加坡初中历史教学大纲针对 21 世纪素养
及其基准(中学)规划表(部分)①

　　21 世纪素养：沟通、协作和信息技能(CCI)

　　学习结果：清晰地交流信息和观点、有效合作；深思熟虑地、有道德地、负责任地管理、创造和分享信息。

　　与初中历史教学大纲一致的活动建议：通过参与历史调查和完成章节任务，学生将通过视觉、口头、多媒体以及书面等方式展示其历史理解的最终产物。评估准则用来评估最终成果展示的质量。

　　最终成果可包括：在学校的博客上写一个简短的说明，介绍 14—19 世纪与新加坡有交往的国家同新加坡之间的关系；制作一个介绍日本占领前后人们对新加坡观点转变的网页；制作一份总结 20 世纪 50—70 年代新加坡转变的影集。

　　与初中历史教学大纲一致的活动建议：ICT(在线测试仪)工具通过为学生提供一个开展个人研究和与其他团队成员进行合作、讨论的平台，支持他们的历史调查活动。

　　举例：在一节利用 ICT 的历史课中，学生使用谷歌文档记录自己对材

---

① "2014 History(Lower Secondary) Teaching Syllabus"，https：//www. moe. gov. sg/education/syllabuses/humanities♯sthash. 5wtz9LFq. dpuf，2019-03-04.

料的理解，同时为其评论其他小组成员的解释提供搜集依据的平台。

学生通过接触和利用各种 ICT 工具，激发好奇心，进行数据收集，并运用于历史探究法的推论阶段和最终成果阶段。

举例：在探究性学习的数据收集阶段，学生可以利用互联网来查找相关材料，如 1965 年 8 月新加坡突然宣布独立时人们的感受和想法。通过这样的活动，学生将学习数据库的使用、访问博客及其他学术网站，以获得相关信息。

历史教育是公民教育，服务于未来公民。应对 21 世纪的挑战，对于历史学科而言，沟通、协作和信息技能非常重要。新加坡初中历史课程标准为了培养学生的这一技能，有效融合信息技术于历史学科教学中，把信息技术、信息资源、信息方法、课程相关内容有机结合。不仅是用信息技术来搜集、查找相关信息，运用历史探究方法推论、批判历史，更为重要的是借助信息技术以科学模拟的方法将抽象的史事直观地表达出来，以一种适合于历史探究任务的形式加以表达和呈现。例如，"制作一个介绍日本占领前后人们对新加坡观点转变的网页"，"制作一份总结 20 世纪 50—70 年代新加坡转变的影集"。网页、影集等形式的表达与呈现蕴含的就是一种理解能力，也是一种协作能力，更是一种交流的能力。已逝且枯燥的历史在信息技术辅助下开始"复活"，学生既能在直观感知中理解过去的历史事件、人物、现象，又能在理解基础上培育历史意识，还能在表达中养成协助、沟通能力。这样的历史教学模式，不再是传统教学模式，也不单单是课堂探究性教学，而是突破了课堂空间领域，将历史教育拓展到课堂以外的空间领域，诞生出一种不同于以往的新型教学方式。一言以蔽之，新加坡的信息技术与历史课程的融合是非常成功的案例。

加拿大、新加坡的两个案例表明，历史教学中的信息技术，远远不是作为课件的摆设、动画的装饰、休闲放松的工具，而是作为一种资料收集和呈现的工具，更是一种理解的工具、探究的工具和交流的工具。正如有的学者所说，"在历史课堂中能够存取和检索信息是较低水平的能力。重要的是发展学生的历史理解能力，使之存取信息之后，亦能分析和处理信息"[①]。在历史课程与信息技术整合的学习模式中，要强调学生的主体性，

---

① James Arthur，Robert Phillips，*Issues in History Teaching*，Routledge：London，2000：103.

充分发挥学生在学习过程中的主动性、积极性和创造性。对于师生角色而言，学生是知识构建的积极参与者，教师是学习过程的组织者、指导者、咨询者。这种新型模式下的信息技术与历史课程是一个互动性双向整合的机制，而非割裂的单向的关系。

三、历史教师应具备的信息素养

发达国家的历史教育非常重视信息技术。2012 年，韩国《社会科选择教育课程标准》明确提出："为了迎接信息化社会的到来，提高学生的兴趣，积极通过电子博物馆学习、信息通信技术（ICT）学习，让网络参与教育（IIE）、让电影参与教育（MIE）、让电脑参与教育，利用混合教育等方法来完成知识内容的学习，创意性地完成教学活动。"① 澳大利亚也在 2012 年《高中历史国家课程标准》中提出："通信技术（ICT）能力在历史研究过程中，尤其是历史调查、分析和交流中非常重要。学生使用数字化工具与策略来定位、访问、处理和分析信息。他们使用信息通信技能来调查和确定证据的出处和可信度，并交流历史信息。学生有机会审查网站，对这些网站发布的信息进行解读和再现——包括建立网站的方式、目的，网站的服务对象和服务对象的目标，例如纪念、保护、教育、学术研究。在运用信息与通信技术能力进行历史研究的过程中，学生不仅获得了使用信息通信技术理解问题的能力，其道德水平也会得到提高。"② 可见，重视历史教师的信息技术素养已经成为国际历史教育界的共识。

历史教师所应具备的信息素养不仅包含一般性的信息素养，还应具有直接指向历史教育教学实践的信息素养，也就是说，不仅能够掌握一些信息技术，还应用于历史教学和教研中。这样，教师信息素养指向了两个视角，既有技术视角，亦有人文视角。技术视角指向的是利用信息的能力与意识，人文视角指向的是面对信息的修养与心理状态。一般来说，历史教师的信息素养主要有以下几个方面。

---

① 교육과학기술부고시제 2012 － 14 호사회과교육과정，https：//search．naver．com/Search．naver？where＝webkr ＆ query＝교육과학기술부%20 사회과%20 교육과정 .

② "（the Australia curriculum）Humanity and Social Science Senior secondary Curriculum：Ancient History"，http：//www．australiancurriculum．edu．au/Seniorsecondary/humanities-and-social-sciences/ancient-history/rationaleaims，2019-03-04.

（一）信息观念素养

信息观念素养的第一层面，指的是历史教师对信息有敏感性和感悟能力。面对信息化社会和各种各样的信息，教师唯有具备敏感性和感悟能力，才会积极主动去挖掘、搜集和利用信息，并能有效应用到历史教学中去。第二层面，指的是历史教师的现代教育信息技术观念，即如何看待教育技术的作用，信息技术不仅仅是教师传递知识的工具，还应旨在为学生的主动探究学习服务。

（二）信息知识与能力素养

信息知识素养是指一切与信息有关的理论、知识和方法，而信息能力素养是指能够有效获取、加工、学习、利用信息的能力。信息化时代的特点之一就是教学资源、信息丰富多样。教师在敏锐的信息搜集意识基础上，还应具备很强的信息查询、获取能力。对获取的信息，历史教师要能够对其进行组织、加工、分析，当然这只是信息能力素养的第一个层次，即教学信息资源获取及应用能力。第二个层次是信息化教学设计与实施能力，历史教师以信息技术为支撑进行教学设计，在教学中把技术资源和历史课程有机结合起来，促进教学过程优化。第三个层次是教学研究和终身学习的能力，信息社会是一个学习型社会，从这个视角而言，教师更应在教学研究能力与终身学习能力方面不断提升，运用信息技术促进自身专业发展。

（三）信息伦理素养

信息伦理是指个人在信息获得中的道德情操，能够合法、合情、合理地利用信息解决个人和社会所关心的问题，使信息产生合理的价值。信息化发展在给我们带来便捷的同时，也给我们的道德伦理带来极大的挑战，例如不良信息的泛滥、网络信息的版权等问题。因此，历史教师在信息教育中，应具备一定的信息伦理素养。

第二节　历史教学课件设计与运用

一、历史教学课件的设计

随着信息技术与历史课程的不断融合，课件制作不仅仅只是使用 Office

软件，以 PPT 功能进行图片、文字、视频等的简单制作与拼接，而是需要历史教师对历史课堂教学中的每个环节进行思考，并设计出适应历史课堂教学需要的教学资源。在进行课件设计及制作过程中，首先要考虑的是历史学科的人文性等特征，它与自然学科的最大不同在于，人文学科着眼更多的是精神层面的塑造与熏陶，它不能通过"观察"和"实验"获得。历史知识具有过去性、具体性、综合性与科学性的特点。而我们所学习的古今中外的历史知识，已经成为历史的陈迹，人们只能间接认识，无法直接体验。

要设计出好的历史教学课件，不仅需要理解课标、解构教材内容，而且还需要了解历史学科特点以及不同年龄阶段及不同地区学生的心理特点及兴趣特点。一个优秀的历史教学课件，不仅具有实用性，还兼具思想性和审美特征。在使用多媒体教学的过程中，历史课件的设计制作与应用，对学生理解和学习历史能起到事半功倍的作用，学习并思考教学课件的设计更是新时代教师日常教学中一项必不可少的现代教学素养。结合历史学科以及历史学习的特征，历史多媒体课件设计与制作的特点与原则主要有以下几个方面。

（一）课件素材的选取

1. 真实性

毋庸置疑，在信息化教学中，每个学科都可以采用多媒体技术，制作符合各自学科特点和教学需要的课件用于辅助教学。对于历史学科而言，一个优秀的课件不仅仅是教育技术的呈现，而且还应具有实用、审美、熏陶以及体现教师史学素养的作用。因此，在课件制作前必须先考虑历史的人文性特征，以及历史知识的过去性、具体性、综合性与科学性等特点，在课堂上呈现给学生的历史知识一定要确保真实。此外，还要考虑到历史学的天然缺憾——一切发生过的历史场景及历史事件等难以重复与重现。因此，作为历史学科教学课件的制作，既要认识到该门学科的特点与优势，又要考虑到本身的不足与缺点，思考如何利用现代教育技术进行合理的整合运用。

以通过利用多媒体，以固定页面的形式呈现教学信息这种最早出现的、最简单的一种课件类型为例，历史教师在制作此类课件，向学生直观地呈现历史图片、文献资料、动画示意图等多种样式的历史资料时，既要考虑到图片的形象直观可以帮助学生观察学习和理解历史，增强历史教学的直观性，提高历史学习的兴趣，又要考虑历史图片是历史场景的形象呈现，是历史过程的真实记录，每一幅图片都生动叙说着一段历史。

在制作和使用的过程中，必须先对图片的真伪进行辨别，而绝不能仅仅只是为了教学的美观而呈现，不求实际地直接从网络上下载，不加甄别地直接使用。例如，统编教材七年级《中国历史》（上）第九课"秦统一中国"，该课由秦灭六国、确立中央集权制度、巩固统一的措施三个部分构成。在巩固统一的措施中，教材写道："秦始皇派大将蒙恬北击匈奴，并修筑长城，长城西起临洮，东到辽东，这就是举世闻名的'万里长城'。"[①]这里出现了万里长城的概念，但是在教材中却没有相关的历史图片，因此借助多媒体适当延展和补充教学内容是必要的。但在进行图片补充的过程中，很多老师不加甄别地采用明朝的长城图片（图 7-1）来讲解秦长城（图 7-2），这显然是史实性的错误，与历史的真实背道而驰。出现这种情况，一方面是由于史学素养的匮乏，另一方面也存在为了追求视觉冲击性而选择。在历史课件的制作上，首先应该考虑的不仅仅是图片的美观与视觉的冲击，而应该是历史的真实性原则。在实际教学中，此种类型的错误不胜枚举。常见的错误还有使用影视人物剧照、网络游戏人物图片等来替代历史人物图片。

图 7-1　明长城

图 7-2　秦长城遗址[②]

在课件制作中，图片的真实性不仅仅是指制作素材的外形特征要符合历史真实，还在于其内涵特征也要符合历史真实。比如，对于那些无法重现和尚未被考古论证确定的历史遗址、遗迹以及没有留存图片的历史人物等，我们可以采用 Flash 动画的制作方式进行呈现。这种呈现并不能重现历史本真，但却可以在一定程度上表现历史人物、事件、遗存等的某些特征。

2. 延伸性

在课程改革的推进下，历史教师不仅要教授学生历史知识，还要培养

---

① 《中国历史（七年级上）》，45 页，北京，人民教育出版社，2016。

② 图片来源：甘肃省临洮县融媒体中心官方人民号 https：//rmh.pdnews.cn/Pc/ArtInfoApi/article? id=35694347，2023-07-22。

学生能力以及核心素养，利用信息技术手段辅助教学，营造历史教学情境，注重历史知识的纵横联系和延伸性。历史教材的编写较为简略，仅仅只是勾勒了历史的大致轮廓，教师需要发挥创造力对教材内容进行直接或者间接的补充。但需要注意的是，所谓延伸性并不是要一味地增加和堆砌与教学内容关系不大的文本、图片、视频等内容，更不是把所有教学内容全部放到课件中。即使与教学内容相关，也要优中选优，不要为了制作而制作，为了延伸而延伸。选择课件内容时，还应考虑学生的历史知识体系以及认知方式。比如，初中教学以通史为主，要求重视学生的历史时序养成；高中教学以专题史为主，注重学生历史知识的纵深发展。

此外，在制作过程中，可以根据初高中的不同要求，对课本知识的范围进行一定的拓宽。以部编教材"秦统一中国"为例，对于初中生讲述商鞅变法可以增加南门立木的故事，在形式上可以采用 Flash 动画等形式，对该知识点进行拓宽。而对于高中学习"走向大一统的秦汉政治"一课，在课件制作上，可以增加深层次的史料让学生更好地理解大一统的内涵。此外，还要充分利用多媒体的优势，体现历史的细节以及中国史与世界史知识的横纵联系。

3. 情感性

情感教育是历史课程的三维目标之一。新时代的历史教学，不仅要培养学生的爱国主义，也要强调促进学生全面发展，培养合格公民。在国家核心素养的要求下，又提出了培养学生家国情怀的要求。历史情感教育目标所涉及的内容领域很宽，包括道德观、价值观、审美观、是非判断、价值判断等。在历史教学中，对许多问题的认识往往没有统一的标准，许多历史见解不能以简单的对或错来断定，尤其是情感教育内容。在具体教学过程中，根据教学内容的特点，利用多媒体技术为学生营造恰当的教学情境，融情于史对于情感目标的实现具有促进作用。有学者指出，多媒体画面本身就是一种建立感性"意象"的艺术通道，它的认知效应也能构建理性上的"意象"，通过多媒体的画面建立客观事物的"像"，再借画面的"像"去表达理性的"意"，实现感性与理性结合。[①] 以多媒体课件作为教学载体时，载体的意象风格与历史教学内容以及时代感要相符合。如，文化史内容可以选择具有古典气质风格的模板或者图片；在讲授屈辱史时，可以选择基调较为沉重的模板或者图片；在讲授现代史时，可以根据教学内容的需要，

---

① 张伯邑：《多媒体课件画面的认知通道效应分析》，载《电化教育研究》，2011（12）。

选择色彩较为鲜明的课件模板以及图片。如果讲授内容与课件风格不符，强烈的不协调之感就会产生，不利于历史老师授课时感性与理性相结合。以"抗日战争"一课为例，如果使用卡通风格的模板设计，就与抗日战争的时代特征背道而驰。

当然，在课件制作中，课件模板及图片等素材的选择只是形成优秀课件的条件之一，一个优秀的课件对于教师的史学素养、审美能力以及制作技能都有极高的要求，需要我们在实践中不断加强学习。

(二)课件设计的原则

历史多媒体课件的设计需要结合历史学科教学特点，在选择与历史学习内容相关的知识以及文本、图形、图像等动态资料时需要注意知识结构化重组。一般来说，历史教学课件的设计也需要配合教材先进行课标分析、教学内容分析、学情分析等步骤，然后结合教学目标、重难点以及教学过程的实施等内容进行数字教学资源的合理配置。如无特殊需求，最好不要本末倒置，更不能随意从网上下载他人课件直接使用。在具体的制作过程中，可以遵循以下几个原则。

1. 原创性

教学是一项充满着创造性的工作，教案的写作与课件制作同样是教师的脑力劳动的产物。在课件制作中，教师需要立足于教学目标，着眼于教学重点和难点，有机协调组织各种信息资源，力求做到教学主题明确，重点、难点突出，以解决教学中存在的问题为核心，实现教学目标为旨趣。课件中选取的信息资源需要经过再加工，并合理地将图片、视频、动画等多媒体素材和教学内容相结合。在课件制作中，要结合历史知识特点以及多媒体优势，比如培养学生的历史时序观，就可以利用多媒体的形象直观性特点来表达时空的概念。在课件中利用时间轴的制作方式(见图 7-3)，对于培养与增强学生的历史时序感具有一定作用。

图 7-3

在历史史料的选用中，要尽量选择"精"的史料，而不是一味堆砌，应结合历史思维的形成特点，培养学生发现问题、分析问题、解决问题的能力；此外，还要营造历史的学习氛围，允许学生发挥其想象力，鼓励学生在正确运用历史资料和方法的前提下，得出不同的结论。

2. 针对性

在课件的制作过程中，仍然需要贯彻"以学生为中心"的教育教学理念，学生才是学习的主体，要坚持多媒体的辅助性原则。一切课件内容的选择需要根据学生的心理特点和个性特点来设计教学情境。比如，对于义务教育阶段的学生来说，他们更喜欢富有创意的画面设计、动态的示意、丰富的影视作品等；而对于高年级的学生来说，他们更偏向于理性的思考，这个阶段的课件制作应减少形式上的花哨，增加一些能促进其思考的内容。

3. 简约性

简约，即课件内容要简洁、扼要，重点突出。例如，课件展示的画面应符合学生的视觉心理。画面的布局要突出重点，同一画面对象不宜多，避免或减少引起学生注意的无益信息干扰(图 7-4、图 7-5)。色彩对比要符合学生的视觉美感，线条的粗细、字符的大小都要保证学生能一目了然。避免多余动作，减少文字显示数量，"一张图片胜过千言万语"。在课件制作中，如果可以使用图片，尽量不要使用文字，因为过多的文字阅读不但容易使人疲劳，而且干扰学生的感知。

图 7-4

图 7-5

4. 实用性

以数量而言，一堂 40 分钟的课，所需要的幻灯片一般以 11～15 张为宜，最好不超过 20 张。大量罗列资料和素材，会冲淡教学主题，打乱教学节奏。有的教师一堂 40 分钟的课竟然制作了 50 张幻灯片，教师不停地"放"，学生不停地被"灌"，真正理解和掌握的内容却很少，大容量、更便捷的多媒体反而导致了低效率的历史教学。

以内容而言，课件制作应着眼于教学内容的重点、难点突破上，能否把多媒体与教学内容有机结合是衡量一个课件优秀与否、实用与否的主要指标之一。在注意增强课件的交互性的同时，应使课件能根据教学需要而随意调度，真正使课件服务于教学，成为教学的辅助工具与手段。

以衔接而言，在具体教学过程中，课件翻页时要注意配合好讲授与课件出现的时间，进行协调处理。讲授内容和幻灯片出现的时间尽量做到前后协调一致。幻灯片过早出现，会分散学生的注意力，过晚出现会让学生茫然不知所措。

在正式进行教学之前，一定要对课件进行前期演练，以便发现不足后优化完善。

二、历史教学课件的运用——以"社会主义建设道路的初期探索"一课为例

历史课件的制作目的是更好辅助以及服务于教学，因此，课件的灵活运用也显得尤为重要。现以人教版必修二"社会主义建设道路的初期探索"一课的教学课件为例，学习运用多媒体课件进行历史教学。该课件一共20页，其中前两页课件用于课前导入及知识复习，最后一页课件用于结课和情感升华，用于教学过程的课件共有17页，在课件数量的设计上符合教学实际需求。在课件的设计风格上，根据教学内容设计了带有红色元素的课件模板，能突出苏联的政权特色，字体及页面布局简洁、大方、端庄，符合高中学生审美需求。但好的课件还需要配合具体的应用方法，根据该课课件的制作特点，现将基本操作流程演示如下。

(一)情境创设

上课之前，学生注意力还未完全集中，此时教师发布上课指令，在富有俄罗斯风情的音乐背景中，教师徐徐开启俄罗斯皇室的图腾双头鹰标志(图7-6)，展开一副广袤的俄罗斯地图，同时出现末代沙皇统治期间的疆域面积及人口数量(图7-7)。教师进行讲授，为学生勾勒出十月革命爆发前的时代大背景。

图 7-6

图 7-7

（二）承前启后

利用历史知识的时序性特点，配合多媒体教学的直观性特点，图文结合，采用左图右史的方式，以时间轴的形式复习与该课教学相关的历史知识（图 7-8），培养学生的历史时序思维及时空概念，形成正确的历史认识，落实核心素养。

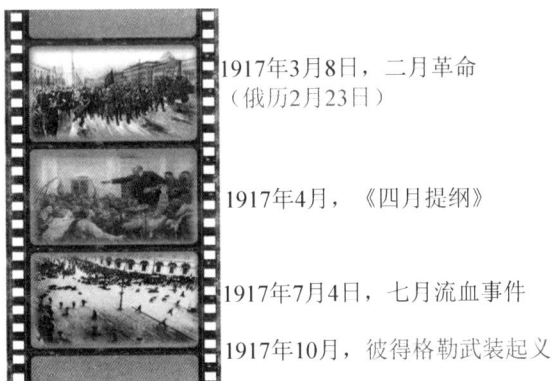

1917年3月8日，二月革命
（俄历2月23日）

1917年4月，《四月提纲》

1917年7月4日，七月流血事件

1917年10月，彼得格勒武装起义

图 7-8

（三）任务呈现

结合历史学科的学习特点，落实"以学生为中心"的课改思想，采用小组探究式的教学组织形式，通过对战时共产主义以及新经济政策的内容的探索，落实历史基础知识。在学生掌握了基础知识的前提下，利用问题的形式，如你怎样看待战时共产主义政策，比较两种政策的异同，合理过渡并推进教学进程，以多媒体课件的形式创设学习情境并呈现给学生

（图 7-9—7-16）。通过教师提问，学生根据教师提供的资料进行自主学习和协作学习，最后师生一起进行评价讨论，以此培养学生的语言表达能力和历史批判思维能力。

图 7-9

图 7-10

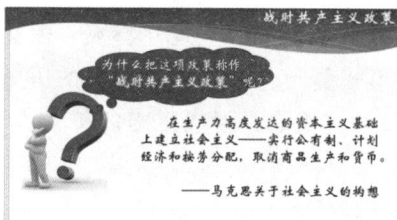

图 7-11

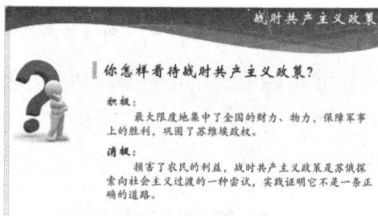

图 7-12

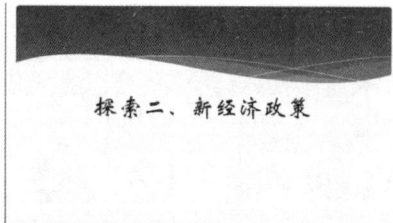

图 7-13

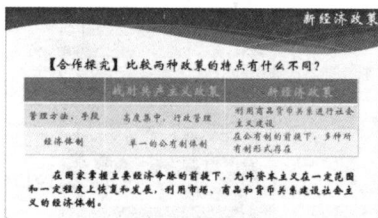

图 7-14

图 7-15

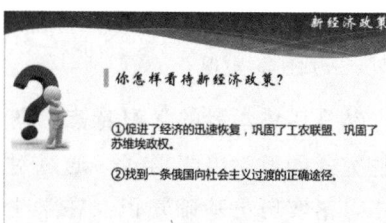

图 7-16

（四）启发指导

对于历史材料的呈现形式，需要进行用心的设计与打磨，而不是不加取舍地大段呈现文字材料，既不利于学生观看及审美，也不利于激发学生思考。在教学中，许多直接下载而不加以甄别、不进行字体字号设计的粗暴粘贴的史料，不但起不到启发的作用，还会加大学生的阅读负担与审美疲劳。因此，在浩瀚的史料选择中，呈现在课件上的史料需要教师进行先期的选择与技术加工，不仅要考虑到史料的真实性，还需要考虑到呈现的视觉效果与审美效果（图 7-17—7-20）。

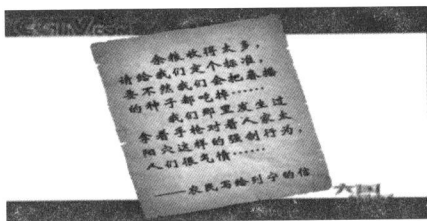

图 7-17

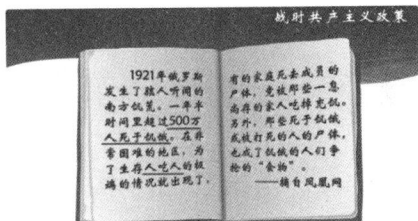

图 7-18

图 7-19

图 7-20

（五）交流反思

历史的重要功能在于借鉴，在教学内容的学习结束后，需要对主题进行升华以及凸显历史的借鉴功能，培养学生的批判性历史思维。在该课的最后，呈现一张强盛时期苏联的疆域图，并播放苏联国歌，与导入时使用的俄罗斯音乐形成前后呼应，并继续提出开放的探究问题，如在社会主义道路的建设和发展过程中，苏联的经验教训给予我们哪些启示等，促使学生思考，促进学生的课后学习与反思。

综上所述，历史多媒体课件的使用方法并不复杂，它也存在一定的操作模式。具体来说，基本操作流程如下所示：

教师：创设情景—任务呈现—启发指导—情感升华。

学生：进入情景—自主探索—协作学习—交流反馈。

这个模式其实就是学生在老师指导下，利用信息技术自主完成学习任务的过程。课前，教师根据历史学科性质和具体教学内容，按照课程标准和学情分析对教学内容处理分析，用问题的形式呈现教学内容，并以创设学习情境为手段，以多媒体课件的形式呈现给学生。学生进入情境后，在教师的指导下，利用教师提供的历史资料进行自主学习和协作学习，并完成学习任务。在这一学习过程中，学生为主体的教育理念体现得淋漓尽致，建构主义思想也蕴含其中。因此，使用信息技术的历史课堂，历史教师的主导作用应侧重于学习环境与资源的构建以及学习内容任务的设计上，而非仅仅停留在教学讲解和课件演示。

第三节　历史数字故事的制作与运用

一、历史数字故事概述

故事叙述是人类一种古老的艺术。从远古时代起，人们常常通过讲故事的方式来建构自己的知识体系，来提升自己的思维能力，来分享自己的经验、知识及价值观念。随着信息化时代的到来，故事叙述呈现出信息化的特点，开始从传统的"用声音和姿态来分享故事"，逐渐演变为背景音乐、图片、字幕、视频等多元素材有机结合并以多媒体信息技术来呈现的一种可视化展现方式，简单表述就是使故事叙述数字化了，西方称之为"digital story telling"，即数字化故事叙述，引入中国后简称为"数字故事"。

陈倩：《数字故事对历史情境教学的作用》

历史数字故事就是教师或学生围绕自己选择的与历史课堂教学目标相关的主题，搜集整理编写出短小精悍的历史故事文本，并通过多媒体制作软件对历史故事文本以及搜集来的相关图片、视频、音频等素材进行加工处理融合，使历史故事以数字化的可视形式呈现出来，表达出其他传播方式所替代不了的效果，通俗地讲就是以数字媒体为媒介讲述历史故事。应用于中学历史课堂教学中的历史数字故事，兼具了传统的口耳相传式的讲历史故事的艺术和现代数字媒体的特点。如西华师范大学历史文化学院多年来把制作历史数字故事作为一项学生特色活动坚持开展，并曾经创办"青蓝历史数字故事工作室"，成绩斐然。

按照历史学研究时段可以将历史数字故事分为中国古代的历史数字故事、中国近现代的历史数字故事、世界古代的历史数字故事、世界近现代的历史数字故事这样几种类型；按照历史故事的中心内容可以分为以历史人物为中心的历史数字故事和以历史事件为中心的历史数字故事两类；按照故事与史实的联系分为史实性历史数字故事、传说性历史数字故事、虚拟性历史数字故事三种类型。

二、历史数字故事的制作

（一）素材的收集

"巧妇难为无米之炊"，要制作出精美的历史数字故事，需要大量相关的文字、图片、音频、视频等多媒体素材支持，网络为我们搜集所需资源提供了便捷。互联网时代，各种多媒体资源都能在网络上找到，各类庞大的数字资源库随时能够为我们提供海量教学素材和资源。然而，从浩如烟海的网络资源中获取所需资料并不是一件容易的事情，如何掌握在互联网中快速搜寻所需素材资源是成功制作历史数字故事的第一步。

在互联网上获取所需信息资源，我们一般采取以下几种方式进行检索与查询。

1. 直接访问相关网页

已知 URL 地址的资源网站，在浏览器（如 IE 浏览器）地址栏中直接输入地址，回车，即可通过 Web 链接从主页开始访问相关信息资源。对于已收藏在浏览器收藏夹中的网页，只需点击网站名称即可访问网站首页。

此类检索方式有非常明确的目标，检索起来简单、快捷、有效，但只适用于对已知 URL 地址或已收藏的网站进行信息查找与检索。平时养成记录与积累有用资源网站的习惯，在需要获取相关素材资源时将大大提高检索效率。

2. 使用搜索引擎

使用搜索引擎进行资源检索是当下最常用的网络资源获取方式。搜索引擎是指根据一定的策略、运用特定的计算机程序搜集互联网上的信息，在对信息进行组织和处理后，将处理后的信息显示给用户，是为用户提供检索服务的系统。

搜索引擎使用自动索引软件来发现、收集并标引网页，建立数据库。通常以 Web 形式提供给用户一个检索界面，用户只需输入关键词、词组或短语等检索项，即可代替用户在数据库中找出与关键词相匹配的记录，并按一定的相关度排序返回结果。

此类检索方式简单、灵活、方便，适合搜集各类素材资源，但是资源定位范围较大，需要通过增加关键词尽量缩小检索范围。

3. 查询在线数据库

网络资源数据库包括图书馆目录和专门用途的数据库。图书馆目录可以辅助教师和学生进行各种主题研究，也可帮助学生收集文献资源以完成作业或论文；专门用途的数据库通常需要收取一定费用，例如中国知网（CNKI）、中国期刊网、万方数据、龙源网、维普资讯等。

国内主要的在线资源数据库有中国知网、万方、维普、超星图书馆、中国数字图书馆等。国外主要有 ERIC（美国教育信息资源中心）、EBSCO数据库（英文文献期刊）、SCIENCEDIRECT 数据库（SCI）等。

此类检索方式目标明确，专业性强，特别适合检索相关专业文献资料，但往往需要支付一定费用。

（二）历史故事内容准备

1. 确定故事主题

历史数字故事是为历史教学服务的，因此并非所有的故事都可以成为服务于教学的历史故事。选取适合于教学的历史故事有三个基本原则：真实性、趣味性和针对性。故事类型的选择可以分为历史人物故事和历史事件故事。比如，讲"鸦片战争"少不了讲林则徐的故事，"辛亥革命"少不了孙中山的革命故事。无论在政治、经济、文化等社会的各个领域中都少不了鲜活的人物故事。此外，历史事件蕴藏着历史细节和道理，所谓"小故事，大智慧"，它有助于揭示历史的具体性和情境性，加深学生的理解和感悟。初中的历史教材上都有"小字"部分，反映历史事件的故事多"隐藏"于此，学生对这部分也比较感兴趣。例如，八年级"人民军队的建立"一课，井冈山会师的大部分内容都是通过小字来展示的，学生们从小字中就能体会那段吃野菜、喝南瓜汤的艰辛革命岁月。"红军长征"中飞夺泸定桥、过雪山草地的历史故事也让学生沉浸在长征的艰难和伟大中。教师通过分类指导学生掌握历史故事选择的方向，确定制作的主题和目标。

2. 选取历史故事的基本途径

(1)从历史教材中就地取材

历史教材本身就是一个历史故事的宝库，大量的素材都可为教师所用。其中，历史教科书是最重要、最基本的教学资源。教科书中包含了许多紧扣主题，或生动有趣，或具有教育意义的历史故事，这些素材资源都是教师选取历史故事的最直接来源。值得注意的是，历史教师还完全可以对这些故事做进一步的加工，使其既适合于课堂教学中的口头讲述，又能让学生结合教育技术进行制作。

(2)就教学内容中的人物和事件进行整理、创编

尽管现行历史教科书已经尽量体现了生动、有趣的特点，也有不少可以选用的历史故事，但限于篇幅，历史教科书对历史事件或人物的描述基本比较简略和单调，难以激发学生的兴趣。因此，选取历史故事时就应当适当扩展视野，以历史课程的教学内容为立足点，在广阔的史料宝库中去寻找素材。

例如，在八年级教材"国共合作抗日"一课中，编写者选取了"台儿庄战役"为正面战场的代表，写得较为详细，学生也很感兴趣。如何结合教材内容并对其拓展进行数字故事的制作呢？可以考虑结合乡土资料和学生的实际情况进行制作。例如，对于四川的学生而言，可以指导其选择从"藤县保卫战"来讲解正面战场。历史人物可以选择王铭章将军，历史的细节可以选择王将军带领的川军与日军激烈肉搏，最终全军战士宁愿拉响光荣弹自尽而不做俘虏。通过对历史素材的选择和组合，最后形成的数字故事不但感动了教师，而且还让参与制作以及观看的学生流下了眼泪，激起了同学们作为川人的爱国情怀。

(三)基本制作工具

能够用于制作数字故事的软件种类繁多，常用的有 Windows 系统自带的视频制作编辑软件 Movie maker、Office 办公软件中的演示文稿 Power-

Point、Ulead 公司的会声会影、能够制作交互式矢量图和 Web 动画的 Flash 软件，以及专为广播和后期制作环境而设计的非线性编辑软件 EDIUS 等，可以根据需要选择任意一种适合的软件制作数字故事。选择软件应以自己能够熟练掌握为原则，而非单纯追求视频播放效果。根据掌握的难易程度、数字故事的制作效果等，我们推荐 PowerPoint 2010、会声会影和 Edius 这三种常用软件。

1. PowerPoint 2010

随着社会信息化的不断发展，以幻灯片为代表的多媒体技术已经广泛应用于中学课堂。PowerPoint 是微软公司开发的 Office 办公软件的重要组件，主要用于制作演示文稿。作为一款专业制作幻灯片的软件，PowerPoint 以其完善的功能、精美的动画、简单易学的操作等优点，成为中学老师制作课件的首选。

因为 PowerPoint 2003 和 PowerPoint 2007 对于历史数字故事的制作存在着一些不足，我们推荐使用 PowerPoint 2010。2010 版简化了部分操作，增加了一些全新的功能，使得 PPT 制作更容易，作品效果更精美。虽然 PowerPoint 2016 功能更强大，但是由于大多数学校办公软件系统依然为 Office 2010，用 2016 版制作的数字故事容易出现动画效果无法播放、字体无法呈现等情况，目前不推荐。

2. 会声会影(Corel Video Studio)

会声会影(Corel Video Studio)是一款半专业的功能强大的视频编辑软件，由科亿尔公司(Corel)的子公司友立资讯开发，具有屏幕录制、编辑、高级效果、输出、刻录等多种强大功能。利用会声会影可以把视频、图片、声音等素材结合起来做成数字故事。会声会影可导出多种常见的视频格式，甚至可以直接制作成 DVD 和 VCD 光盘，是一款简单好用的 DV、影片剪辑软件。会声会影操作简单易懂，界面简洁明快，除了可以在教学之中应用外，同时也可以满足家庭或个人日常所需。目前，会声会影已由 4.0 发展至 X7，其功能也由 4.0 的影片截取剪辑等发展到现在的 X7 支持屏幕捕获、多轨道操作及运动特效等。由于会声会影 X7 刚刚面市，推出的也主要是试用版本，其性能不太稳定，所以目前在市面上流行度不广，不推荐使用会声会影 X7 来制作历史数字故事。就功能而言，目前市面上流行的 X5、X6 两个较低版本完全可以满足数字故事制作以及大家日常制作电子相册、视频的需要。

3. 专业视频编辑软件——EDIUS

从 2003 年 Canopus 正式推出纯硬件版本的 EDIUSV1.0 开始，EDIUS

这款非线编辑工具开始为广大专业制作人员所熟知。2004 年 1 月推出纯软件的 V2.0，2004 年 12 月升级到支持 HDV 编辑的 EDIUSV3.0 版本，2006 年推出了 EDIUSV4.0 版本，新增了多机位编辑、多时间线嵌套、时间重映射、色彩校正关键帧控制等功能。从 4.5 版本开始，基于市场调查而重新设计的 EDIUS 界面焕然一新，使 EDIUS 完全整合到 Grass Valley 产品线中，统一成与 Grass Valley 相同的外观和操作感。随着教育信息技术的发展，EDIUS 以专业化功能、容易操作等特点，慢慢地被教师们接受。目前，EDIUS 有三个面向不同用户的软件版本可供选择，分别是 EDIUS Neo（入门级）、EDIUS Pro（专业级）和 EDIUS Broadcast（广播级）。

三、历史数字故事的运用——以"美国 1787 年宪法"为例

　　数字故事在中学教育的主要应用之一是情境教学。所谓情境教学，简单说就是在课堂教学中有目的地创设一个有一定时空范围、以形象为主体的生动具体的场景，将学生的身心引入这个场景中产生情感共鸣，核心在于引起学生的情感共鸣，从而激发学习兴趣，强化学习动机。数字故事本身所具有的优势，是与故事密不可分的。美国认知科学和学习理论专家罗杰·尚克说："人类生来就理解故事，而不是逻辑。"故事内容的情节性，容易引起学生的注意；情节的趣味性，容易激发学生的兴趣；趣味中的启发性，容易引发学生思考；启发后的教育性，容易使得学生接受，让学生在浓郁的教学情境中轻松变抽象为形象，更好地达到教学目的。数字故事的"共情感""娱乐感""意义感"等与情境教学的有"情"之"境"相吻合，运用"数字故事"创设教学情境，对于历史教学而言能起到事半功倍的教学效果。对于历史学科中不容易理解的抽象内容而言，融入情境是潜移默化的最好方法。

　　"美国 1787 年宪法"这一课主要讲述了美国 1787 年宪法制定的原因、宪法的内容、宪法的实施及影响，而宪法的主题是传递自由和民主，自由是前提，民主是保障。通过查阅大量的历史资料，我们发现美国人民对自由的追求从清教徒来到新大陆就已经开始，其后又体现在美国建国过程中至关重要的独立战争，而全国几个版本的新教材都弱化了对这些内容的介绍，仅仅是寥寥几笔带过，使学生对美国人民追求自由的历程认识一片空白，这不利于学生形成整体的历史框架，更不利于本课情感目标的实现。这里便可以引入历史数字故事。

（一）数字故事之内容梗概

自由之路
感情基调：总体来说，音乐与故事搭配要协调，要能充分展现希望、悲伤、胜利等不同场景的感情。

第一幕		
时间： 1620 年 人物： 清教徒 曾祖父	情节： 　　当时英国受政治迫害的清教徒为了追寻自由梦想，乘着"五月花号"开始了前往美洲大陆的新航程，曾祖父就是其中一员。茫茫大海上，波涛凶险、疾病肆虐，他们依旧孤独地漂泊着。他们签订了《五月花号公约》，彼此约定要建立一个自由的王国。越来越多的欧洲移民接踵而至，逐渐形成了北美 13 块殖民地。	场景： 　　轮船在凶险的大海中前行，以文字的方式强调"五月花号""自由"等关键字。所配的轻音乐是由平缓走向急促的。

第二幕		
时间： 18 世纪中叶 人物： 百姓 士兵 主人公："我"	情节： 　　然而，现实并不如愿，新大陆上的生活充斥着剥削，茶叶税、糖税、印花税，比比皆是，人民不堪重负，终于打响了反抗英国殖民者的枪声。 　　烟雾弥漫的战场上，一个又一个战士在我身边倒下，女儿稚嫩的声音一遍遍回荡在脑海里："爸爸，一定要回来！"望着远方，我艰难爬起来："卡娜，等我！"胜利或许就在明天。 　　经过八年的努力，人民用鲜血和牺牲换来了胜利！	场景： 　　展示表现战争场景的图片，通过主人公面对一系列战争的内心独白，适度展现战争的残酷性，配以忧伤又蕴含希望的音乐，增强了故事感染力，为自由的来之不易埋下了伏笔。

续表

第三幕		
时间： 战后初期 1783—1787 年 人物： 华盛顿 各州代表	情节： 　　这来之不易的胜利却并没有给大家带来安定的生活，各州经济混乱，"邦联"内部充满着分离和争吵。人们担忧"我们的国家将走向何处"。 　　华盛顿说："要么我们在一个领导之下，成立联邦而结合为一个国家；要么就保持十三个独立的国家，永远互相争吵！" 　　在这样严峻的形势下，1787 年，各州的代表又一次聚在费城，他们在这里协商国家的未来，拉开了制宪会议的帷幕。众人争论不休，在战争中赢得了巨大威望的华盛顿却一言不发，"再也没有什么建议比让我成为国王，更令我觉得冒犯和谴责"。华盛顿的沉默和坚持不仅为他赢得了尊重，更为美国留下了广阔的发展空间。经过一百多天的讨论，人类历史上第一部成文宪法就此诞生。	场景： 　　展示华盛顿以及其他代表参与会议的图片，并加以文字说明。
结语		
1787 年宪法是我们不懈追求自由的结果，虽不完美，仍是世界民主进程中绚烂的一笔。 　　曾有人说它是"在特定的历史时期人类智慧和意志所创造出的最美妙的杰作"。 　　我们的故事还在继续，民主在路上，自由与之同行……		

（二）教学构思与实践

上述数字故事可以运用到"美国 1787 年宪法"的新课导入；也能运用于结课环节，起到提炼和升华本课主题的作用，顺利实现本课的情感目标；还能将这个数字故事贯串于整个教学过程的始终。下面从教材分析、学情分析、教学目标、教学重难点以及教学设计五个方面来分析如何将数字故事贯串于整个教学过程。

1. 教材分析

（1）课标分析

课程标准要求"说出美国 1787 年宪法的主要内容和联邦制的权力结构；

比较美国总统制与英国君主立宪制的异同"。课程标准虽然没有提到对 1787 年宪法制定原因的介绍,但有必要对宪法制定的背景有一个深入的了解,这样才能更好地理解宪法的内容,达到课标的要求。

(2)本课在教材中的地位和作用

专题七"近代西方民主政治的确立与发展"由"英国代议制的确立与完善""美国 1787 年宪法""民主政治的扩展"这三课构成,主要围绕近代民主政治在英国、美国、法国以及德国的确立和不断发展完善这一主题来展开;而本课"美国 1787 年宪法"主要讲述了美国民主共和制的确立和发展,在整个近代西方民主政治发展历程中起着承上启下的作用。

2. 学情分析

根据新课程倡导的以学生为本、以学定教的教学理念,对学情进行如下调查分析:

本节课的教学对象为高一学生,问卷调查显示,学生在初中时对近代欧美国家的民主制度了解不多,但通过专题六"古代希腊罗马的政治文明"的学习,对民主政治有了一定认识。学生普遍认为本专题的内容枯燥,学习兴趣不太高,学生希望老师用生动有趣的形式来教授本节课。高一同学思维活跃、求知欲强、乐于参与,教学的首要任务就是在学生已有知识水平的基础上,通过再现生动的历史画面来激发学生学习本课的兴趣,同时采取深入浅出的方式、运用通俗易懂的语言来不断启发点拨学生。因此,需要把历史数字故事贯串于整堂教学。

3. 教学目标

根据课程标准要求、教材内容、学生的具体情况以及教学目标"三位一体"的原则,可以将教学目标统一表述为:了解美国 1787 年宪法制定的背景,掌握宪法的主要内容,分析宪法对美国的作用,比较美国总统制和英国君主立宪制的异同;逐步养成通过历史情境分析解决历史问题的能力,逐步提高通过多种途径获取历史信息的能力,逐步提高论从史出的史料分析能力,逐步掌握利用表格形式来归纳和比较历史知识的方法,逐步掌握评价历史现象的方法和分析历史材料的方法;认识美国民主政治来之不易,是不断创新的结果,理解人类社会发展的统一性和多样性,学会尊重不同民主文化传统。

4. 教学重难点

根据教材分析、课程标准要求、学情分析,确立如下的教学重点与难点。重点:掌握美国 1787 年宪法的主要内容,分析宪法对美国的作用;难点：比较美国总统制和英国君主立宪制的异同。

5. 教学设计

通过对教材、学情、教学目标、重难点的分析，下面谈谈将数字故事融入课堂教学之中，达到既能调动学生的积极性，又能够顺利实现教学目标、突破教学重点与难点的教学设计思路。数字故事的主人公即"我"是一个与时代特征相符的虚拟人物，这个人物的身份是"一位普通美国士兵"，这个士兵通过回忆他的家族和其自身的经历来给大家讲故事。在运用这个人物时，可以参考当下同学们普遍关注的美剧中的主角人物或其他类型的人物命名，如《吸血鬼日记》中主角人物 Stefan，这样能更好地引起学生的共鸣。由于此数字故事设计缺乏对主人公的细节介绍，在教学过程中，教师依据主人公的身份并结合时代背景，增加了对其与教材内容有关的其他经历的讲述，达到让故事更好地融入本课的目的。

(1)导入新课

通过在专题六所学习到的古希腊与古罗马的"民主、自由"二词，引出如今被公认是民主、自由的典范的美国，美国的民主、自由集中体现在1787 年所制定的宪法，而这部宪法的制定有着其深刻的历史渊源，然后引入主人公 Stefan，学生们会想，Stefan 究竟是何许人也，这样就在课堂的开始使学生对 Stefan 产生浓厚的好奇。

(2)教学过程

既然这节课的主人公是 Stefan，可以先简单介绍 Stefan，1747 年出生于北美宾夕法尼亚州的费城，其祖籍是英国。(老师可以根据学生的兴趣点和自身的知识面，丰富对其介绍。)

根据故事情节的四部分，将数字故事剪为三段，第一段为第一、二幕，第二段为第三幕，第三段为结束部分，在教学过程中按照需要依次进行播放。

在讲授第一个子目"年轻美国的窘境"时，运用第一段数字故事：以Stefan 的亲身经历再现当时的历史画面，为同学们简单介绍美国的独立战争，主要讲述两百多年前 Stefan 的家族为躲避西欧宗教迫害与一批清教徒乘着"五月花号"，开始前往北美大陆，去追求他们向往的自由。由于英国的殖民剥削，北美没有带给他们自由，最终，在自由的呼唤下爆发了独立战争。独立之后的美国并没有带给他们自由，因为独立之后的美国正身处窘境，然后以美国正患有一场"大病"的比喻形式来讲授宪法制定的原因，结合课本的内容以病根和病症的方式呈现原因。在分析宪法制定的原因时需要老师从 Stefan 的视角，将 Stefan 的经历与美国的窘境相结合，同时运用相关的史料进行分析。在教学过程中，需要根据故事人物的经历，结合史料及图片，层层设问，达到引人入胜的效果。

在讲授宪法的内容即第二个子目"制约权力、平衡利益"和第三个子目"从邦联到联邦"时，运用第二段数字故事：通过播放数字故事视频让故事主人公 Stefan 来告诉同学们，为了解救年轻的美国，1787 年各州代表及美国开国元勋聚集在费城，也就是当年《独立宣言》签署的地方，同时也是 Stefan 的出生地，召开了制宪会议，用了 116 天制定了医治美国的良方——美国 1787 年宪法。之后，以配方的方式结合课本，对教材进行重新整合来呈现宪法的内容，进而分析宪法对美国的作用。在讲授内容和作用时，可根据实际情况用举例子的形式来描述一下 Stefan 对宪法内容如"三权分立、联邦制"的感受和认识，以及宪法给他的生活所带来的改变。这样，既紧扣了故事主人公 Stefan，同时使学生较容易理解宪法的内容和作用，很好地抓住了本课的教学目标。

在比较美国总统制和英国君主立宪制的异同方面，结合课本的第四个子目来进行讲解，运用第三段数字故事：通过 Stefan 给同学们呈现的结语引发学生们反思，以提问的方式过渡到对美国总统制的讲解，采用表格的形式比较美国总统制和英国君主立宪制的异同。

(三)运用数字故事进行教学设计的原则

运用数字故事进行教学设计的时候，要考虑以下几个方面。

首先是整体性原则。教学设计应该从对学习者、教材及教学内容分析开始，进而设计三维目标、教学策略、教学媒体和教学过程，最后还需要进行教学评价。各要素必不可少，密不可分，互相关联成为一个整体。

其次是针对性。学习者需求、年龄特点和认知水平是信息技术运用于历史教学设计时需要考虑的因素。同样一个题材的数字故事针对的学生年龄层次不同，制作方法和使用的方式也不同。比如，初中生多用动态性的如 Flash 动画，而高中生则多注重故事内部的逻辑性。

最后是选择性。在信息化时代背景下，能够运用到教学中的网络资源是海量的，资源的丰富性并不代表在教学设计时要全盘使用。运用数字故事时要学会剪裁某些资源，在制作和使用过程中一定要精益求精。一切资源都要围绕教学目标、教学重难点以及教学过程设计思路来进行选择。

第四节　历史微课的制作与运用

一、微课的起源及发展

信息化高速发展，微型化正影响着人们的生活，我们对"微"已经耳熟能详，如微博、微信、微小说、微电影，毫不夸张地说我们正处于"微时代"。2010年，广东佛山教育局率先在国内开展了全市中小学教师优秀"微课"资源征集与评审活动，首次出现"微课"概念并开展了一系列"微课"实践与应用研究。

关于微课的概念，学界见仁见智，说法不一。胡小勇、胡铁生认为微课是以微视频为主要载体，基于一个学科知能点（如知识点、技能点、情感点等）或结合某个具体的教学要素和环节（如目标、导入、内容、方式、过程、评价等），精心设计和开发的可视化微型（5～8分钟）优质学习资源。① 从这个定义可以看出，其载体是微视频，说明其资源文件微小；其教学内容只是一个知识点，显得专精；其时间为5～8分钟，显得短；其设计是精心开发的结果，并成为优质学习资源，说明利用了各种软件和制作手段，才能达到优质的效果。因此有人总结说微课有"短、小、精、悍"的四大特征。

截至目前，微课不但在基础教育实践中广为流行，作为一种新兴的教学手段近年来也开始走入高校。学术界对微课的研究正在如火如荼地开展，取得了较为丰富的研究成果。著作方面，如刘万辉的《微课开发与制作技术》，李玉平、刘静波、付彦军的《微课程设计与案例赏析》，张福涛的《翻转课堂理论研究与实践探索》，等等。学术论文方面，主要涉及微课资源的开发与利用、微课发展阶段成果及问题的探讨、微课研究现状及发展趋势分析、微课意义等方面。另外，在网站建设上，有中国微课网（www.cnweike.cn）和华东师范大学慕课研究中心C20联盟（www.home.c20.org.cn）。具体到各学科的微课也有诸多成果。

---

① 胡小勇、胡铁生：《2014年微课最新界定》，http://blog.sina.com.cn/s/blog_1459fdfec0102w6zo.html，2019-03-04。

二、"数字故事"与"微课"的联系与区别

作为教育信息化时代的产物，数字故事、微课在诸多地方有相似之处。但是也有差别。二者的异同表现在以下六个方面。

第一，在概念上，微课是指在 10 分钟之内，有明确的教学目标，内容短小，集中说明一个问题的小课程。这里有三个关键点：一是 10 分钟之内；二是有明确的教学目标；三是集中说明一个问题。数字故事是指在信息化时代背景下，教师运用背景音乐、图片、字幕、视频等多元素材有机结合并以多媒体信息技术来呈现的一种故事可视化展现方式，换句话说就是使故事叙述数字化了。

第二，对教学的偏重点不同。微课首先是"课"，本身就是完整和独立的课。其重点在于对某一知识点的讲解。因此，虽然微小，但却具备一堂课的所有特征。而数字故事在教学中处于附属地位，最重要的功能是辅助教学，是教学设计的一个部分，不是所有的数字故事都能成为独立的一堂课。

第三，在时间上，微课一般在 10 分钟之内，是一堂微型课。而数字故事为教学服务，它不能大量占用教学时间，一般控制在 3～5 分钟，且被大量运用于导入或者结课。

第四，在知识含量上，微课明确要求集中说明一个问题，但是数字故事可以配合教材将所有知识点合理整合、补充、深化教学内容，是对教学资源的再次开发。

第五，就制作技术而言，微课与数字故事都可以采用诸如 PPT、会声会影、Flash 动画等制作软件。

第六，在制作流程上，微课除去数字故事的几个流程外，还有录制等其他流程。

综上所述，微课与数字故事有联系也有区别，它们同为信息化时代的产物，都为教学服务；在具体运用上，微课的适用方式较为单一，而数字故事可以整体使用，也可以剪辑再加工。微课不是数字故事，但是可以用数字故事的表现方式形成一堂微课。二者之间你中有我，我中有你。

三、微课的制作流程

（一）选题

选题是微课制作的第一步。选什么作为微课的主题呢？一般大家都认同选择有价值的选题。有价值的选题即历史课程中的重点、难点、疑点、考点等。当然这个是范围，具体选择哪个作为选题，还应考虑教师的自身素养和学生的情况。教师素养方面，有的善讲，有的善演，有的喜欢组织讨论，有的喜欢对话教学。学生情况方面，有的班级活跃，有的班级沉稳。综合考虑这些因素后，选择有利于发挥教师自身特长的、能够出彩的内容作为选题。

（二）构建

微课构建不仅包括微课的教学设计、脚本编写，还包括课件创作等步骤。

（三）合成

合成即合成视频，包括教学录制、编辑合成。目前的微课以微视频为核心，因而视频的制作尤为重要，微课的视频质量高低在很大程度上决定了微课水平的高低。微课视频的制作方法，目前主要有五类，分别是教学录像型、屏幕录制型、多媒体讲解型、动画讲解型、视频剪辑型。这五种类型各有利弊。另外，还可以利用手机拍摄教师在白纸上书写与讲解的教学内容，用课堂录播系统录制教师授课与计算机屏幕等方法制作微课视频，虽然操作容易，但是质量不高。

（四）编辑

视频制作后，还应修改完善。微课虽微，但也是一个完整的教学内容。通常我们说好课是磨出来的，这折射了好课反复修改完善的艰辛。同样，微课也是磨出来的，不仅在教学设计上磨，还应该在视频合成后，继续修改完善。完善的基准至少应从教育性、技术性和应用效果三方面着手。

微课的制作流程，参见图 7-21。

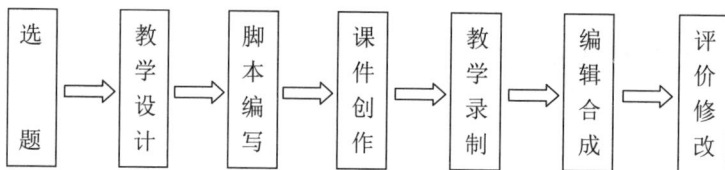

图 7-21 微课的制作流程

四、微课在教学中的运用

【案例 7.3】

"太平天国运动失败的原因"微课教学设计①

类型：高中历史

对象：高一(4)班全体学生

时长：6 分 37 秒

学情：知识储备上大致了解太平天国运动基本史实；思维特征上想象思维向抽象思维过渡，喜欢形象性史料。

导入：简要总结太平天国运动发展过程。

新授：以问题串联微课内容。

问题一：《天朝田亩制度》和《资政新篇》的思想主张能实现吗？为什么？

呈现材料：杨秀清、韦昌辉、石达开等联名上奏洪秀全说："建都天京，兵士日众，宜广积米粮，以充军储而裕国课。弟等细思，安徽、江西米粮广有，宜令镇守佐将在彼晓谕良民，照旧交粮纳税。"洪秀全随即批示："胞等所议是也，即遣佐将施行。"

——《贼情汇纂》

[设计意图]通过了解教材中关于两大文件内容，结合材料，以冲突形式给学生展示太平天国前期和后期思想主张的变化，启发学生思考。

问题二：太平天国政权建立后，领导阶层迅速腐化的表现有哪些？

呈现材料：清王朝与太平天国政权建制的图片。

王后娘娘下辖爱娘、嬉娘、妙女、姣女等 16 个名位 208 人；24 个王妃

① 刘婷：《高中历史微课的运用探究》，17～19 页，西华师范大学硕士学位论文，2016。

名下辖姹女、元女等 7 个名位共 960 人，两类共计 1168 人属妃嫔……总计有 2300 多名妇女在天王府陪侍天王。

——《江南春梦笔记》

除了天王之外，只有忠王有一顶真金的王冠，以余观之，此真极美珍品也。……凡各器物可用银质者皆用银制，刀鞘及带均是银的，伞柄是银的，鞭子、扇子、蚊拍，其柄均是银的。

——1861 英国翻译富礼赐《天京游记》

凡东王、北王、翼王及各王驾出，侯、丞相轿出，凡朝内军中大小官员兵士如不回避，冒冲仪仗者，斩首不留。

——《贼情汇纂》

只有媳错无爷错，只有婶错无哥错，只有人错无天错，只有臣错无主错。

——《天父诗》

[设计意图]以不同人的角度为切入点，展示领导阶层腐化的具体表现，培养学生的分析、归纳、总结能力。

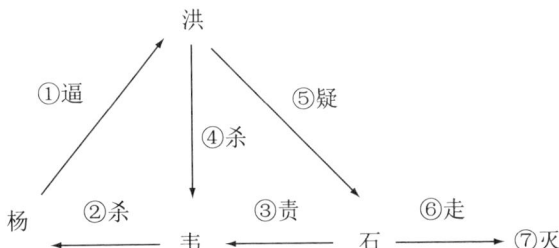

问题三：太平天国运动后期，领导层争权夺利有何严重后果？

[设计意图]以示意图形式展示天京事变过程，便于学生了解太平天国失败的原因。

小结：通过分析以上问题，做补充，总结太平天国运动的失败原因：

主观原因 { 空想的土地政策与政体改革
太平天国领导阶层迅速腐化
内部争权与军事实力削弱 }

客观原因：中外势力联合绞杀。

设计反思：围绕主题，设置问题，清楚明了；材料过多，是否利于学生理解和思考还需进一步实践。

这是一个课前运用微课的案例。选择这个内容，是因为作者通过听课记录和学生的交流得知：大多数学生对于"农民阶级的局限性是什么，如何认识农民阶级的局限性是导致太平天国运动失败的根本原因"等问题存在疑惑。为了使学生理解农民阶级的局限性，使学生有针对性地预习，设计者制作了"太平天国运动失败的原因"的微课，传到校园网络平台，让学生周末回家学习，期望"为深入探讨农民阶级局限性的表现及原因做好铺垫"。至于学生预习的结果如何，设计者收集了学生的反馈，得出"大多数学生能够归纳出太平天国运动失败的原因"及"大多数学生仅能说出农民阶级的局限性表现在他们的思想层面、施政方针方面"的结论。同时，根据学生这些反馈，老师在课堂有策略性地解决问题。

从这个案例中可以得出这些启示：一是学习效果提升。从学生的反馈来看，学生能归纳出太平天国运动失败的原因，至少对太平天国运动的发展脉络有较为完整的认识。二是学生参与性提高，参与面拓宽。微课不同于传统课堂，传统课堂每个学生不可能整齐划一地掌握相同程度的知识，总有部分学生参与性不高。而利用微课，以视频形式教学，基本上学生都喜欢这一形式。另外，学生根据自身情况可自由地调节学习进度，更能刺激学生有效参与。

除了课前运用外，微课还可以运用于课后。这是一种为了弥补学生在课堂中内化知识不够，而给予学生帮助学习的一种形式。它与课前微课一样，都须遵循系列流程。这个形式有着补差培优的教学意义。

信息技术正深刻地影响和改变着教育教学，数字故事、微课等现代教育教学形式的出现，表明教育正向着数字化、网络化、移动化等方向发展。信息技术的出现给教师的教学带来了极大的便捷与高效，同时也带来了更高的要求与挑战。虽然信息化教育的研究与实践在我国正处于起步阶段，但信息技术在未来教育中的开发与运用大有可为。

本章小结

本章主要讲述了教育信息化的世界性趋势以及与历史课程教学的结合，在这一背景下，历史教师应具备教育信息素养。课件是教育信息化素养的一个重要标杆，如何制作课件、使用课件是历史教师必须关注的。作为新时代的历史教师要与时俱进，不但要深入学习教育信息技术，还要结合学科特点，利用微课、数字故事等教育教学新形式辅助历史教学，提高课堂教学效率。

学习反思

1. 选择一课，根据多媒体课件制作方法及要求，制作一个多媒体课件。

2.根据该课的教学内容，选取一个历史事件，尝试制作一个数字故事。

3.将制作好的多媒体课件转化成视频，制作为微课，并采用其中一种教学模式尝试进行运用。

拓展阅读

1.王黎明，徐金超.手段·方法·教学观——基于现代信息技术环境的高中历史主体性教学情况调查[J].上海教育科研，2007(2).

2.杜芳.对信息技术环境下中学历史教学实践的反思[J].电化教育研究，2007(4).

3.赵艳.信息技术与历史学科教学整合的探索与体会[J].中学历史教学参考，2008(6).

4.龚雪娟.微课资源在历史学科教学中的运用思考[J].中学教学参考，2015(28).

5.王洪梅，孟性菊，王运武.教学微视频资源的创意设计研究——以"人类学习历史的演变过程"为例[J].现代中小学教育，2017(2).

6.周国玉.数字故事与中学历史教学[J].中学历史教学参考，2015(22).

7.王绣中.例说"数字故事"在初中历史教学中的运用[J].中学历史教学参考，2016(8).

PPT 课件

第八章　历史课程与教学评价

学习目标

1. 了解历史课程评价的含义和功能，掌握历史课程评价的对象和方法。
2. 了解历史教学评价的含义和功能，掌握历史教学评价的对象。
3. 掌握历史学业评价的内容和方法。
4. 掌握历史试题的类型和编制方法。

本章导引

如何判断学生学习的质量，如何判断教师教学的质量，这些都属于课程评价的范畴。

课程评价是课程管理中一个很重要的环节，是权衡教育目标设置与达成、提升教学质量的重要因素，也是课程改革的一个重要方面。课程评价贯穿了课程研发、组织、实施的全过程，也影响课堂教学目标的拟定和育人目标的达成。因此，不少专家基于评价的导向作用提出"评价先行""逆向设计""全程评价"等主张，旨在以"评价"持续推动课程建设与课堂实践。

我们必须对历史课程与教学的评价做出新的思考。评价是对信息资料进行搜集、综合并加以解释，从而做出某种决定或价值判断的过程。历史课程与教学评价在遵循评价的基本原则外，更应该针对学生的历史学习特征，关注学生历史学习行为与心理倾向的发展变化，增强学生的学习动机，促进学生的学业进步和综合素质提升，实现历史课程与教学评价的功能。

第一节　历史课程评价

历史课程评价是历史课程编制过程中的重要一环。历史课程评价随着历史课程的实施而展开，为课程的设计、课程目标的确定以及课程内容的开发提供有效依据。从一定意义上说，科学、有效的评价体系是历史课程成功的基础。

一、历史课程评价的含义和功能

（一）历史课程评价的含义

目前，关于课程评价并没有一个统一的、确切的定义，这主要源于课程本身含义的宽泛和复杂，导致对课程评价的不同理解。

课程评价的概念是由美国"课程评价之父"——拉尔夫·泰勒最早提出的。随后，这一概念被广泛应用到课程理论与实践的研究中，成为多定义、难理解的概念之一。

目前，西方学者对课程评价的定义主要有四种表述。

（1）把课程评价等同于测量、测验，以测验的分数作为评判的标准。如桑代克等人即认为课程评价是"优点的判断，有时完全基于测验的分数"[①]。

（2）把课程评价作为检测个人行为与目标达成度一致性的标准。泰勒认为课程评价的过程实际上就是确定行为与目标之间达成度的过程。

（3）把课程评价作为课程决策的依据。美国的斯塔夫尔比姆认为课程评价就是"描述、获得、提供、运用信息的过程"[②]。

（4）课程评价是对成绩或价值的判断。如英国的凯利认为课程评价是"评估课程价值和效用的过程"[③]。

从上面的叙述可以看出，课程评价的概念经历了从数量上的测量到定量与定性、效用与价值、描述与决策的渐进的评价过程。

---

① ［美］拉尔夫·泰勒：《课程与教学的基本原理》，施良方译，85 页，北京，人民教育出版社，1994。

② 廖哲勋：《课程学》，272 页，武汉，华中师范大学出版社，1991。

③ A. V. Kelly, *The Crriculum：Theory and Practice*，London：Paul Chapman Publishing Ltd. 1989：187.

20 世纪 80 年代末，课程评价的研究问题开始进入我国学者的视野。钟启泉的《现代课程论》、陈侠的《课程论》、王伟廉的《课程研究领域的探索》是我国最早出版的课程研究著作。90 年代以后，课程评价理论的研究有了进一步的发展，也形成了不同的主张。

（1）课程评价的范围。陈玉琨认为："现代课程评价包括对课程计划的评价、课程标准和教材的评价以及课程实施效果的评价。"①

（2）课程评价是对课程问题的价值或特点的判断。李雁冰认为："课程评价就是以一定的方法、途径对课程的计划、活动及结果等有关问题的价值或特点做出判断的过程。"②

（3）课程评价是改进学生学习的活动。赵恒烈认为："课程评价是指研究课程价值的过程，是由判断课程在改进学生学习方面的价值的那些活动构成的。"③

定义的多样是课程评价研究变化的结果，也是研究者对评价的不同理解造成的。我们认为，历史课程评价就是依据一定的评价标准，运用有效的科学手段，采取系统整理资料的方法，对历史学科课程活动中相关因素的价值判断，为历史课程决策提供依据的活动过程。

分析定义，能够揭示历史课程评价的实质：第一，历史课程评价是对历史学科价值和优点的判断，不是单纯对现象的客观叙述；第二，历史课程评价针对历史课程方案或者行政措施而展开；第三，历史课程评价是对评价对象做定量和定性的分析，并以定性评价为主；第四，历史课程评价既是评定成就，也是为决策做准备。

（二）历史课程评价的功能

关于历史课程评价的功能，目前学界有多种不同的归纳，主要有以下几方面。

1. 需求与评估

在设计历史课程方案之前，研究者要对社会及学生的需求展开调查，以调查结果为依据，开发历史课程、拟定历史课程目标，确保历史课程改革的适切性。

---

① 陈玉琨：《课程改革与课程评价》，35 页，北京，教育科学出版社，2001。
② 李雁冰：《课程评价论》，2 页，上海，上海教育出版社，2002。
③ 赵恒烈：《历史思维能力研究》，220～226 页，北京，人民教育出版社，1998。

2. 诊断与修订

历史课程方案是否满足社会和学生的需要，是否有利于课堂教学有序地开展，是否有利于学生的主动学习，这些问题都需要用评价来检验并修正。

3. 比较与选择

把历史课程放在学校教育的大环境中，对各种课程方案、课程目标等材料进行纵横比较，结合需求评估，选取最佳方案实施活动。

4. 预测与确认

把实施效果与预期目标进行比较，判断目标的达成度，进而确认推广的方案。

二、历史课程评价的对象和方法

(一)历史课程评价的对象

确定评价的范围对评价至关重要。而明确的评价对象更有利于评价活动的开展，以及资料的集中整理和干扰项的排除。历史课程评价体系内容[①]如下。

从图 8-1 可以看出，历史课程评价的对象主要包括以下几个方面。

1. 历史课程目标评价

课程目标是对特定教育阶段和学科教育活动任务的界定。历史课程目标规定了学生在基础教育阶段所应具有的素养以及达到素养要求的各项指标。评价历史课程目标主要看目标的制定是否符合国家的教育方针和学校培养目标、是否符合学生的认知水平和智力发展程度，表述是否科学、清晰、简洁，是否有利于学生的进一步学习。以课程目标作为课程评价的标准，可以修正不良的教师教学行为和学生学习行为，进而改善教学系统，提高课程教育质量。

课程目标也不是一成不变的，要根据社会发展对未来人才发展的要求相应地做出适切性的调整，充分体现与时俱进的思想和时代精神。

2. 历史课程标准评价

什么是课程标准？顾明远认为课程标准是"确定一定学段课程水平及课

---

① 陈志刚、翟霄宇：《历史课程与教学论》，222 页，北京，科学出版社，2012。

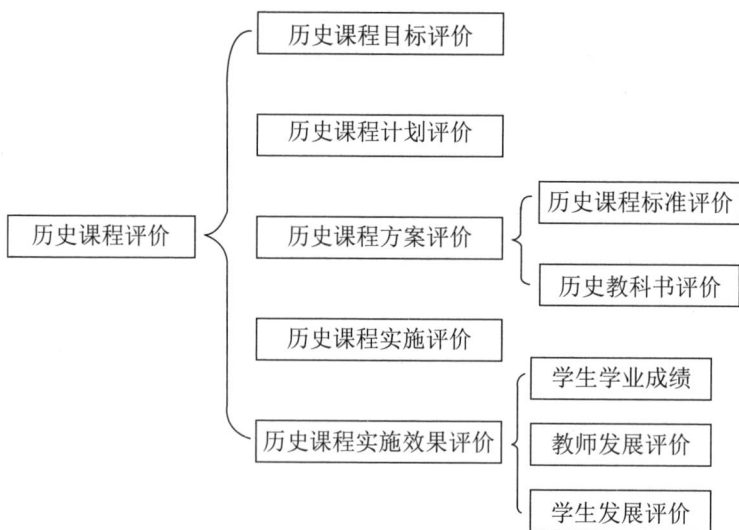

图 8-1　历史课程评价体系

程结构的纲领性文件"①。可见，课程标准是对学校各学科的目标、内容范围、实施措施和评价建议的硬性要求。从这一意义上讲，它与后来的"教学大纲"相差无几。但是，随着课程理念的变革，课程标准的含义也发生了变化，进入 21 世纪，我国对课程标准也有了新的解释。《基础教育课程改革纲要(试行)》指出，课程标准是教材编写、教学评估和考试命题的依据，是国家管理和评价课程的基础。它体现国家对不同阶段的学生在知识与技能、过程与方法、情感态度与价值观等方面的基本要求，规定各门课程的性质、目标、内容框架，提出教学和评价建议。②

　　基础教育阶段的历史课程标准包括义务教育的历史课程标准和普通高中的历史课程标准。对其评价着重考查课标编制是否恰当、合理，是否有利于课程目标的实现和课程的实施，以便为课程标准的修订提出改进建议。

　　3. 历史教科书评价

　　教科书的评价依据课程标准，侧重点在于知识、思想文化内涵、心理特点发展规律和编制水平等。其目的在于发现教科书的内在特征和价值，

---

　　①　顾明远等：《教育大辞典(增订合编本)》，280 页，上海，上海教育出版社，1998。

　　②　钟启泉、崔允漷、张华：《为了中华民族的复兴，为了每位学生的发展：〈基础教育课程改革纲要(试行)〉解读》，169 页，上海，华东师范大学出版社，2001。

预测教科书的使用效率，为课程方案的实施提供指导，最终达成课程目标的要求。

历史教科书的评价维度有以下几点。

第一，知识维度。历史知识浩如烟海，由于时代不同、地区与意识形态的差异以及教育研究水平的差异，教材编撰的理念与选材也大不一样。从历史知识的角度出发，所选择的内容应该具有代表性，并能及时反映史学研究的新成果，让学生在有限的学习时间里，掌握更多有用的、精华的知识，为其终身学习打下基础。

第二，思想文化内涵维度。学习历史知识的目的是帮助学生提高思想道德修养，进行唯物史观、价值观教育，传统文化教育，历史意识和现代意识教育。历史教科书必须汇集有利于学生学习的必要知识，形成具有丰富思想文化内涵，展现高尚道德情操的历史教科书。

第三，心理特点发展规律维度。由于学生所处的年龄段不同，教科书就必须考虑他们的兴趣需求和接受能力。选取的内容须贴近学生的生活经验，与其心理特点相契合，有利于其主动性的发挥，同时又有利于教师的指导。

第四，编制水平维度。如何把繁杂的知识整理得有条不紊，体现历史的教学体系，这是教材编撰的重点，也是必须突破的难点。在历史教材的编撰中，既要考虑当前的教育环境，又要符合学生和教师的实际，还要把史学研究的前沿知识、相关学科知识融入其中，编制出适合教师和学生使用的历史教科书。

4. 历史课程实施评价

课程实施评价是课程预期的目标与实际效果的中介。历史课程实施评价主要包括教师的"教"和学生的"学"两个方面。教师的教学活动主要包括备课、上课、课外辅导、作业评改、考试以及教学研究几个方面。重点考查教师对教学活动的设计、对课程标准的把握、对教材的处理，以及对教学环节、方法、媒体的调节和运用等。学生的学习活动主要包括学生学业成绩及其自身发展的评价，具体包括认知、态度、动作技能，尤其是创造力和实际工作能力等整体素质的全面评价。

5. 历史课程实施效果评价

历史课程实施效果评价侧重于学生群体，通过对学生群体的测量，判断课程实施的效果，分析课程方案的可行性。了解课程效果是课程评价必须解决的问题，也是推进课改的关键。

我国对课程评价的研究还处在起步阶段，往往把对课程实施效果的评价窄化为对学生学习成绩的评价。历史课程评价也是如此。对课程目标、课程管理、课程开发等的评价则鲜少。从大课程观的视角看，课程评价包含教学评价，但二者研究的目的不同：课程评价的目的是推进课程改革，提高课程建设水平；教学评价只是对教学过程中的相关因素展开评价，其目的是为教学决策服务。所以对课程评价的研究应该与教学评价区分。

（二）历史课程评价的方法

20 世纪 70 年代以后，随着课程评价理论的深入以及实践的发展，课程评价方法逐渐丰富。但是，作为基本的方法主要有两大类：一是量化评价（quantitative evaluation），二是质性评价（qualitative evaluation）。历史课程评价属于课程评价的下位概念，评价方法也以课程评价的方法为依据。确定历史课程评价方法需要综合考虑历史课程评价的目的、历史课程评价对象的特点，还要考虑评价者自身的水平与客观条件。

1. 量化评价

量化评价方法又称定量评价方法，是通过对所收集的数据进行数学分析，推断出评价对象成效的方法。历史课程的量化评价则是收集历史课程的理论与实践中的数据资料，从数量上的分析与比较中推断历史课程成效及价值的方法。量化评价的设计方案是预先确定的，操作起来容易控制。由于追求样本数量的多样化，评价的指标也比较客观，等级区分明确。所以说，量化评价具有客观化、标准化、精确化、简便化等特征。

量化评价在一定程度上实现了对学生的甄别与筛选。但是，它只关注可测的品质与行为，如语言智能、数理逻辑等，忽略了其他方面的评价，把学生丰富的个性品质和行为表现简单地用数量来计算，其结果并不能真实反映学生的现状，不利于学生的健康发展。

2. 质性评价

质性评价就是评价者通过在自然情境下的调查，全面描述评价对象各种特质的方法。历史课程的质性评价就是对所收集的历史文字材料、表格和图片资料，对学生的语言、思维、行动等进行描述性说明的方法。质性评价的主要特点有：一是自然性，即在自然的情境下进行，对评价对象所在的"学习世界"中的学习过程进行评价。这就要求评价双方必须有较长时间的直接接触，评价者才能了解评价对象学习的全过程，评价的结果才能真实、可靠。二是解释性，由于评价双方是在自然情境中的相互了解和互动，因而评价者对评价对象的学习态度、学习动机、思维水平等都能做到最切实际的归纳和诠释。如教师对学生的操行评语就是一种比较简单的质性评价。

总之，质性评价与量化评价在目的、逻辑、设计、功能和技巧方面不尽相同。质性评价侧重于反映真实的教育现象和课程现象，对改进课程与教学中存在的问题，提供真实可靠的依据。20 世纪 70 年代以后，质性课程评价日益兴盛起来，形成了各具特色的评价形式，如表现性评价、档案袋评定、解释性评价、教育鉴赏、苏格拉底式研讨评定等。两者的长处都是对方所没有的，在使用过程中，应该将两者结合起来。

三、历史课程评价的实施

历史课程评价的实施离不开对资料的收集与分析，而资料的收集则需要借助一定的方法和技术手段。

（一）历史课程评价的组织

课程评价有两种基本的组织形式：一是外部组织形式，即教育系统之外的个人、组织以及教育联合体对课程实施的评价；二是内部组织形式，即教育系统内部的教师、领导、课程专家、学生对课程实施的评价。课程评价十分复杂，其组织的过程因目标和方法的不同有许多变化，难以采取完全相同的程序。但作为课程评价组织的一般程序，常用的有三阶段六步骤。[①] 历史课程评价的组织也包括以下三阶段六步骤。

1. 资料收集阶段

（1）确定评价目的。确定评价目的必须考虑三个因素：

①本次评价的层面；

②本次评价要解决的问题是什么；

③如何处理所收集到的资料。

（2）依据评价的问题，描述评价所需的资料。

（3）设计评价方案，收集相关资料。

2. 资料分析、解释阶段

整理分析解释资料。资料收集阶段的认识往往带有表面性。评价者必

---

① 　钟启泉、汪霞、王文静：《课程与教学论》，271 页，上海，华东师范大学出版社，2008。

须整理、分析并解释资料,通过去粗取精、去伪存真和由表及里的改造,掌握资料事实的内部联系。

3. 价值判断阶段

完成评价报告并做出终结性判断。依据对资料的整理、分析,评价者做出相应的评价报告。要根据报告对象采用合适的呈现方式。

推广、反馈并实施评价的评价。评价是了解评价效果及改进未来评价的必要步骤。通过对评价作用的判断、推广和利用,使课程评价对课程实际产生作用。评价者也要注重自身的反馈,以便于改进未来的工作。

(二)历史课程评价的基本步骤

按照课程评价的一般组织程序,结合历史课程的特点,历史课程评价的步骤为:

第一,确定历史课程评价的目标和实施方法。通过研究历史课程资源,如历史课程标准、历史教材、教师和学生等,确定课程评价的目标、课程评价的对象与范围以及实施的方法。

第二,设计历史课程的评价方案。依据对历史课程资源的分析以及现有条件,设计评价方案。

第三,确定信息搜集的途径和方法。根据不同的评价要求,通过多种途径搜集信息,并在学生的学习活动中,判断、验证与评价标准的差异,与学生沟通协商调整改进方案。

第四,加工信息,撰写评价报告。通过对信息的加工处理,按照课程要素进行归因和解释,并据此撰写评价报告,为课程决策服务。

当前,我国历史课程评价研究尚处于初级阶段,理论研究尚不充分,实践操作也面临很多挑战。历史课程评价的发展,有待于专家、学者与中学历史教师的共同努力。

关娴娴:《倡导自主学习不能轻视教师的评价功能》

第二节　历史教学评价

课程评价和教学评价是教育评价的有机组成部分，课程评价主要从课程改进的角度来评价课程的效果和质量，是课程开发的重要环节，也是课程建设和课程改革的依据。教学评价贯串教学活动的全过程，对教学活动起调控作用。在历史教学过程中，教学评价既包括教师的"教"和学生的"学"，也包括对教学的诸因素的评价。评价为历史教学提供信息反馈，有利于调动教师、学生、家长以及社会各界参与历史教学，共同推动历史教学的发展。

一、历史教学评价的含义和功能

(一)历史教学评价的含义

在教育史上，教学评价的含义一直随着时代的发展而发展，各个时期的研究者对其认识的侧重点也不尽相同。一般来说，教学评价有广义和狭义之分。广义的教学评价是对一所学校办学水平、教学质量的评价，主要包括学校文化建设、教育教学管理、教师和学生的发展各个方面。狭义的教学评价则是根据一定的教学目标和标准，对教学活动中诸因素及其效果进行评价。

历史教学评价主要是"根据《历史课程标准》，运用科学的方法，对历史教学过程、教学效果以及影响教学的各种因素进行定性和定量的价值判断"①。历史教学评价的基本特点在于：第一，历史教学评价总是以历史教学目标的事先拟定为前提，没有历史教学目标的确定，就无法判定历史教学的质量和达标程度；第二，历史教学评价包括教师"教"和学生"学"两方面，既有定性的说明也有定量的分析；第三，历史教学评价比较注重学生个体达成教学目标的情况，缺少对课程改进的思考；第四，实施历史教学评价时，本学科的内容被看成已知，依据内容进行评价，缺少对内容的反思和批判。但是，新的历史课程标准主要聚焦于学生历史学业评价，进一步明确了学生的发展是评价的指向所在。

---

① 中华人民共和国教育部：《全日制义务教育历史课程标准(实验稿)》，43 页，北京，北京师范大学出版社，2001。

那么，什么是学生的历史学业评价？《义务教育历史课程标准（2011 年版）》指出，历史学业"评价必须以本标准中的'课程目标'和'课程内容'为依据，注重目标、教学和评价的一致性，运用科学、可行和多样的评价方式，对学生历史学习过程和效果进行价值判断"[①]。学业评价必须以历史课程标准为依据，"遵循既注重结果，也注重过程的基本原则，灵活运用各种科学有效的评价手段，对学生的知识与能力、过程与方法、情感态度与价值观做出定量和定性相结合的评价"[②]。通过评价，确定学生历史学习是否达到历史教学目标，为教师了解教学状况、改进教学，提供决策依据。

（二）历史教学评价的功能

对于评价的功能和价值取向，历史课程标准做了明确表述："教学评价是历史教学环节的重要组成部分，对改进历史教学、提高教学质量具有重要的意义。在教学过程中，要充分发挥教学评价的导向功能、诊断功能、激励功能和促进功能，促进学生学习能力和创新意识的提高。"[③]

1. 导向促进功能

教学评价本身有引领评价对象朝着期待的目标前进的功效。现实中，我们经常说"高考是指挥棒"，其实就是指高考测试的内容、评价的标准，会左右教师教学、学生学习的内容和标准，左右学生在学习时间上、学习力量上的分配。历史教学评价的标准和测验的内容要依据历史课程标准，体现历史学科的特点，符合不同年龄阶段学生的认知规律和心理特点。

2. 诊断反馈功能

诊断反馈是教学过程中前后两个相关联的阶段。在历史教学中，通过教学前的诊断确定教学策略；通过教学后的反馈，及时获取教学信息，随时诊断和矫正，进而提高教学质量。在历史教学中，教师制定的教学目标是否合理，学生是否全员参与，教学是否达到预期效果，都需要通过教学评价来获取信息，并根据这些信息加以调整，保证历史教学的健康发展。

---

① 中华人民共和国教育部：《义务教育历史课程标准（2011 年版）》，38 页，北京，北京师范大学出版社，2012。

② 中华人民共和国教育部：《普通高中历史课程标准（实验）》，31 页，北京，人民教育出版社，2003。

③ 中华人民共和国教育部：《全日制义务教育历史课程标准（实验稿）》，43 页，北京，北京师范大学出版社，2001。

3. 管理激励功能

从管理的角度来说，教学评价可以为行政管理者提供政策咨询，有利于学校的管理。历史教学评价可以促使教师和学生自省，发现成绩与不足，分析教学成败的原因，进而激发师生的内在需要和动机，增强教与学的热情和信心。比如，通过定期或不定期的历史小测验，并辅之以分析和总结，激发进一步学习的内驱力，推动教学的不断进步。

4. 考查鉴别功能

教学评价的实质是一种价值认识活动。历史教学目标是否实现，教师的教学业绩、工作态度以及学生的学业状况，都需要通过教学评价做出价值判断。一般来说，单元或者学期结束后，都要采用总结性的评价方式，考查和鉴别教师教学的能力或者学生对本学科知识的掌握程度，以此作为教师考核、晋升，学生留级、编班的依据。

5. 教育科研功能

教学评价也有研究的功效。在历史教学中，通过定性与定量的评价，可以积累和掌握大量教学资料和原始数据。运用现代教育理念，对照课程标准进行研究，探讨有关教学的问题，提高教学效果和教学管理水平，对教师的专业成长和学生的发展也有借鉴意义。

二、历史教学评价的类型和对象

（一）教学评价的类型

1. 诊断性评价、形成性评价和总结性评价

诊断性评价又称前置评价，是指在教学活动开始之前，对学生的现状进行检测。一般来说，学年或教程开始之前的诊断性评价主要用来确定学生的入学准备，确定教学的起点，制订教学计划，并对学生进行安置；教学进程中的诊断性评价，主要用来确定学生学习困难及原因，为因材施教做准备。诊断性评价侧重于寻找问题及原因。

形成性评价是在教学活动进行过程中，对教学效果进行检测，以便及时调节教学策略，保证教学目标顺利实现。形成性评价的目的在于了解被评价者在活动中所获得的知识、技能以及存在的问题，以便及时改进工作过程，因此又称为"及时评价"。形成性评价是一种贯串教学全过程的评价，边教学，边评价，边调整，使教学过程处在不断提升的动态之中。形成性评价侧重检查教学的效果。

总结性评价，也称终结性评价或事后评价，是以预先设定的教学目标为基准，在一个学习阶段，如一学期或一门课程终结时，对教学效果、学生学习成绩的总评。其目的是对教师的教学技能、教学态度和教学效果进行全面的、等级的评定；考查学生学习效果与教学目标的达成度。总结性评价注重的是结果，期中、期末以及毕业考试属于此类范畴。

2. 局部评价与整体评价

历史课堂教学是由几个部分构成的，既可局部（单项）评价教师的教，也可以局部评价学生的学；既可全面评价教学目的、内容、方法、进程、效果等，也可以整体评价学生的学习动因、学习过程、学习成效等。历史课堂教学是教与学不可分割的整体，教学评价更多的是整体评价或综合评价。局部评价是整体评价的基础或手段，整体评价是局部评价的发展和综合，局部评价和整体评价缺一不可，两者必须结合起来。

3. 静态评价与动态评价

由于具体目的不同，历史教学又分静态和动态评价。静态评价就是对教师的教和学生的学已经达到的水平进行判断，只考查特定的时间、空间中的现实状态，其优点是便于横向比较；动态评价就是对教师和学生双方的发展状态的评价，注意考查其历史情况、发展潜力和趋势，其优点是便于纵向比较。静态评价与动态评价既对立又统一，在评价时，将静态与动态统一起来，对发挥评价的作用十分重要。

4. 自评与他评

自评是指当事人自我的主观评价，他评是指其他人的客观评价。经常性的自评是调动当事人的积极性，扩大参与和自我反思的途径。他评的客观性必须建立在对评价对象充分了解的基础上，为避免主观臆测成分，学校应该建立经常性的教师之间的听课、观摩以及教研活动。同时也要发挥学生的主体地位，组织学生对教师的教学进行客观、公正、直接的评价。

（二）教学评价的对象

教学评价的对象很多，可以说包括整个教学活动。若以主要论之，可分为三类。

1. 对学生的评价

历史教学评价的主要目的是"全面了解学生学习历史的过程和结果，激励学生学习，促进学生的学业进步和全面发展，以及改善教师的教学和提高教学质量"①。开展教学评价首先必须从教学的目标和过程出发，对学生的现状以及达标程度进行切合实际的考查；关注学生学习行为的差异性和倾向性，重视教师教学行为对学生的影响。

（1）对学生评价的内容

①学生历史学业评价。学生历史学业评价是根据历史课程标准，对学生的历史学习结果进行价值判断活动，判断学生是否达到历史教学目标的要求以及达到教学目标的程度。内容主要包括知识与能力、过程与方法、情感态度与价值观等，目前对学生学业评价大多侧重于知识掌握程度的测定。评价活动包括：确定历史学业评价的依据；编制质量高、题量适中的历史评价试题；开展以测验为主的考查、考试等评价活动；对历史测验结果进行定性、定量分析等。

②学力的评价。什么是学力？据《现代汉语词典》（第 7 版）的解释是："在学问上达到的程度。"②广义来说是指获得行为的能力、才能或行为的倾向，即学生学习的能力。

学力是一个人学习阅读能力、动手操作能力以及知识水平的简称，是指一个人的知识水平以及在接受、理解知识和运用知识方面的能力。它与学历不同，学历是指一个人的学习经历。学力评价的目的是调查了解学生的能力特点，掌握学生个性的差异性，做到因材施教，为有效开展教学、完成教学任务服务。

（2）对学生评价的方法

学生学业评价的基本方法主要有"历史习作、历史调查、历史制作、纸笔测验、教师观察、学生的自评与互评等"③。这些方法有利于系统收集相关信息和数据，对学生的知识和能力做出恰当的评价。目前，学业评价侧重对学生知识掌握程度的测定，纸笔测验是常用的一种评价方法。

学生学力评价的方法有"观察法、测验法、评定法，其中标准学力测验、智力测验是最常用的方法"④。

① 中华人民共和国教育部：《义务教育历史课程标准（2011 年版）》，38 页，北京，北京师范大学出版社，2012。

② 中国社会科学院语言研究所词典编辑室：《现代汉语词典》，第 7 版，1488 页，北京，商务印书馆，2016。

③ 中华人民共和国教育部：《义务教育历史课程标准（2011 年版）》，40 页，北京，北京师范大学出版社，2012。

④ 陈志刚、翟霄宇：《历史课程与教学论》，227 页，北京，科学出版社，2012。

标准学力测验是为了客观评价学生的学力，编制一套标准化的测验试题，以班级或年级的一个团体为基本的评价标准，检测学生在学习中获得的各种能力，并评价这种能力的达标程度。智力测验是通过标准化考试的方式，检测学生在学习各学科知识过程中所形成的一般能力。

2. 对教师的评价

教师是教学活动的第一责任者，教师的教学行为直接影响人才的培养质量。评价历史教师教学工作中的行为表现，其目的是促进历史教师的专业成长。学生在学习过程中达成课程目标的情况，也可以作为对教师评价的依据。

(1)对教师的评价的主要方法

①业绩评估法。业绩评估法是将教师的品德、知识、能力等表现与一定的标准进行比对，评判教师表现的优劣。业绩评估的评价者一般是学校或有关评估机构，评价者不关注教师的背景和基础，统一采取横向比较的标准，评价者与被评价者不需要进行交流和探讨，得出的结论也是规范和统一的。很多学校通常把业绩评估与教师的评职、升迁和福利挂钩，特别是把学生的考试成绩作为教师的业绩。

②学生评价。学生作为历史教学的直接体验者是评价的主要参与者。学生的体验和感受最有效反映出教师各方面水平，如师德修养、教学态度、教学能力、师生关系等。因此，学生对教师的评价就成为一个非常重要的、可信度高的指标。

③同行评价。同行既包括本校教师，也包括校外教师和专家。同行评价建立在同行间听课、课堂观察和分析反馈的基础上，对教师的专业知识、能力水平、教育思想等最具发言权，常能做出动态客观的评价。同行评价既是评价的过程，也是学习的过程，有利于在教师中创造一种专业发展的氛围。

④教师自评。教师自评是教师对自身教学活动的评价。教师自评一般通过自我分析或者反思的方法，使教学评价的过程成为一个不断自我教育、自我完善的过程。

⑤领导评价。领导评价是指学校领导对教师的评价。领导通过对教师的了解、听课、与同行教师和学生交流，掌握教师的信息，做出全面的评价。

(2)对教师评价的主要内容

教师教的行为包括教学目标的制定，教学方案的设计、实施与反思，课堂管理与人际交往等。大致有以下几个方面。

①教学的准备情况。主要包括：第一，了解授课内容和授课对象。包括历史学科的内容特点、与相关学科的关系以及在现实社会中的应用；学生的年龄特征和认知水平，对所要讲授内容的掌握程度。第二，准备教案。在"以学生为本"的理念指导下，制定学期的教学计划、教学目标、教学日历和教案。第三，搜集教学资源。教师要熟悉教学内容，多方搜集教学资源，包括多媒体、图书馆资料等，保证教学资源与课程目标、学生需求以及学习方式相匹配。

②课堂管理情况。包括：第一，了解学生的行为习惯，构建和谐、融洽的师生关系。第二，创设人人参与的课堂教学环境。第三，帮助学生树立信心和责任感。

③实施教学方面。包括：第一，指导学生建立学习目标。第二，以适当的手段开启学生主动学习的内在动因。第三，培养学生的独立意识，引导和帮助学生达到课程标准规定的学习目标。

④监测、评估和后续活动。包括：第一，能够自始至终监测学生的学习。第二，公平有效地评估学生的学习。第三，依据评价反馈信息，及时调整教学进程。第四，指导潜质不同的学生制定各自的发展策略。

3. 对教学过程的评价

新的教学评价观突破了只关注结果的教学评价误区，强调对教学过程及教学过程中人与人相互关系等内容的评价。教学过程评价属于动态的教学评价，评价侧重于学习的过程和学生认知的改变，重视评价者与被评价者的互动关系，重视评价与教学的结合。历史教学评价中重视过程性评价的方式是，在了解学生对知识掌握程度的基础上，确定教学的方式和进度，在教学过程中，根据学生的程度，不断调整教学方案，运用"前测　教学介入—后测"等主动介入模式，在充分沟通的基础上，"持续地评价学习过程，剖析教学前后认知能力的发展与改变，进而提供发展或改变所需要的教学介入的评价方法"[①]。这种评价最大的特色是把评价和教学融为一体，在教学中进行评价，在评价中进行教学。

事实上，过程性评价是对学生的学习动机、学习过程和学习结果三位一体所进行的评价，单纯地强调或淡化某一方面都是不正确的。"评价学生的学习动机，是为了更好地达到学习的目标；评价学习过程，是为了把学

---

①　陈志刚、翟霄宇：《历史课程与教学论》，229 页，北京，科学出版社，2012。

习的过程与评价的过程结合在一起，因为学会评价本身也是学习的重要内容之一；评价学习结果，并不是非要把学生分成三六九等，而是力图把评价结果反馈、回流，促使学生反思学习过程，改进学习方法，提高学习效率。"①

三、学生历史学业评价的内容和方法

评价的根本目的是为了促进学生的发展，"一切为了学生"是教学评价改革的核心。

(一)学生历史学业评价的内容

历史课程标准明确规定了学生接受历史课程的基本要求，提出了"知识与能力""过程与方法""情感态度与价值观"三维目标的达成度，强调了历史教育对学生全面发展的内在价值，具有鲜明的时代特点。

在知识与能力的评价上，新课标将历史知识与能力的学习分为三个层次要求，即识记层次、理解层次和运用层次。《义务教育历史课程标准(2011年版)》提出了对历史基础知识和历史学习能力评价的主要内容："既包括考查学生对有关史事、概念、观点等方面的掌握程度，又包括考查对历史问题进行判断、分析、论证和解决的水平。应以各学习板块的具体目标和要求为标准，准确地把握'了解''理解''运用'的不同层次要求，注重学生是否全面、准确地掌握重要历史事件、历史人物、历史现象以及历史发展的基本线索，并能够对有关的历史信息进行有效的获取、处理和运用，对历史事物进行正确的分析和判断，对历史问题做出合理的、客观的解释。"②

在过程与方法方面，《义务教育历史课程标准(2011年版)》明确提出："在对历史学习过程进行评价时，应注重学生对历史的感知、理解、探究等方面的发展变化，发现并鼓励学生在学习过程中的进步。评价要注重对学生学习过程的整体评价，既包括学生的认知发展水平，也包括学生在情感、态度、意志、信念等方面的进展。对学习方法的评价，要与对知识与能力

---

① 赵亚夫：《历史课堂的有效教学》，146 页，北京，北京师范大学出版社，2007。
② 中华人民共和国教育部：《义务教育历史课程标准(2011 年版)》，39 页，北京，北京师范大学出版社，2012。

的评价结合起来，不仅注重学生对历史学习方法的运用程度，也要注重学生在学习态度、学习习惯和学习策略上的进步。对这方面的评价应采取灵活多样的方法，将定性与定量相结合，并以定性评价为主。"①

在情感态度与价值观方面，《义务教育历史课程标准（2011 年版）》明确提出："评价既要坚持正确的思想导向和价值标准，又要尊重学生的个性表现，关注和把握学生在情感、态度以及观点、信念上的变化与发展的趋向，注重学生通过历史学习对正确的思想、道德、观念等方面的感悟、理解和认同程度。对情感态度与价值观的评价主要在平时教学的过程中进行，注重考查和记录学生在不同阶段的状态和发生的变化。"②

《普通高中历史课程标准（2017 年版）》总结了本学科的五大核心素养，从而明确了学生学习历史课程后应形成的正确价值观念、必备品格和关键能力。高中新课标明确学业质量是对学生多方面发展状况的综合衡量，确立了新的质量观，改变过去单纯看知识、技能的掌握程度，引导教学更加关注育人目的。高中新课标还研制了学业质量标准，把学业质量划分为 1～4 级水平，可以帮助教师更好地把握教学要求，因材施教，也为考试评价提供了依据。高中历史学业质量标准代表了历史学业评价的新方向。

总之，学习评价"既要注重评价学生的学业成就，如历史知识、能力、思维方法与品质等，还要考虑到学习的其他变化，如对所学内容的情感倾向、对学习方式的效果领悟，以及与相关学科的迁移情况，特别是学生对历史认识上的变化"③。

(二)学生历史学业评价的方法

《义务教育历史课程标准（2011 年版）》提出历史学习评价的基本方法有"历史习作、历史调查、历史制作、纸笔测验、教师观察、学生的自评与互评等"④。目前，经常使用的历史学习评价方法主要有以下几种。

---

① 中华人民共和国教育部：《义务教育历史课程标准（2011 年版）》，40 页，北京，北京师范大学出版社，2012。

② 中华人民共和国教育部：《义务教育历史课程标准（2011 年版）》，40 页，北京，北京师范大学出版社，2012。

③ 中华人民共和国教育部：《义务教育历史课程标准（2011 年版）》，38 页，北京，北京师范大学出版社，2012。

④ 中华人民共和国教育部：《义务教育历史课程标准（2011 年版）》，40 页，北京，北京师范大学出版社，2012。

1. 考试

考试是学生学业评价最传统、最基本的方法。具体包括口头提问、答辩、制作、操作、论文撰写、笔试等，教师应该根据考试目的、性质和对象，灵活选择不同的考试方式。目前，使用比较多的就是纸笔测验。

纸笔测验是按照教学进度，考虑到重难点，照顾到覆盖面，出试卷笔答测验的方法。纸笔测验具有较大的灵活性，适用于教学的各个阶段。这种方法虽然传统，但却是历史教学中最常使用、师生最为关注的评价方法，也是其他任何方法都无法完全取代的。但是，纸笔测验也容易出现命题的客观性差、评分标准不一致等问题。因此，编制试题一定要确保信度和效度，做到全面客观，具有一定的鉴别度，保证试题的开放性和探究性。

2. 学习档案

学习档案是指教师和学生有意识地将学生在某一学习阶段现实表现的材料收集起来，通过分析与解释，判断学生学习质量的评价方法。学习档案属于质性评价的一种。档案内容主要包括"考试成绩、历史习作、调查报告、历史制作、学习过程中的各种表现、师生和家长的评语等"[1]。学习档案一般由教师、学生及家长共同建设，最好让学生自己管理。学生本人是档案的建立者和管理者，教师给予适当指导和帮助。学生以双重身份（评价对象和评价者）参与评价过程，有利于学生积极性、主动性的发挥，培养学生自我管理的能力。

3. 教师观察

观察法是一种常用的评价方法，教师观察"是指教师对学生在历史学习过程中的行为表现进行观察，做出记录，从而评价学生参与学习活动的状态、进展与成效"[2]。在历史教学过程中，教师可以有目的地观察学生的行为表现，如思维状态、语言表达技巧、对历史的感知和理解的状态等，依据行为表现，全面评价学生历史学习的成效。

4. 历史制作

历史制作是学生主动学习的成果，也是教师对学生评价的依据。学生在历史学习活动中"通过制作历史模型、编绘历史图表、制作历史课件等活

---

① 中华人民共和国教育部：《普通高中历史课程标准（实验）》，31页，北京，人民教育出版社，2003。

② 中华人民共和国教育部：《义务教育历史课程标准（2011年版）》，41页，北京，北京师范大学出版社，2012。

动，加深对历史的理解，锻炼动手动脑的能力"①。教师在对历史制作进行评价时，要注意考查学生在历史制作过程中的心理感受、设计意图、量化指标，与学生一起对作品进行评价。

5. 学生自评与互评

自评是指学生在教师指导下，对自己的学习态度、方法和效果等的判断。自评是学习过程中的一个部分，通过评价，学生可以加深对自身的了解，有助于认清学习目标，控制自己的学习进程，增强学习的主动性，形成自我评价的能力。互评是指学生之间相互评价，可以评价学习态度、学习策略、学习方法和效果等，在共同分析和判断的过程中，加深学生之间的相互交流和帮助。

上述评价方法在实际应用中，要注意科学性和实践性，要多种方法综合运用，努力做到评价方法的多样化。

《高中历史学习评价的基本要求》

第三节　历史试题编制

历史学业评价的方法多种多样，但"纸笔测验"仍是目前最常用、最重要的评价方式。"纸笔测验"的核心是编制历史试题。

一、历史试题的题型和测量功能

不同的试题类型具有不同的测量功能，各种题型的功能可以相互重叠和渗透，并无严格的对应关系。在历史纸笔测验中，常见的试题类型有两大类，即"客观性"试题和"主观性"试题，这是依据评分标准与阅卷人主观

---

① 中华人民共和国教育部：《义务教育历史课程标准（2011 年版）》，41 页，北京，北京师范大学出版社，2012。

判断的关系确定的。一般来说，答案是唯一固定的，毫无"弹性"的，称为"客观性"试题，也称为"封闭式"试题。而命题者没有给出试题的明确答案，只是提出评分参考意见，为阅卷人留有主观判断的余地，又不能机器阅卷的，称为"主观性"试题，又称为"开放式"试题。

(一)"客观性"试题

"客观性"试题又分两种：选择型和提供型。选择型包括是非题、连线题、选择题。其中，选择题又分为单项选择题和多项选择题。提供型试题包括填空题、改错题、简答题。选择型试题要求学生对知识进行"再认"，提供型试题则要求学生"再现"历史知识。

1. 是非题

是非题由一个陈述句构成，要求学生判断是非、真假、对错等。其答案只有两种可能，主要检测学生判断陈述句是否正确的能力。陈述句主要陈述的内容有历史事实、历史术语、定义以及原理的表述等。例如：鸦片战争是由英国发动的。这类题的优点是容易编制，取样范围广，记分客观，适合课堂教学中临时性检测和低年级使用。但一般缺少思维含量，很难避免猜测得分。

2. 连线题

连线题是一种改造后的选择题。一般由两列组成，通常左边是题干，右边是选项，所有选项均对应着题干。连线题主要考查学生的识记能力，如对时间、人物、地点、事件等的记忆力。连线题的优点是试题容易编制，信息量大，短时间内能测验大量相关知识，但层次较低，难以测量高层次的认知水平。

3. 选择题

选择题是由一个"题干"和若干"选项"组成，题干中提出问题或写一段不完整的话语，然后给出这个问题几项可能的答案。选择题主要检验学生对问题的理解能力、再现再认能力、比较和辨别能力，以及敏捷的思维能力和准确的推断能力。

选择题有两种：单项选择和多项选择。单项选择题是在一个题干之下，只有一个正确答案；多项选择题是在一个题干下，有两项或两项以上的答案，全部选对才能得分，多选、少选和漏选都不得分。

选择题编制费力，作答简单，评分客观，又便于机器阅卷，得到普遍使用。但是，选择题难以测验高层次的能力，如组织能力、表达能力等。

4. 填空题

填空题是在一个陈述句的中间或者结尾处留有一个空缺，要求学生填充空缺，形成一个完整的句子，主要测验学生的记忆能力。填空题取样宽泛，容易编写，覆盖面大，避免了学生猜题押宝，可以提高试题的效度，但也容易出现学习过程中死记硬背的现象。

5. 改错题

改错题是向学生提供一个有错误的陈述句，要求学生在错误部分的底部画线并将正确的答案写在线下。改错题容易编制，是测验学生判断力、记忆力和理解力的最佳题型。不利之处在于容易出现学生不动脑筋，押题猜题，正确答案无法统一的问题。

6. 简答题

简答题是向学生提供一个问题，要求学生围绕着问题做出简短回答。简答题主要测验学生对重要知识的记忆力、逻辑思维能力以及语言组织能力。简答题编制简单，避免了猜测和押题的不利因素，但缺少对复杂学习结果考量以及对深层次知识的考查。

上述类型的试题，主要考查学生对历史史实、历史知识理解和掌握的准确性，以及阐述能力、辩证思维能力和概括能力等。目前，选择题已经引进"识图""材料"等，使得考查范围更广，考查的目标延伸向情感价值观领域。提供型试题在初中运用得比较多，主要集中在平日的小考中。选择型试题在中考、高考等各种考试中都被采纳。

(二)"主观性"试题

"主观性"试题包括名词解释、材料解析、论述题、历史小论文等。

1. 名词解释

名词解释是把一些重要的名词或概念提供给学生，要求学生依据所掌握的内容做出正确的解释。名词解释主要测验学生对重要的概念和术语的掌握情况，测量学生的语言组织能力。回答这类题有个不成文的规定，就是六要素原则，即时间、地点、人物、事件、结果、影响。名词解释的题目编制简单，操作容易，但容易导致死记硬背的情况发生。

2. 材料解析

材料解析是在试题的题干中引出一段或多段历史材料，学生在读懂材料的基础上，根据所学的知识和生活经验，解答相关问题。由于最初的选材只限于历史文献典籍，故又称"史料分析题"。随着材料来源的扩大，除了文献典籍资料外，数字表格、图片等能反映历史现象的资料都被援引入题。这是目前中学历史考试非常流行、必不可少的一种题目。

3. 论述题

论述题是通过一个特定的历史主题，要求学生利用已知条件，重组已学的知识，并用历史的专业术语和恰当的文字把自己的思想表达出来。论述题是一种集知识掌握、能力培养、情感态度与价值观检测于一体的综合测试题型。其考查的知识容量大，能力要求高，在试卷中占的分值比重大，区分度较好。

4. 历史小论文

历史小论文是向学生提供较为复杂的问题情境，如一段或几段文字材料、图片、图表等，要求学生做出分析和论证，得出结论或提出自己的观点。历史小论文主要测验学生组织知识、表达、论证观点以及解决问题的能力。但评分时的主观干扰因素比较多。

"主观性"试题注重对过程的评价，鼓励学生发表自己的观点和见解，给学生提供更大的思维空间，有利于学生创新精神和思维品质的养成。但"主观性"试题的命制与阅卷工作难度较大，主观随意性较强。

"主观性"试题的特点是知识容量大，并有很大的空间供分析问题能力的发挥。因此，主观题主要考查学生的综合应用能力，不仅适用于大跨度的历史问题，也适用于阐释历史理论问题和设计情感价值观问题。在解题的过程中，能体现知识的迁移和综合分析问题的方法。一般来说，这类题型主要用于平时的小考，便于教师及时反馈教学信息，在大型考试中，这类题型主要用来提高试题难度，一套试卷每个题型1~2道试题为佳。相比较而言，这种主观性试题在初中考试中运用得不多。

上述题型在历史教学评价中均占有一席之地。经过长时间的检验，到目前为止，既能考查学生能力，又能体现历史学科特点的题型主要有选择题、材料解析和论述题。随着新课改的不断推进，历史小论文也逐渐流行。例如，上海市、江苏省的历史高考多年来一直有历史小论文的写作，而全国卷近年也一直有类似的题目。

二、历史试题编制的方法

(一)选择题

选择题的主要优点是答案固定，客观性强，具有较好的科学性和公平性。考查的知识可宽可窄，难度可控，便于命题者根据考查目标加以调整，变换出题角度，改变试题的难度和区分度。选择题有利于考查学生历史知识、历史理论和历史概念以及多项历史学科的能力。但编制试题成本较高，费时耗力，有时学生仅凭猜测就能得分，这影响了其思维能力的发展。

经过多年的改革和完善，在形式上，历史单项选择题融入了历史材料，其功能也发生了很大的变化，注重考查学生对历史知识的理解以及应用的能力。目前，单项选择题是高考试题中主要题型之一。编制历史选择题需要注意的问题有：

(1)一题一干一问题的结构，避免不必要的用语或难以理解的句型。

(2)题干以肯定句、陈述句为主，避免使用否定结构的句式。

(3)题干使用材料的试题，力求材料新颖，注明出处。

(4)题干语言要精练、科学、简洁。

(5)既要保证题干与选项之间语句的连贯，也要避免题干中有提示答案的信息。

(6)干扰项的编制要符合学生的学习心理，避免偏离主题或者选项之间相互矛盾。

(7)所有的选项要长度大体相等，遵循一定的排列顺序，并与题干保持文法上的一致。

(二)简释题

顾名思义，简释题就是依据所学的知识和材料给出的史实，简单诠释历史现象和历史事实的试题。简释题的编制除了遵循试题编制的一般要求之外，还要注意以下三点。

(1)由于它介于填空题和论述题之间，具有题目小、设计巧、作答少的特点，因而，在保证主体完整独立和实现考查目标的前提下，尽可能创设新情境和新问题，使题型更加活泼灵动。

(2)控制简释题的评分误差。一般来说，封闭式的简释题评分容易操作；开放式的简释题则有较大的自由空间，命题者没有给出试题的明确答案，只是提出评分的参考意见。这类试题一般具有非唯一性和不确定性，注重对过程的评价，允许并鼓励学生有自己的创见。

(3)简释题为学生的作答提供了渗透情感取向考查的用武之地，学生可以在充分了解材料与背景的史学意义和教育意义基础上，重新整合信息材料，设计新颖的作答角度，为情感考查提供便利。

(三)材料解析

材料解析是向学生提供一则或一组材料，要求学生在正确理解材料的基础上，从材料中提取有效信息，根据所学的知识和生活经验，支持某种观点或阐释，确认其史学意义和价值。或者以材料中的某种观点为题，从不同的层面和视角，进行"论从史出、史论结合"的思考。

材料解析主要用来考查高层次能力，除了遵循一般试题的命题原则外，还必须遵循以下几点：(1)试题内容按照一个主题或内容展开，围绕主题设计能力考查目标。(2)材料的选择尽量典型新颖，有足够的解题信息。(3)材料的形式力求鲜明活泼，营造的情境简洁鲜明，符合历史学科的规范。(4)材料的选取要以大多数学生能读懂、能理解为目标。(5)提问的语言要规范、简明扼要，容易产生歧义的地方要做注释或告知，提问应与材料以及学生已有的知识相匹配，问题设计的顺序应该遵循人的认知规律，由浅到深，由简单到复杂。(6)应实事求是地引导学生理解现实与历史的联系，寓教于史，达到以史为鉴、通古知今的目的；切忌简单延伸或类推。(7)参考答案和评分标准要体现开放性和灵活性，确保材料分析论证的有效性和导向性。

(四)论述题

论述题是通过一个特定的历史主题，考查学生历史思维能力，并能够较好区分学生学业水平的大型主观性试题。具体来说，论述题要求学生利用已知条件，重组已学的知识，并用专业术语、恰当的文字把自己的思想表达出来。论述题按照解答方式和思维的深入程度又可分为叙述题、阐释题、论证题三种。

叙述题是要求学生从一方面或多方面叙述历史事实、概念、结论、阶段特征、基本线索和发展过程等的一种论述题型。如叙述背景、原因、经过、结果、意义、影响、性质、内容等。思维层次主要为整理和概括。

阐释题是要求学生运用史实、史论，阐明解释某些历史现象、事件、任务或历史发展阶段，找出联系，分析关系，揭示本质，得出结论的一种论述题型。思维层次主要是分析、综合、归纳、比较等。与叙述题相比，阐释题不但要述还要阐释，要论从史出，史论结合。

论证题要求学生根据评价标准，运用所学的史实、史论，对试题给出或自己提出某种观点，进行评价论证的一种论述题型。其主要考查学生在整理、概括、分析、综合、归纳或比较的基础上所进行的评价。与阐释题相比，其特点是运用所学知识判断评价某种观点，阐发见解。论证内容相当于一篇小论文，必须具备议论文的三个基本要素——论点、论据和论证。其论证又分为证明式论证（要求证明正确观点）、驳论式论证（驳斥错误观点）、复合式论证（辨析观点并论证，或提出观点并论证）。

论述题具有如下五个特点。

（1）在解答方式、内容选取、表达方式上有较大灵活性，能够充分展示学生的潜能。

（2）考查的知识容量大，能力要求高，在试卷中占的分值比重大，区分度较好。

（3）既考查历史学科能力，也反映一般能力，如阅读、逻辑思维、文字表达、个人情感等。

（4）命题弹性大，取样广泛，立意多样，设问灵活。

（5）评分主观性强，受阅卷者主观意识影响比较大。在大规模考试中信度不如客观题。

20世纪90年代以来，论述题的题型日益丰富，兼具各种题型的特点，有时候，一道论述题会集叙述、阐释、论证于一身。

除了遵循一般试题的命题规则（规范性、教育性、简洁性）之外，论述题的命题还应该遵循下列特殊规则：（1）务必使学生对题意的理解不发生歧义，命题指示词规范，题目指令清晰；（2）一道题的几个设问之间不应互相交叉或者包含；（3）设问的指向应明确，应考虑学生的实际理解程度和接受能力，避免设问过于笼统空泛，使学生不知所措。

三、组卷

组卷是按照一定的规则和比例，把命制好的单个试题组合在一起，形成一套完整试卷。

（一）组卷的方法和原则

1. 组卷的方法

组卷的目的是使试卷的结构科学、紧凑、合理，有利于考试目标的达成。一般来说，组卷可以参考以下方法进行：（1）全面考虑试卷内容的覆盖率，均衡重点知识以及各章节知识的比例；（2）有层次地组合学科能力要求；(3)试题编排的顺序要方便阅读，符合学生认知规律，时序上要由古及今，难度上要由易到难；(4)一种题型中，相同知识范围试题不能重复出现；(5)试题之间不能有相互提示的信息出现；(6)合理分配各类试题的分数；(7)卷首的指导语要科学、明确、简洁、合理；(8)每一种题型前要有指导语；(9)尽量使用肯定句式，如果必须出现否定语句，要在否定词下加实点以做提示。

2. 组卷的原则

要保证试卷的科学、规范、合理，组卷就必须遵循一定的原则。主要的原则有：(1)严格把握测验内容与考试目标的一致性。比如：中考和高考就特别注意按照课程标准所规定的知识范围、能力层次以及相应的知识覆盖面命题。(2)配置合理的题型比例，比如选择题、材料解析题与论述题三者的分值比例。(3)有效控制试题的总体难度，难、中、易的比例要适当。(4)兼顾题量与答题时间之间的相宜程度。

(二)编制试题要注意的问题

一般来说，测验的试题有两个来源渠道。一是自编自创，二是使用其他人编制的现成试题。自编测试题是指教师根据学科教学的目标要求，按照学生学习内容，从实际出发自行设计和编制的测验试卷。编制试题要注意的问题有以下几方面。

1. 做好测验的总体规划

要明确本次测试的目的和作用。测试的目的一般包括以下几种情况：一是在实施教学方案之前，先了解学生的基础情况，为下一阶段教学方案的制定提供依据，即诊断性测验；二是分析学生当前的学习状况，以便进行教与学的补救与完善，即形成性测验；三是在一个教学阶段结束时，为考查学生的学习成果而进行测验，即终结性测验。理论上讲，测验目标与教学目标应该完全一致，但在实际教学过程中，很难做到。这是因为历史学科知识面宽泛，需要考核的知识点和能力又很多，一张试卷难以囊括所有的内容。从这个意义上讲，测验只是学生知识和能力的抽样调查。要想达到规定的目标，测验的内容必须具有代表性，考核的知识点、能力点的覆盖面要足够大，但不能超出课标要求，以考查重点知识为主。选拔性测验一般不强调覆盖面。

2. 选择适当的题型和题量

历史学科的试题类型主要有客观性试题和主观性试题。近几年，围绕着主、客观试题争议越来越大。实际上不同类型的试题各有各的优点和缺点。我们应该根据需要选择和控制各自的比例。在高考中，试题的主要类型是选择题、材料解析和论述题。我们在日常的教学中，最好以主观题为主，这不仅能减轻教师的负担，更主要的是有利于提高学生多项能力，养成良好的学习习惯。教师也能从学生的答题中获取更多的信息，如学生解题和作答的思路、认知过程的错误所在等。

多种因素决定了试题的数量，如测验的时间、测验选择的题型、阅读和书写的文字量、学生的年龄等，教师应该根据具体情况控制题量。有一个经验性的公式可供参考：让 80％的学生在规定时间的 80％内做完所有的题目。

3. 掌握恰当的难度

难度是指测试题的难易程度。在历史学科中，主要考查历史试题对学生知识和能力水平适合的程度。一般来说，一套试卷的难易度主要受两方面影响：一是测验本身的复杂程度；二是学生对测验题的适应程度。教师在编制测验题时，一定要控制题目的难度，否则会影响测验目的的达成。

难度值的计算公式有两种，一种为：

$P＝R/N$（P 是题目的难度值，R 是答对或通过该题的人数，N 是全体人数）

例如：一次考试中，评价某选择题的难易度。正确的做法是：在不同的班级抽出层次不同的学生 100 名，就这道选择题而言，其中选择正确答案的有 60 名，那么，这道题的难易度就是：

$P＝R/N＝60/100＝0.6$

另一种为：

$P＝\overline{X}/W$（P 是题目的难度值，$\overline{X}$ 是全体考生在该题得分的平均值，W 是该题的满分值）

例如：一组（10 人）被试者在某题上得分分别为：4，3，5，7，9，10，6，0，8，8，该题满分是 10 分，则该题的难度为：

$P＝\overline{X}/W＝(4＋3＋5＋7＋9＋10＋6＋0＋8＋8)/10/10＝0.6$

该公式求得的值就是难度值。P 值越大，试题难度越小，试题越容易，答对或通过的人数越多；反之，P 值越小，试题越难。

一般来说，0.3 以下为较难，0.3～0.5 为难，0.6～0.8 为中等，0.8 以上为较易。

不同类型的测验对题目难度的要求也不一样，选拔性测验需要最大限度地"拉开距离"，要求考生的分数分布要有宽度，这时难度太高或太低的试题都不宜过多。达标性的测验则是检测学生是否达到教学目标的要求，因而难度设计要与教学目标相匹配。不论哪种类型的测验，试题本身的难度是客观的，因此，在编制过程中应该对每道题的难度做出估计，使整个测验形成一定的梯度。一般来说，选拔性测验的总体难度控制在 0.6 左右，试卷中容易题难度控制在 0.8 以上，中等题难度值控制在 0.5～0.8，较难题控制在 0.5 以下，三者之比为 5：3：2；达标性测验试卷总体难度控制在 0.8 左右，容易题、中等题和较难题之比为 7：2：1。从我国新课程改革以来十几年的实践而言，全国卷高考历史试题总体偏难，对于一线中学历史教学造成了一定的困扰。

影响难度的因素很多，主要有被试者对试题内容的熟悉程度，被试者认知目标的层次高低，题目的信息量与可接受性，题目的结构以及动态变化的程度，试题的数量与时间的约束，等等。

薛伟强：《2006—2012 年高考全国卷文综历史试题难度统计》

4. 制定评价标准

(1)制定标准答案、评分标准和评卷的具体要求。标准答案必须具体、明确，正确无误，要标清答案各层次的分值。试卷赋分通常采用难度赋分和时间赋分相结合的方法。即难度较大、作答时间较长的试题，分值应该大一些；反之，分值应小。

(2)确定达标标准。教师要根据课程标准和教学要求，结合教材内容和教学实际，合理确定达标标准。习惯的做法是沿用 60 分作为标准，或者规定 80％的通过率为达标的起码要求。但是，这种约定俗成的达标标准往往也造成不依据教学目标编制试题的问题出现。因此，教师应该结合测试目的，科学、合理地确定具体的评价标准。

本章小结

本章主要阐述了新的教育评价理论指导下的历史课程与教学评价

的问题。阐述了历史课程评价的含义、对象和方法；分析了历史教学评价的对象、对教师评价的基本内容和方法；介绍了历史学业评价的基本类型和方法；说明了历史试题的题型、编制历史试题的方法以及编制历史试题需要注意的问题。通过本章的学习，学习者获得有关历史课程与教学评价一般原理、过程与方法的知识，并能进行一般的评价操作与研究。

学习反思

1. 简述历史课程评价的对象和方法。

2. 概述历史学业评价的方法，并以一个方法为例，具体谈一下你的做法。

3. 试述历史学科选择题、材料解析和论述题的各自特点，请结合案例说说命制一份试卷的标准。

4. 根据某班级的一次考试，计算一下试题的难易度，并撰写简单的试题分析报告。

拓展阅读

1. 邱枫蓝. 课程评价发展的历史视角[J]. 福建师范大学学报(哲学社会科学版)，2008(2).

2. 陆安. 历史课程评价改革的实践探索[J]. 当代教育科学，2004(20).

3. 黄明坤. 初中历史新课程评价方式改革的探索——来自课改一线的实践[J]. 中学历史教学参考，2004(10).

4. 樊炳华."四合一奖牌评定法"的尝试——高一历史新课程评价制度改革一得[J]. 中学历史教学，2005(Z1).

5. 袁兆桐，马自玲. 失衡与危言——评高考历史全国卷的难度[J]. 中学历史教学，2015(6).

6. 薛伟强. 文综历史选择题的危机与对策[J]. 中学历史教学，2015(12).

7. 陈伟国，何成刚. 历史教育测量与评价[M]. 北京：高等教育出版社，2003.

8. 赵亚夫. 历史课堂的有效教学[M]. 北京：北京师范大学出版社，2007.

9. 钟启泉，汪霞，王文静. 课程与教学论[M]. 上海：华东师范大学出版社，2008.

PPT 课件

第九章　中学历史教师的专业发展

学习目标

1. 了解教师专业发展的内涵，明确教师专业发展的必要性和紧迫性。
2. 熟悉历史教师专业发展的重要形式。
3. 了解国外教育见习实习的现状以及国内教育见习实习的常见问题。
4. 通过历史名师领悟历史教师的专业成长与发展。

本章导引

如何才能尽快成长为一名优秀的中学历史教师？作为一名历史学专业的师范生，首先，必须清楚中学历史教师专业素养的内涵及发展路径；其次，应了解教育见习、实习、研习等教育实践环节；最后，从历代中学历史名师的成长历程中吸取经验和智慧。

第一节　中学历史教师专业发展的内涵

一、教师专业化回顾

教师职业伴随人类社会发展而产生，是人类社会最古老的职业之一。早期的教师多是兼职，也没有受过专门的教育培训。随着社会的发展，教育的社会功能日益重要，人们开始认识到，教师仅仅有知识是不够的，如果没有或者缺乏职业训练，就会影响教育的质量和效果。到 18 世纪中期以后，西方资本主义国家逐步普及初等义务教育，欧美各国相继出现了师范学校并公布了师范教育法规，包括中等师范学校的设置、师资训练、教师的选定、教师资格证书的规定等，教师职业实现了专业化。20 世纪 80 年代后，随着世界经济和科技竞争的加剧，人们越来越认识到只有教师专业水平不断提高才能保证高质量的教育。教师专业化目标的重心开始转移到教师的专业发展上来。强调教师通过终身专业训练，习得教育专业知识技能，实现专业自主、表现专业道德，并逐步提高自身从教素质，成为一个良好的教育专业工作者。

二、教师专业发展的必要性

教师的专业发展从根本上说是为了提高学科认识层次，了解学科发展动态；交流教育教学思想，优化教学环境；研究和提升课堂教学的技能和学科教学质量。教师的专业发展是教师成长的必然要求。

其一，随着课程观念、功能和结构的变化，课程内容和教学方式与广泛的社会发展背景密切联系，导致教师在职前教育（如师范教育）中所获得的知识和技能已远远不能满足教育科学发展和教学实际的需要，必须不断充实新的教育理念，适时补充教育技术，以扩大自身的教育、教学视野。

其二，当今的学科教育成果层出不穷，每隔几年就有一个大飞跃，既包括专业领域的新知识、新概念、新成果和新方法，也包括与学科教学相通的其他学科领域的新知识、新概念、新成果和新方法。这既是由当代科学技术发展的特点决定的，也是由教育科学发展的特点决定的。

其三，随着社会进步的加快和多元化的发展，乃至学校教育对优秀人才的渴望，有越来越多的非教育专业学生充任中学教师。这些教师在促进教育、教学体制变化的同时，也在一定程度上丰富了教师继续教育的内容，且迫使"进修"制度和内容更具有专业性、自主性和个性。

另外，教师的专业发展可以提高教育、教学质量；使教师汲取当代的新文化、新知识，体现时代精神；交流推广教学经验，总结教育思想和优化教学方法，鼓励教师的研究精神。

三、中学历史教师的专业素养

历史教师的历史专业知识、专业能力和专业情意水平是构成历史教师专业素质的主要成分，这三个方面的发展水平决定了历史教师专业发展水平的高低。

（一）历史教师的专业知识素养

在关于教师专业知识的研究中，影响较大的首推美国的教育学家舒尔曼所建构的教师专业知识的分析框架。舒尔曼认为教师必备的知识至少应该包括如下几个方面：

（1）学科内容知识；

（2）一般教学法知识；

（3）课程知识；

（4）学科教学法知识；

（5）有关学生及其特征的知识；

（6）有关教育脉络的知识；

（7）有关教育的目的目标、价值、哲学与历史渊源的知识。①

关于教师知识的分类和结构的研究很多，虽然关于教师知识的分类体系具有多样化特点，但是概括起来，中学历史教师必须具备文化基础知识、历史专业知识和教育学科知识。

1. 广博的文化基础知识

历史教师除了精通所教学科的知识外，还应该是个"杂家"，要有广博的知识储备，因为中学历史教学内容涉及哲学、经济学、医学、数学、物理学、文学艺术等学科知识，人类生活所涉及的领域历史学科几乎都要讲到，历史教师必须有广博的知识储备，才能高屋建瓴、深入浅出地把历史知识讲透。历史教师具有广博的知识，也可以满足每一个学生多方面的探究兴趣和多方面发展的需要，帮助学生了解丰富多彩的客观世界，提高教师在学生中的威信，从而提高教师的影响力。

2. 扎实的历史专业知识

一是史学理论。史学理论是衡量历史教师专业素养的重要标志。《普通高中历史课程标准（2017年版）》把唯物史观作为中学生历史核心素养提出以后，提高历史教师的史学理论水平迫在眉睫。历史教师要着眼于历史的本体论、认识论和方法论，较为全面地掌握史学理论的基本知识。熟悉马克思主义哲学、政治经济学和科学社会主义的有关原理，把握好生产力和生产关系、上层建筑和经济基础、主要矛盾和次要矛盾、现象和本质、量变

---

① 教育部师范教育司：《教师专业化的理论与实践（修订版）》，53 页，北京，人民教育出版社，2003。

和质变等各种矛盾的辩证关系，以及正确的人民观、英雄观、发展观、宗教观、民族观等历史唯物主义的基本观点，从而更好地掌握解决历史人物评价、历史事件分析、历史运动规律等问题的方法。在很大程度上，史学理论水平决定了历史教师对历史的理解能力和科研能力。

二是历史专业知识。历史专业知识是历史教师专业素养的基础。历史教师应该通晓中国通史和世界通史，学习古今中外的经典历史著作，增加史学底蕴。还应该阅读今人历史研究的著作和文章，开拓历史研究的视野，补充新的历史知识。

3. 精深的教育学、心理学、学科教学论知识

这一类知识涉及教育理论和教育技能，是教师知识结构中不可或缺的部分，它解决的是"为什么而教"和"怎么教"的问题。历史教师只有掌握教育学的基本理论，如教育的目的、教育的原则、教学的过程和教学的方法等一系列重要教育理论与教育实践问题，才能在新课程历史教学实践中，自觉地运用教育规律，组织教学；才能根据教学内容、学生实际，选择切实而有效的教学方法和手段，以达到教学的最佳效果。历史教师要组织好课堂教学活动，还必须了解学习的心理变化过程，懂得学生的个性差异及特点。这就要求历史教师具备一定的心理学知识，从而减少历史教学工作中的盲目性。同时，教师必须根据历史学科特点设计教学，提高历史教学效率和质量。

（二）历史教师的专业能力素养

历史教师专业能力素养的内涵丰富，可以概括为教学能力、课堂管理能力和教学研究能力。

1. 教学能力

教师只有具备良好的教学能力，才能保证良好的教学质量。教学能力主要包括：(1)教学设计能力。教学设计能力是指教师在具备基本历史专业知识和教学技能的基础上，能够综合运用这些知识和技能，根据课程标准的要求，设计年度、单元以及课时教学计划和教学方案的能力。(2)教学实施能力。教学实施能力是指教师在正常教学情况下有效实施教学计划和教学设计，并根据实际情况控制教学情境的能力。教学实施能力是多种具体能力的综合，如必须能够灵活运用教学技巧，因材施教。这会涉及教学导入的技巧，以引起学生的注意力，激发学习兴趣；这需要沟通表达的技巧，要设计提问，要注意有声语言、书面语言和体态语言的综合运用；这需要

分组学习，个别指导的技能。(3)学生学业检查评价能力。这是指教师在教学过程中搜集资料，运用各种评价方法了解学生学习状况，以判断教师是否完成预定教学任务，学生是否达到预定教学目标，从而根据反馈信息来补救和改进教学的能力。这需要教师掌握一定的评价理论和评价方法，并且具有信息搜集和分析的能力。

2. 课堂管理能力

课堂管理是指教师为了完成教学任务，调控人际关系，营造良好的教学环境，引导学生学习的一系列教学行为方式。课堂管理包括课堂人际关系管理、课堂环境管理、课堂纪律管理等方面。课堂教学不仅是一个复杂的认知过程，也是一个复杂的组织管理过程。教师教学的有效性主要取决于有效的管理。课堂管理不仅仅追求课堂的秩序和规范，更主要是创造一种积极、安全的课堂学习的心理氛围与和谐的师生关系。课堂管理能力对于教师调控课堂学习气氛，引导学生学习活动，使教学活动顺利进行，作用重大。

3. 教学研究能力

新课改以来，教师角色发生了很大变化，教师不仅是历史知识的传授者，更是历史教学的研究者。面对社会对教育提出的新要求、历史教学发生的新变化，历史教师必须从社会、学生、学科三个方面探究历史教学的新的方式方法。新课程要求转变学生的学习方式，致力于合作探究，实现学习方式多样化；将学习内容开放到学生的整个生活世界；打破教师作为知识权威和垄断者的角色；充分挖掘隐性的课程资源。显然，教师不具备研究能力、研究视野，不懂得研究的要领，学科专业性知识过于贫乏，对学科发展方向不敏感，就不能指导学生开展有创意的学习活动。

(三)历史教师的专业情意

教师的专业情意，是基于对专业价值、意义深刻理解的基础上形成的拼搏奋斗的专业精神，表现为专业理想和专业情操等。

教师的专业理想是推动教师专业发展的巨大动力。具有专业理想的教师对教学工作会产生强烈的认同感，愿意献身教育事业，致力于改善素质以满足社会对教育专业的期望，努力提高专业才能及专业服务水准。而专业情操是教师对教学工作带有理智性的价值评价的情感体验，是构成教师价值观的基础，表现为由于对教育功能和作用的深刻认识而产生的光荣感和自豪感，也表现为由于对教师职业道德规范的认同而产生的责任感和义务感。2008 年《中小学教师职业道德规范》对于教师的职业道德也做了明确规定，结合历史学科特点，中学历史教师的专业情意应体现在如下几个方面。①

1. 爱国守法

热爱祖国，遵守法纪，是每一个公民的基本义务，当然也是每一个历史教师的神圣职责和义务。历史教师不仅自己应该遵纪守法，还要成为学生爱国守法的榜样。

2. 爱岗敬业

爱岗敬业是教师职业的本质要求。教师职业承担的是培养国家未来栋梁的重任，一旦选择了这一职业，就应该对教育事业具有强烈的责任感和使命感。历史教师只有爱岗敬业才能有勇气和毅力去克服实际教学工作中的困难，才敢于迎接挑战，才能够努力完善自我去提高教育质量。

3. 关爱学生

关爱学生是师德的灵魂。我们知道，师生关系是教育过程中最基本的人际关系，师生关系对于教学的影响极大，历史教师只有真正把热爱学生作为自己全部教育实践活动的出发点，才能切实有效地激发学生主体性的发展，促进学生健康、全面、和谐地成长。苏联教育家苏霍姆林斯基说："问我生活中最主要的东西是什么，我毫不犹豫地回答：对孩子的爱。"②关爱学生，就要去关心学生，了解学生，做他们的知心朋友，尊重和信任他们，要公平对待学生。爱护学生，就是要一切为了学生的发展，即使是批评学生，出发点应该是帮助而不是惩罚；更不能不管不问，放任自流。

4. 教书育人

教师要教书育人，教书只是手段，育人才是终极目标。新课改的基本理念就是关注学生作为"整体的人"的发展，谋求学生智力和人格的协调发展，统整学生的生活世界与科学世界，寻求学生主体对知识的建构。以往那种认为教师把知识传授给学生，就算是完成教育任务的观点已经过时了。历史课程"知识与能力、过程与方法、情感态度与价值观"的三维目标以及五大核心素养也很好地诠释了教师应该教书育人。历史学科包罗万象，但

---

① 于友西主编：《中学历史教学法》第 3 版，339 页，北京，高等教育出版社，2009。

② ［苏］B. A. 苏霍姆林斯基：《给教师的建议》，杜殿坤译，36 页，北京，教育科学出版社，1984。

其中最本质、最深层的内容还是讲我们"人"的历史，探讨的是人与人之间的关系。因此，作为历史教师，最紧要的，不是把条条框框的"死"知识灌进学生的脑袋，而是要培育学生在学习历史知识的过程中，能够看到更多的"知识背后的东西"，掌握历史认识的方法，真正做到读史使人明智，并且能够从历史知识中提取精神营养，形成正确的人生观、价值观、世界观。

5. 为人师表

为人师表是教师职业的内在要求。常言道：学高为师，身正为范。教师与学生朝夕相处，教师的言行会对学生产生耳濡目染、潜移默化的影响。特别是中学时期，儿童的模仿性强，具有更强的"向师性"。历史教师的人格力量是学生成长的重要精神源泉。因此，作为历史教师，要做到举止端庄、言语文雅、谦逊有礼。只有教师能在各方面做到优秀，才能给学生带来积极的影响。孔子说："其身正，不令而行；其身不正，虽令不从。"身教是重于言教的，一个教师无论在学生面前把文明礼仪讲得如何重要，但假如他一口痰吐到地上，他的说教对学生来说将毫无效果。

6. 终身学习

终身学习是教师职业要求。《礼记·学记》曰："学然后知不足，教然后知困……故曰：教学相长也。"教学相长就是强调了教师终身学习的重要性。终身学习更是时代对教师师德的新要求。当今时代是信息时代，是知识经济时代，终身学习才能跟上时代要求，这是教师专业发展的不竭动力。

《中学教师专业标准的基本内容》

第二节　中学历史教师专业发展的途径与方法

教师专业发展的途径和方式多种多样，除了保证职前教师培养的质量之外，加强教师的在职研修、自主研修以及校本研修等都是世界各国普遍采取的方式。

一、历史教师的自主研修

自主研修应该是历史教师研修提高的最主要和最常态化的形式。历史教师应该树立"终身学习"的理念，制订个人的专业成长计划，以便及时补充、更新知识。因为唯物史观和史学理论研究在不断取得新进展；考古发掘不断补充新的史料；历史研究的视野在不断放大，底层民众的历史以及经济、价格、移民、家庭、犯罪、婚姻、继承、人口、习俗、城市、社区等不断纳入史学研究范围，史学研究不断取得新成果；历史研究和历史教学的方法在不断创新；教育教学理论和现代教育技术的发展，都要求教师不断努力提高自己。

教师自主研修关键是要有计划性，要有一个长期的总体目标，还要有近期目标。就是说既要有长远规划又要知道近期亟须解决的主要问题。另外，计划要有可操作性，不能好高骛远，不切实际。

二、历史教师的在职研修

（一）新任教师的在职培训

主要形式有：(1)"以老带新式"。这种培训不脱产，以本校指定的老教师对新教师进行传、帮、带，帮助其掌握课堂教学技巧。通常是老教师为新教师提供示范课，组织观摩教学；新教师与老教师一起备课，研究设计教学方案。(2)集中培训式。集中新任教师进行职前培训。这种培训主要包括两个方面：一是作为教师应具备的思想教育方面的素质；二是具体的教学指导。如日本规定，新教师上岗前必须研修一年，期满后，通过讲评才能转为正式教师。(3)新教师研修。在新教师中以研究问题的方式实施研修培训。

（二）以课程为基础的在职培训

这是国外对在职中小学教师继续教育培训的主要方式，尤其在西欧国家。概括起来，大致有以下形式：(1)学位课程培训。这种培训主要针对未达到国家规定的学士学位或硕士学位的在职教师，通过学习达到一定的学历或学位水准，获得相应证书。(2)单科课程培训。在职培训的单科课程一般有两类，即某一学科的专门知识课程和教育方法课程，其目的是让教师掌握新的教育科学理论和新的教学方法，以及学科发展的新知识。（3）特殊教育课程培训。这是一种高级研修培训形式，目的是提高教师的素质能力和特殊技能以适应时代发展的要求。（4）专业教育课程培训。这种培训侧重学科专业的新知识和应用方面，强调从学科专业教育的角度开设学科新知识和应用性教育课程，提高教师的实际应用能力。

（三）短期在职研修

主要形式有老教师培训、备课培训、专题研究式培训等。另外，校本培训模式和协作式培训模式，在澳大利亚、英国、美国推行得非常有成效。具体到历史教师的研修，新课改以来，教师研修的途径在不断地拓展，方法在不断地丰富和完善。

（四）远程研修

远程研修是采用现代远程信息技术，以文字教材为基本媒体，配合音像教材、计算机网络课程、计算机辅助教学软件等多种媒体教学资源，利用 VBI 数据广播、电视播出、电子信箱信息交流、双向视频系统等现代教育手段实践的交互式培训。现代远程教育技术使培训不受时间和空间的限制，实现了教师和学员的双向互动。远程培训充分利用网络平台的优势，通过作业的上交与点评、在线研讨、学员与团队专家的邮件往来、建立 QQ 群等方式实现了专家之间、学员之间以及专家与学员之间的互动，摆脱了过去专家讲、学员听的单向研修模式，不仅顺利地解答了学员的疑问，而且激发了历史教师参加研修的激情，充分展示了现代远程培训的优势。远程培训将是以后历史教师研修与提高的重要方式。

三、历史教师的离职研修

离职研修，亦即脱产研修。历史教师可以利用一切可能的机会和条件，到高等师范院校、省（市）教育学院离职研修，集中精力在较短的时间内学习专门的课程，补充和更新学科基础知识、教育理论知识。目前，我国一些高等师范院校、综合大学招收课程与教学论（历史）专业的硕士、博士研究生，有的还可以培养教育硕士（历史）、农村教育硕士（历史）研究生，或举办中学历史教师研究生课程班、省级骨干历史教师培训研修班，还有国家已经广泛推开的师资培训项目"国培计划"和"省培计划"，这些都为历史教师的研修与提高提供了有效途径。

高质量的离职研修可以推动历史教师的专业发展。历史教师离职研修时，首先应该明确目标，选择研修的重点内容。在当前历史新课程实施中，历史教师的离职研修学习的重点应包括以下一些内容：(1)更新自己的历史教育教学观念，树立新课程倡导的新型的教师观、学生观，以及课程观、教材观、评价观。(2)储备新课程必备的专业知识和相关知识，尤其是新课程新增内容，如社会史、文化史等的学习研修。(3)注重新课程教学评价的学习与研究，力争形成科学、有效的历史教学活动评价体系和评价方法。(4)注重历史校本课程的学习与研究，力争在历史课程目标的研讨、历史课程指南的编写、历史教学计划的制订、历史教材的编撰等方面有新突破。(5)学习研修有效的历史教学方法，并将其内化为自己的有效教学手段，充分运用于新课程历史教学中。另外，还应选择正确的研修方法。现代教师的研修应该是学习与研究相结合，做到研学统一。

在职攻读教育硕士，是历史教师脱产研修的重要形式，一般脱产一年。教育硕士的培养目标是：具有现代教育理念和宽广的教育专业视野，具有较高的人文素质、科学素养和良好的身体及心理素质；熟悉国家教育方针政策，遵守教育法律法规；掌握基础教育改革的最新进展，了解历史学科及专业的前沿动态和发展趋势。有了一定实践经验的教师经过教育硕士阶段的专业学习，能够切实提高专业素养，具备扎实的教育专业基础和较强的教育研究能力，掌握教育领域的基本理论和丰富的专业知识，具有从事教育、教学和管理工作的能力，胜任基础教育学校的教学和管理工作。

四、历史教师的校本研修

校本研修是历史教师研修与提高的有效途径。从世界各国教师研修的成功经验来看，教师的研修应以"校本研修"为主。"校本研修"，简单地说，就是以自己所在的学校为基地，以教师为研修主体，专业研究人员共同参与的教育教学研究。校本研修不在于验证某个历史教学理论，而在于解决历史教学中的实际问题，提升历史教学工作的效率，实现历史教学的内在教育价值。

历史教师的校本研修是以解决问题为中心的一种研修方式，具有以下几个基本特点：(1)校本研修是一种实践性研究，实践既是研究的对象，又是研究的归宿。(2)校本研修强调的是基于"问题"的研究。这些问题是直接从新课程历史教学的实践中产生的，这些问题的解决又直接服务于历史教学实践。(3)校本研修的主要形式是行动反思，即先有教学行动，然后对其进行反思，在反思的基础上做出改善后继行动的方案，再投入新的行动中去。

历史教师的校本研修包含教师个人、教师集体、专业研究人员三个核心要素，他们构成了校本研修的三位一体关系。当前，全国各地的很多学校建立名师工作室的做法，很好地体现了这一特点。教师个人的"自我反思"、教师集体的"同伴互助"、专业研究人员的"专业引领"是开展校本研修的三种基本途径。

(一)历史教师个人的"自我反思"

"自我反思"是开展历史校本研修的基础和前提。历史新课程非常强调历史教师的"自我反思"，在历史课程目标、历史课程结构、历史课程内容、历史课程实施、历史课程评价方式等方面表现了对历史教师开放性的态度，历史教师既是教学的实践者，又是教育理论的思考者和建构者。历史教师要成功推进基础教育历史新课程改革，必须创造性地实施新课程，成为"反思型"教学实践者。

历史教师的"自我反思"不是一般意义上的回顾，而是反省、思考、诊断、自我监控历史教学中的实际问题，或给予肯定、支持和强化，或给予否定、思索和修正，从而使历史教师不断更新教学观念，改善教学行为，提升教学水平。每一位历史教师在教学过程中都会有成功的经验和失败的教训，这是教师的财富，值得珍视。就教学过程而言，历史教师个人的"自我反思"可分为："课前反思"，即对教学活动进行批判性分析、调整性预测，力求未雨绸缪；"课中反思"，即在教学过程中及时发现问题、自我反思、迅速调控，着眼反馈矫正；"课后反思"，即在某一教学活动告一段落后去发现、研究教学过程中的问题，对有效的经验进行理性总结，致力于反省提升。历史教师"自我反思"的内容包含教学观念、教学机智、教学方法、教学行为、教学效果等方面。历史教师应该注意积累教学中的点滴经验，适时运用教育日志、教学后记、教学札记、教学随笔、教学叙事、论文撰写、反思日记、集体会诊、交流对话等基本形式把它记录下来，以便总结。实践证明，在历史新课程实施中教学与研究相结合，教学与反思相结合，是历史教师专业发展的重要途径。

（二）历史教师集体的"同伴互助"

"同伴互助"是校本研修的标志和灵魂。历史校本研修常常体现为同伴之间的一种集体协作，体现为历史教师作为研究者相互之间的合作。因此，校本研修强调历史教师之间建立积极的伙伴关系，在历史课程实施等教学活动中进行专业切磋、协调与合作，共同探究问题，共同分享经验。具体说来，可采用"师徒结对"的导师制方式展开同伴互助，即历史教师通过与历史学科特级教师、学科带头人和骨干教师结对子，签订师徒议定书，确定师徒或协作关系，进行"传、帮、带"，双方明确职责、任务，彼此在互动、合作中成长。现在全国各地学校中成立的历史名师工作室，基本就是这样一种工作思路，并且在教师研修中发挥了越来越重要的作用。

（三）历史教育专家的"专业引领"

历史教师在实施历史新课程中对遇到的各类问题往往会感到困惑，找不到解决问题的方法，这就需要历史教育专家（包括历史教研员、大学历史教师以及本校和其他学校的历史名师）的指导和帮助。对历史教师来说，应积极参与由各级机构、学校组织的，有专家引领的历史教学研究活动，如学术专题报告、教育理论学习辅导讲座、教学现场观摩指导、教学专业咨询（座谈）、专题论坛、骨干教师讲座、历史课改论坛，以及专业人员与教师共同备课、听课、评课等，使自己的问题能及时得到解决，经验及时得到分享。

历史教师的校本研修还可通过观摩教学这种途径进行。通过开展历史名师的示范课、骨干教师展示课、青年教师汇报课等锤炼历史教师的教学能力，通过"同课异构"、"一课多教"（不同的教师上同一堂历史课）等开展教学研究，通过相互比较、相互切磋、相互学习、彼此分享，加深对教育理论的理解，提高教学实践能力。

第三节　职前历史教师的见习、实习与研习

师范生教育实践是教师教育课程的重要组成部分，是教师培养的必要环节，对于职前教师的教育专业技能和能力的提高具有关键性作用。教育部《关于加强师范生教育实践的意见》（教师〔2016〕2 号）明确规定，"坚持把社会主义核心价值观融入教育实践全过程，将教育实践贯穿教师培养全过

程，整体设计、分阶段安排教育实践的内容，精心组织体验与反思，促进理论与实践的深度融合"。在师范生培养方案中设置足量的教育实践课程，"以教育见习、实习和研习为主要模块，构建包括师德体验、教学实践、班级管理实践、教研实践等全方位的教育实践内容体系，切实落实师范生教育实践累计不少于 1 个学期制度"。

一、历史教育见习

（一）历史教育见习的概念

教育见习是师范生以观察学习为主的一种实践教育的重要形式。历史教育见习是历史学专业师范生到中小学以实践者的身份观摩教育教学的过程，直接获得教育教学感性体验，充分认识所学理论知识与教育教学现状的内在关系的一种实践教育形式。

（二）历史教育见习的形式

1. 观课见习

观课见习作为教育实践能力培养的重要学习形式，目前在许多高等院校已经广泛采用，一般是依托中学历史课程与教学论课程的教学需要，由教学论老师带队进入中学课堂进行观课、评课和交流。

过去我们常常把观课见习称为到中学"听课"，多数是学科教学法老师根据自己的人脉资源情况，临时性地联系中学教师准备一堂优质课或示范课，并没有正式列入实践教学环节。随着中学新课程改革的实施与推进以及教育部对师范生教育实践的重视，越来越多的师范院校开始将此环节纳入中学历史课程与教学论的课程内容中，且作为实践课时来计算，使观课见习这种学习形式也日渐规范化。观课见习时间各校安排不同，有的分散在大一、大二、大三的学习阶段，有的集中在大三阶段，与中学历史课程与教学论课程的教学进度相适应。观课见习应注意以下问题。

（1）观课见习的目标拟定。每次观课见习前，教师应依据一定的教学设计思路，拟定每次观课见习的具体目标并告知观课的学生。如果是从大一开始进入中学听课，应注意及时地对学生进行观课内容、观课方向的引导和铺垫，甚至有可能还需要提前普及一些学科教学法的知识，因为如果盲目带入中学课堂观课，会造成效果不佳、资源浪费的情况。

（2）观课见习的要求明确。现在所提倡的"观课见习"与过去的"听课"虽然仅三字之差，其内涵却要丰富得多，观课见习的要求更加明确，更加细致，更加科学。如要求学生能根据一定教育教学理论，记录用眼看到了什么、用耳听到了什么、用心感受和领悟到了什么，以及教师仪态、教学过程、教师技能等；而且在观课后要整理提交规范格式的观课报告，可以单人，也可以小组合作完成。

（3）观课见习的交流互动。随着中学新课改的深入，越来越强调教师的教学设计思路背后的教育思想和教学意图。近几年，无论是中学教师的教学比赛还是师范生的技能大赛，都强调要有说课环节。过去的中学听课活动，中学教师在交流时常常较为随意。现在的观课，一般会邀请中学教师在讲课结束后，对师范生进行课后说课，既让观课者对课程实施者的教学设计思路有更深入的了解，也是对师范生的一场说课现场示范，一举多得。此外，观课者与执教者还应进行互动交流，主要以师范生提问为主，以便让师范生有更深入的体会。

2. 观摩见习

观摩见习是师范生进入中学进行常规教育实习的第一个阶段。见习的时间会因为实习学校的要求不同而略有差别，一般是一到两周。观摩见习的内容主要包括以下几点。

（1）观察实习学校。如熟悉实习学校的发展历程、办学特色、校园文化、管理制度，了解学校的组织机构、校本课程等。

（2）见习课堂教学。如认识历史学科的所有教师并掌握所有教师的上课时间表、观察并模仿学科教师的教学技能与风格、熟悉自己即将授课的课程内容。

（3）见习班级管理。如尽快熟悉实习班级的学生、认识班干部，观摩班会和班主任的日常管理，熟悉班级管理的日常内容和要求。

（4）见习教研活动。如熟悉教研活动的举办规律、流程和活动方式，掌握历史学科教学计划或进度表，了解集体备课的流程和方法。

（5）实习团队的建立。根据大学和中学的共同要求，建立起具有自我管理功能的实习团队，根据分工的不同，尽快建立起各个小组，完善实习管理各项具体制度和熟悉实习的所有任务。

二、历史教育实习

（一）历史教育实习的概念

有学者认为，"历史教育实习就是历史学科的学生根据师范教育的培养目标，在历史教师的指导下，通过历史教育教学实践，深化职业认识，并把所获得的知识转化为实际的教育教学能力，是历史教师入职前一个重要的实践性环节，是从学生到教师，从学习到工作的一个初步转化过程"[①]。

（二）历史教育实习的形式

各种教育实习形式既有区别又有联系，根据不同的分类标准，历史教育实习可分为以下几种。

1. 集中教育实习和分散教育实习

根据实习地点是否为学校统一确定的定点实习点，一般分为集中实习和分散实习。集中实习是指由学校统一联系好实习学校且统一安排实习工作的教育实习；分散实习是由师范院校开具证明让实习生自行联系实习学校进行的教育实习。

（1）集中教育实习

集中教育实习由学校教务部门统一组织领导，在规定的时间内，一般安排在大三下半学期或大四的上半学期。在指定教师的带领和指导下，以实习队或组的形式，在学校实习基地或学院合作单位，一般是规模较大、平行班较多、教学条件较好、指导能力较强、交通便利的学校进行集中实习。

集中教育实习是最常用的形式，其优点是：第一，有组织，有专人负责，要求严格，便于管理，时间集中，便于学校统筹安排；第二，经过前几年的学习和训练，学生专业基础较为扎实，素质较好，易受实习学校欢迎；第三，可以减少师范院校联系实习学校的次数，缓解教育经费不足和指导教师派出难等压力；第四，实习生之间有竞争，有比较，有评议会，可取长补短，成绩评定也比较客观。其缺点是：第一，集中定点，人员多，批量大，在实习学校锻炼的机会容易受到影响；第二，由于实习学校的层次不齐，大学常常会将优秀的同学集中在教育质量较好的学校，导致学生之间相互学习的机会受到影响，教学技能较弱的学生成长的机会也会受到影响。

（2）分散教育实习

分散教育实习也叫开放式教育实习，即在学校规定的教育实习时间内，学生自行联系实习学校进行教育实习，往往一人一校或数人一校。教育实

---

① 周晓光：《历史教学论》，213 页，合肥，安徽人民出版社，2007。

习结束后，由实习学校评定成绩，做出教育鉴定。回校后再做验收试讲，由指导教师参考实习学校意见，最后评定出实习成绩。这种实习形式的优点是学生自由度较大，实际锻炼机会多，有利于培养学生独立的工作能力，便于发挥学生特长，同时还可以部分缓解师范院校教育实习工作的压力。但这种实习形式最大的缺陷是实习学生过于分散，缺乏必要的约束机制，实习生"孤军奋战"，没有教育实习的氛围，缺乏相互学习、相互促进、取长补短的机会。现实的情况是，有少部分分散实习生得到了充分的教育教学锻炼，甚至有同学顺利通过中学的考核而解决了就业问题；但也有不少分散实习的同学主要将实习的时间用于考研准备等，很少进行教育教学方面的实践。

2. 单一编队教育实习和综合编队教育实习

这是根据实习编队方式来划分的。单一编队教育实习是按实习生的专业或班级分组编队进行教育实习；综合编队教育实习则是将多个专业合理搭配，综合分组编队进行教育实习。

(1)单一编队教育实习

这种教育实习形式的优点是实习学校非常重视，通常会选派有经验的学科指导教师对实习生进行有针对性的指导，有利于保证历史教育实习的质量，也有利于实习学校对实习生的表现情况进行较为真实和全面的评价。缺点是由于实习学生来自同一专业，在开展团队和课外活动时，缺少了与其他专业实习生的协调、配合的锻炼。

(2)综合编队教育实习

这种教育实习形式的优点是实习的氛围非常浓，各个学科的实习生相互交流、学习的机会较多，在开展学校大型活动时，容易增强团队合作意识，也容易形成竞争，有利于实习生提升自觉性和责任感。缺点就是实习的学科太多，实习的人数太多，容易影响实习学校正常的教学秩序，有些实习任务可能在数量上受到影响，实习学校对于各个学科的实习生难以形成精准且全面的评价。

3. 常规教育实习和顶岗支教教育实习

前面四种形式都属于常规教育实习的形式，不再赘述。顶岗实习则是在非实习期或实习期到中学以真实的教师角色进行教育教学实践的形式。

根据教育部《关于大力推进师范生实习支教工作的意见》(教师〔2007〕4号)文件精神，为进一步强化师范生实践教学，提高教师培养质量，同时缓解边远穷困区县教师数量不足，促进城乡义务教育均衡发展，开展师范生顶岗实习支教工作。实习时间一般为一个学期，实习生每月可以领取一定数额的工资作为一定的报酬。

顶岗支教实习并不是所有学生参加，对参加的学生有基本要求和相关培训。通常是选拔思想上较为进步，有吃苦耐劳精神，专业成绩又特别优异的学生，主要是以"四课"（备课、说课、上课、评课）达标考核为主的综合测评。

这种实习形式的优点是，让学生提前进入真实的教师角色，进入真实的工作环境，有很强的参与感和责任感，得到的锻炼机会大大超过常规的教育实习，无论是教学能力还是班主任管理能力均提升较快，在就业时会有明显优势。譬如河北师范大学在2006年就启动"顶岗实习"探索，起步早、布局广、力度大、全员参与，最终在今天的人才市场竞争中抢得先机，成绩斐然。缺点是，如果顶岗支教的学校教学质量太差，而相关配套措施又不力，实习生由于缺乏专业的指导容易走一些弯路，专业成长更多靠自己的领悟与总结，有效性不高。另外，整整一个学期的顶岗实习会对相关的专业课程安排造成较大的挑战，某些课程可能必须自学，容易导致学生某些专业课程根基不扎实。

（三）历史教育实习的意义

历史教育实习是将学生所学的历史专业知识、教育理论知识和教育教学技能综合运用到真实的中学环境中，做好从师范生向真正教师角色转换的关键环节。

1. 对师范生的意义

（1）将大学所学的历史专业知识与中学需要完成的教学任务紧密联系起来，进一步巩固专业知识。在实习过程中，师范生根据每课的教学目标，需要重新学习过去所学的中国通史和世界通史的专业知识，围绕需要讲授的内容，查阅大量的资料，是进一步巩固专业知识的过程。

（2）将所学的教育理论、教学方法与历史教学设计紧密结合起来，有助于领悟相关教育理论与教学方法，不断提升教学能力。在学习之前的历史教师教育课程的过程中，常常因为没有真实的教学对象，备课和讲课容易脱离实际，在实习过程中，面对真实的教学对象，有助于师范生将领悟的教育理论与教学方法更好地运用到每次课程的教学设计中，不断提升教学技能。

（3）将所学的教育理论、课堂管理学等知识与班主任管理的实际工作联系起来，提升实习生的班级管理能力和责任感、职业自豪感。当每位师范生进入班级，进行班主任工作体验时，除了知晓班主任的工作内容，提升解决各种事务的能力之外，还可以切身感受到班主任这个角色的酸甜苦辣，有利于树立教师的责任感和职业崇高感。

(4)与各种负责的人和事打交道时，有助于提升师范生的人际交往能力和沟通、协调能力。在实习前，这些能力一般只有那些担任过学生干部的同学有机会得到锻炼。在实习学校，需要涉及与学生、历史学科的老师、非历史学科的老师、学校的领导、家长等各种角色的人进行交流、沟通，大大地提升了师范生处理、解决事情的应变能力和人际交往能力。

2. 对师范院校的意义

(1)有助于检测师范院校的办学方向和办学水平，有助于检测历史师范教育的培养质量和效果。

(2)有助于历史教学论等教师了解中学的实际情况，无论是历史专业知识的讲授还是师范生技能的训练，均能发现与现实的差距和及时了解中学改革的前沿信息。

3. 对实习中学的意义

(1)实习中学能通过每一批不同的实习生，接收到更多新思想，见识到更多有创意的教学思路与教学设计、多媒体制作技术等。

(2)实习中学能透过实习生在实习过程中的感受、收获，收集到大家对本校的办学情况、办学特色的真实反馈，尤其对学校教师的各种反应，便于学校更多地了解本校教师的真实情况。

(四)常规历史教育实习的内容

常规历史教育实习一般为期三个月，分为三个阶段：观摩见习阶段、试教试做阶段、实习总结阶段。观摩见习阶段的内容前已叙述，现主要介绍试教试做阶段和实习总结阶段的主要内容。

1. 试教试做阶段的内容

(1)试教历史课的工作内容

包括备课、编写教案、试讲、上课、辅导、作业批改与讲评、考试与成绩评定、组织课外学习活动、开展教学专题总结等。具体要求有：

实习期间，每个实习生根据实习单位的安排需进行新课、习题课、复习课、公开课等不同主题类型的课堂教学实习，上课教案不得少于8个，课时一般为8～16个学时。

实习生要认真钻研新课标和教材，编写教案，并于上课前两天将教案交双方指导教师审批签字后，方能上课。教案一经批准，实习生不得自行修改和更改，如有改动须征得双方指导教师同意。

实习生上课前，应在双方指导教师主持下进行试讲，试讲合格后，方能进行实习教学。试讲时，同一备课小组的实习生必须参加。

实习生进行实习教学时，要有原任课教师或指导教师参加听课，讲课时要贯彻讲、练结合的原则，克服"满堂灌"的现象，要注意语言及板书的规范化，要用普通话教学。

同一实习学校同一学科的实习生必须相互听课，听课课时不得少于 8 个学时，课后要认真开好评议会。

要认真研究作业的正确答案，答案确定后，须送指导教师审批。对作业下批语，应持慎重态度，注重调动学生的学习积极性，并做一至二次较为详尽的作业评讲。

实习生要深入学生中去，了解学习情况，针对不同类型学生的学习基础、学习态度，有的放矢地进行辅导。

(2)试做班主任的工作内容

在原班主任指导下，学习掌握班主任工作的基本内容、特点，包括：了解班级情况、制订班主任工作计划、开展学生思想品德教育、做班级日常管理工作、进行家访、做个别学生的转化、组织主题班会、开展多样化有实效的班级活动等；学习班主任工作基本方法；学习如何教育和引导学生成长。具体要求有：

听取原班主任工作经验介绍，深入了解学生及班级情况。

根据原班主任工作计划，拟定班主任工作实习计划，送原班主任批准后执行。

在原班主任指导下，开展班级管理的日常工作，处理班内发生的问题。

做好学生的思想教育工作，深入了解个别学生的学习情况、思想状况、个性特点、行为习惯等，有的放矢地进行教育和引导。

在原班主任的指导下，组织主题班会，开展形式多样富有意义的班级活动，每个实习生应独立组织班级活动至少一次。

(3)教育调查研究的内容

了解实习学校的历史、现状及教育教学与管理理念；了解优秀教师的先进事迹、教育教学经验及教育教学改革成果；研究教育对象的心理与生理特点、学习态度与方法、知识结构与智能水平及德智体状况。

教育调查研究的具体要求是：拟定既全面又有侧重点的调查研究计划，经双方指导教师审批后执行；在充分分析、研究和整理资料的基础上，就一个专题写出切合实际的调查研究报告；调查研究报告的内容要真实，要有观点、有典型材料、有分析，文字要简明扼要，一般3000字左右；调查研究报告完成后，要征求被调查单位或个人的意见。

2. 实习总结阶段的内容

通常在试教试做工作结束后两周内，做好相关总结、成绩评定、材料归档工作。具体包括：实习小组总结集体的实习情况，在实习学校要开展1～2堂汇报课，选出优秀教案和优秀调查报告；实习学校指导教师根据学生的实际情况，填写试教试做评定表并给出初评成绩；师范院校的指导教师根据学生互评、教师自评等多种方式，参照初评成绩，填写实习评语并给出分数，最后由学院根据一定的比例给出综合成绩；做好所有材料的归档工作，如成绩评定表，各种个人需要存档的实习资料，简报，优秀教案、优秀调查报告、总结等。

三、历史教育研习

教育研习是师范生在教育实习后，深入总结实习的经验教训，进一步完善专业知识结构，改进教学技能技巧，提升教育教学理念，增进教育教学智慧的研究性学习活动，是继教育实习后师范生十分重要的反思和提高的学习阶段。近年来，教育研习已经作为教师教育的正式课程在浙江师范大学等师范院校开设，一般为实习结束后，时长2～3周。

(一)教育研习的基本目标

教育研习重在对师范生实习过程的反思与研究，应该结合学科教学的新理念、新思想、新方法、新技术以及新课程的实施要求，通过实习经验交流、教学设计研讨、课堂观察评议、主题班会研讨和教育科研报告研讨等多种途径，对师范生实习过程中的教育教学行为加以分析、探究与评价，以达到经验交流与反思、合作分析与探讨、及时总结与提升。

通过教育研习，学生应达到如下目标：

了解教育实习的主要功能与特点，知道自身在教育实习过程中的主要收获与不足。

通过教学设计研讨、课堂观察评议和班级管理研讨等途径，反思自身在教育教学诸多方面存在的不足，弥补专业知识的缺陷，提升教育教学的理念。

通过教育报告研讨，发现教育教学中有研究价值的重要问题及相应的调查、研究方法，提升教学反思与教育研究的意识。

应用相关的评价分析表进行自我评价与同伴互评，并及时反思改进。

（二）教育研习的主要内容

1. 教育实习经验交流

主要包含：历史教学工作的成就与不足；班级管理工作的成就与不足；教育调查研究的成就与不足；小组实习指导与管理的成就与不足。

2. 教学设计文本研讨

主要包含：历史教案文本规范性分析；教学思路及理蕴研讨（导入、展开、强化、收束及过渡语等）；教学重难点研讨（重难点的合理性，突出重难点的方式方法等）；教学目标与理念研讨（目标的预设与生成，理念的运用与体现等）。

3. 课堂教学（包括文字实录、教学录像等）评议

主要包含：教学技能研讨（语言、板书图示、教态、课件运用、资源运用、课堂提问等技能的合理性）；教学方法研讨（讲授、提问、阅读指导、材料分析、情境创设、问题讨论等教学方法的合理性）；教学策略研讨（教学过渡、方法引导、机智应变、偶发事件处理等策略的合理性）；教学效果研讨（重难点的解决、教学目标的达成、教学理念的渗透等）。

4. 班级管理研讨

主要包含：了解班级情况、制订工作计划、学生思想品德教育、班级日常管理、家访、组织主题班会、班级活动等。

（三）教育研习的主要模式

在学科教学论老师的指导下，教育研习采用经验交流、观摩研讨、小组讨论、论文撰写、课题研究等多种形式进行，强调学生的主动参与、积极反思和有效探究。

实习经验交流的一般模式：个人陈述（如主要的活动、成功的经验、深刻的教训、难忘的经历、感人的细节、实践的感悟、存在的问题与困惑等）→小组讨论（补充说明、质疑问难、反思成败、提供借鉴等）→明确个体专业发展的方向与改进方法（本体性知识、条件性知识与实践性知识等的改进）。

教学文本分析、案例(包括文字实录、教学录像等)观摩、教育科研报告研讨的一般模式:观察文本、案例或报告(记录教学思路、教学技能、教学方法、教学策略、教学目标等的表现)→个人说明(教授者对课堂教学或教育科研相关情况进行说明)→合作交流(补充说明、质疑问难、反思成败、提供借鉴等)→反思提高(总结经验教训,明确改进方向)。

譬如,浙江师范大学教育研习课作为 1 个学分的师范生必修课,2007年列入教学计划,2010 年正式实施。在师范生教育实习后开设,为期 3 周。为了提供足够的资料,当年该校使用 50 台摄像机采集了 1000 多名实习生的视频样本,保证每位学生至少有一节课(40 分钟)的视频数据。在老师指导下,学生通过教育实习经验交流、教学设计文本研讨、课堂教学观察评议等形式,对实习过程中出现的各种问题进行理论反思和研讨,进一步提高了教育教学实践能力。

四、国外教育见习实习模式

(一)英国的教育见习实习模式

英国的教育见习实习模式主要有两种:一种是"4+0"模式,教育专业学生完成四年全日制师范课程可同时获得教育学士学位和教师资格证,这是培养学前和小学教师的主要途径;另外一种是"3+1"模式,非教育专业学生在完成至少三年高等教育,获得非教育专业学士学位后,再接受一年教育专业训练,获得研究生教育证书,这是培养中学师资的途径。两种模式的课程主要由三部分组成:学科课程、专业课程和教育实践。其中,教育实践分为见习和实习,前者贯串整个学习始终,后者一般在 20 周以上,由大学教育学院、实习学校和教育局共同负责实习生的实习工作,并根据实习生的表现给予科学的实习评估。①

(二)美国的教育见习实习模式

美国是世界上教师学历要求最高的国家,目前形成了大学教育学院与附近地区中小学联手合作创办教师专业发展学校(Professional Development School,PDS),并由大学教师和经验丰富的专家型中学教师组成合作指导

---

① 顾维勇:《英、法、德、美教师教育中的教育实习模式的比较与启示》,载《继续教育》,2007(7)。

小组。美国教育见习实习一般采用三种类型：第一，模拟实习，即微格训练。第二，教育见习，即到中小学去做在职教师的助手，实地接触和了解中小学实际教学情况以及掌握中小学生身心发展的规律，一般采用集中和分散两种形式贯串一至三年级；第三，教育实习，一般安排在第四学年，时间在 15 周以上，完成教学和班主任管理、教研活动、校园文化建设等任务。①

（三）德国的教育见习实习模式

以严谨著称的德国教师教育主要按小学、初中、高中学段分三种学校类型，各州进行培养。但教育见习实习均采用两段式模式，即学生在学校完成规定课程，并到中小学进行为期 3 次约 12 周的教育实习，合格者参加一次国家考试。通过考试者再进入学校学习，每周 5 天全面参与学校生活，每次每周至少 12 节课。实习合格者方可参加第二次国家考试，内容由口试、学科教学论文和试教一节课构成。通过两次国家考试者可获得教师资格证，一经聘用即可享受公务员身份，可以终生就职。②

（四）日本的教育见习实习模式

日本的教师教育改革增加了教育实习时间，且把原来一次性集中实习提前和分散，从一年级到四年级有计划安排 6～7 次共 14 周的教育实践活动。一般分为三个阶段：观察、参与和实习。观察即客观观察和分析整个学校的教育获得，以便找到参加教育实践的途径；参与即作为在职教师的助手，加深对学校教育活动的自主性和实践性认识；实习，即实习生独立地组织教育教学活动，担负对学生的指导工作。③

五、国内教育见习实习常见问题

国内师范院校的见习实习已经形成较为固定和成熟的模式，主要采用

① 顾维勇：《英、法、德、美教师教育中的教育实习模式的比较与启示》，载《继续教育》，2007(7)。
② 陈静安：《五国教育实习模式比较研究》，载《人教期刊》，2014(5)。
③ 高月春：《国外教师教育实习的趋同性及对我国的启示》，载《现代教育科学》，2007(4)。

集中定点实习和分散实习相结合的方式，一般安排在大三下学期或大四上学期，时间为 8～12 周。这种模式已经取得了较为突出的成果，但因为各种原因，依然存在一些问题。

(一)从高等院校的角度看

1. 观课见习环节难以实现

很多学科教学论老师都赞成从大一到大三逐年分散见习的形式，但由于观课见习要涉及中学的联系、学生外出安全、相关费用等问题，如果没有学院或学校的统筹安排，现场观课见习很难实现。通常只能以视频方式进行观课、评课，缺少了真实教学场景的感受，学生的体验效果会大打折扣。

2. 高质量的实习基地较少

考虑到自身教学质量的维持，许多优质重点中学不太愿意接受实习生的教育实习任务，或者接受后也很少给实习生课堂教学实践的机会。所以，高质量的实习基地相对较少，绝大多数都是采用综合编队教育实习，即很多学科的师范生会在同一所中学实习，导致很多师范生在教育实习期间锻炼不是很充分。

3. 高校实习指导教师作用有限

对于一般的师范学科，绝大多数高校只有 1～2 位学科教学论老师，因此实习指导教师的主体是专业课教师。学科教学论老师无法做到在实习期间全员指导，而大多数的专业课教师缺乏中小学实践经验，对于师范生在实习中的困惑，很难给出专业的解答，很多指导工作流于形式。

(二)从实习生的角度看

1. 部分学生不重视实习

由于班级人数较多，教师对师范生的专业成长和技能训练无法做到全员兼顾。积极主动的学生成长较快，表现优异的学生很有可能在实习期间就签订就业协议。消极被动的学生在实习时的表现常常让中学和大学的指导教师感觉很为难，有的是专业技能太差，无法完成正常的教学任务；有的是人际交往能力太差，不能正常处理与中学老师、学生、家长等的关系。

2. 实习工作与考研、就业工作协调不好

如果是大四上学期的同学，一些准备考研究生的师范生对集中实习工作不是很认真，甚至觉得实习工作耽误了自己复习考研的时间；有些同学对于实习期间出现的招聘信息没有甄别，频繁请假去应聘，这种现象会影

响到整个实习团队的学习氛围，还容易损害在实习中学的印象，严重地甚至还会影响到本校与中学的实习合作事宜。

3. 试做班主任过程中，师生距离把握不好

很多实习生不懂得与中学生应保持怎样的距离是合适的，要么容易走得过近，与中学生说话太随意，导致在试做班主任时，班级管理的效果较差；要么过分严厉，缺乏方法技巧，导致与中学生的关系紧张，导致中学生完全不配合实习生的工作。

(三)从实习学校的角度看

部分学校对实习工作不够重视，缺乏规范的管理和监督，对于本校的指导教师和实习生都没有明确的要求，导致实习工作流于形式。

部分学校直接或间接抵制实习，认为实习工作是一种负担、一种麻烦，有些班主任或指导老师害怕影响教学质量，不愿或很少给实习生实践机会。

随着我国经济和教育水平的发展，对于优质师资的需求越来越强烈。当前，国家和政府对于教师教育的培养质量空前重视，我们相信师范生的见习、实习、研习工作，在不断改进与创新中会日趋规范和成熟。

第四节　三代中学历史名师话成长

自中华人民共和国成立以来，在中学历史教育界，涌现出了许许多多"德艺双馨"的优秀教师，这里的中学历史名师主要是指中学历史特级教师。"特级教师"是国家为了表彰特别优秀的中小学教师而特设的一种专业性的荣誉称号，主要对象是师德的表率、育人的模范、教学的专家。

如果将我国的教育发展分为三个阶段，第一阶段为中华人民共和国成立至改革开放，第二个阶段为改革开放到新课程改革，第三个阶段是新课程改革至今；那么我国的中学历史名师也可以相应地划分为三代。尽管所处的时代不同，三代中学名师在教师成长方面的感悟和体验会有不同，但在教育理念、教学思想以及教师核心素养方面的看法却有着惊人的相似之处。

一、第一代中学历史教学名师及其成长感悟体验

第一代教学名师大都出生于 20 世纪 20 年代，时局动荡、灾难深重，所

有苦难的经历恰恰孕育了一代具有强烈爱国热情和坚定理性信念的历史名师。

(一)第一代名师的代表人物

中华人民共和国成立初期,是百废待兴,物资匮乏的时代,必然也是教育资源匮乏的时代。第一代教学名师主要涌现在北京、上海,主要代表有时宗本、包启昌、朱正谊、陈毓秀、谢西陆、马绍纲、张如德、沈湘泉、刘宗华等,这里重点介绍北京的时宗本、陈毓秀,以及上海的包启昌。

时宗本,男,中共党员,北京165中学历史特级教师。1922年生于河北省雄县,1942年毕业于旅津广东中学。1943—1944年在辅仁大学史学系学习,1945年10月考入燕京大学历史系,1949年6月毕业。1949年7—8月在华北各大学毕业生暑期学习团学习。1949年8月任北京165中学(原校名为崇慈女中、女十一中)历史教师,1988年10月退休。

陈毓秀,女,中共党员,北京市第28中学历史特级教师。1925年生于苏州,先后就读于南京中央大学商学院(肄业)、江苏教育学院文史专修科(毕业),1951年毕业于江苏文教学院历史研究班。1943年开始在苏州省立女子中学等校任教,1954年调北京28中学。曾任北京市社会科学各科联合委员会委员、历史学会理事、中小学历史教学研究会理事,以及北京市西城区七、八、九届人大代表。多次获北京市及西城区先进工作者、劳动模范、优秀园丁等称号。1986年被评为特级教师,1988年退休。

包启昌,又名包起昌,1924年出生于浙江镇海庄市镇,青年时期就读于圣约翰大学附属高中,毕业后直升该校经济系本科,第二专业是历史。离校后到交通银行任职,同时在地下党办的联生义务夜校义务任教。中华人民共和国成立后不久,转入茶叶出口公司任会计主任,并继续在市教育局出资的联生义务夜校担任副校长。1955年夜校结束,转入上海敬业中学,1982年升为敬业中学副校长,直到1991年退休。在20世纪50年代,他是上海市第一批优秀教师之一,获得由陈毅市长亲自签署的奖状和奖章。70年代末,他又是上海第一批特级教师中唯一的一名历史特级教师。80年代,他成为上海师范大学第一批校外聘请教授,上海市首届高级职称评委会评委。

(二)第一代名师成长之路的感悟体验

第一代教学名师在旧中国历史教学的基础上,虚心学习、借鉴苏联历史教育教学经验，并结合自身教育教学方面的切身体会，在实践中理解、摸索历史教育教学的方法和规律，独立探索并提出了一系列的教育教学新理念和新措施。

1. 热爱教育事业，德为师之本

只有真正热爱教育事业，才会有持续成长的动力和热情；德为师之本，高尚的师德是教师敬业乐教的强大动力，也是教师提升个人素养和教学质量的重要保证。

时宗本老师教书的第一年，就担任了初中一、二、三年级和高三年级的历史教学任务，还兼任业务组长、副班主任、校务委员会和工会宣委等近十项社会工作，虽夜以继日，但心情舒畅，乐在其中。①

陈毓秀老师将历史教学比喻为舞台，在这个舞台上她自己就好像穿上了红舞鞋，不停地跳啊，跳啊，再也收不住脚。"在劳累中奔忙着，在奋斗中追求着，不分昼夜，不问甘苦，不辞辛劳……情之所钟，无怨无悔。"

包启昌老师早年为了把夜校搞好，常常自贴费用，到处募捐，从家里搬去书柜、办公桌、留声机等作为办公用品。

在教学过程中，三位老师都非常强调历史教学的德育功能。包启昌老师认为，历史教学中爱国主义教育是永恒的主题，社会发展规律是基础，基本观点教育是根本。② 陈毓秀老师在其专著《寓爱国主义教育于历史知识的传授之中》里特别强调了历史教学中的爱国主义教育；时宗本老师则注重通过历史知识的传递，引导学生从小树立远大志向，报效祖国。

2. 拥有广博的知识，专为师之基

所有的名师均有一个共同的特点，那就是学而不厌、锲而不舍的治学精神，因为他们都知道，广博而扎实的专业知识是一个好老师最重要的根基。

时宗本老师在中华人民共和国成立前后曾就学于燕京大学和辅仁大学两所高等学府的历史系，在中学任教后，依然孜孜不倦地学习，积累了丰厚的历史知识、地理知识、自然科学知识，还具有相当深的军事、天文和文学艺术修养。他精读了《共产党宣言》《德意志意识形态》《反杜林论》《自然辩证法》等经典著作，为了弄清宗教问题，还访问求教过牧师、阿訇和居

① 时宗本：《做一个好的中学历史教师》，载《历史教学》，1989(8)。
② 杨向阳主编：《上海著名历史教师教学思想录》，14～21页，上海，百家出版社，2000。

士；为了讲清文艺复兴中提到的那些人物和作品，他看了许多原作和人物传记，还收集了大量的其他学科的最新研究成果和各国、各地的文物古迹，以便运用到历史教学的课堂上，使教学变得生动活泼、引人入胜。

陈毓秀老师在她的著作《历史教学面面观》中提到，她常常会利用课余记笔记，写心得，做摘录；她倡导的备课三部曲就是要把教材由薄变厚，再由厚返薄的过程；一次备课不能到位，就来一个长计划短安排，每节课接触一些原始材料，每学期重点备好几节课，有选择地深入攻下几个问题。积跬步总能致千里，这是她治学的战略思想。

包启昌老师为了使知识系统性更强，逻辑更严密，大胆探索，形成了"一课一中心"的教学模式，围绕课时中心，深入钻研，收集更加详尽的教学材料，目的就是通过自己的知识梳理扩大学生的知识面，帮助学生形成历史概念。

3. 提升教学技能，言为师之魂

所有的历史名师还有一个共同点，就是教学技能特别过硬。在众多的教学技能中，名师们尤其在教学语言方面都下足了功夫，且形成了个人的风格和魅力。

三位特级教师都是使用讲授法的大师。时宗本老师的语言生动、幽默、含蓄，他本人特别喜欢读中国的古典名著，喜欢语言大师老舍的作品和曹禺的戏剧，这都有助于提升教学语言的能力。陈毓秀老师的讲课能拨动学生心弦，引起学生心灵的震撼，使学生在接受信息过程中引起心理变化、情绪变化和感受生成。凡是听过她讲的历史课的人都有同感，同学们总是如饥似渴地听她讲课。[1]

二、第二代中学历史教学名师及其成长感悟体验

自改革开放以来，我国的基础教育也在随之变化，在中学历史教育教学方面的理论除了受到苏联的影响，越来越多的中学历史教师开始接触西方的教育教学理论，丰富了中学历史课堂。在第一代优秀历史教师的引领下，第二代中学历史教学名师不断成长，也涌现出了一大批在学科基础知识和教学技能方面特别突出的教师。

---

① 齐建文：《学习特级教师陈毓秀：读史使人明智》，http：//www. bj161zhx. org/infol. aspx? iid＝535＆id＝6＆url＝/pagel. aspx? id＝6｜p＝9｜s＝Title｜n＝[2018－12－19]，2019-03-04。

（一）第二代名师的代表人物

第二代教学名师大多数出生于 20 世纪三四十年代，主要代表有孔繁刚、朱尔澄、龚奇柱、李明赞、李明海、钱君端、全仁经、李秉国、沈怡、朱绍坤等，这里重点介绍重庆的龚奇柱和上海的孔繁刚。

龚奇柱，男，共产党员，1938 年生，1946—1958 年先后就读于万县先农坛小学、泸县石马乡小学、泸县（泸州）初级师范学校、泸州师范学校，曾在重庆三中（南开中学）执教 22 年。1984 年调入重庆教育科学研究所（今重庆教育科学研究院），历任该所历史教研员、中学教育研究室主任、副所长、党委委员、学术委员会副主任、《重庆教育》主编；曾兼任政协四川省委员会第六、七届委员，重庆市人民政府兼职督学，中国教育学会历史教学专委会第一届理事和第二、三届常务理事及第四、五、六届副理事长，四川省历史学会常务理事兼历史教育专委会主任委员，四川省教育学会中学历史教学专委会副理事长、理事长，重庆市中小学教材审定委员会委员。

孔繁刚，男，民盟盟员，出生于 1942 年，上海市上海中学国际部史地教研组组长，1994 年被上海市人民政府授予特级教师称号。他是上海市一期"课改"的高中历史教材主要编写者和二期"课改"初高中《历史》教材的编写者。他参加了 1993 年首次上海市高中历史教材会考的命题工作，又参加了 1999 年上海市历史高考的命题工作和 2000 年上海市历史高考的审题工作。同时兼任上海市世界史学会副会长、上海市历史学会理事。

（二）第二代名师成长之路的感悟体验

改革开放以后，国家越来越重视教育改革。邓小平于 1983 年为景山学校题词"教育要面向现代化，面向世界，面向未来"以后，国家提出了教育现代化的任务和方向，进一步推进了教育改革。在党的"解放思想、实事求是"方针的贯彻和执行过程中，国外新的教育理论、教育观念等成果不断引入，新一代历史教师开阔了视野，活跃了思想，在教学创新和自成风格方面表现得较为突出。第二代中学历史教学名师正好处在应试教育向素质教育的过渡期，共同的特点就是非常注重自身的"学养"和"教养"。所谓"学养"就是扎实的学科专业知识，所谓"教养"就是课堂教学与管理技能。

1. 在继承中发扬、在探索中创新

20 世纪 80 年代，中学历史教学任务开始从单一的知识传授向知识传授、思想教育、能力培养三者并举过渡。所以，第二代名师特别注重在老一辈名师的经验中学习、总结、发扬，敢于在不断的探究中大胆创新。

孔繁刚老师依然强调教师需要广博的专业知识，他"倡议历史教师应该买书，不仅买中国历史学家写的书，还要买外国历史学家写的书，要买专著，也要买通俗读物。一个历史教师家里没有一两千本藏书，我看是成不了优秀教师的"①。孔老师更加强调历史课的价值在于真实，历史课的灵魂在于促进学生的思考，历史课的精神在于它的情感，历史课的魅力在于它的细节等。

龚奇柱老师的最大特点就是善于总结教学经验，并进行了长期的教研和科研工作，硕果累累，他主张从事微观的学科教学研究需要对基础教育有宏观的了解和研究，必须把微观研究置于宏观教育的背景中。

2. 在传承中自成风格

孔繁刚老师在历史教学界被同行们誉为富有激情、善于激励、长于思辨。孔老师追求讲真实的历史，思索如何讲真实的历史，如何将史学前沿的新知识应用到作为公民教育的历史课中。大家将孔老师的风格称为"高立意、高思辨"。所谓"高立意"，可以解释为人文意识、学科意识、思维意识、方法意识、学术意识、宏观意识、细节意识、时代意识；"高思辨"就是将历史当作思维学科来教，注重将历史教学内容与方法的传授结合起来，注意将微观的历史事件放到宏观的历史背景中去陈述，把握历史规律与历史进程、历史趋势与具体事件、历史与现实、历史机遇与主观选择、民族意识与全球意识、历史意识与未来意识、本质必然性与现象偶然性的辩证统一。

龚奇柱老师在历史教学方面的研究成果非常高产，有独著的《中学历史教学法概要》(陕西人民出版社)、《中学历史教材教法通论》(浙江教育出版社)、《中小学全面实施素质教育研究》(西南师范大学出版社)，还参编《中国著名特级教师教学思想录》等多部专著，另有70多篇论文公开发表。龚老师长期重视"历史教学与爱国主义"的实践和研究，后与周发增教授合著《历史教学与爱国主义教育》(山东教育出版社)，主编《基础教育中的历史与国情教育研究》(四川教育出版社)等，在历史教学研究领域得到广泛好评。其因在教学工作中的突出表现，荣获多项省级、国家级表彰，受到国务院、中共重庆市委、重庆市政府和中共四川省委、四川省政府等的奖励。

---

① 孔繁刚：《天时地利人和造就了我——四十余年教学生涯的回顾》，载《中学历史教学参考》，2015(1)。

三、第三代中学历史教学名师及其成长感悟体验

1998 年，教育部制定了《面向 21 世纪教育振兴行动计划》，次年经国务院正式批转实施，要求素质教育从典型示范为主转向以整体推进和制度创新为主，即主要通过课程教材改革、评价制度改革和师资队伍建设，全面贯彻教育方针，建设高质量教育。第三代教学名师正是在这个承上启下的时代中成长的，他们大多数出生于 20 世纪五六十年代。面对课程改革，他们没有现成的经验可以模仿，必须在探索中前进。

(一)第三代名师的代表人物

第三代教学名师目前大多正活跃于历史教学一线，主要代表有李晓风、王雄、郭富斌、李惠军、束鹏芳、成学江、庞友海、陈湘龙、陈伟国(已故)等，这里重点介绍北京的李晓风、江苏的王雄以及陕西的郭富斌。

李晓风，男，1958 年生，1982 年北京师范大学历史系毕业后，一直在中国人民大学附属中学任教，北京市特级教师。现担任历史教研组组长，兼任中国教育学会历史专业委员会理事，北京市历史教学学会常务理事。李晓风老师在教学过程中，强调知识与能力并举，注重提高学生的人文素质和独立思考能力，形成了具有开放性、启发性和探索性的教学风格。教学研究成果达数十万字，其因深厚的专业知识赢得了"学者型教师"的称誉。

王雄，男，1965 年出生，江苏省特级教师，首批正高级教师。1985 年扬州师范学院历史系毕业后一直在扬州中学教学第一线工作，曾经担任 7～12 年级的历史教学工作和 10 多年班主任与辅导员工作，送走过 10 届高三文科毕业班。1998 年起在高中开设研究性学习课程，还从事过多年学生心理咨询工作。1995 年曾师从北京师范大学发展心理研究所林崇德教授，攻读学科能力发展方向硕士课程。参与完成了教育部"九五""十五"重点科研课题，主持完成的省重点课题"中学生历史学科能力的发展与培养研究"被评为省一等奖。在全国核心刊物等 10 多种报刊发表论文 100 多篇。

郭富斌，男，1964 年出生，陕西省历史特级教师。1986 年陕西师范大学历史系毕业后进入陕西省西安中学，从事历史教学工作至今。历任初高中历史课教师，高中文科班班主任，历史教研组组长，教研室副主任。教学研究成果非常丰硕，发表论文 30 余篇，出版专著《寻找有意义的课堂》。担任的社会工作有：陕西省教育学会历史教学研究委员会常务理事，陕西

省中小学教材审定委员会专家库成员，陕西师范大学历史文化学院特聘专家，《中学历史教学参考》杂志特约研究员。

（二）第三代名师成长之路的感悟体验

随着新课改的实施推进，历史课程标准取代了历史教学大纲。在新形势下，历史教师在教育教学理念、教学方法、教学模式等方面都须有所改变。

1. 在学习中沉淀，在反思中成长

面对课程改革的新要求，第三代名师都非常注重学习，不仅要继续学习专业知识，还要大量阅读各国的教育教学理论专著、杂志，使自己始终处于教学实践和研究的前沿。

李晓风老师特别善于将现代教育理论运用于教育教学实践，并注重学科教学的科学研究，探索教育教学规律。发表历史专业学术论文、历史教学教研论文和出版论著计数十万字，代表性的著作有《历史学习方略》和《历史研究的逻辑》，在全国历史教育界产生了一定的影响。近年来，担任了多部教育部审定的初中、高中新教材和教学参考书的撰稿者和主编，是人民教育出版社义务教育历史新教材编委会委员，教育部考试中心《中国考试》杂志特约编委。

王雄老师的藏书达到4000多本，他认为"读书，可以使我们从教材的束缚中走出去，可以让我们看到自己思维的局限，更重要的是将这种读书过程中的独立思考精神传达给学子们，这才是历史教学的核心价值所在"。除了自学，名师们都非常谦虚地向他人学习、请教，最终结合自身的实际，融会贯通，形成自己的风格。

郭富斌老师的读书面较广，包括教学所需要的书和看似无用的书，每次回家或出差，身边总要带几本书。上大学期间的一个暑假里，在老家没书读，就骑自行车往返百公里，到西安钟楼书店买了本小说《愤怒的葡萄》。他认为，书读得多了，各种内容和观点相互辩驳，自然会随其深入思考，很多见解、想法就会油然而生。对于他来说，备一节课，读10本书，是很平常的事情。

2. 学生为本的教学理念，从模仿学习到重新建构课堂

李晓风老师擅长将各种学术观点和研究成果贯串课堂，让学生们接近学术，了解历史的学术魅力，懂得何为真正的思辨精神；他能够把历史学科的许多领域融会贯通，对问题有极为深入的阐释理解，对历史事件平实却又不失生动地娓娓道来，令学生们不知不觉地深入历史、融入历史，并

在其中自主思考，积极探索，感受到独一无二的历史之美。

王雄老师特别强调历史教学是一种公民教育，在教学和科研方面硕果累累，尤其是关于培养与发展中学生思维能力方面的研究成果特别多。1995年，王雄在《中学历史教学参考》上发表了自己的第一篇历史教学论文《历史的理解与理解历史》。在那一年11月2日的读书笔记上，他写下了这样一段话："灌输的最佳方式就是要求人们背诵，不论是否理解，先去背诵，当你会背诵了，灌输就成功了……怎样让理性回到人们身边呢？主要是要让人们质疑，质疑是理性的基础……首先应当培养他们的质疑能力。"所以，在他的课堂里，经常听不到标准答案，他特别强调不能把我们的观念强加给学生，学生可以不接受教师的观点。

郭富斌老师认为课堂是心灵世界的桥梁，好的历史课需要视野与情怀。视野就是广阔的时空观、理性的世界观还有大历史观。为了实现大历史观，必须做到三个贴近：一是贴近学生，研究学生，根据学生特点进行教学；二是贴近社会，引导学生关注社会，培养学生的社会责任感，以学生熟悉的社会生活、校园生活为背景进行教学；三是贴近人生，不拘泥于教材，把教师自身的思想、自己的人生与课堂结合起来，拉近教材与学生的距离，教会学生感受和思考生活，设计挑战学生思维能力、解决问题能力的教学活动。在课堂教学中，教育情怀主要体现在教师所关注的知识和问题上，它反映的教育立意就是教育情怀。

本章小结

中学历史教师的专业发展有章可循。本章分析了中学历史教师专业发展的内涵和途径与方法，详细说明了国内外职前历史专业教师的见习、实习与研习概况，最后专门介绍了老中青三代中学历史名师的概况与成长之路上的感悟体验。

学习反思

1. 中学历史教师的专业素养有哪些？
2. 中学历史教师的成长有哪些途径？
3. 职前中学历史教师的见习、实习和研习的主要内容是什么？
4. 三代中学历史名师有哪些共同点和不同点？

拓展阅读

1. 王晓莉．教师专业发展的内涵与历史发展[J]．教育发展研究，2011(18)．

2. 黄牧航．历史学科核心素养与历史教师的专业发展[J]．历史教学(上半月刊)，2016(6)．

3. 饶琳．高中历史教师专业发展的对策[J]．现代中小学教育，2008(7)．

4. 朱可．浅论中学历史教师专业发展的两大途径：阅读与备课[J]．历史教学(中学版)，2010(11)．

5. 刘艾清．缄默知识视野下的师范生实践能力培养——兼谈"观察—见习—实习"三段培养模式[J]．盐城师范学院学报(人文社会科学版)，2012(1)．

6. 叶叶．"教育见习、研习、实习一体化"实践模式的问题与管理对策研究[D]．华东师范大学，2013．

PPT 课件